世界で一番やさしい

確認申請［戸建住宅編］

第2版

ビューローベリタスジャパン
建築認証事業本部＝著

33

はじめに

建築物を建築する前に、その建築計画が建築基準関係規定に適合しているかどうか、建築主事または指定確認検査機関に、確認の申請書を提出しなければなりません。当然のことながら、確認を受けて確認済証の交付を受けなければ、工事に着手することはできません。

確認申請は、建築主が行うこととなっていますが、その多くは建築主から委任を受けた設計者等が代理で行います。もし、確認申請書の記載内容に誤りや不整合があれば、確認済証は交付されません。交付されるまで何度も足を運んだり、予定していた着工時期を見直さなければならなかったりするケースも出てきたりします。予定通りに進行するためにも、設計者は、建築基準法を正しく理解し、確認申請書の書き方や添付する設計図書の作成方法などを熟知していなければなりません。

本書は、『世界で一番やさしい確認申請［戸建住宅編］最新法改正対応版』（２０１８年11月発行）の内容を見直し、改訂したものです。確認申請に不慣れな初心者でも速やかに確認済証の交付を受けられるよう、申請図書の作成方法や基準法上のチェックポイントについて分かりやすく解説しています。また、木造2階建て程度の住宅を例に取上げ、理解の助けとなるように図表やイラストをふんだんに用いています。

近年は、空き家の増加に伴う既存ストックの有効活用が課題であり、これに対する措置として大規模な改修工事等を行わずに福祉施設などへの変更ができるような法改正などが行われてきました。運送業の生産性向上と働き方改革の実現に寄与するものとして、再配達を削減する宅配ボックスについては、その設置部分を容積率算定の基礎となる延べ面積には算入しないこととする改正、市街地の安全性の確保や木造建築物等に対する制限の合理化などを目的とした改正も行われています。なお、２０２５年4月には建築基準法６条が改正され、建築確認審査の対象となる建築物の規模の見直しが行われる予定です。

本書は、ビューローベリタスジャパン株式会社建築認証事業本部のスタッフが協力して執筆しました。また、ご協力いただいた関係者の皆様に、心からお礼申し上げます。

確認申請という制度は、人々の暮らしと安全を保障するためにあるという本来の意義、目的を見失わず、読者の皆様からのご助言を仰ぎつつ、私共は今後も努力してまいります。

本書が、皆様の参考となり一助となれば幸いです。

ビューローベリタスジャパン株式会社　建築認証事業本部

もくじ
Contents

第3章 木2申請図面をつくる

第4章 4号住宅の明示・適合事項

4-1 4号住宅の明示事項

4-2 4号でも住宅以外だと

カバー・表紙デザイン … ネウシトラ
DTP … ユーホーワークス
イラスト … タクトシステム

第5章 増築の申請と押さえておきたい基準法知識

凡例

法：建築基準法
令：建築基準法施行令
規　則：建築基準法施行規則
建　告：建設省告示
国交告：国土交通省告示
住指発（平成13年から国住指）：住宅局建築指導課長通達
都計法：都市計画法

第1章 確認申請の基礎知識

001

建築基準法とは何か

Point

法は社会生活における行為基準や準則の規範の1つ

法律とは

法律は国家が国民に対して規制を定めているのに対して、憲法は国民が国家に対し定めている。たとえば憲法に定められた基本的人権は国民の自由を保障しているが、それに反する法律が定められ国民の自由が統制されると憲法のもつ意味がなくなってしまう。そこで憲法は国家の最高法規とされ、憲法に反する法律の定めは無効とされる（表1）。たとえば法42条2項道路の場合は、一般に道路中心から2m後退するが、これが憲法の財産権（29条）に違反するかというとそうではない。この4m道路を確保させることが、建築物およびその敷地について防火、避難、衛生、通行の安全等のための最小限度の要請であり、公共の福祉の増進に資するための規定であることから憲法29条に合致しており違反ではないとしている（昭和34年東京地裁判決）。

建築基準法とは

建築基準法の目的は建築物の敷地、構造、設備、用途に関する最低の基準を定めて国民の生命、健康および財産の保護を図り、もって公共の福祉の増進に資することである（表2）。法の性格として①公共の福祉を増進する立場からする公法上の規制、②技術的基準を定めているものであること、③最低基準を定めていること、④手続き上の確認制度が定められていることの4点があげられる。

建築基準法の技術的基準は大別して単体規定と集団規定があり、単体規定は建築物の敷地、構造、設備など、建築物内部にかかわる安全、防火、衛生上のものに重点が置かれ、集団規定は都市計画法の姉妹法として建築物の用途、大きさなどのコントロールが主たる基準となる。このほか、手続き規定や罰則規定が定められている（表3）。

表1　法の体系

日本国憲法

法律	【国会】	建築基準法	建築物に関する制限の基本的事項を規定
政令	【内閣】	建築基準法施行令	建築物の構造、防火、設備などの具体的な技術基準を規定
省令	【大臣】	建築基準法施行規則	手続き関係の内容を規定
告示	【大臣】	国土交通省告示	より詳細な技術的基準を規定

表2　建築基準法の目的

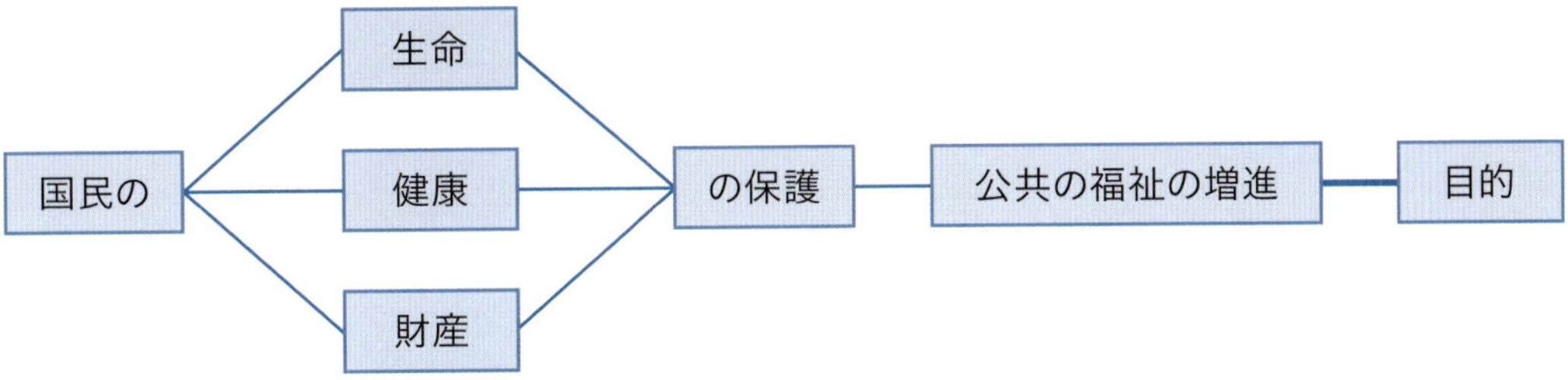

表3　建築基準法の規定分類

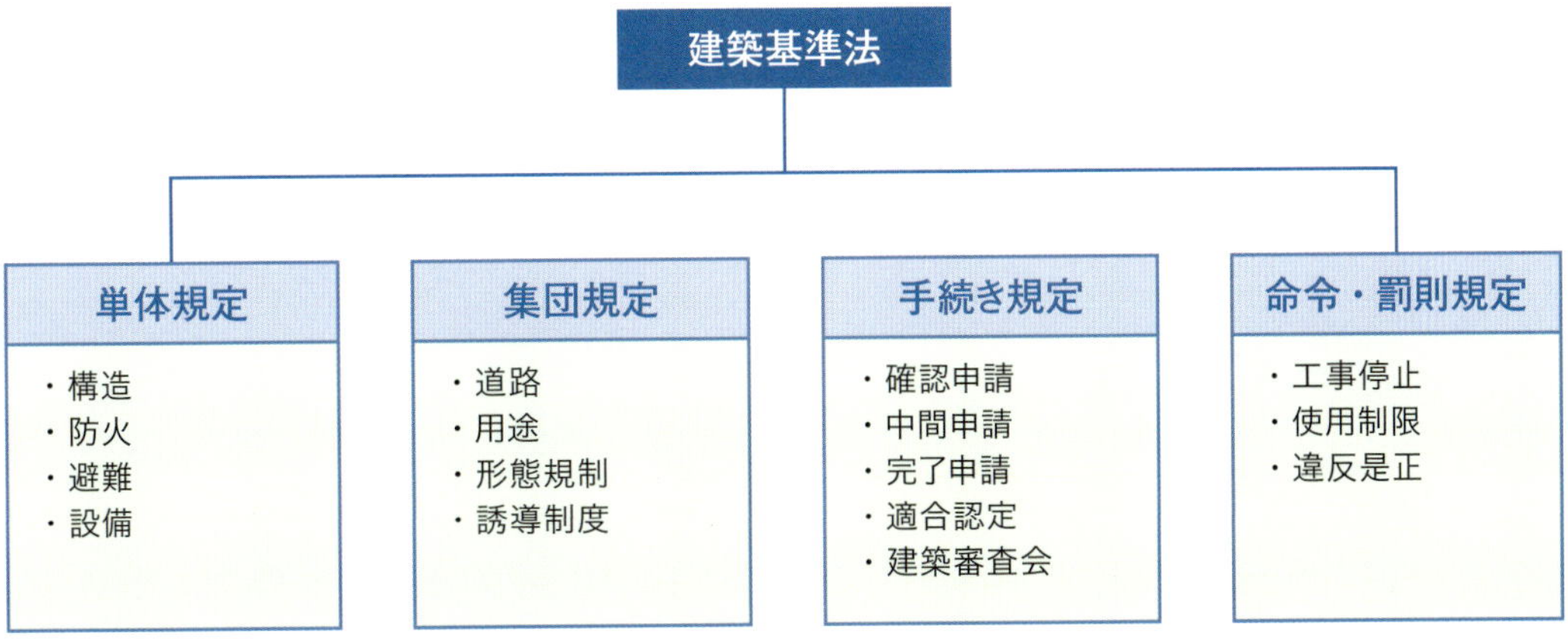

002

建築物の定義

Point

定義は物事の意味や内容を言葉で限定したもの

建築物とは

建築基準法では「土地に定着する工作物」で「屋根と柱」もしくは「屋根と壁」があるものを指している。ここでいう土地とは陸地のほか、水面、海底なども含まれる。定着とは土地に緊結された状態のほか、使用上継続的に定着された状態も含まれる[※]。

屋根に関しては一般に雨覆としての効用があるものをいうが、建築物の多様化に対して建築物であるかどうか確認的判断を明確化するため「これに類する構造のものを含む」と規定されている。

また観覧のための工作物も建築物に定義されている。

これはその規模や用途などから見て一般の建築物同様に安全を確保する点から建築物として取り扱われるので、屋根がない野球場や競馬場も該当することとなる。

これら建築物に付属する敷地内の門または塀や建築設備も建築物の部分とされている（図1・2・3・4）。

建築物のなかでも不特定多数の人が利用したり、周囲に及ぼす公害その他の影響が大きいものを特殊建築物と位置付けている。たとえば病院、百貨店、市場、ごみ処理場などがあり、その用途に応じて制限をしている。ごみ処理場は都市機能上必要不可欠だが、周囲に及ぼす影響も大きいので、その敷地の位置は都市計画で決定されることになっている。百貨店などは火災時の迅速かつ円滑に避難することができるように防火区画、排煙設備、非常用の照明などのさまざまな設備を設けなくてはならない。

このように建築物に該当するかどうか、また建築物に該当した場合はその用途、規模、構造によって特殊建築物に該当するなど、必要とする構造や設備も変化していくので、注意が必要だ。

※ たとえばキャンプ用の自動車で寝室、台所等の設備をもち、その後一定の場所に相当滞留することが見込まれる場合には、定着するものとして考えることがある

図1　建築物の部分とされる設備

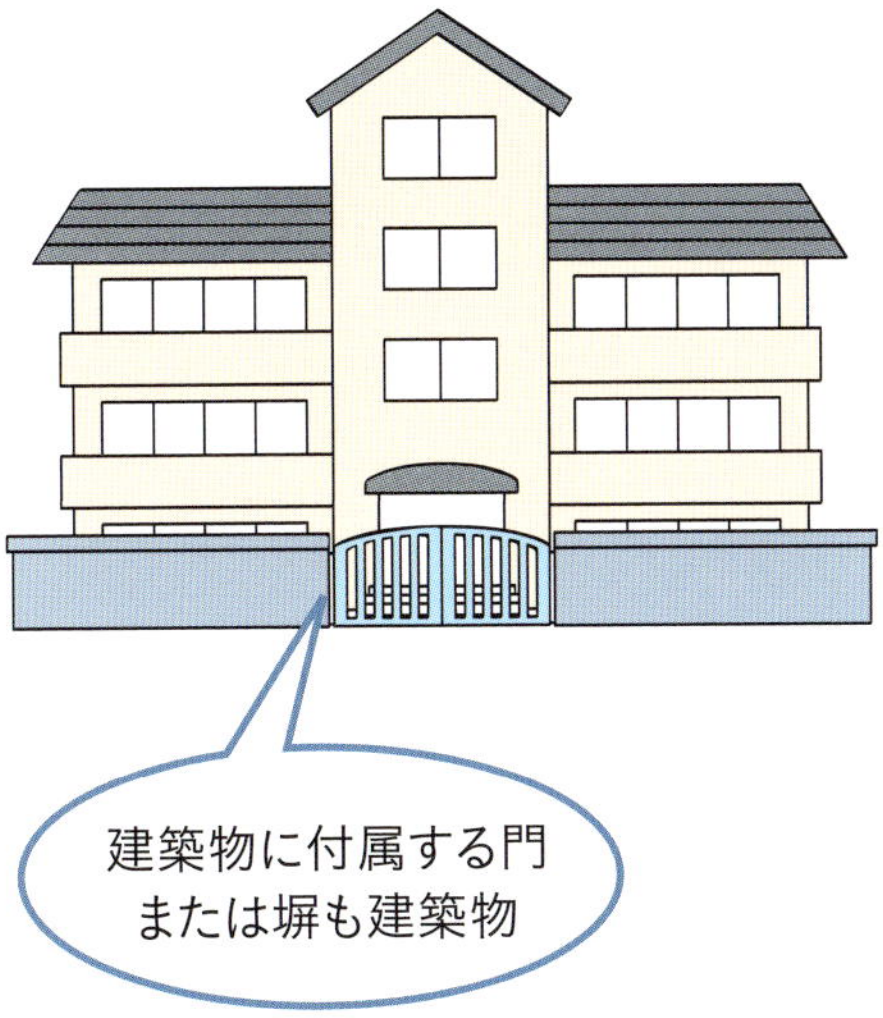

図2　建築物とされる工作物

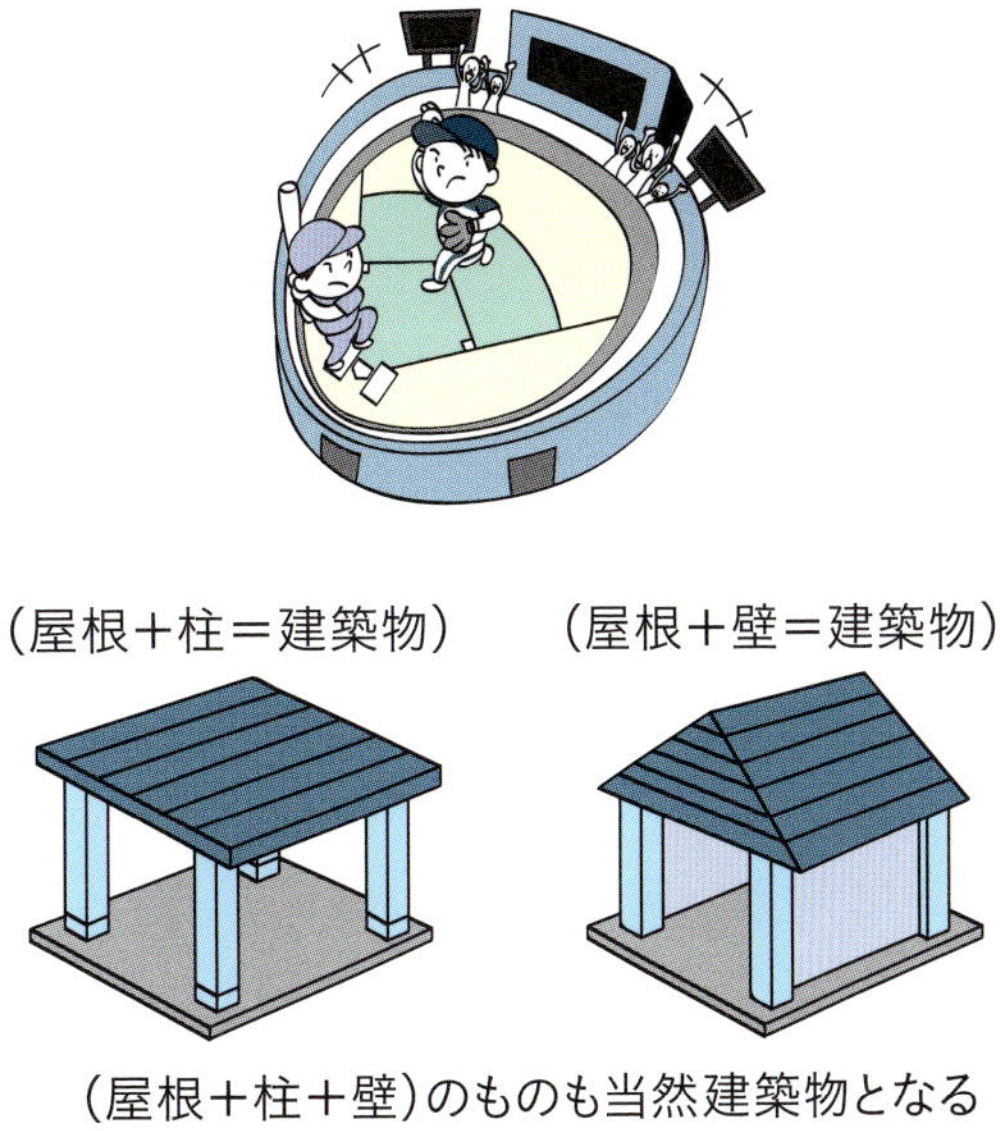

（屋根＋柱＋壁）のものも当然建築物となる

図3　建築物の定義

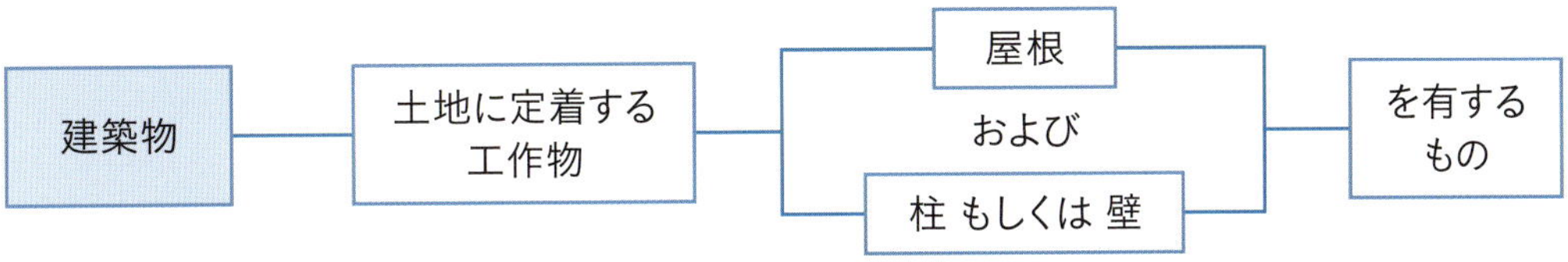

土地に定着する	必ずしも物理的に強固に土地に緊結された状態だけではなく、随時かつ任意に移動できる工作物でない限り、定常的に土地に載置されていれば建築物に該当する
これに類する構造	壁を有しない開放的なものや、屋根を帆布などとした覆いなど、簡易な構造のものも建築物とみなされる。具体的には法84条の2、令136条の9・10で簡易な構造の建築物として定め、防火制限などを緩和している

図4　建築物と工作物の関係

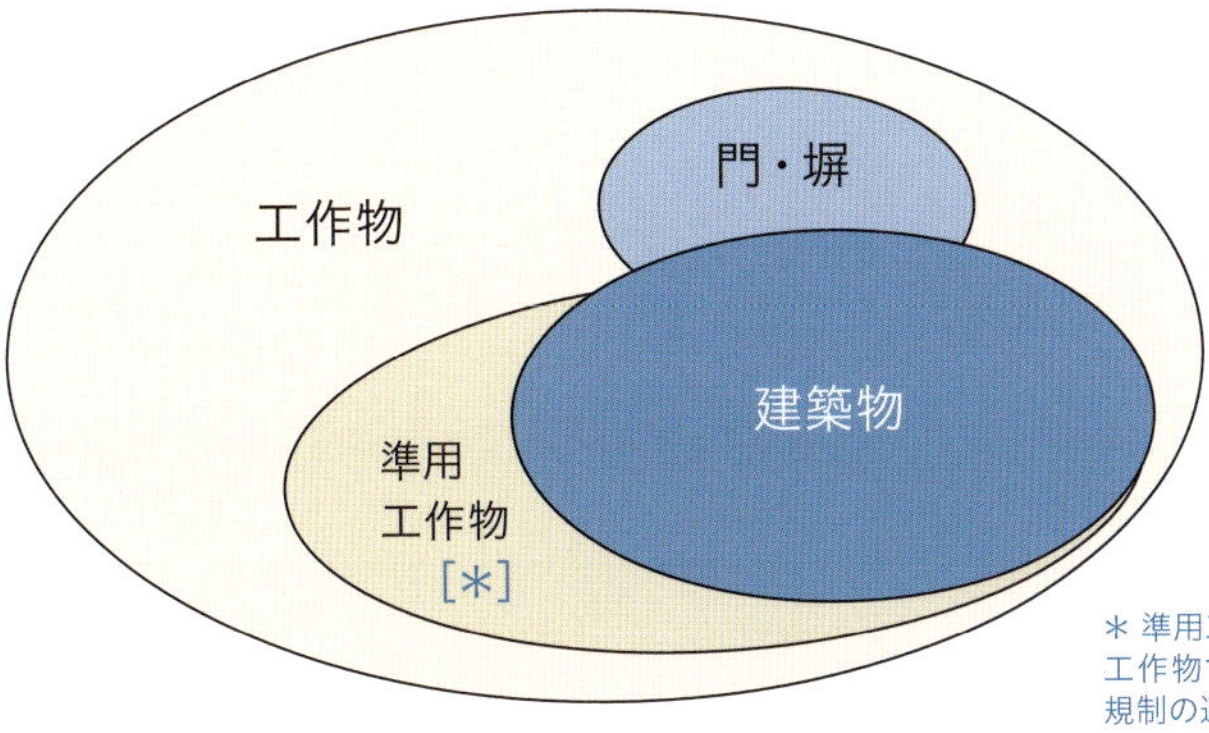

＊準用工作物：建築物以外の工作物で、建築物に準じた法規制の適用を受けるもの

003

建築確認とは何か

Point

制限解除や権利取得でない「確認」という性格

建築基準法は「最低の基準」であるので、これに抵触するような建築物は問題があるということになる。そこでこうした建築物を防ぐために①計画の段階、②工事中の段階、③工事完了の段階、④使用している状態、の各段階で適法であるかどうかのチェックを行う。このうち計画の段階での審査が建築確認と呼ばれる。

建築確認の性質（図、表）

建築確認では、構造、防火、安全、衛生などの面で支障がある建築物の現出を未然に防ぐことが目的である。その概要は次のとおり。

(1)申請に対する審査

申請者がその計画地の所有権、資金力の能力などの建築物申請に関する現実性の能否については、審査の対象外である。また確認済証があってもその土地利用に関する権利を取得したことにはならない。

(2)建築確認の効力

建築確認は有効期限がないが、工事着手前に法令や条例が改正された場合は、原則としてその改正内容に適合するようにしなければならない。したがって確認を取得したとしても改正後の規定に適合していなければ建築ができなくなる。

(3)建築物の審査

適法な計画に対して、公益上の判断を加えることなどによって、建築確認を拒否することはできない。確認と許可は異なるからである［※］。また審査の基準は建築基準法に定める建築基準関係規定（28頁）に限られるので、その他の建築物にかかわる制限は確認審査の対象ではない。

(4)申請図書の公開

個人に関する情報であるから、申請図書は公開されない。ただし、建築計画に関する概略（建築計画概要書）は、特定行政庁で閲覧可能だ。

※ 確認：公の機関または指定確認検査機関などが、特定事項に関して、法律に適合しているかどうかを判断する行為
　許可：原則として禁止されている行為について、公の機関が特別な場合にその禁止を解除する行為

図　建築確認の性質

表　裁判所判例・再審査請求・国土交通省回答の要約

建築基準関係規定とは建築物の技術的基準を規制した法令
確認は他の法令に基づく知事等の許可その他に影響を及ぼさない
他の法令による許可を受けたかどうかは確認事項に含まれない
確認があったからといってその敷地に実体上の使用権を取得するものではない
民法の規定による建築制限は含まれない。近隣者との合意による建築制限も同様
確認はその申請に記載された内容の実現の能否まで審査する必要はない
確認申請に記載された地名・地番に一部の脱落、誤記があっても有効である

注　これらはあくまで確認行為という性質の話である（推奨するものではない）

004

建築確認申請

Point

法に関係する実質的な内容を実現するために必要

建築基準法では、工事着手前にチェックを受けて、法に抵触する建築物の出現を未然に防止する手続きを定めている。これが建築確認申請である。

建築主は工事着手前に、建築確認申請書をはじめとする図書を建築主事または指定確認検査機関へ提出し、図書をもとに建築基準関係規定［※］に適合していると認めたときは確認済証が交付される。

確認申請書

建築物の確認申請書の構成は次のとおりである。

確認申請書　正本、副本各1通

建築計画概要書

建築工事届（用途変更の場合は不要）

建築物除却届（建築工事届と同時の場合は不要）

他法令や条項による許認可を受けた場合はその写し

委任状（申請を代理者に委任する場合）

設計図書

添付する設計図書とその明示事項は規則1条の3で定められている。

最近の確認申請状況

平成27年6月に改正建築基準法が施行され、手続きの柔軟化・効率化を図るため、構造計算適合性判定を建築主事等の審査から独立させ、建築主が構造計算適合性判定を直接申請できる仕組みになった。

また、平成27年7月に「建築物のエネルギー消費性能の向上に関する法律」が公布され、平成29年4月に適合義務や届出等の規制的措置が施行された。対象となる特定建築物等については、確認申請と合わせて申請が必要となるので注意したい。

令和7年4月には法6条が改正予定。建築確認審査の対象となる建築物の規模の見直しが行われる。

※ 建築基準法ならびにこれに基づく条例や建築物の敷地、構造、設備に関する法令等

表　確認審査の手続きフロー（申請先が指定確認検査機関の場合の一例）

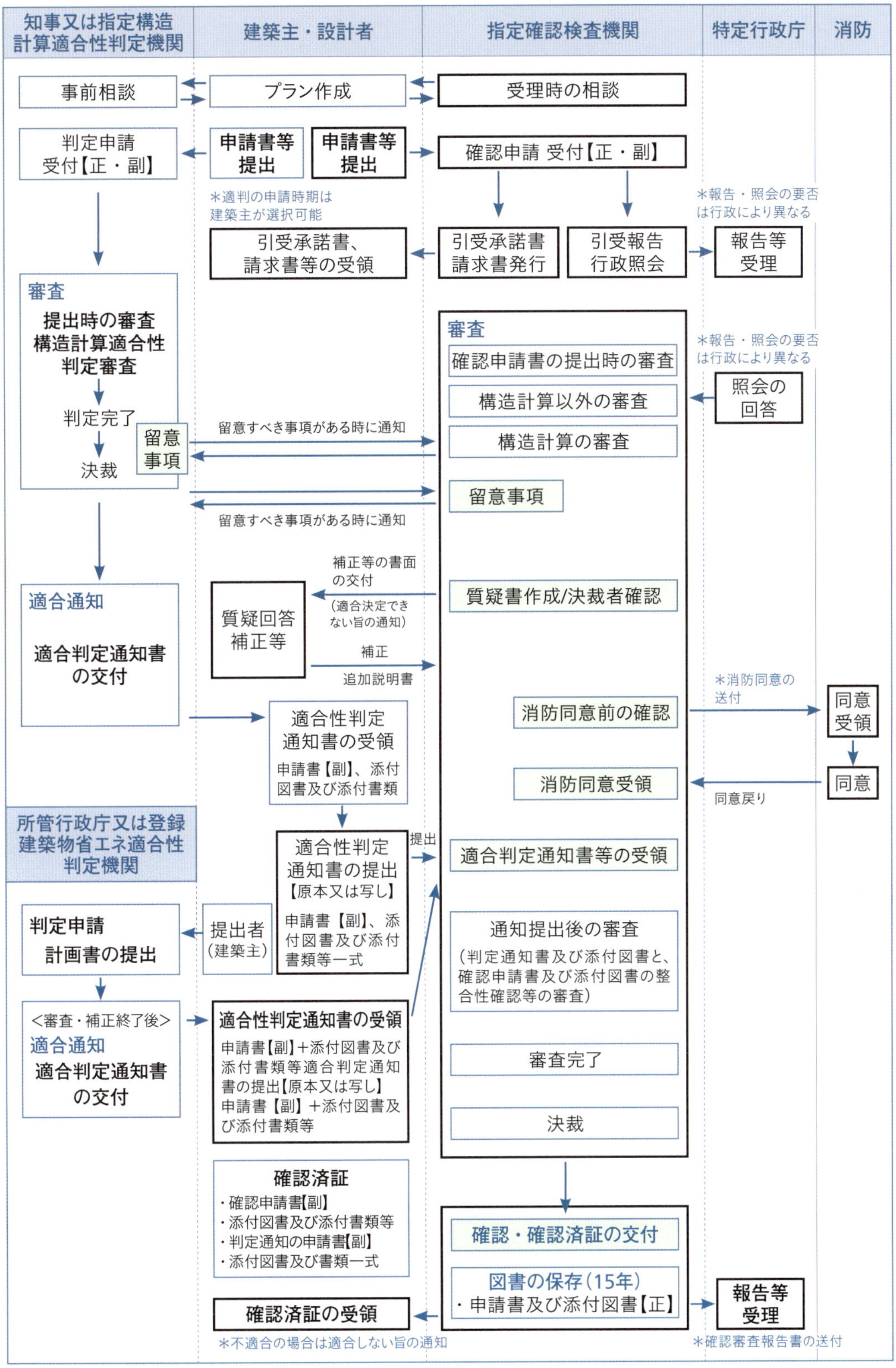

005

確認申請が必要なもの①　建築物と工作物

Point

建築設備の設置や工作物の築造も確認申請が必要

建築物と昇降機

建築物の設計が完了して建築工事を行うときは、建築主はその工事着手前に確認申請を行う。この申請により確認済証の交付を受けなければ工事に着手できない。確認申請の手続きは、建築物の工事を行う時だけではなく、建築物の一部である昇降機（エレベータやエスカレータ）などの建築設備の設置時や、工作物の築造時にも必要である。昇降機は設計段階で仕様やメーカーが決まっていれば建築物の確認申請と同時に行うことができるが、多くの場合は建築工事の着工後にメーカー等が決定されるため、昇降機工事の着手前に昇降機単独の確認申請が行われることが多い（表1・2）。

工作物

建築物と同様に建築基準法の規定が準用される工作物を準用工作物と呼ぶ。

高さが6mを超える煙突、高さが15mを超える柱、高さ4mを超える広告塔、遊園地の遊戯施設なども建築物とは別に確認申請の必要な準用工作物である。昇降機や工作物の確認申請の書式は建築物とは別に規則で定められている。

大規模の修繕・模様替、用途変更

大規模の修繕や模様替、用途変更を行う場合にも確認申請が必要となる。

大規模　建築物の主要構造部1種以上の過半

修繕　同じ材料を用いて当初の価値に回復すること

模様替　材料、仕様を替えて当初の価値の低下を防ぐこと

用途の変更　使用している用途を別の用途に変えること（特殊建築物の用途へ変更。ただし令137条の18の類似用途を除く）

表1　確認申請の必要な建築物

適用区域	条文	用途・構造	規模	工事種別
日本全国	法6条1項1号 (特殊建築物)	劇場、映画館、演芸場、観覧場、公会堂、集会場	その用途の延べ床面積>200㎡	建築(新築・改築・増築・移転) 大規模の修繕 大規模の模様替え 用途変更（法87条1項）
		病院、診療所(患者収容施設のあるもの)、ホテル、旅館、下宿、共同住宅、寄宿舎、児童福祉施設等		
		学校、体育館、博物館、美術館、図書館、ボーリング場、スキー場、スケート場、水泳場、スポーツ練習場		
		百貨店、マーケット、展示場、キャバレー、カフェ、ナイトクラブ、バー、ダンスホール、遊技場、公衆浴場、待合、料理店、飲食店、物品販売店舗(10㎡超え)		
		倉庫		
		自動車車庫、自動車修理工場、映画スタジオ、テレビスタジオ		
	法6条1項2号	木造	階数≧3または 高さ>13mまたは 軒高>9mまたは 延べ面積>500㎡	
	法6条1項3号	木造以外	階数≧2または 延べ面積>200㎡	
都市計画区域、準都市計画区域、知事指定区域	法6条1項4号	法6条1項1号〜3号以外の建築物	規模に関係なし	建築(新築・改築・増築・移転)

表2　確認申請の必要な建築設備と工作物

	適用区域	条文	用途・構造	規模	工事種別
建築設備	日本全国	法87条の2 令146条1項	エレベータ、エスカレータ、小荷物昇降機		設置
			法12条3項(定期報告の規定)により特定行政庁が指定する建築設備(し尿浄化槽を除く)		
工作物		法88条1項 令138条1項	煙突	高さ6m超え	築造
			柱	高さ15m超え	
			広告塔	高さ4m超え	
			高架水槽、サイロ等	高さ8m超え	
			擁壁	高さ2m超え	
		法88条1項 令138条2項	観光用エレベータ、エスカレータ(一般交通用は除く) 高架の遊戯施設(ウォーターシュート、コースターの類) 原動機付回転遊具施設(メリーゴーランド、飛行塔等)		
		法88条2項 令138条3項 令144条の2の2 令144条の2の3、2の4	用途規制が適用されるものとして指定された以下の工作物 (製造施設、貯蔵施設、自動車車庫、遊戯施設、処理施設等)		

表3　確認申請が不要なもの

確認申請が不要なもの	[表1][表2]に該当しない場合	
	防火・準防火地域以外における増築・改築・移転でその床面積が10㎡以内のもの	法6条2項
	災害時の応急時仮設建築物	法85条1・2項
	工事用仮設建築物	法85条2項
	国、都道府県、建築主事を置く市や特別区が建築する場合（計画通知により行う）	法18条
	宅地造成等規制法による許可を要する擁壁	法88条4項
	政令に規定する範囲内(類似の用途)の用途変更 例：劇場⇔映画館	令137条の18
	耐震改修促進法8条による認定を受けたもの	耐震改修促進法8条

006

確認申請が必要なもの②工事種別

Point

工事種別の定義を知り申請行為に反映する

工事種別には、新築・増築・改築・移転がある。建築基準法では、この4つを「建築」という言葉で表現している（図1・2）。

新築

更地に建築物を新規につくることを新築というが、すでに敷地のなかに建築物があって、そこへ別棟として新規につくるときも新築となる（注：敷地単位でとらえた場合は増築になり、建築物単位でとらえた場合は新築である）。このとき材料の新旧は問わず、その敷地に新たに出来上がることに着目している。

増築

一般にすでに建っている建築物の床面積を増やすことをいう。これは横に継ぎ足す場合もあれば、階数を増やして上に載せる場合、建築物のなかの吹き抜け部分に床を張る場合も増築になる。

ただし床面積が発生しない屋外階段を既存の建築物に設置する場合などは、屋外階段が建築物の部分であることから、床面積が発生しない工事であっても増築となる。

改築

今まであった建築物と、規模・構造・用途の著しく異ならない建築物をつくることをいう。従前と同じような建築物をつくるときに限って改築という。したがって、一般にいわれているリフォームのような改築とは意味が異なる。従前の建築物と異なる場合は改築とはいわず、新築になる。

移転

同一の敷地内において、今ある建築物の位置を変更することをいう。いわゆる「ひき家」がこれに当たる。同一の敷地内ではなく、別の敷地に移動する場合は法的に新築となる。ただし、交通上、安全上、避難上など支障がないと特定行政庁が認める場合、移転となる。

図1　建築基準法上の「建築」「修繕」「模様替」の定義

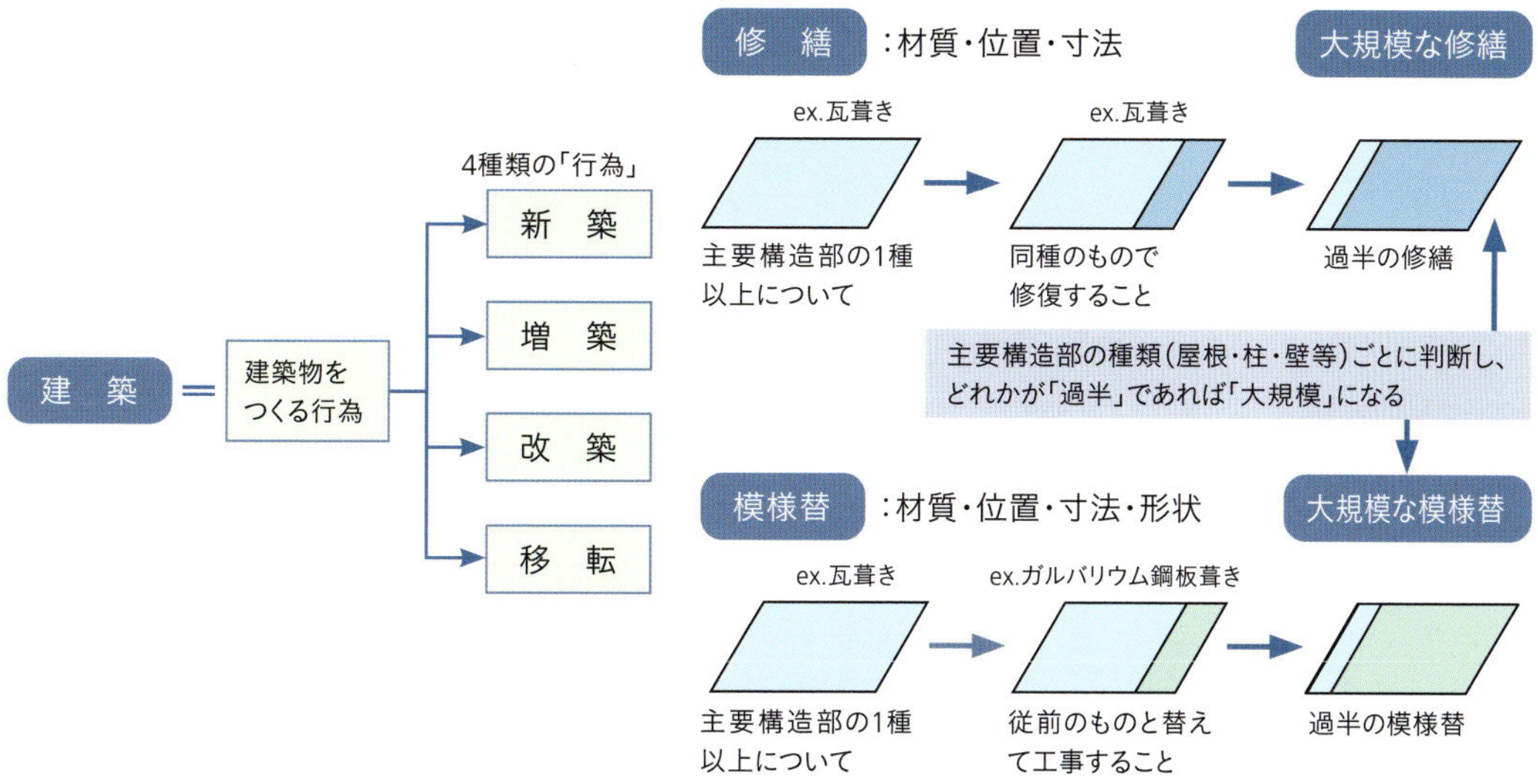

図2　新築・増築・改築・移転とは何か

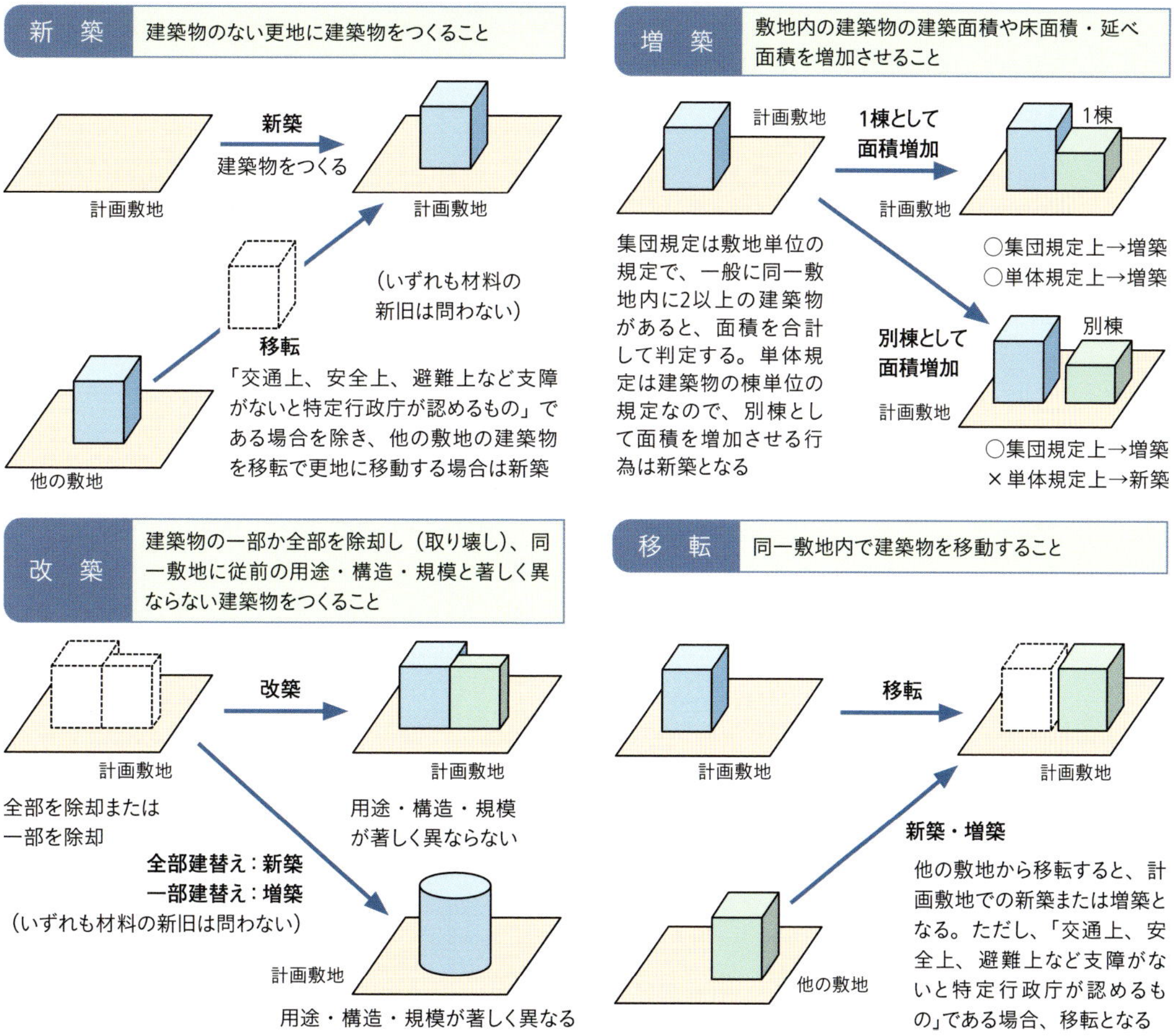

007

確認申請が必要なもの③ 用途変更

Point

工事がなくても用途変更は申請が必要な場合あり

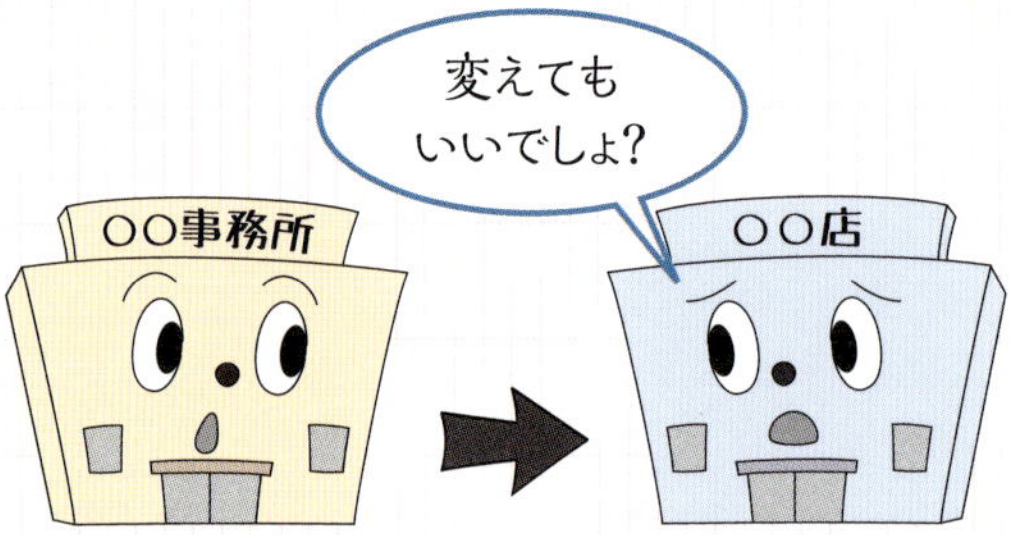

用途の変更

適法に建築された建築物を使用してきたものを、他の用途に転用する行為をいう。工事中の建築物の用途を変更する場合は計画変更確認申請の手続きをとることになる。用途の変更の行為は「建築」ではないため、建築基準法の重要な規定が適用されないことになるので、一定の用途の変更に関しては、いくつかの規定を準用している（図）。

まず建築基準法別表第1に掲げられている用途に供される特殊建築物で、延べ面積が200㎡を超えるものに該当する場合（いわゆる1号建築物）は、用途の変更の確認申請および工事完了届の手続きが必要になる。

用途変更では、倉庫→物品販売業を営む店舗、工場→倉庫、事務所→児童福祉施設等など多様なケースがあるが、類似の用途（たとえば、劇場→映画館）の場合は確認申請を要しない（表）。

用途の変更の場合は準用される規定が決まっており、用途規制や卸売市場、地方公共団体の条例などがある。特殊建築物か否かは関係ない。この規定には構造規定が含まれていない。これは、構造耐力の安全性については、当初の建築時に確保されているからだ。よって、荷重条件が変わらない範囲内で適用するものであることから、申請の際には説明する資料等が必要となる。

次に既存不適格建築物の場合の準用規定もある。たとえば耐火建築物などとしなければならない特殊建築物や、居室の採光・換気、などがある。この既存不適格建築物の用途変更で確認申請の手続きなどの制限の緩和を受ける場合には、既存不適格調書と現況の調査書、既存の図面、過去の工事の履歴、新築または増築時の時期を示す書類、基準時以前の建築基準関係規定に適合していることを示す図書などの添付が必要になる。

図　確認申請が必要な用途変更

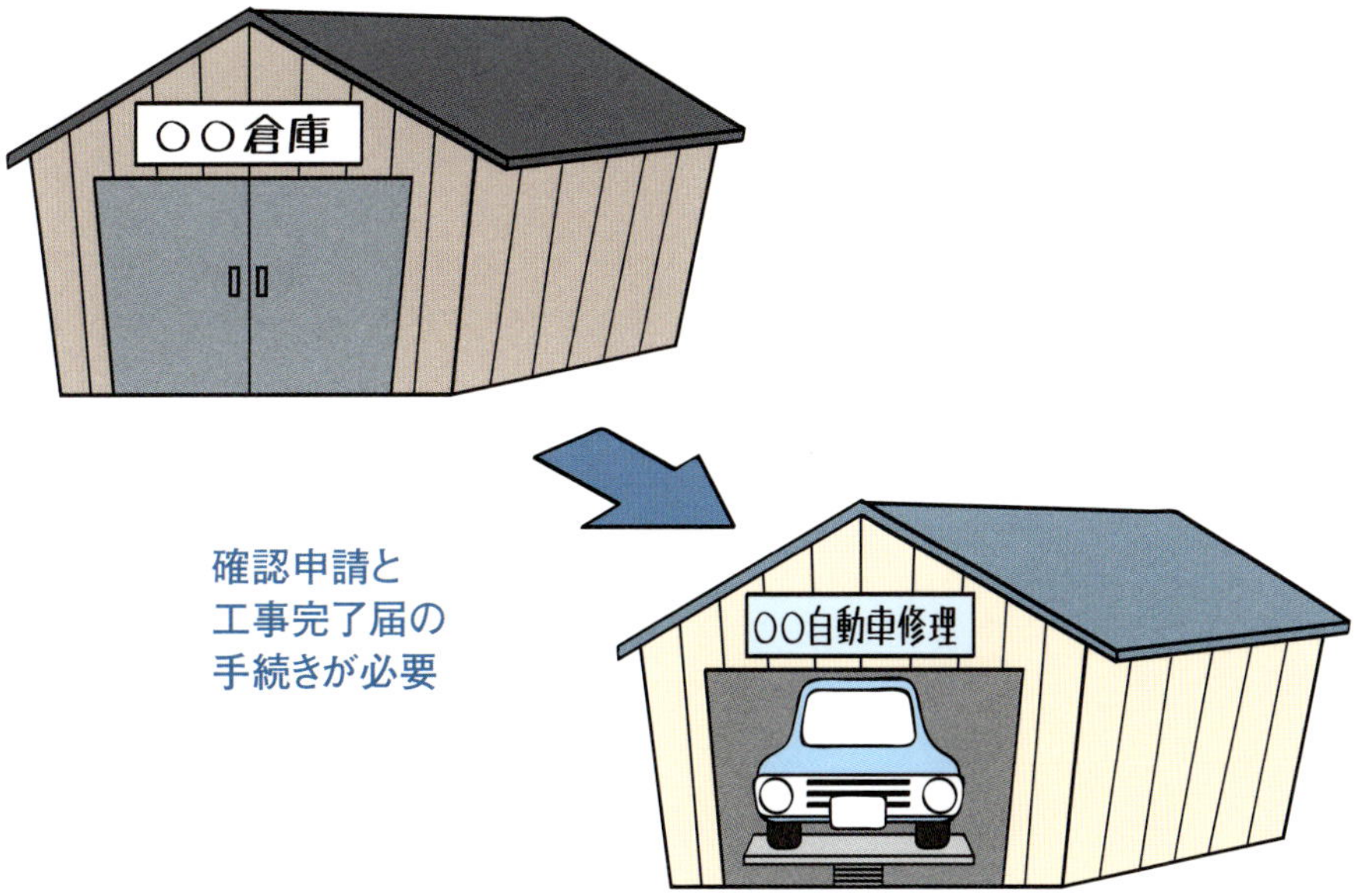

表　確認申請を要しない類似用途（法87条、令137条の18）

号	類似の用途 （各号の用途のもので、当該各号の他の用途に変更する場合は確認申請を要しない）	注記
1	劇場　映画館　演芸場	
2	公会堂　集会場	
3	診療所[＊1]　児童福祉施設等	低[＊2]
4	ホテル　旅館	
5	下宿　寄宿舎	
6	博物館　美術館　図書館	低[＊2]
7	体育館　水泳場　スキー場　スケート場　ボーリング場 ゴルフ練習場　バッティング練習場	中[＊3]
8	百貨店　マーケット　その他の物品販売業を営む店舗	
9	キャバレー　カフェ　ナイトクラブ　バー	
10	待合　料理店	
11	映画スタジオ　テレビスタジオ	

＊1 患者の収容施設があるものに限る
＊2 低　第1種低層住居専用地域、第2種低層住居専用地域、田園住居地域内は、確認申請が必要
＊3 中　第1種中高層住居専用地域、第2種中高層住居専用地域、工業専用地域は、確認申請が必要

008

確認申請の提出先

Point

建築主事または指定確認検査機関に申請する

確認申請は建築主事または指定確認検査機関へ提出する。指定確認検査機関とは、一定の条件を満たして大臣や都道府県知事の指定を受け、建築主事と同様に建築確認、中間検査、完了検査を行う民間の組織のこと。この機関が行った確認・検査は建築主事の確認・検査を行ったものとみなされる（図1）。

建築主は建築主事または指定確認検査機関のいずれかを選択でき、その地域で業務を行う確認検査機関が複数あればそのなかからも選択できる。また建築確認、中間検査、完了検査を別々の指定確認検査機関で受けることも可能である。この場合、中間検査や完了検査を申請した機関には、今まで受けた確認申請図書一式の写しを添付することになる（図2・3）。

建築主事と確認検査員

大臣の行う建築基準適合判定資格者検定に合格し、登録を受けた者のうち市町村の長または都道府県知事が任命した者のことを建築主事といい、指定確認検査機関はこの試験に合格し選任された者が確認検査員として従事することになる。

なお、特定行政庁とは建築基準法において独立の行政機関の地位を有している地方公共団体の長（知事、市町村長、特別区長）をいい、建築主事とは別の存在である。

確認申請の実施にあたって

平成19年6月に施行された建築基準法の改正により、建築主事や確認検査員は建築確認の審査方法や検査方法について指針が定められたため、この指針に基づいて厳格な審査、検査を行うようになった。現在では手続きに関する円滑化のためにさまざまな運用を行っているが、各申請にあたってはあらかじめこの指針をチェックしたほうがスムーズになる［※］。

※ 平19国交告835号「確認審査等に関する指針」

1
確認申請の基礎知識

図1　建築確認から使用開始までの流れ

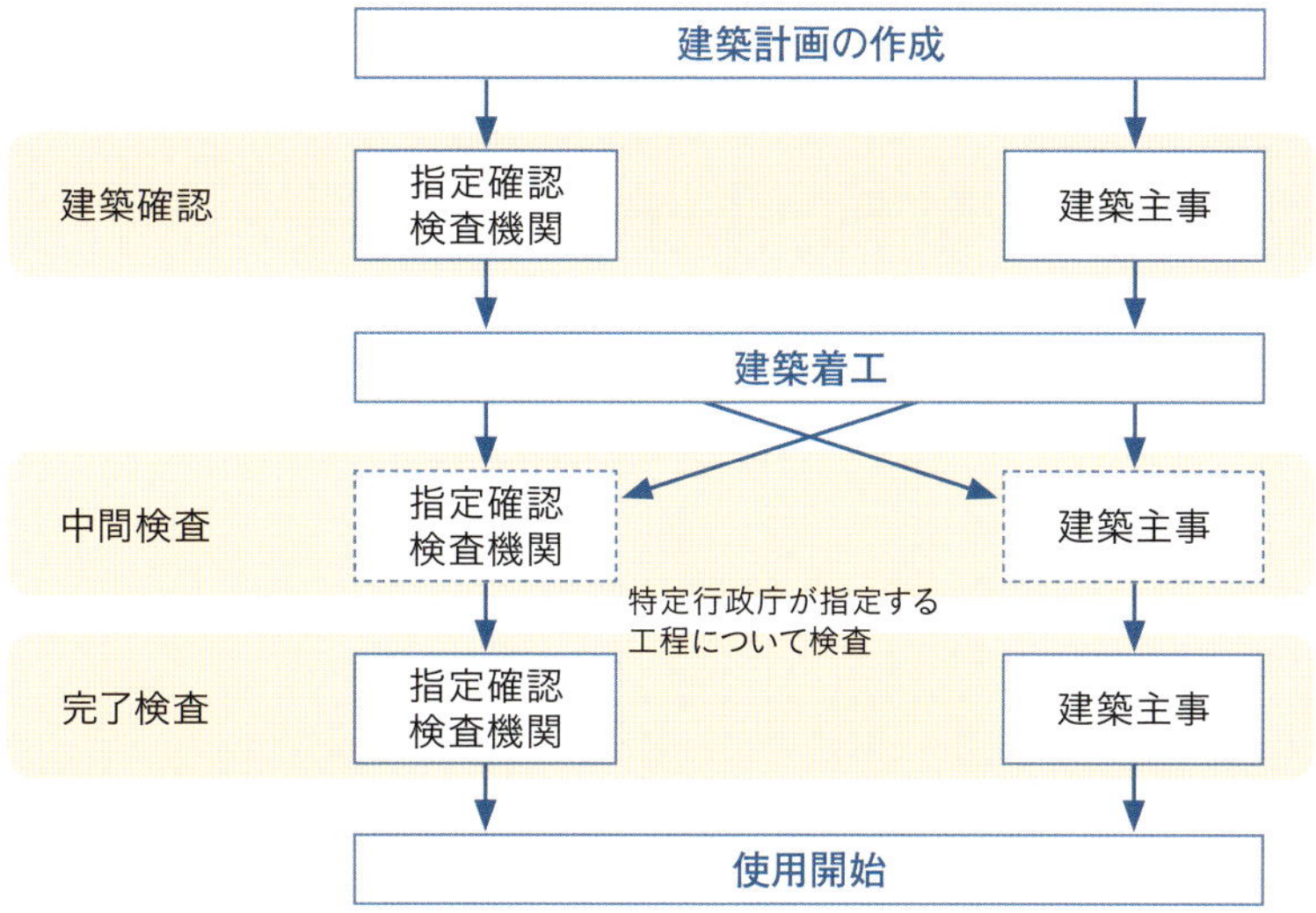

図2　建築確認業務の概要

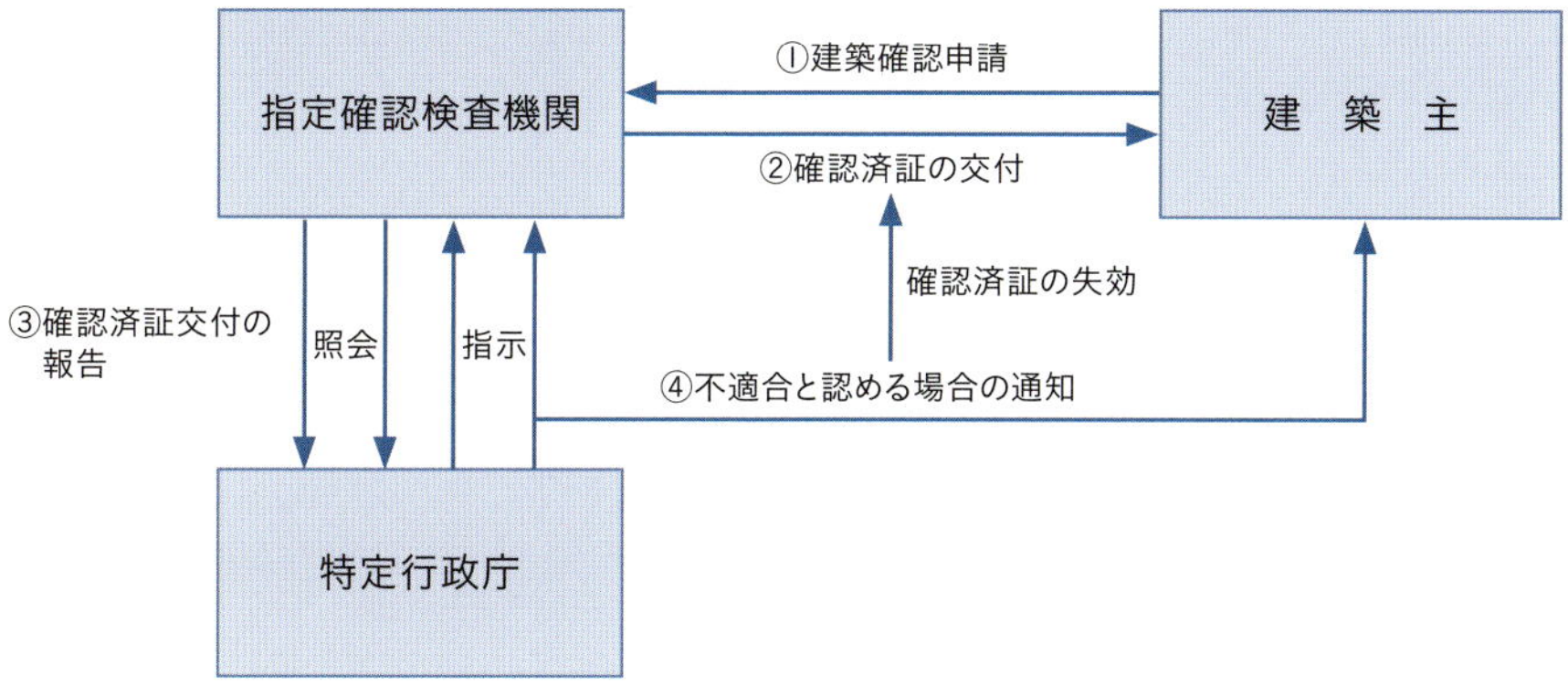

図3　検査業務の概要

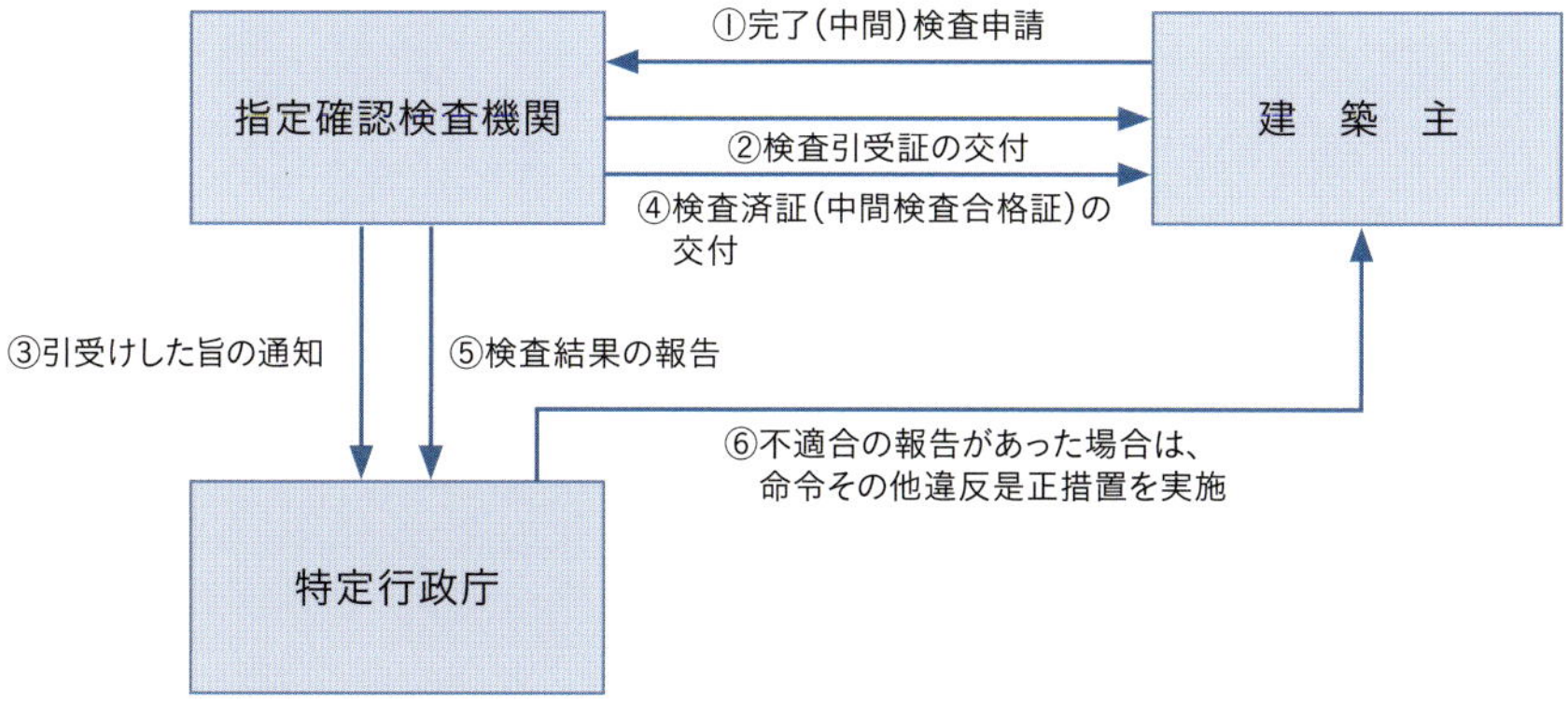

009

中間検査・完了検査

Point 法および地域で定められた工事工程で検査が必要

中間検査では、
- 建築材料の品質、検査結果、写真などの書類確認と特定工程時の施工状況の目視、計測確認

完了検査では、
- 建築材料の品質、検査結果、写真などの書類確認と竣工状況の目視、計測確認

完了検査はすべての建築物が対象だが、中間検査の対象建築物や検査を受ける時期（特定工程）は行政庁ごとに異なるので、あらかじめ確認したほうがよい。（3階以上の共同住宅の2階の床およびこれを支持する梁に鉄筋を配置する工程を除く）

中間検査に合格しなければ特定工程後の後続工程には工事着手できないので、工事監理者チェックは重要。

中間検査

阪神・淡路大震災を教訓に建築物の施工中に検査する制度が中間検査で、対象建築物は、次の2つである。

①階数が3以上の共同住宅で2階の床とこれを支持する梁がRC造のもの

②特定行政庁が構造、用途、規模などを定めて一定の工程を有するもの

中間検査申請（図1）
- 確認申請書類（確認と同一機関に提出した場合は不要）
- 構造耐力上主要な部分の軸組・接合部・鉄筋などの写真（検査の特例の適用を受ける場合）
- 軽微な変更があった場合の説明書
- 特定行政庁が定める書類
- 代理者の委任状（申請を代理者に委任する場合）

完了検査

建築物の工事が完了した場合は、建築主が建築主事または指定確認検査機関へ完了検査申請を行う。建築主事または指定確認検査機関はこれを受けて建築物が法令に適合しているかどうかの検査を行う。

完了検査申請（図2）
- 確認申請書類（確認と同一機関に提出した場合は不要）
- 各工程の軸組、仕口、鉄筋部分などの写真（検査の特例を受ける場合）
- 都市緑地法の認定を受けた場合は認定書の写し
- 軽微な変更があった場合の説明書
- 特定行政庁が定める書類
- 代理者の委任状（申請を代理者に委任する場合）
- 省エネ適合性判定を受けている物件のみ

①省エネ適合性判定に要した副本一式（設計図書含む）

②省エネ基準工事監理報告書

図1　中間検査の手続きフロー（申請先が指定確認検査機関の場合の一例）

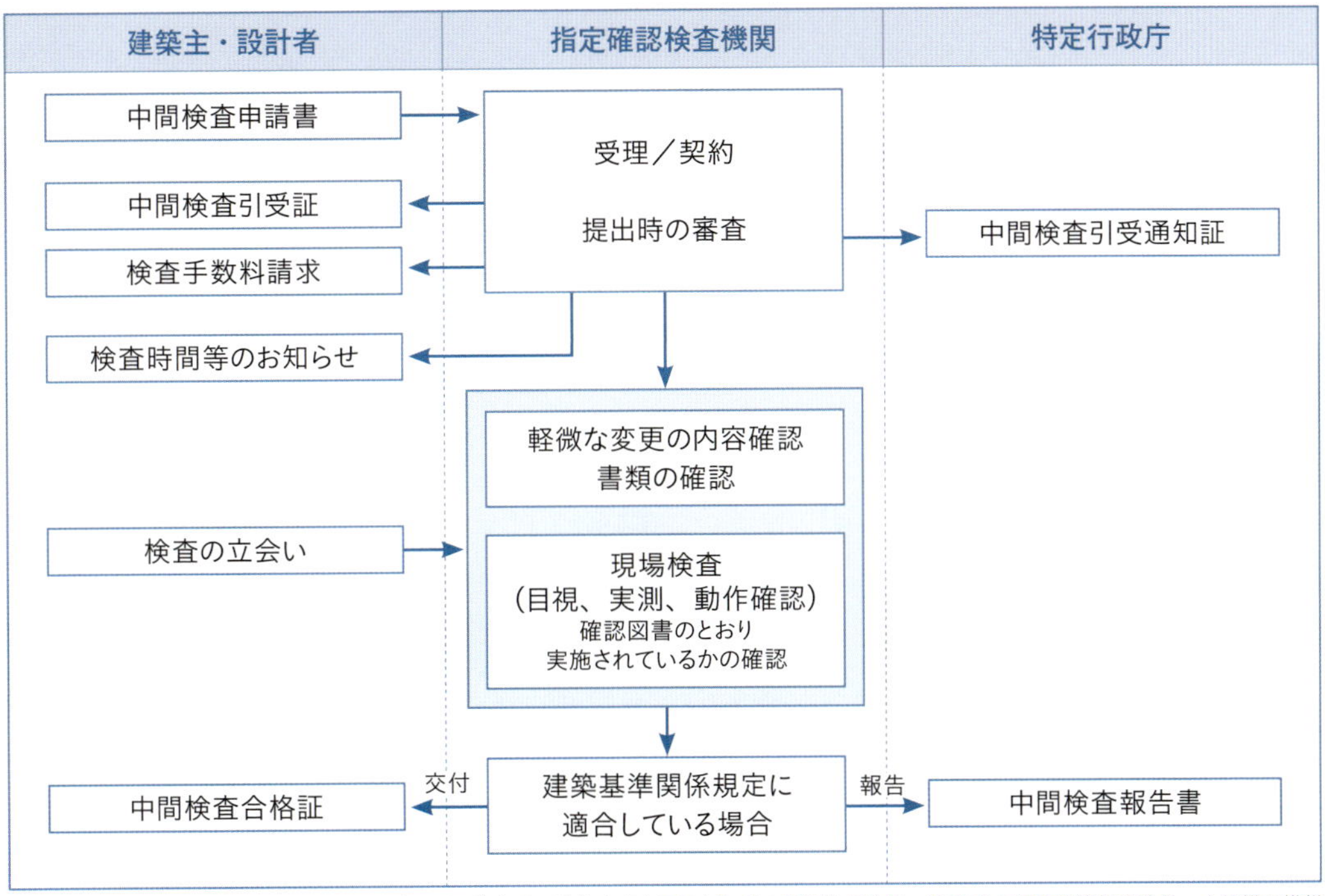

注 特定行政庁によっては、適用除外規定（国や都道府県、建築主事を置く市町村の建築物を除外、法85条の仮設建築物を除外、大規模の模様替・大規模の修繕は除外、工区分けをした場合の取り扱い等）を定めている

図2　完了検査の手続きフロー（申請先が指定確認検査機関の場合の一例）

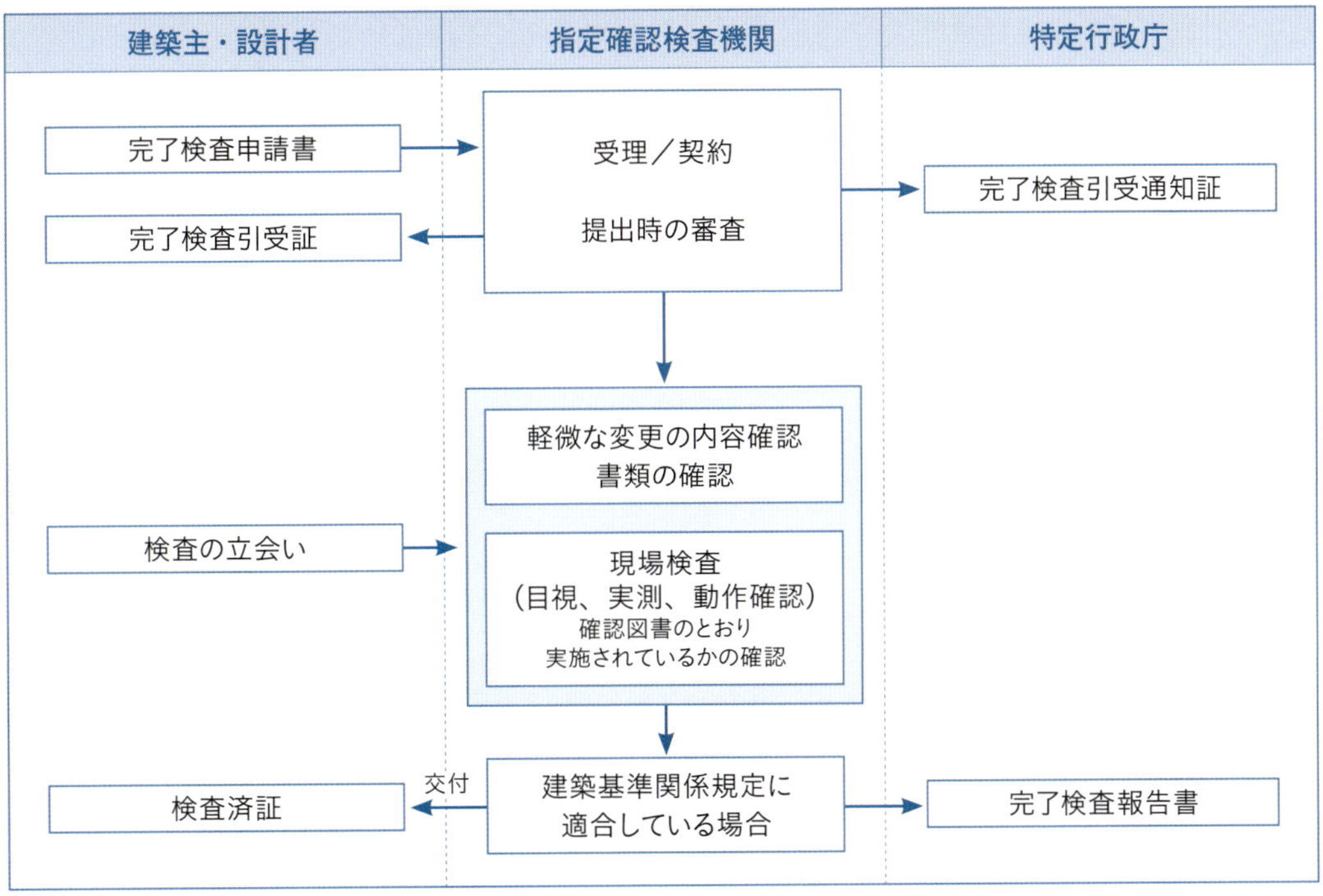

010

計画変更

Point

建築関係の計画の変更は
その工事前に必ず相談

手続きが必要かチェック

建築確認を受けた後に、建築主の要望や施工上の都合などにより設計の変更があった場合は、その変更が建築基準関係規定に適合しているかどうかについて、建築主事または指定確認検査機関のチェックを受けなくてはならない。この計画変更の手続きを行わなければ変更しようとする部分の工事着手ができない。またその変更が構造計算適合性判定を要する場合など手続きに時間がかかるケースもあることから、あらかじめ建築主事または指定確認検査機関に相談をしておく必要がある。

手続きのいらないケース

この計画変更には、一定の軽微な変更については計画変更確認申請の手続きを要しないケースもある。これは規則3条の2に規定されている（表）。また建築基準関係規定に関係のない変更も手続きはいらない。この軽微な変更は表に掲げるものであって、変更後も建築基準関係規定に適合することが明らかなものに限られる。また運用上の工夫があり、一の変更がこれら2以上の事項にわたる場合は1つの事項が軽微な変更に適合すれば「軽微な変更」となる（図）。

つまり計画変更には、当該変更をする前に確認申請を行う「計画変更確認申請」と手続きを要しない「軽微な変更」の2種類があり、どちらに該当するかは規則3条の2に書かれているが、事前に建築主事または指定確認検査機関に相談するほうがよい。

表　軽微な変更（規則3条の2第1項）

一　敷地に接する道路の幅員及び敷地が道路に接する部分の長さの変更
二　敷地面積が増加する場合の敷地面積及び敷地境界線の変更
三　建築物の高さが減少する場合における建築物の高さの変更
四　建築物の階数が減少する場合における建築物の階数の変更
五　建築面積が減少する場合における建築面積の変更
六　床面積の合計が減少する場合における床面積の変更
七　用途の変更（令第百三十七条の十七で指定する類似の用途相互間におけるものに限る。）
八　構造耐力上主要な部分であって、基礎ぐい、間柱、床版、屋根版又は横架材（小ばりその他これに類するものに限る。）の位置の変更
九　構造耐力上主要な部分である部材の材料又は構造の変更
十　構造耐力上主要な部分以外の部分であって、屋根ふき材、内装材、外装材、帳壁その他これらに類する建築物の部分、広告塔、装飾塔その他建築物の屋外に取り付けるもの若しくは当該取り付け部分、壁又は手すり若しくは手すり壁の材料若しくは構造の変更
十一　構造耐力上主要な部分以外の部分である天井の材料若しくは構造の変更又は位置の変更
十二　建築物の材料又は構造において、次の表の上欄に掲げる材料又は構造を同表の下欄に掲げる材料または構造とする変更（表省略）
十三　井戸の位置の変更
十四　開口部の位置及び大きさの変更
十五　建築設備の材料、位置又は能力の変更
十六　各号に掲げるもののほか、安全上、防火上及び避難上の危険の度並びに衛生上及び市街地の環境の保全上の有害の度に著しい変更を及ぼさないものとして国土交通大臣が定めるもの

図　「軽微な変更」手続きフロー

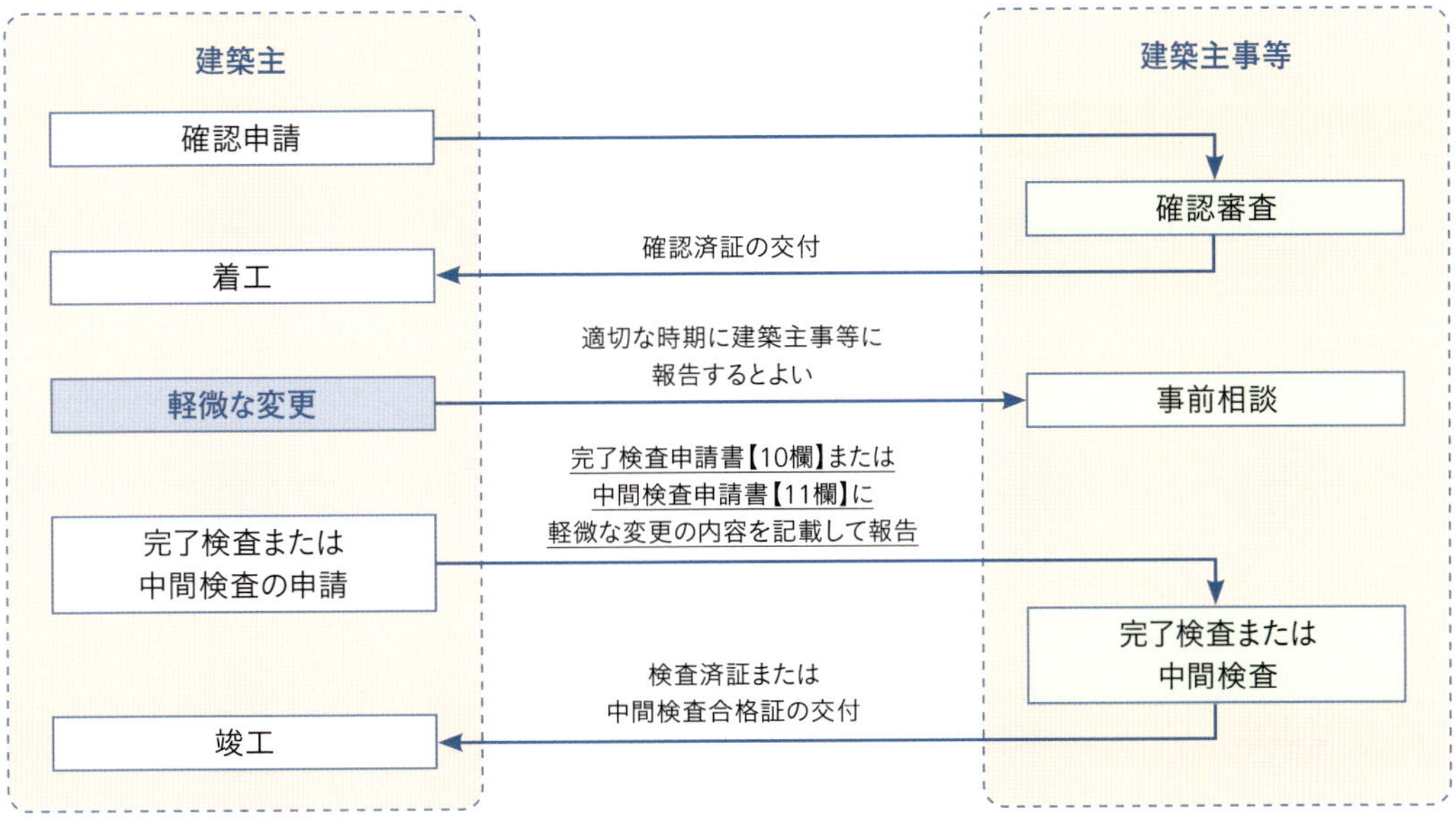

注 ㈶建築行政情報センターHPより一部加工のうえ転載
［改正前］…法6条1項の国土交通省で定める軽微な変更は、規則3条の2第1項各号に掲げるものとする。ただし、当該変更により建築基準関係規定に係る変更が生じる場合においては、この限りではない［改正後］…法6条1項の国土交通省で定める軽微な変更は、規則3条の2第1項各号に掲げるものであって、変更後も建築物の計画が建築基準関係規定に適合することが明らかなものとする

011

建築基準関係規定

Point

他の法令や条例も確認申請に関連する

法6条1項、令9条

建築物を建てる際、建築基準法はもちろんのこと、建築基準法に基づく命令や条例、そのほか建築基準法と同様に対象とされる法律に適合させなければならない。それらを「建築基準関係規定」といい、確認申請や検査の対象となる。

「建築基準関係規定」は法6条1項で

①この法律並びにこれに基づく命令及び条例の規定

②その他建築物の敷地、構造又は建築設備に関する法律並びにこれに基づく命令及び条例の規定で政令で定めるもの

とされている。

①に関しては建築基準法および同令の法文中に記載されている、

「条例で制限を付加できる」
「必要な規定は条例で定める」
「特定行政庁が指定するもの」
「条例で指定」
「特定行政庁は定めることができる」

などを根拠に、法令に基づく条例として地方公共団体が議会の議決を経て制定を行う。

②に関しては令9条で規定されており、消防法や都市計画法、下水道法、浄化槽法など「16の法」が対象（表1）。

また、令9条に規定される法以外にも、都市緑地法や高齢者、障害者等の移動等の円滑化の促進に関する法律（バリアフリー法）、建築物のエネルギー消費性能の向上に関する法律（省エネ法）はその法文中に「……は建築基準関係規定とみなす」と述べられており、これらも確認申請や検査の対象となる（表2）。

このように建築計画の際は、建築基準法以外にも条例や関係法令に基づく制定内容を事前に調べ、制限の有無を確認したうえで計画を行うことが必要である。

表1　建築基準関係規定（令9条）

法　律	適用条項	内　容
消防法	9条	火を使用する設備、器具等に関する規制
	9条の2	住宅用防災機器の設置
	15条	映写室の構造および設備の基準
	17条	消防用設備等の設置、維持
屋外広告物法	3条～5条	広告物の表示および広告物を提出する物件の設置の禁止または制限
港湾法	40条1項	臨港地区の分区内の規制
高圧ガス保安法	24条	家庭用設備等設置等
ガス事業法	162条	ガス消費機器の基準適合義務
駐車場法	20条	建築物の新築または増築の場合の駐車施設の付置
水道法	16条	給水装置の構造および材質
下水道法	10条1項	排水設備の設置等
	10条3項	排水設備の設置・構造
	25条の2	排水設備の技術上の基準に関する特例
	30条1項	都市下水路に接続する特定排水施設の構造
宅地造成及び特定盛土等規制法	12条1項、16条1項、30条1項、35条1項	宅地造成および特定盛土等に関する工事の許可および変更の許可
流通業務市街地の整備に関する法律	5条1項	流通業務地区内の規制
液化石油ガスの保安の確保及び取引の適正化に関する法律	38条の2	供給設備または消費設備の基準適合義務
都市計画法	29条1・2項	開発の許可
	35条の2第1項	開発の変更許可等
	41条2項	開発許可時の建蔽率等の指定
	42条	開発許可を受けた土地における建築物の制限
	43条1項	開発許可を受けた土地以外における建築物の制限
	53条1項	建築の許可
特定空港周辺航空機騒音対策特別措置法	5条1～3項	航空機騒音障害防止地区および航空機騒音障害防止特別地区内における建築の制限等
自転車の安全利用の促進及び自転車等の駐車対策の総合的推進に関する法律	5条4項	自転車等の駐車対策の総合的推進
浄化槽法	3条の2第1項	浄化槽によるし尿処理等
特定都市河川浸水被害対策法	10条	排水設備の技術上の基準に関する特例

表2　建築基準関係規定とみなす規定

法　律	適用条項	内　容
高齢者、障害者等の移動等の円滑化の促進に関する法律	14条1～3項	特別特定建築物の建築における基準適合義務等
都市緑地法	35条、36条、39条1項	敷地面積の一定割合以上の緑化
建築物のエネルギー消費性能の向上に関する法律	11条1項	特定建築物の建築における基準適合義務等

012

関連法

Point

住宅の計画に密接する関連法

消防法

前の項目で述べたように、建築計画にはさまざまな条例や関係規定がかかわってくる。

なかでも消防法は建築基準法の防火・避難の分野で密接に関係するため、消防法の規定による必要な消防用設備の設置や維持等に関しては事前に確認しておく必要がある。

住宅に関しては消防法9条の2に規定されている住宅用火災警報器の設置が必要になる。

新築住宅では、平成21年6月より義務化となり、既存住宅においても、平成23年6月1日までに順次義務化となった（図1）。

浄化槽法

建築基準関係規定である浄化槽法においては、便所と連結してし尿を処理し、公共下水道以外に放流するための設備または施設は浄化槽以外のものを設置してはならない、とされている。また、建築基準法においても、便所からの汚物を公共下水道以外に放流しようとする場合は浄化槽を設けなければならない、とされており、両法は互いに密接な関係にある。

その浄化槽の構造基準に関しては建築基準法上で、その他保守点検や清掃等に関する基準は浄化槽法で規定されている（図2）。

都市緑地法

都市緑地法に基づき、都市計画で定められた緑化地域では、「緑化地域制度」の手続きが必要になる。「緑化地域制度」とは一定規模以上の敷地で、建築物の新築や増築を行う場合に、定められた面積以上の緑化を義務付ける制度で確認申請や完了検査の際に「緑化地域制度」の規定に適合していることが必要である（図3）。

図1　消防法

住宅用火災警報器を設置する位置は階段室と寝室。台所等は地方公共団体の条例により義務化されている地域があるので事前に建築場所の火災予防条例を確認する必要がある

図2　浄化槽法

確認申請では主に、し尿等の処理方法や浄化槽から放流される水質、採用する浄化槽の人槽が適切かどうかが審査の対象となる

図3　都市緑地法

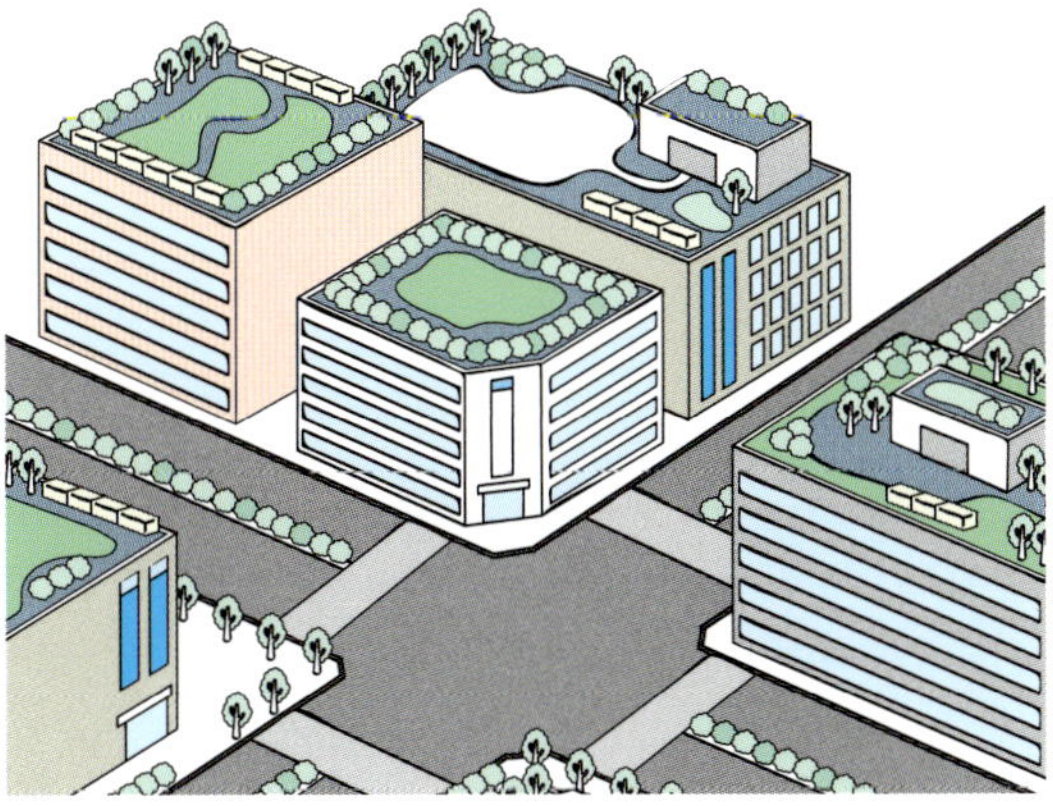

現在、名古屋市や横浜市、世田谷区などで制定されており、この地域で一定の規模以上の敷地に建築の計画を行う際は、確認申請の前に管轄行政庁で緑化地域制度による手続きを行うことが必要である。また、建築基準法の完了検査においては緑化が計画どおりに施工されているかどうかが検査の対象となる

013

消防同意・保健所通知

Point

確認申請の手続きのなかで行われること

建築計画には、道路や都市計画、下水道や保健所、文化財保護や警察署、消防署など、さまざまな行政部門が関係している。そのため、設計時に各関係機関とも調整する必要がある。

消防同意の仕組み

なかでも消防署は、建築基準法の防火・避難の分野で密接に関係する機関である。確認申請では建築主事や確認検査機関は、計画敷地の管轄の消防長等に、消防法の見地から計画建築物の防火・避難面での安全性に関する意見を聞き、問題ないという同意（「消防同意」）を受けた後でないと確認済証を交付できない。

消防同意が必要とされているのは、消防機関が防火の専門家の立場から建築物の新築等の段階で防火上の観点から審査し、火災予防行政の完ぺきを図らんとすることが目的とされている。よって本来なら消防機関が消防行政独自の見地から建築物について許可等の行政処分を行うべきところであるが、申請者側の立場から二重行政を排除しできるだけ効率的な運用を図るべく消防同意という制度がとられている。

消防同意の手続き・期間

消防同意の手続きは、小さな建築物（法6条1項4号に該当する建築物）は3日以内、その他の建築物では7日以内と法上で定められている（図）。

保健所への通知が必要なもの

確認申請を受理した審査機関は申請された計画敷地に浄化槽を設置する場合（表1）や、建物が建築物における衛生的環境の確保に関する法律（一般的に「ビル衛生管理法（ビル管法）」という）に規定する特定建築物（表2）に該当する建築物の場合、計画敷地の所管の保健所長に通知しなければならないとされている。

図　消防同意・消防通知のしくみ

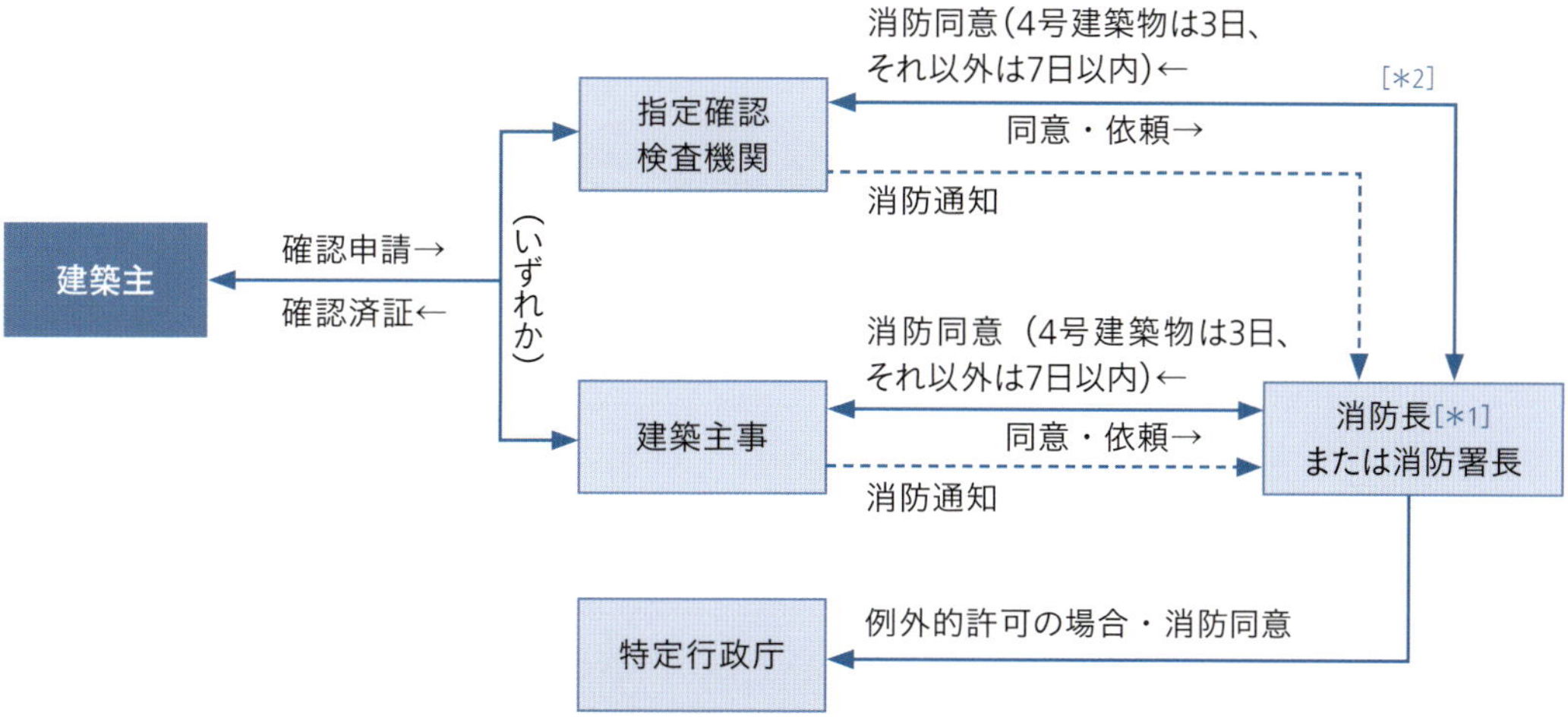

消防同意が不要で消防通知でよい場合

- 建築物が防火地域・準防火地域以外にある戸建住宅で住宅以外の用途の床面積≦延べ面積×1/2かつ住宅以外の用途の床面積≦50㎡のもの
- エレベータ、エスカレータなどの建築設備

＊1 消防本部を置かない市町村は、市町村長
＊2 図書の記載に不備があると審査は中断され、補正等の対応を行う期間は日数にカウントされないため、注意が必要

表1　浄化槽について

法31条2項の規定により浄化槽の構造や性能が確認審査の対象となるため、確認申請時に浄化槽設置届（地域によって書式や名称は異なる）に必要な書類を添付する。添付書類や提出する部数については地域によって異なるため、事前に管轄の保健所や確認申請を提出する審査機関に確認しておく必要がある

表2　特定建築物について

ビル管法に規定される特定建築物は同令1条に定められており、
①3,000㎡以上の興行場、百貨店、集会場、図書館、博物館、美術館、遊技場、店舗、事務所、学校教育法1条に規定する学校以外の学校（研修所を含む）、旅館
②8,000㎡以上の学校教育法1条に規定する学校
と、されている

注 建築基準法が、おおよそ建築物一般の構造設備を総括的に規制しているのに対して、ビル管法は建築物内の環境衛生上の実現可能な望ましい基準を定めている。設計が不備で構造上欠陥がある場合には、適切な維持管理をしようとしても良好な環境をつくりだすことはできないので、両法は密接な関連を有している

014

地方による手続き

Point

確認申請図書以外にも
地方により
必要な書類がある

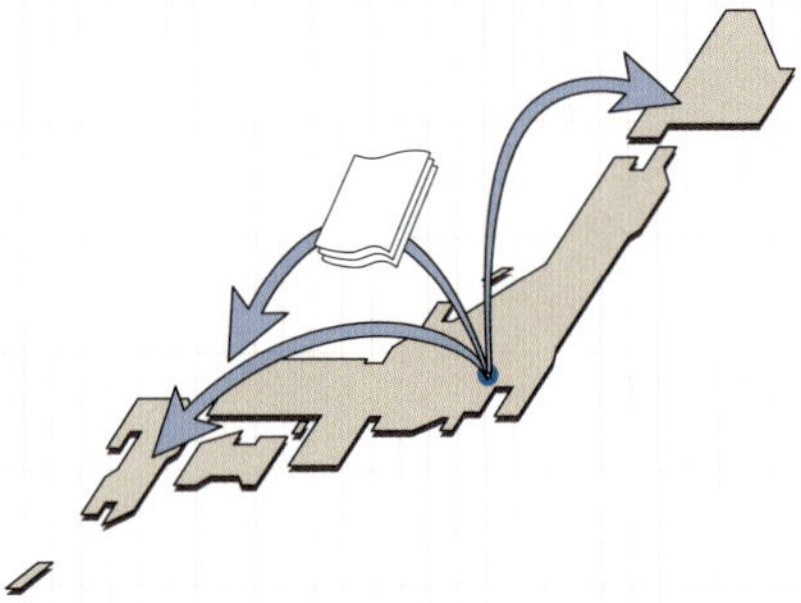

指定確認検査機関に確認申請を提出する際、地域によっては調査票や調査書という書類が必要になる場合がある。代表的な例として、東京都では「道路敷地関係調査票（通称「道路照会」）」、関西地方の「調査書（地域によって書式名は異なる）」といわれる書類がそれに当たる。内容は地域によって部分的に異なるが、特定行政庁が計画敷地ごとに建築基準関係規定などの規制内容を指定確認検査機関に情報を提供する制度である。

　具体的には建築基準関係規定はもとより、中高層紛争予防条例の申請進捗、風致地区や駐車場条例などの条例や指導要綱など、計画時に必要となる規制や制限、指導の内容も記載される［※1］。

特定行政庁ごとで異なる手続き

　東京都の「道路敷地関係調査票」は指定確認検査機関に確認申請を提出する際、同時に図1の調査票を提出する。申請を受理した審査機関は内容を確認し、審査機関から特定行政庁に照会依頼を行う。

　大阪市の「調査報告書」は指定確認検査機関に確認申請を提出する前に申請者が直接大阪市へ調査報告書を提出し、関係各課との協議を受ける。関係各課との協議完了後、指定確認検査機関に確認申請を提出する。東京都と大きく異なるのは、事前にこの手続きを完了させないと確認申請が受付されないところである。関西地方の大半は大阪市のように申請者が事前に「調査書」（地域によって書式名が異なる）（図2）を作成し、確認申請提出前に手続きを行う制度をとっている［※2］。

　このように確認申請図書以外にも必要な書類の有無や書式については地方によって異なるため、確認申請提出の際は事前に手続き内容を十分調査した上で取り組むことが重要である。

※1 たとえば建築基準関係規定の場合、①審査機関が集団規定を審査するうえで必要となってくる情報、②前述した中高層紛争予防条例などの手続きの進捗状況、着工までに申請が必要な制度などの手続き情報、③特定行政庁による街づくり上での規制についても指導内容としての記載がなされる
※2 特定行政庁によって「調査書」の書式、提出図面、必要書類、手続きの流れ、指定確認検査機関への通知方法が異なるため、申請敷地の所轄特定行政庁や申請敷地を業務エリアとしている指定確認検査機関のホームページや窓口で確認のうえ、準備を行うことが必要

図1　東京都の道路敷地関係調査票

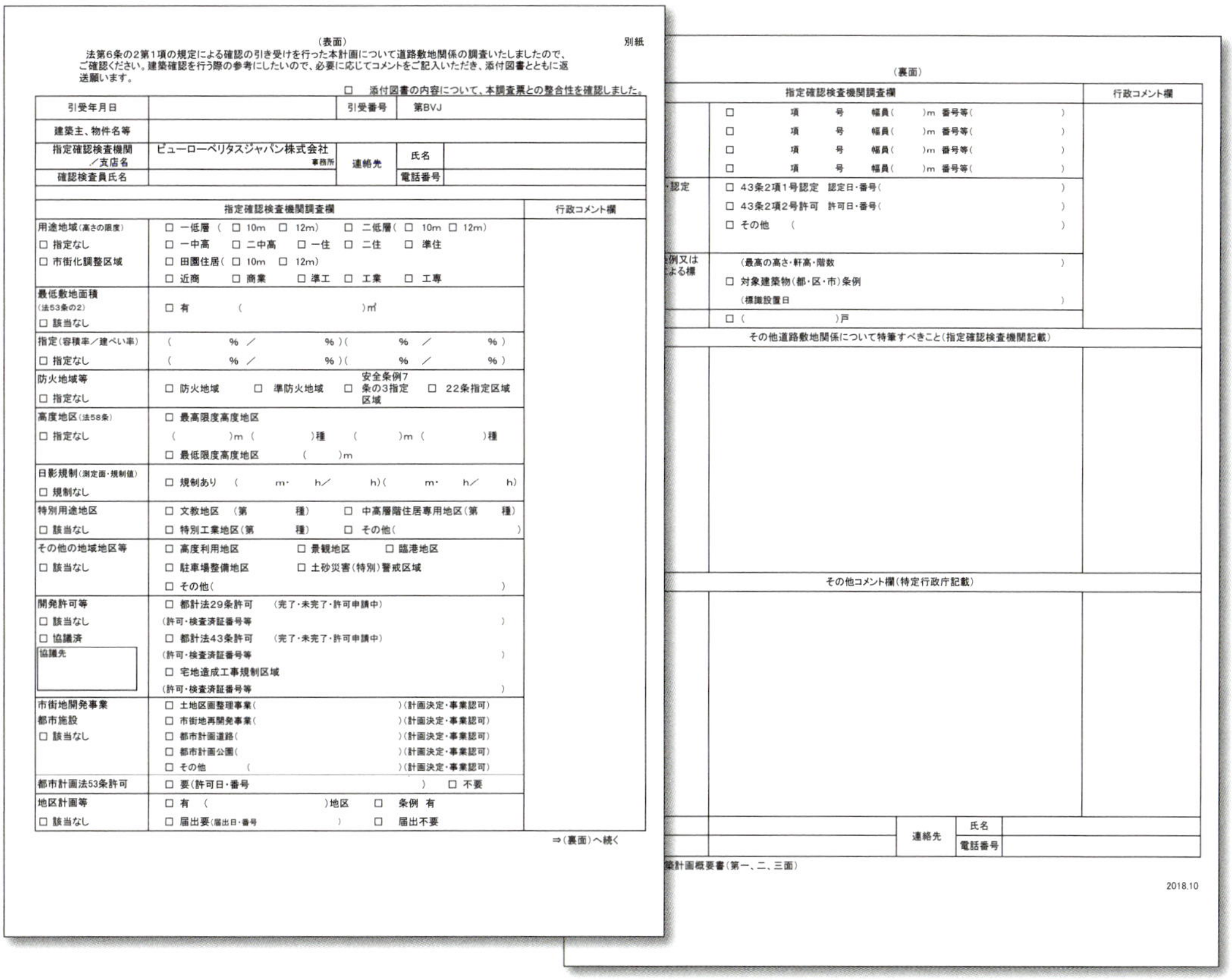

（表面）　別紙
法第6条の2第1項の規定による確認の引き受けを行った本計画について道路敷地関係の調査いたしましたので、ご確認ください。建築確認を行う際の参考にしたいので、必要に応じてコメントをご記入いただき、添付図書とともに返送願います。
□　添付図書の内容について、本調査票との整合性を確認しました。
引受年月日　引受番号　第BVJ
建築主、物件名等
指定確認検査機関／支店名　ビューローベリタスジャパン株式会社　事務所　連絡先　氏名
確認検査員氏名　電話番号
指定確認検査機関調査欄　行政コメント欄
用途地域（高さの限度）　□ 指定なし　□ 市街化調整区域　□ 一低層（□ 10m　□ 12m）　□ 二低層（□ 10m　□ 12m）　□ 一中高　□ 二中高　□ 一住　□ 二住　□ 準住　□ 田園住居（□ 10m　□ 12m）　□ 近商　□ 商業　□ 準工　□ 工業　□ 工専
最低敷地面積（法53条の2）　□ 該当なし　□ 有　（　）m²
指定（容積率／建ぺい率）　□ 指定なし　（　%　／　%）（　%　／　%）　（　%　／　%）（　%　／　%）
防火地域等　□ 指定なし　□ 防火地域　□ 準防火地域　□ 安全条例7条の3指定区域　□ 22条指定区域
高度地区（法58条）　□ 指定なし　□ 最高限度高度地区　（　）m（　）種　（　）m（　）種　□ 最低限度高度地区　（　）m
日影規制（測定面・規制値）　□ 規制なし　□ 規制あり　（　m・　h／　h）（　m・　h／　h）
特別用途地区　□ 該当なし　□ 文教地区　（第　種）　□ 中高層階住居専用地区（第　種）　□ 特別工業地区（第　種）　□ その他（　）
その他の地域地区等　□ 該当なし　□ 高度利用地区　□ 景観地区　□ 臨港地区　□ 駐車場整備地区　□ 土砂災害（特別）警戒区域　□ その他（　）
開発許可等　□ 該当なし　□ 協議済　協議先　□ 都計法29条許可　（完了・未完了・許可申請中）（許可・検査済証番号等　）　□ 都計法43条許可　（完了・未完了・許可申請中）（許可・検査済証番号等　）　□ 宅地造成工事規制区域（許可・検査済証番号等　）
市街地開発事業　都市施設　□ 該当なし　□ 土地区画整理事業（　）（計画決定・事業認可）　□ 市街地再開発事業（　）（計画決定・事業認可）　□ 都市計画道路（　）（計画決定・事業認可）　□ 都市計画公園（　）（計画決定・事業認可）　□ その他　（　）（計画決定・事業認可）
都市計画法53条許可　□ 要（許可日・番号　）　□ 不要
地区計画等　□ 該当なし　□ 有　（　）地区　□ 条例 有　□ 届出要（届出日・番号　）　□ 届出不要
⇒（裏面）へ続く

（裏面）
指定確認検査機関調査欄　行政コメント欄
□　項　号　幅員（　）m　番号等（　）
□　項　号　幅員（　）m　番号等（　）
□　項　号　幅員（　）m　番号等（　）
□　項　号　幅員（　）m　番号等（　）
・認定　□ 43条2項1号認定　認定日・番号（　）　□ 43条2項2号許可　許可日・番号（　）　□ その他　（　）
例又はよる標　（最高の高さ・軒高・階数　）　□ 対象建築物（都・区・市）条例　（標識設置日　）
□（　）戸
その他道路敷地関係について特筆すべきこと（指定確認検査機関記載）
その他コメント欄（特定行政庁記載）
連絡先　氏名　電話番号
築計画概要書（第一、二、三面）
2018.10

図2　大阪市の調査報告書

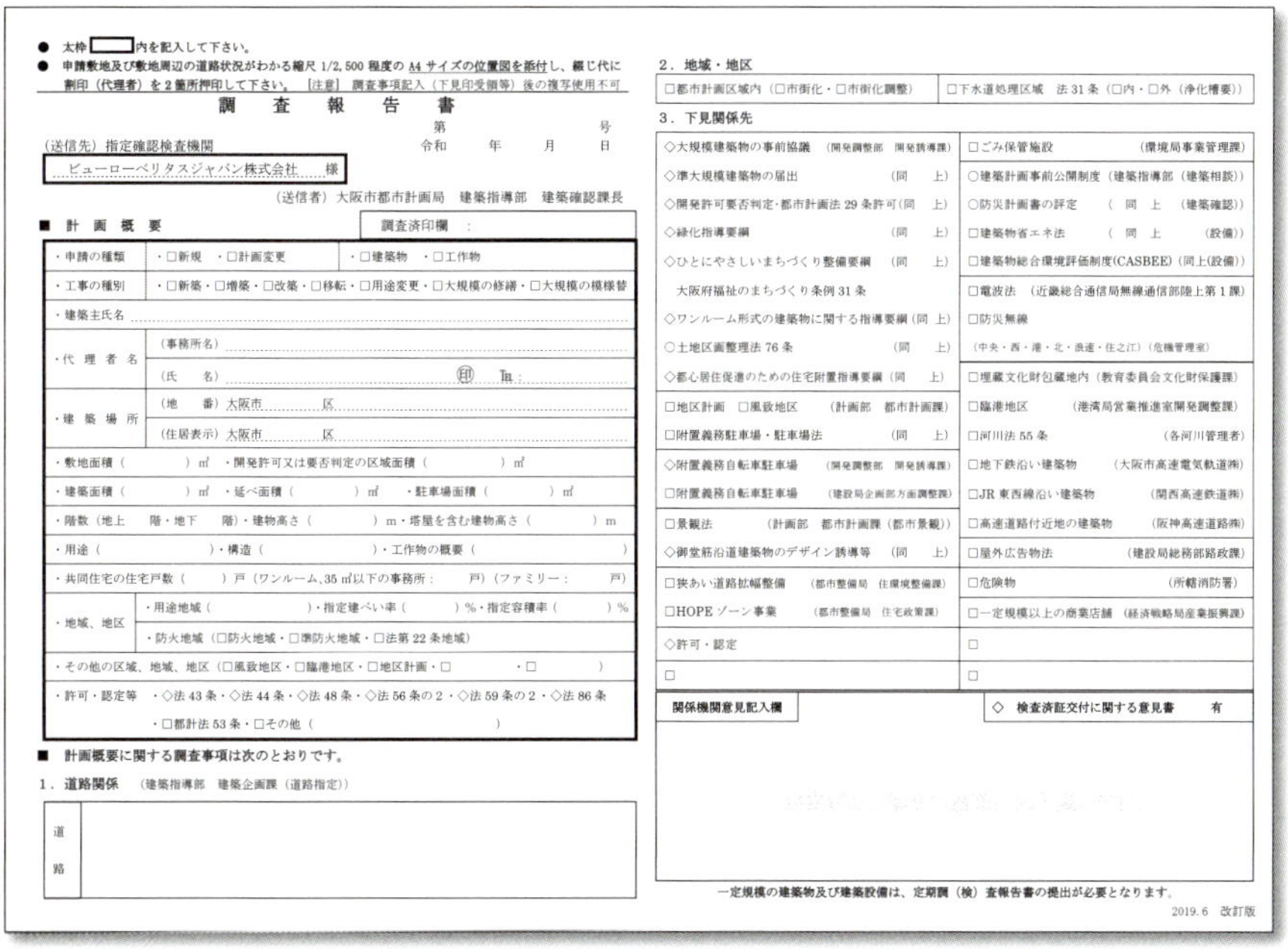

● 太枠□内を記入して下さい。
● 申請敷地及び敷地周辺の道路状況がわかる縮尺 1/2,500 程度の A4 サイズの位置図を添付し、綴じ代に割印（代理者）を 2 箇所押印して下さい。［注意］調査事項記入（下見印受領等）後の複写使用不可
調　査　報　告　書
第　号
令和　年　月　日
（送信先）指定確認検査機関
ビューローベリタスジャパン株式会社　様
（送信者）大阪市都市計画局　建築指導部　建築確認課長
■ 計　画　概　要　　調査済印欄　：
・申請の種類　・□新規　・□計画変更　・□建築物　・□工作物
・工事の種別　・□新築・□増築・□改築・□移転・□用途変更・□大規模の修繕・□大規模の模様替
・建築主氏名
・代理者名　（事務所名）　（氏　名）　㊞　℡：
・建築場所　（地　番）大阪市　区　（住居表示）大阪市　区
・敷地面積（　）m²　・開発許可又は要否判定の区域面積（　）m²
・建築面積（　）m²　・延べ面積（　）m²　・駐車場面積（　）m²
・階数（地上　階・地下　階）・建物高さ（　）m・塔屋を含む建物高さ（　）m
・用途（　）・構造（　）・工作物の概要（　）
・共同住宅の住宅戸数（　）戸（ワンルーム、35 m²以下の事務所：　戸）（ファミリー：　戸）
・地域、地区　・用途地域（　）・指定建ぺい率（　）%・指定容積率（　）%　・防火地域（□防火地域・□準防火地域・□法第 22 条地域）
・その他の区域、地域、地区（□風致地区・□臨港地区・□地区計画・□　・□　）
・許可・認定等　・◇法 43 条・◇法 44 条・◇法 48 条・◇法 56 条の 2・◇法 59 条の 2・◇法 86 条・□都計法 53 条・□その他（　）
■ 計画概要に関する調査事項は次のとおりです。
1．道路関係　（建築指導部　建築企画課（道路指定））
道路
2．地域・地区
□都市計画区域内（□市街化・□市街化調整）　□下水道処理区域　法 31 条（□内・□外（浄化槽要））
3．下見関係先
◇大規模建築物の事前協議（開発調整部　開発誘導課）
◇準大規模建築物の届出（同　上）
◇開発許可要否判定・都市計画法 29 条許可（同　上）
◇緑化指導要綱（同　上）
◇ひとにやさしいまちづくり整備要綱（同　上）
大阪府福祉のまちづくり条例 31 条
◇ワンルーム形式の建築物に関する指導要綱（同　上）
○土地区画整理法 76 条（同　上）
◇都心居住促進のための住宅附置指導要綱（同　上）
□地区計画　□風致地区（計画部　都市計画課）
□附置義務駐車場・駐車場法（同　上）
◇附置義務自転車駐車場（開発調整部　開発誘導課）
□附置義務自転車駐車場（建設局企画部方面調整課）
□景観法（計画部　都市計画課（都市景観））
◇御堂筋沿道建築物のデザイン誘導等（同　上）
□狭あい道路拡幅整備（都市整備局　住環境整備課）
□HOPE ゾーン事業（都市整備局　住宅政策課）
◇許可・認定
□
□ごみ保管施設（環境局事業管理課）
○建築計画事前公開制度（建築指導部（建築相談））
○防災計画書の評定（同　上（建築確認））
□建築物省エネ法（同　上（設備））
□建築物総合環境評価制度(CASBEE)（同上(設備)）
□電波法（近畿総合通信局無線通信部陸上第 1 課）
□防災無線（中央・西・港・北・浪速・住之江）（危機管理室）
□埋蔵文化財包蔵地内（教育委員会文化財保護課）
□臨港地区（港湾局営業推進室開発調整課）
□河川法 55 条（各河川管理者）
□地下鉄沿い建築物（大阪市高速電気軌道㈱）
□JR 東西線沿い建築物（関西高速鉄道㈱）
□高速道路付近地の建築物（阪神高速道路㈱）
□屋外広告物法（建設局総務部路政課）
□危険物（所轄消防署）
□一定規模以上の商業店舗（経済戦略局産業振興課）
□
□
関係機関意見記入欄　◇ 検査済証交付に関する意見書　有
一定規模の建築物及び建築設備は、定期調（検）査報告書の提出が必要となります。
2019.6　改訂版

M e m o

第2章 木2申請書類の書き方

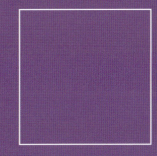

015

確認申請に必要な書類

Point

必要書類は事前にチェック。添付漏れに注意する

代表的な書類

確認申請時に必要となる代表的な書類（図）には以下のものがある。

①確認申請書（第一面～第六面）
②委任状（代理者が申請を行う場合。任意書式）
③建築計画概要書（第一面～第三面）
④建築工事届（第一面～第四面）
⑤設計図書

構造図・構造計算書を要する場合

⑥構造計算によって建築物の安全性を確かめた旨の証明書（構造計算安全証明書）
（ただし構造設計1級建築士が関与した場合は不要）
⑦構造に関する設計図書
⑧構造計算書

浄化槽を設置する場合

⑨浄化槽設置届（書式等は地域により異なる）

その他、前項で紹介した地域により必要となる書類。

ここでは、これらの書類の書き方について、実際の書面をもとに紹介する（項目016～027）。

また、確認申請書に添付する図書は数が多く、書類相互や図面との不整合が起こりやすいため、注意が必要である。

その他、特定行政庁によっては、本書で紹介する以外の記入方法を指導する場合もある、その場合は、指導に従い、書類を作成してほしい。

建築士の記名

設計図書に関しては、建築士法20条により、業務に必要な表示行為として、「設計図書には1級建築士、2級建築士、木造建築士である旨の表示をして記名をしなければならない」とされており、作成した設計図書すべてに建築士の登録番号および氏名を記入しなければならない。

図 代表的な書類

第二号様式(第一条の三、第三条、第三条の三関係) (A4)

確 認 申 請 書 (建 築 物)

(第一面)

建築基準法第6条第1項又は第6条の2第1項の規定による確認を申請します。この申請書及び添付図書に記載の事項は、事実に相違ありません。

建築主事又は指定確認検査機関

○○○○　御中

○年　○月　○日

申請者氏名

設計者氏名

※手数料欄			
※受付欄	※消防関係同意欄	※決裁欄	※確認番号欄
係員氏名			

委 任 状

年　月　日

○○○○　御中

建築主等、設置者又は築造主

住所

氏名　印*

私は、○○○○を代理者と定め、下記の建築物等に係る建築基準法の規定に基づく手続き(○○○○から交付される確認済証、中間検査合格証、検査済証及び仮使用認定通知書等の受領を含む)に関する一切の権限を委任します。

記

1. 申請の区分(該当する項目全ての□枠内にレ印)
- □ 確認
- □ 計画変更確認
- □ 中間検査
- □ 完了検査
- □ 仮使用認定
- □ 建築主等変更届
- □ 工事監理者届
- □ 工事施工者届
- □ 取下届
- □ 取止届
- □ その他　(　　　)

2. 敷地の建築場所、設置場所又は築造場所(地名地番)

建築計画概要書(第三面)

付近見取図

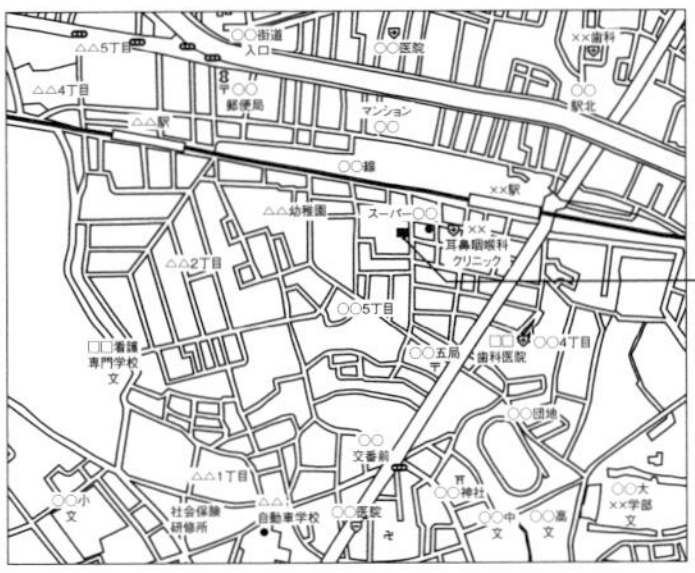

配置図

縮尺 S=1：○○○

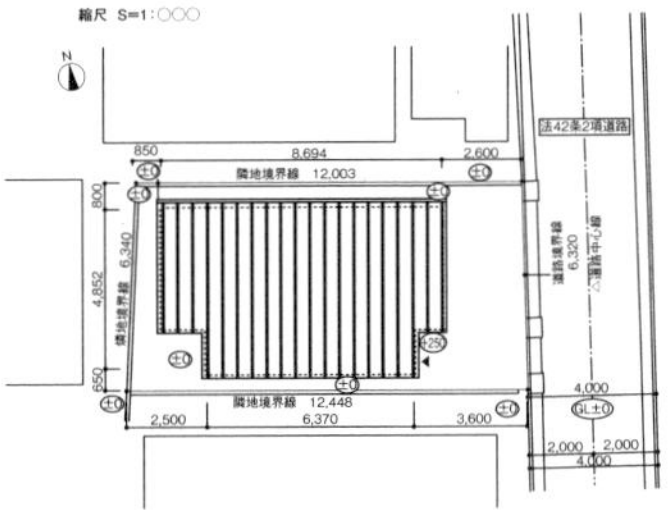

第四十号様式(第八条関係)

建築基準法第15条第1項の規定による

建築工事届

(第一面)

年　月　日

知事 様

建築主
- 氏名
- 郵便番号
- 住所
- 電話番号

工事施工者(設計者又は代理者)
- 氏名
- 営業所名(建築士事務所名)
- 郵便番号
- 所在地
- 電話番号

工事監理者
- 氏名
- 営業所名(建築士事務所名)
- 郵便番号
- 所在地
- 電話番号

建築確認
- 確認済証番号　第　　号
- 確認済証交付年月日　年　月　日
- 確認済証交付者

除却工事施工者
- 氏名
- 営業所名
- 郵便番号
- 所在地
- 電話番号

※受付経由機関記載欄

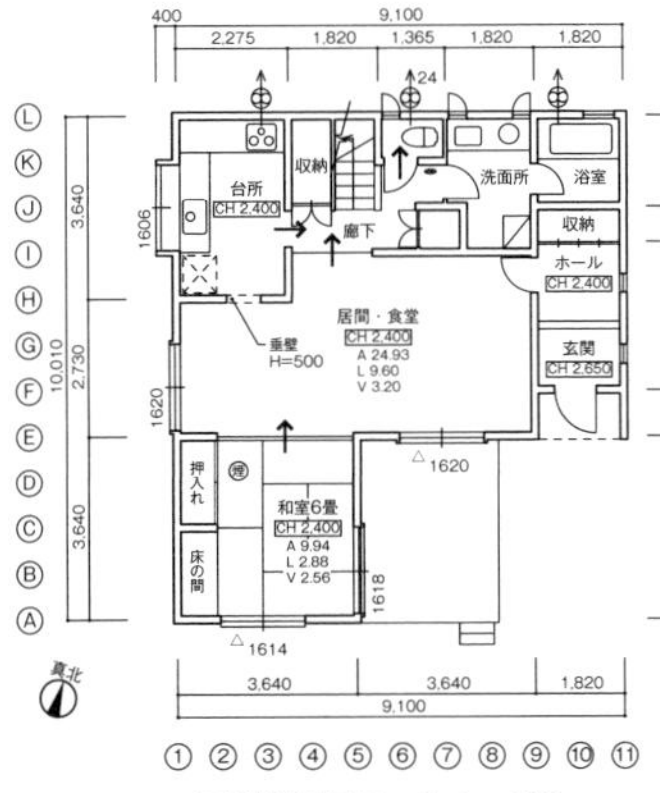

■1階平面図　S=1：100

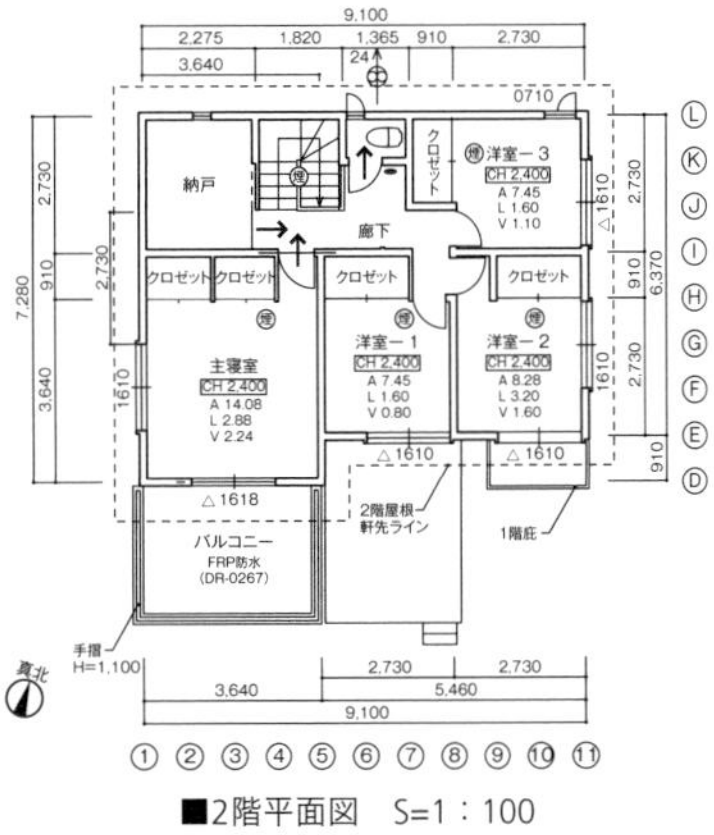

■2階平面図　S=1：100

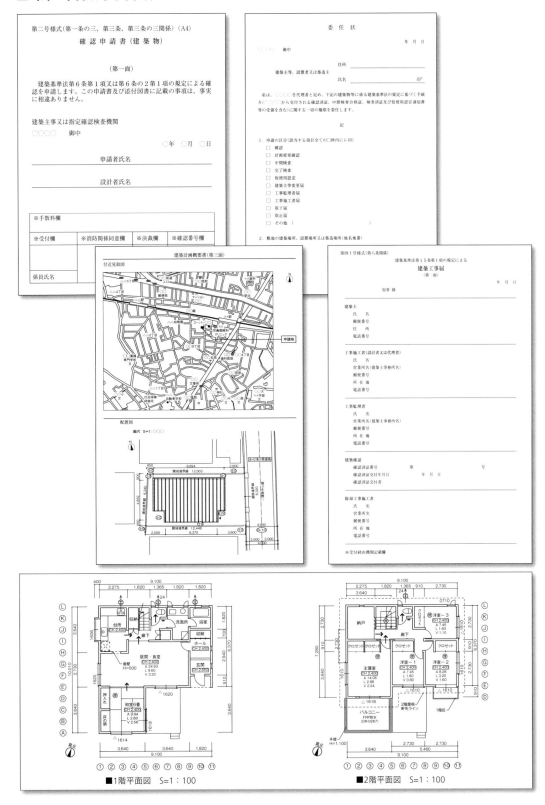

016

確認申請書【第一面】

Point

建築主・設計者の記名漏れに注意

確認申請書とは

確認申請書は建築計画の概要を書面で表すものである。申請書は6面構成になっており、

第一面＝宣誓文
第二面＝建築計画に携わる人の情報
第三面＝敷地単位の計画の概要
第四面＝建物ごとの概要
第五面＝建物の階別の概要
第六面＝建築物の2以上の部分がエキスパンションジョイント等で分けられた棟ごとの概要

を記載する構成になっている。

書式は施行規則により様式が定められており、最近では、毎年のように様式が改められている。確認申請に係る建築設計に複数の設計者がかかわっている場合には、設計責任を明確にするため、確認申請書の設計者欄に意匠・構造・設備設計にかかわったすべての設計者の氏名を記載することになった。

さらに、平成21年11月27日より、改正建築士法が全面施行になり、定められた規模以上の構造設計・設備設計を行う場合には構造設計1級建築士および設備設計1級建築士の関与が義務付けられ、確認申請書にはそれぞれの氏名も記載することになった。

確認申請書の審査

確認審査では確認申請書の記載内容と設計図書で明示された建築計画との整合性などがチェックされる。また、設計図書に関しては、確認申請書第二面に記載したそれぞれの設計者が「作成または確認した設計図書」と、それらの図書にそれぞれの設計者の記名がなされているかということも確認申請書に関連する審査項目の対象になるので、設計図書には記名漏れのないよう注意が必要である。

第二号様式（第一条の三、第三条、第三条の三関係）（A4）

確 認 申 請 書（建 築 物）

（第一面）

建築基準法第６条第１項又は第６条の２第１項の規定による確認を申請します。この申請書及び添付図書に記載の事項は、事実に相違ありません。

建築主事又は指定確認検査機関

○○○○　　御中

○年　○月　○日

申請者氏名❶ 建築 太郎

設計者氏名❷ 知識 次郎

❸

※手数料欄			
※受付欄	※消防関係同意欄	※決裁欄	※確認番号欄
			年　月　日
			第　　号
係員氏名			係員氏名

超重要! 各面共通：数字は算用数字を、単位はｍ法を用い、小数点以下第3位を切り捨てを原則とする

❶法人や団体の場合は代表者の氏名を記入。複数の場合は全員の氏名を記入する（別紙でも可）

❷設計者が複数の場合は、代表となる設計者の氏名を記入する

❸この欄は記入しない

017

確認申請書【第二面】

Point

建築計画にかかわる人の情報を記入するページ

（第二面）

建築主等の概要

❶【1.建築主】
　【イ.氏名のフリガナ】　ケンチクタロウ
　【ロ.氏　　名】　建築太郎
　【ハ.郵便番号】　〒231－○○○○
　【ニ.住　　所】　神奈川県横浜市中区山下町○丁目○－○
　【ホ.電話番号】　045－○○○－○○○○

❷【2.代理者】
　【イ.資　　格】　（1級）建築士　（大臣）登録第○○○○号
　【ロ.氏　　名】　知識次郎
　【ハ.建築士事務所名】　（1級）建築士事務所　（東京都）知事登録第○○○○号
　　㈱ビューロー建築設計事務所
　【ニ.郵便番号】　〒160－○○○○
　【ホ.所 在 地】　東京都新宿区西新宿○丁目○－○
　【ヘ.電話番号】　03－○○○○－○○○○

❸【3.設計者】
❹（代表となる設計者）
　【イ.資　　格】　（1級）建築士　（大臣）登録第○○○○号
　【ロ.氏　　名】　知識次郎
❺【ハ.建築士事務所名】　（1級）建築士事務所　（東京都）知事登録第○○○○号
　　㈱ビューロー建築設計事務所
　【ニ.郵便番号】　〒160－○○○○
　【ホ.所 在 地】　東京都新宿区西新宿○丁目○－○
　【ヘ.電話番号】　03－○○○○－○○○○
❻【ト.作成又は確認した設計図書】意匠図一式、設備図一式
❼（その他の設計者）
　【イ.資　　格】　（1級）建築士　（大臣）登録第○○○○号
　【ロ.氏　　名】　構造三郎
　【ハ.建築士事務所名】　（1級）建築士事務所　（大阪府）知事登録第○○○○号
　　㈱ベリタス構造設計事務所
　【ニ.郵便番号】　〒541－○○○○
　【ホ.所 在 地】　大阪府大阪市中央区北浜○丁目○－○
　【ヘ.電話番号】　06－○○○○－○○○○
　【ト.作成又は確認した設計図書】構造図一式、構造計算書
❽（構造設計一級建築士または設備設計一級建築士である旨の表示をした者）
　上記の設計者のうち、
❾■建築士法20条の2第1項の表示をした者
　【イ.氏名】　構造三郎
　【ロ.資格】　構造設計一級建築士交付第○○○○号
　□建築士法20条の2第3項の表示をした者
　【イ.氏名】
　【ロ.資格】　構造設計一級建築士交付第　　号
❿□建築士法20条の3第1項の表示をした者
　【イ.氏名】
　【ロ.資格】　設備設計一級建築士交付第　　号
　【イ.氏名】
　【ロ.資格】　設備設計一級建築士交付第　　号

❶建築主が複数の場合は、代表となる建築主について記入。そのほかの建築主については、別紙に必要な事項を記入して添付する

❷建築主からの委任を受けて申請を行う者がいる場合、この欄に記入。その際は必ず委任状（任意書式）を添付

❸申請にかかわる建築物の設計を行った者および構造設計に一級建築士、設備設計一級建築士で法適合確認を行った者全員の氏名を記載する。この欄に記載するのは、建築士法上、申請建物を設計できる資格をもつ建築士であり、設計者の指示のもと行われるトレースや、CAD作図など補助業務のみを行った者については記載する必要がない

❹資格、建築士事務所の欄は、建築士の前の（ ）に建築資格である（一級）（二級）（木造）の別を記入。登録の前の（ ）には建築士、建築士事務所の登録を受けた機関を（大臣）（東京都知事）などのように記入する。その他の設計者や工事監理者についても同様とする

❺原則として設計者の属している建築士事務所について記入。建築士事務所に属していない人は設計者個人の情報を記入。この場合、建築士法23条の10（無登録業務の禁止）に当たらないように注意

❻各設計者が作成または法適合確認した図書を記入。添付図書には、それぞれ作成した設計者の氏名、押印が必要である。
（注意）申請書の各設計者ごとに「作成した図書」と添付図書の図面名・設計者名・捺印が一致していることを確認

❼代表となる設計者以外で当該申請にかかわる建築物の設計を行った者がいれば記入する。「その他の設計者」で該当する者がいなければ空欄で申請

【イ.氏名】
【ロ.資格】　設備設計一級建築士交付第　号
□建築士法20条の3第3項の表示をした者
【イ.氏名】
【ロ.資格】　設備設計一級建築士交付第　号
【イ.氏名】
【ロ.資格】　設備設計一級建築士交付第　号
【イ.氏名】
【ロ.資格】　設備設計一級建築士交付第　号

⑪【4.建築設備の設計に関し意見を聴いた者】
（代表となる建築設備の設計に関し意見を聴いた者）
【イ.氏　　名】　設備四郎
【ロ.勤 務 先】　ジャパン設備事務所
【ハ.郵便番号】　〒460－○○○○
【ニ.所 在 地】　愛知県名古屋市中区栄○丁目○－○
【ホ.電話番号】　052－○○○－○○○○
【ヘ.登録番号】　○○○○
【ト.意見を聴いた設計図書】　設備図一式
（その他の建築設備の設計に関し意見を聴いた者）
【イ.氏　　名】
【ロ.勤 務 先】
【ハ.郵便番号】
【ニ.所 在 地】
【ホ.電話番号】
【ヘ.登録番号】
【ト.意見を聴いた設計図書】

⑫【5.工事監理者】
（代表となる工事監理者）
【イ.資　　格】　（1級）建築士　（大臣）登録第○○○○号
【ロ.氏　　名】　知識次郎
【ハ.建築士事務所名】　（1級）建築士事務所　（東京都）知事登録第○○○○号
㈱ビューロー建築設計事務所
【ニ.郵便番号】　〒160－○○○○
【ホ.所 在 地】　東京都新宿区西新宿○丁目○－○
【ヘ.電話番号】　03－○○○○－○○○○
⑬【ト.工事と照合する設計図書】　設計図書一式
（その他の工事監理者）
【イ.資　　格】　（　）建築士　（　）登録第級号
【ロ.氏　　名】
【ハ.建築士事務所名】　（　）建築士事務所　（　）知事登録第級号
【ニ.郵便番号】
【ホ.所 在 地】
【ヘ.電話番号】
【ト.工事と照合する設計図書】

【6.工事施工者】
⑭【イ.氏　　名】　横浜太郎
【ロ.営業所名】建設業の許可　（神奈川県知事）第○○○○号
㈱横浜建設
【ハ.郵便番号】　〒231－○○○○
【ニ.所 在 地】　神奈川横浜市鶴見区中央○丁目○－○
【ホ.電話番号】　045－○○○－○○○○

⑮【7.構造計算適合性判定の申請】
□申請済（　）
□未申請（　）
■申請不要

⑯【8.建築物エネルギー消費性能確保計画の提出】
□提出済　（　）
□未提出　（　）
■提出不要（　）

⑰【9.備　考】　建築太郎邸《ケンチクタロウテイ》

---

❽ ④、⑦で記入した設計者のうち構造設計1級建築士、設備設計1級建築士である旨を表示した者がいる場合、該当するボックスをチェックする。設計者欄とこの欄両方に名前が入り、資格欄に記入する番号は異なることに注意する。
建築士法20条の2第1項
―構造設計1級建築士が設計した場合
建築士法20条の2第3項
―構造設計1級建築士が法適合確認した場合
建築士法20条の3第1項
―設備設計1級建築士が設計した場合
建築士法20条の3第3項
―設備設計1級建築士が法適合確認した場合

❾構造設計一級建築士が構造図書を作成した場合、または法適合確認した場合に記載

❿設備設計一級建築士が設備図書を作成した場合、または法適合確認をした場合に記載

⓫建築設備の設計について建築設備士に意見を聴いた場合に記載。【ヘ】欄には建築設備士の登録番号を記入。原則として設計者同様、属している勤務先について記入。所属していない人は個人の情報を記入

⓬**超重要!** 未定の場合は【ロ.氏名】欄に「未定」と記入。後で定まってから工事着手前に必ず工事監理者届を提出すること。行政によっては確認時に決定しておくよう指導や条例化しているところもある（特に近畿方面）

⓭1人の監理者が工事と照合する場合は、記載例で可。その他の工事監理者がいる場合は、工事と照合する設計図書について分けて表示

⓮氏名は、施工会社の代表者の氏名を記入。営業所名には、建設業の許可者および許可番号、建設会社名を記入。許可番号は5年ごとに更新されるため、有効期限に注意。未定の場合は【イ.氏名】欄に「未定」と記入。後で定まってから必ず工事施工者届を提出する

⓯該当するチェックボックスに「レ」マークを入れ、申請済の場合には、申請をした都道府県名または指定構造計算適合性判定機関の名称および事務所の所在地を記入。未申請の場合には、申請する予定先の名称および事務所の所在地を記入する[※]

⓰該当するチェックボックスに「レ」マークを入れ、提出済の場合には、提出した所管行政庁名または省エネ判定機関の名称および事務所の所在地を記入。未提出の場合には、提出する予定先の名称および所在地を記入する。提出不要の場合には、床面積を記入するなど提出が不要である理由を記載し、その根拠図書を添付する

⓱建物の名称、工事名称が決まっていれば記入

018

確認申請書【第三面】

Point

敷地単位でみた建築計画の概要を記入するページ

❶(第三面)

建築物及びその敷地に関する事項

❷【1. 地名地番】 ○○県○○市○○　○丁目○−○

❸【2. 住居表示】 ○○県○○市○○　○丁目○−○

❹【3. 都市計画区域及び準都市計画区域の内外の別等】
■都市計画区域内　(■市街化区域　□市街化調整区域　□区域区分非設定)
□準都市計画区域内　□都市計画区域及び準都市計画区域外

❺【4. 防火地域】 □防火地域　■準防火地域　□指定なし

❻【5. その他の区域、地域、地区又は街区】 下水処理区域内、第2高度地区

【6. 道　　路】
❼【イ. 幅　　員】 4.0m
❽【ロ. 敷地と接している部分の長さ】 10.0m

【7. 敷地面積】 ❿
【イ. 敷地面積】 ❾(1)(160㎡)(　)(　)(　)
⓫(2)(　)(　)(　)(　)
【ロ. 用途地域等】 (第1種中高層住居専用)(　)(　)(　)
⓬【ハ. 建築基準法第52条第1項及び第2項の規定による建築物の容積率】
(160%)(　)(　)(　)
【ニ. 建築基準法第53条第1項の規定による建築物の建蔽率】
(60%)(　)(　)(　)
【ホ. 敷地面積の合計】 (1) 160㎡
(2)
⓭【ヘ. 敷地に建築可能な延べ面積を敷地面積で除した数値】 160%
【ト. 敷地に建築可能な建築面積を敷地面積で除した数値】 60%
⓮【チ. 備　　考】

⓯【8. 主要用途】(区分08010) 一戸建ての住宅

⓰【9. 工事種別】
■新築　□増築　□改築　□移転　□用途変更　□大規模の修繕　□大規模の模様替

【10. 建築面積】	(申請部分)	(申請以外の部分)	(合計)
【イ. 建築物全体】 ⓱	(91.40㎡)	( )	(91.40㎡)
【ロ. 建蔽率の算定の基礎となる建築面積】	(91.40㎡)	( )	(91.40㎡)
【ハ. 建蔽率】	57.13%		

【11. 延べ面積】	(申請部分)	(申請以外の部分)	(合計)
⓲【イ. 建築物全体】	(199.50㎡)	( )	(199.50㎡)
⓴【ロ. 地階の住宅又は老人ホーム等の部分】	( )	( )	( )
㉑【ハ. エレベーターの昇降路の部分】	(12.00㎡)	( )	(12.00㎡)
㉒【ニ. 共同住宅又は老人ホーム等の共用の廊下等の部分】	( )	( )	( )

❶【第三面】は敷地単位でみた建築計画の概要・事項について記入

❷敷地の地名地番を枝番まで記入。地番が多数の場合は筆数を正確に記入(区画整理地区内では、仮換地の街区番号・画地番号とも記入)

❸定まっているときは記入。東京都、大阪府などでは未定の場合でも街区程度まで記載するように指導される

❹建築物の敷地が都市計画区域、準都市計画区域またはこれらの区域以外の区域のうち2以上の区域にわたる場合は、当該敷地の過半の属する区域について記入。なお、当該敷地が3の区域にわたる場合で、かつ、当該敷地の過半の属する区域がない場合は、都市計画区域または準都市計画区域のうち、当該敷地の属する面積が大きい区域を記入

❺建築物の敷地が2以上の地域または区域にわたる場合は、両方の地域または区域を明示

❻建築物の敷地が存する【3】、【4】欄に掲げる区域および地域以外の区域、地域、地区または街区を記入する。2以上にわたる場合はすべて記入[※1]

❼建築物の敷地が2m以上接する道路のうち最も幅員の大きなものを記入

❽【イ】欄で記入した道路に接している長さを記入

❾建築物の敷地に、用途地域や指定建蔽率、指定容積率等[※2]が異なる地域等がある場合は、各地域等ごとに、敷地の面積を記入

❿(1)に記入した敷地の部分ごとに、(2)欄および【ロ】欄の用途地域等、【ハ】欄の容積率、【ニ】欄の建蔽率をそれぞれ記入する

⓫法52条12項の規定を適用する場合、同条13項の規定にもとづき敷地面積を記入

⓬法52条2項(道路幅員×0.4 or 0.6)に注意[※3]

⓭建蔽率や容積率が異なる2以上の地域にまたがる場合、緩和を受ける場合などは適用した数値を記入する

⓮【ヘ】、【ト】欄で緩和を受けた場合はその理由を記入。また、特例容積率適用区域で、現に特例容積率の限度が公告されている場合はその旨とその値を記入する

⓯敷地全体の主たる用途を記入し、( )内に「別紙:用途区分の記号一覧表」から対応する記号を記入したうえで、用途をできるだけ具体的に書く

※1 例：宅地造成工事規制区域、特定盛土等規制区域、地区計画、高度地区、壁面線の後退、建築協定、法22条区域、風致地区、下水処理区域の内外など｜※2 そのほかに高層住居誘導地区、高層住居誘導地区に関する都市計画において定められた建蔽率の最高限度の異なる地域、地区、区域｜※3 この場合、指定容積率は200%であるが、法52条2項により4／10×(道路幅員)＝4／10×4.0m＝160%となる

㉓【ホ. 認定機械室等の部分】	(	)(	)( )
㉔【ヘ. 自動車車庫等の部分】	(15.00㎡	)(	)(15.00㎡)
㉕【ト. 備蓄倉庫の部分】	(	)(	)( )
⑲ ㉖【チ. 蓄電池の設置部分】	(	)(	)( )
㉗【リ. 自家発電設備の設置部分】	(	)(	)( )
㉘【ヌ. 貯水槽の設置部分】	(1.00㎡	)(	)(1.00㎡)
㉙【ル. 宅配ボックスの設置部分】	(	)(	)( )
㉚【ヲ. その他の不算入部分】	(	)(	)( )
㉛【ワ. 住宅の部分】	(171.50㎡	)(	)(171.50㎡)
㉜【カ. 老人ホーム等の部分】	(	)(	)( )
㉝【ヨ. 延べ面積】	171.50㎡		
㉞【タ. 容積率】	107.18%		

㉟【12. 建築物の数】
【イ. 申請に係る建築物の数】 1
㊱【ロ. 同一敷地内の他の建築物の数】 0

【13. 建築物の高さ等】 (申請に係る建築物)(他の建築物)
㊲【イ. 最高の高さ】 (9.80)( )
【ロ. 階 数】 地上 (3)( )
地下 (0)( )
㊳【ハ. 構 造】 木 造 一部 造
㊴【ニ. 建築基準法第56条第7項の規定による特例の適用の有無】 ■有 □無
㊵【ホ. 適用があるときは、特例の区分】
■道路高さ制限不適用 □隣地高さ制限不適用 □北側高さ制限不適用

㊶【14. 許可・認定等】

㊷【15. 工事着手予定年月日】 ○年○月○日

【16. 工事完了予定年月日】 ○年○月○日

㊸【17. 特定工程工事終了予定年月日】 (特定工程)
(第1回) ○年○月○日 (屋根工事)
(第 回) 年 月 日 ( )
(第 回) 年 月 日 ( )

㊹【18.その他必要な事項】

㊺【19.備 考】

⑯ここでの工事種別は通常、敷地全体からみての工事種別。たとえば既存建築物の同一敷地内に別棟を新築する場合は「増築」となる

⑰同一敷地内に既存の建築物がある場合は、申請部分の面積は確認申請をしようとする建築物の建築面積の合計を(申請部分)に、既存建築物の建築面積の合計を(申請以外の部分)に記入。(合計)の面積は、これらの建築面積の合計を記入[※4]

⑱建築物全体の延べ面積を記入

⑲【ロ】欄から【ヨ】欄は都市計画区域内、準都市計画区域内、法68条の9の規定にもとづく条例により、建築物の容積率の最高限度が定められた区域の場合に記入する

⑳建築物の地階で、その天井が平均地盤面からの高さ1m以下にあるものの住宅または老人ホーム、福祉ホームその他これらに類するものの用途に供する部分の床面積を記入。その地階の住宅または老人ホーム、福祉ホームその他これらに類するものの用途に供する部分の床面積から、その地階のエレベーターの昇降路の部分または共同住宅の共用の廊下若しくは階段の用に供する部分の床面積を除いた面積とする

㉑エレベーターの昇降路(シャフト)部分の着床しているすべての階について床面積を記入。申請以外の部分についても記入する

㉒共同住宅若しくは老人ホーム等に設けられる共用の廊下、エントランスホール、エレベーターホール、階段等に供する部分の床面積を記入

㉓認定機械室等の面積を記入

㉔自動車車庫その他のもっぱら自動車または自転車の停留または駐車のための施設の用途に供する部分の床面積を記入

㉕延べ面積の1/50を限度に容積率から緩和される。「備蓄倉庫」とは、もっぱら防災のために設ける備蓄倉庫をいう。他の用途との壁による区画と、防災のための備蓄倉庫である旨の表示が必要

㉖延べ面積の1/50を限度に容積率から緩和される[※5]

㉗延べ面積の1/100を限度に容積率から緩和される。「自家発電設備」とは、同一敷地の建築物において電気を消費することを目的として発電する設備をいい、発電機本体のほか、発電機の稼動に必要な機器や燃料等を含む

㉘延べ面積の1/100を限度に容積率から緩和される。「貯水槽」とは、水を蓄える槽で、修理や清掃等限られた場合を除き内部に人が入ることのない構造を有するもので、水の使用目的は問わない(受水槽やエコ給湯のタンクのみなども可)

㉙延べ面積の1/100を限度に容積率から緩和される[※6]

㉚建築基準法令以外の法令の規定により、容積率の算定の基礎となる延べ面積に算入しない部分を有する場合に記入する

㉛住宅の用途に供する部分の床面積を記入。【ニ. 共同住宅又は老人ホーム等の共用の廊下等の部分】を含まないのが一般的である

㉜老人ホーム、福祉ホームその他これらに類するものの用途に供する部分のそれぞれの床面積を記入

㉝容積率対象の面積を記入

㉞【ヨ】欄の延べ面積を【7. 敷地面積】の【ホ. 敷地面積の合計】で除した値を%で記入

㉟延べ面積が10㎡を超えるものを記入

㊱既存で残す建築物の棟数を記入

㊲申請に係る建築物が2以上ある場合は、最大のものを記入。他の建築物についても同様

㊳敷地内の主たる構造について記入

㊴天空率の適用の有無に関するチェック項目

㊵天空率を適用する場合、該当するチェックボックスにチェックする

㊶建築物およびその敷地内に関して、許可・認定等を受けた場合は、その根拠となる法令およびその条項、当該許可・認定等の番号ならびに許可・認定を受けた日付を記入(都市計画法の許可、区画整理法の許可、法43条の許可など)

㊷**超重要!** 記入漏れに注意。着手日は確認済証の日付以降とする

㊸**超重要!** 特定工程の指定内容・回数に注意して記入。これは法定および特定行政庁指定となるので、それぞれの指定工程を確認する。工区分けや複数棟の建築物がある場合、それぞれの工区・棟ごとに特定工程を記入する

㊹法86条の7または法86条の8の規定の適用(既存の制限緩和など)を受ける場合は、工事の完了後も引き続き法3条2項の適用を受けない規定、ならびに当該規定に適合しなくなった時期および理由を【18】欄または別記に記載して添える

㊺ここに書き表せない事項で確認を受けようとする事項は【18】欄または別記に記載して添付

※4 特例軒等を設ける場合は、その値を【ロ】欄に記入。それ以外は【イ】欄と同じ値を【ロ】欄に記入｜※5 蓄電池本体のほか、蓄電機能をまっとうするために必要な付加的設備(床に据え付けられているもののみ)も対象｜※6 宅配ボックスとは、配達された物品(荷受人が不在その他の事由により受け取ることができないものに限る)の一時保管のための荷受箱をいう

確認申請書【第四面】

Point

申請建物ごとの概要を記入するページ

❶（第四面）

建築物別概要

---

❷【1. 番号】 1

---

❸【2. 用途】 （区分　08010　）一戸建ての住宅
（区分　　　　）
（区分　　　　）
（区分　　　　）
（区分　　　　）

---

❹【3. 工事種別】
■新築　□増築　□改築　□移転　□用途変更　□大規模の修繕　□大規模の模様替

---

❺【4. 構　造】　木造　一部　造

---

❻【5. 主要構造部】
□耐火構造
□建築基準法施行令第108条の3第1項第1号イ及びロに掲げる基準に適合する構造
□準耐火構造　□準耐火構造と同等の準耐火性能を有する構造(ロ－1)
□準耐火構造と同等の準耐火性能を有する構造(ロ－2)　□その他

---

❼【6. 建築基準法第21条及び第27条の規定の適用】
□建築基準法施行令第109条の5第1号に掲げる基準に適合する構造
□建築基準法第21条第1項ただし書に該当する建築物
□建築基準法施行令第110条第1号に掲げる基準に適合する構造　□その他
□建築基準法第21条又は第27条の規定の適用を受けない

---

❽【7. 建築基準法第61条の規定の適用】
□耐火建築物　□延焼防止建築物　□準耐火建築物　□準延焼防止建築物
□その他　□建築基準法第61条の規定の適用を受けない

---

❶この書類は、申請建物ごとに作成。延べ面積≦10㎡の場合は不要

❷建築物の数が1のときは「1」、建築物の数が2以上のときは申請建築物ごとに通し番号を付し、その番号を記入

❸別紙の「用途区分の記号一覧表」に従い、当概建築物に含まれるすべての用途について対応する記号を記入した上で、用途をできるだけ具体的に記入。用途の記入は、申請棟ごとなので【第三面】に記入した敷地に関する主要用途の記入内容と異なる場合もある

❹棟別増築では【第三面】が敷地全体により増築、【第四面】は棟として考えるので新築となる

❺混構造の場合は、その異なる部分を一部の構造欄に記入

❻**超重要!**「耐火構造」、「建築基準法施行令第108条の3第Ⅰ項第Ⅰ号イ及びロに掲げる基準に適合する構造」、「準耐火構造」、「準耐火構造と同等の準耐火性能を有する構造(ロ－Ⅰ)」[※1]または「準耐火構造と同等の準耐火性能を有する構造(ロ－2)」[※2]のうち該当するものにチェックする

❼**超重要!**「建築基準法施行令第109条の5第Ⅰ号に掲げる基準に適合する構造」、「建築基準法第21条第Ⅰ項ただし書に該当する建築物」、「建築基準法施行令第110条第Ⅰ号に掲げる基準に適合する構造」または「その他」[※3]のうち該当するものすべてにチェック。建築基準法第21条または第27条の規定の適用を受けない場合は「建築基準法第21条又は第27条の規定の適用を受けない」にチェックする

❽**超重要!**「耐火建築物」、「延焼防止建築物」[※4]、「準耐火建築物」、「準延焼防止建築物」[※5]または「その他」[※6]のうち該当するものにチェック。建築基準法第61条の規定の適用を受けない場合は「建築基準法第61条の規定の適用を受けない」にチェックする

※1 令109条の3第1号に掲げる基準に適合する主要構造部の構造をいう｜※2 令109条の3第2号に掲げる基準に適合する主要構造部の構造をいう｜※3 上記のいずれにも該当しない建築物で、建築基準法第21条または第27条の規定の適用を受けるもの｜※4 令136条の2第1号ロに掲げる基準に適合する建築物をいう｜※5 令136条の2第2号ロに掲げる基準に適合する建築物をいう｜※6 上記のいずれにも該当しない建築物で、建築基準法第61条の規定の適用を受けるもの

【8. 階　数】
【イ. 地階を除く階数】 3
【ロ. 地階の階数】 0
⑨【ハ. 昇降機塔等の階の数】 0
⑩【ニ. 地階の倉庫等の階の数】 0

【9. 高　さ】
⑪【イ. 最高の高さ】 9.8m
【ロ. 最高の軒の高さ】 9.0m

⑫【10. 建築設備の種類】 給排水・衛生設備、電気設備、換気設備

【11. 確認の特例】
⑬【イ. 建築基準法第6条の3第1項ただし書又は法第18条第4項ただし書の規定による審査の特例の適用の有無】 □有 ■無
【ロ. 建築基準法第6条の4第1項の規定による確認の特例の適用の有無】 □有 ■無
⑭【ハ. 建築基準施行令第10条各号に掲げる建築物の区分】 第 ○ 号
⑮【ニ. 当該認定型式の認定番号】 第 ○○○○ 号
⑯【ホ. 適合する一連の規定の区分】
□ 建築基準法施行令第136条の2の11第1号イ
□ 建築基準法施行令第136条の2の11第1号ロ
⑰【ヘ. 認証型式部材等認証番号】

⑱【12. 床面積】

		申請部分	申請以外の部分	合計
【イ. 階別】	（3階）	46.70㎡		46.70㎡
	（2階）	76.40㎡		76.40㎡
	（1階）	76.40㎡		76.40㎡
	（　階）			
	（　階）			
	（　階）			
【ロ. 合計】		199.50㎡		199.50㎡

【13. 屋　根】 カラー亜鉛鉄板 ㋐0.3 瓦棒葺き

⑲【14. 外　壁】 構造用合板 ㋐12下地 モルタル㋐25 リシン吹付

【15. 軒　裏】 繊維混入ケイ酸カルシウム板㋐11（認定番号QF045RS-○○○○）

⑳【16. 居室の床の高さ】 500㎜

㉑【17. 便所の種類】 水洗

㉒【18. その他必要な事項】 住宅用防災機器

㉓【19. 備　考】

⑨令2条1項8号により階数に算入されない建築物の部分のうち昇降機塔、装飾塔、物見塔その他これらに類する建築物の屋上部分の階の数を記入

⑩令2条1項8号により階数に算入されない建築物の部分のうち地階の倉庫、機械室その他これらに類する建築物の部分の階数を記入

⑪平均地盤面からの高さを記入

⑫建築設備（法2条3号：電気、ガス、給排水、換気、暖冷房、消火、排煙、汚物処理の設備、煙突、昇降機、避雷針など）のうち設置するものを記入。昇降機が別途申請の場合はその旨を記入

⑬特定建築基準適合判定資格者（ルート2主事）が確認することにより構造計算適合性判定を受けない場合は、「有」にチェック

⑭【ロ】欄で「有」の場合に、令10条各号に掲げる建築物のうち、該当する号（1〜4号）を記入[※7]

⑮【ニ】令10条1号または2号に該当する場合、認定型式の認定番号を記入[※7]

⑯【ホ】建築設備を除いた建築物の型式の場合はイ、建築設備も含めた建築物の型式の場合はロにチェックする

⑰認証型式部材を使用する場合、認証番号を記載

⑱最上階から順に記入。記入欄が不足する場合には別紙に必要な事項を記入し添付

⑲各部の仕上材の名称・構造を記入。防火指定、建築物の耐火構造により、仕上げ厚さや認定番号を記入

⑳最下階の居室の床が木造の場合に記入

㉑「水洗」「くみ取り」または「くみ取り（改良）」のうち該当するものを記入

㉒ここに書き表せない事項で特に確認を受けるものを【18】欄に記入するか別添として添付する。たとえば用途が住宅の場合「住宅用防災機器」と記入。所轄の消防に住宅用防災機器の設置位置を確認する。また、各行政庁などにより書類の記入位置も異なる場合があるので注意する

㉓申請建築物が高床式住宅である場合は、床面積の算定において床下部分の面積を除くものとし、【19】欄に、高床式住宅である旨および床下部分の面積を記入。計画の変更申請の際は、【19】欄に【第四面】に係る部分の変更の概要について記入

※7 1号：型式適合建築物（構造など/令136条の2の11第1号）、2号：型式適合・設備（合併浄化槽、ホームEVなど/令136条の2の11第2号）、3号：4号建築物のうち防火指定のない区域の戸建住宅かつ建築士が設計、4号：4号建築物のうち上記3号以外かつ建築士が設計

020

確認申請書【第五面】【第六面】

Point

申請建物の階ごとの概要を記入するページ

❶（第五面）

建築物の階別概要

❷【1. 番号】　1

【2. 階】　3

❸【3. 柱の小径】　120㎜

❹【4. 横架材間の垂直距離】　2,700㎜

❺【5. 階の高さ】　―

❻【6. 天井】
【イ. 居室の天井の高さ】　2,400㎜
【ロ. 建築基準法施行令第39 条第3 項に規定する特定天井】　□有　■無

❼【7. 用途別床面積】

	（用途の区分）	（具体的な用途の名称）	（床面積）
【イ.】	（08010）	（一戸建ての住宅）	（46.70㎡）
【ロ.】	（ ）	（ ）	（ ）
【ハ.】	（ ）	（ ）	（ ）
【ニ.】	（ ）	（ ）	（ ）
【ホ.】	（ ）	（ ）	（ ）
【ヘ.】	（ ）	（ ）	（ ）

❽【8. その他必要な事項】

❾【9. 備 考】

❶この書類は、各申請建物の階ごとに作成。ただし、木造の場合は【3】欄から【8】欄まで、木造以外の場合は【5】欄から【8】欄までの記載内容が同じときは、【2】欄に同じ記載内容となる階を列記し、あわせて1枚とすることが可能

❷【第四面】の【1】欄の番号および配置図の棟番号と一致するように記入

❸木造の場合に記入。通常、柱の断面寸法で最も小さい部分の寸法を記入

❹木造の場合に記入。通常、土台の上端から胴差しの下端までの寸法を記入

❺最上階は記入不要

❻天井高の異なる複数の居室がある場合は、通常最も低いものを記入。一室で天井高が異なる場合は、平均の高さを記入。特定天井の有無をチェック　※特定天井6m超の高さにある200㎡超の吊り天井が対象

❼別紙の「用途区分の記号一覧表」に従い、当該階に含まれる用途ごとに対応する記号、具体的用途、床面積を記入

❽ここに書き表せない事項で特に確認を受けようとする事項は、【8】欄または別紙に記載して申請書に添付

❾計画の変更申請の際は、【9】欄に【第五面】に係る部分の変更の概要について記入

❶（第六面）

建築物独立部分別概要

❷【1. 番号】　1

❸【2. 延べ面積】　199.50㎡

❹【3. 建築物の高さ等】

❻
【イ. 最高の高さ】　9.8m
【ロ. 最高の軒の高さ】　9.3m
【ハ. 階数】　地上（3　）　地下（　）

❺【ニ. 構造】　木 造　一部　造

⓯
【4. 特定構造計算基準又は特定増改築構造計算基準の別】
❼□特定構造計算基準
❽□特定増改築構造計算基準

【5. 構造計算の区分】
❾□建築基準法施行令第81 条第1 項各号に掲げる基準に従った構造計算
❿□建築基準法施行令第81 条第2 項第1 号イに掲げる構造計算
⓫□建築基準法施行令第81 条第2 項第1 号ロに掲げる構造計算
⓬□建築基準法施行令第81 条第2 項第2 号イに掲げる構造計算
⓭■建築基準法施行令第81 条第3 項に掲げる構造計算

【6. 構造計算に用いたプログラム】
⓮【イ. 名称】　○○○○ -2.0
【ロ. 区分】
□建築基準法第20 条第1 項第2 号イ又は第3 号イの認定を受けたプログラム
（大臣認定番号　）
■その他のプログラム

⓰【7. 建築基準法施行令第137 条の2 各号に定める基準の区分】
（　）

⓱【8. 備考】

❶この書類は、申請に係る建築物（建築物の二以上の部分がエキスパンションジョイントその他の相互の応力を伝えない構造方法のみで接している場合においては当該建築物の部分。以下同じ）ごとに作成

❷建築物の数が1のときは「1」と記入し、建築物の数が2以上のときは、申請建築物ごとに通し番号を付し、その番号を記入。なお、独立部分が複数ある場合は、枝番を付す（例：1-1）

❸建築物の数が1のときは記入する必要はありません

❹建築物の数が1のときは記入する必要はありません

❺申請に係る建築物の主たる構造について記入。建築物の数が1のときは記入不要

❻申請に係る建築物について、それぞれ記入。建築物の数が1のときは記入不要

❼ルート1（大臣認定プログラムの場合のみ）、ルート2、ルート3の場合にチェック

❽既存不適格増築で、ルート1（大臣認定プログラムの場合のみ）、ルート2、ルート3の場合にチェック

❾時刻歴応答解析

❿ルート3

⓫限界耐力計算

⓬ルート2

⓭ルート1

⓮【6】欄の「イ」は、構造計算に用いたプログラムが特定できるよう記入

⓯【4】欄、【5】欄および【6】欄の「ロ」は、該当するチェックボックスに「レ」マークを記入

⓱計画の変更申請の際は、【8】欄に【第六面】に係る部分の変更の概要について記入

⓰【7】欄は、建築基準法施行令第137条の2各号に定める基準のうち、該当する基準の号の数字および「イ」または「ロ」の別を記入

021

委任状

Point

代理者によって確認の申請を行う場合は委任状を添付

委 任 状

❶ ○○年○月○日

○○○○ 御中

住所 神奈川県横浜市中区山下町○丁目○-○

建築主等、設置者又は築造主

氏名❷ 知識 太郎 印*

私は、❸建築 次郎 を代理者と定め、下記の建築物等に係る建築基準法の規定に基づく手続き(○○○○から交付される確認済証、中間検査合格証、検査済証及び仮使用認定通知書等の受領を含む)に関する一切の権限を委任します。

記

❹
1. 申請の区分(該当する項目全ての□枠内にレ印)
- □ 確認
- □ 計画変更確認
- □ 中間検査
- □ 完了検査
- □ 仮使用認定
- □ 建築主等変更届
- □ 工事監理者届
- □ 工事施工者届
- □ 取下届
- □ 取止届
- □ その他 (　　　　　　　　)

❺
2. 敷地の建築場所、設置場所又は築造場所
○○県○○市○○町○○番の○

以上

＊委任者、受任者の双方で了承が得られた場合は、押印を省略していただいても差し支えありません

❶委任を受けた日付を記入。確認申請日以前でなくてはならない

❷代理者に委任をする建築主の住所・氏名を記入

❸建築主から委任を受けて申請を行う者の氏名を記入

❹委任をする申請の区分を明記

❺建築場所を地名地番で記入

022

建築計画概要書【第三面】

Point

建築計画概要書は行政の建築窓口で縦覧される

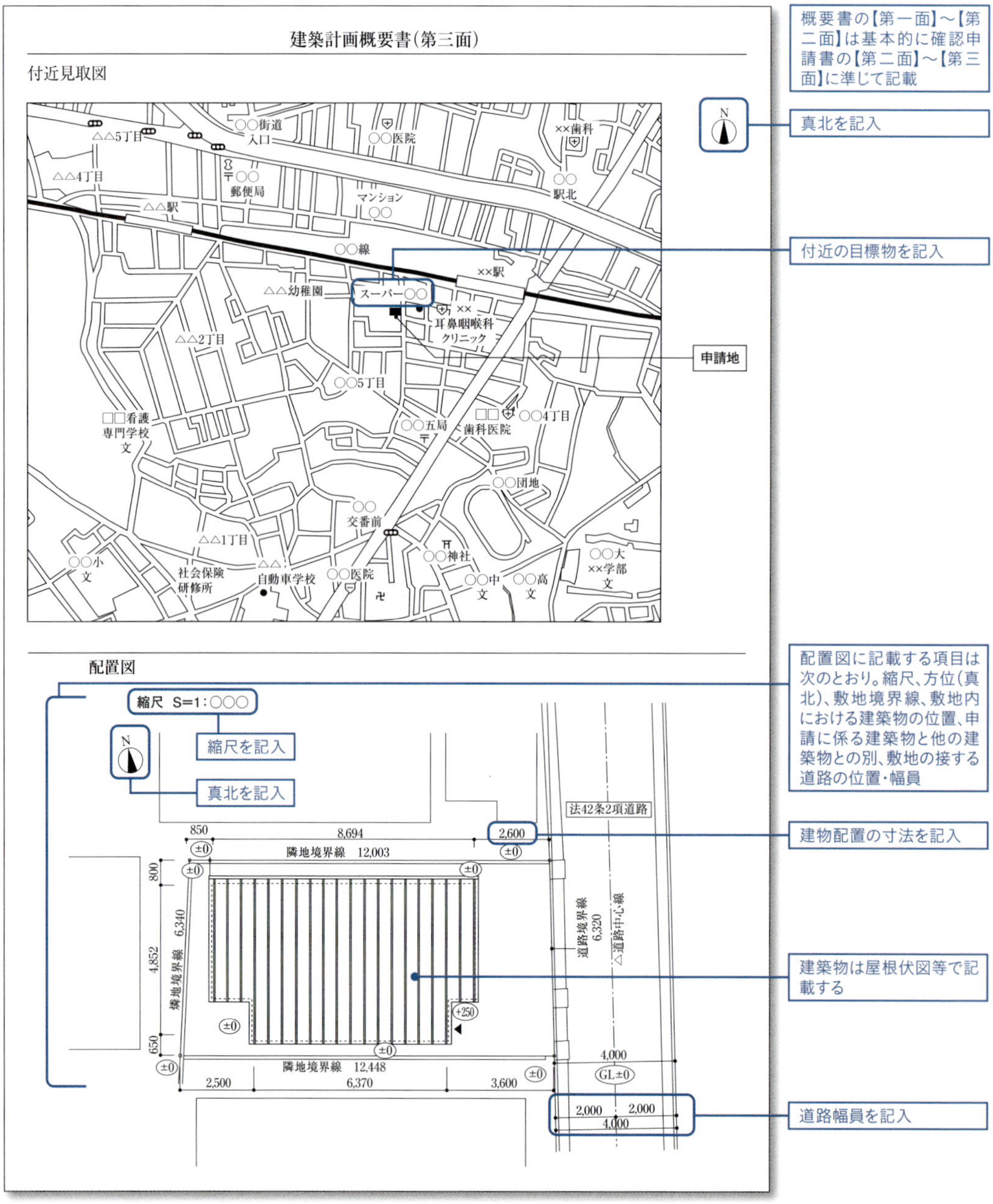

023

建築工事届【第一面】

Point

工事施工者欄は、未定の場合は設計者・代理者を記入

第四十号様式（第八条関係）

建築基準法第15条第1項の規定による

建築工事届

（第一面）

○年○月○日

❶○○県　知事 様

建築主

氏　名　建築太郎

郵便番号　〒231－○○○○

住　所　神奈川県横浜市中区山下町○丁目○－○

電話番号　045－○○○－○○○○

❷工事施工者（設計者又は代理者）

氏　名　横浜太郎

営業所名（建築士事務所名）　㈱横浜建設

郵便番号　〒231－○○○○

所 在 地　神奈川県横浜市鶴見区中央○丁目○－○

電話番号　045－○○○－○○○○

❸工事監理者

氏　名　知識次郎

営業所名（建築士事務所名）　（1級）建築士事務所（東京都）知事登録第○○○○号

㈱ビューロー建築設計事務所

郵便番号　〒160－○○○○

所 在 地　東京都新宿区西新宿○丁目○－○

電話番号　03－○○○○－○○○○

❹建築確認

確認済証番号　第　号

確認済証交付年月日　年　月　日

確認済証交付者

❺除却工事施工者

氏　名　横浜太郎

営業所名　㈱横浜建設

郵便番号　〒231－○○○○

所 在 地　神奈川県横浜市鶴見区中央○丁目○－○

電話番号　045－○○○－○○○○

※受付経由機関記載欄

❶建築する都道府県名を記入

❷工事施工者が未定の場合は、設計者または代理者を記入

❸新書式では新たに工事監理者欄が加わっているので注意

❹この欄と※印のある欄は記入しない

❺既存の建築物を除却し、引き続き当該敷地内に建築物を建築しようとする場合に記入。この欄に記入がある場合は、【第四面】の記入も必要。除却工事施工者が未定の場合は建築主名を記入

024

建築工事届【第二面】

Point

主要用途の番号は、確認申請書の用途区分の番号とは異なる

（第二面）

【1. 着工及び工事完了の予定期日】

❶【イ. 着工予定期日】　○年　○月　○日

【ロ. 工事完了予定期日】　○年　○月　○日

【2. 建築主】

❷【イ. 種別】　□(1)国　□(2)都道府県　□(3)市区町村
□(4)会社　□(5)会社でない団体　■(6)個人

❸【ロ. 資本の額又は出資の総額】
□(1) 1,000万円以下　□(2) 1,000万円超～3,000万円以下
□(3) 3,000万円超～1億円以下
□(4) 1億円超～10億円以下　□(5) 10億円超

【3. 敷地の位置】

【イ. 地名地番】　○○県○○市○○　○丁目○－○

【ロ. 都市計画】　■(1)市街化区域　□(2)市街化調整区域
□(3)区域区分非設定都市計画区域　□(4)準都市計画区域
□(5)都市計画区域及び準都市計画区域外

❹【4. 工事種別】　■(1)新築　□(2)増築　□(3)改築　□(4)移転

❺【5. 主要用途】　■(1)居住専用建築物　（　01　）一戸建ての住宅
□(2)居住産業併用建築物（　）
□(3)産業専用建築物（　）

【6. 一の建築物ごとの内容】

❻【イ. 番号】	（　1　）	（　）	（　）
❼【ロ. 用途】	□(1)事務所等	□(1)事務所等	□(1)事務所等
	□(2)物品販売業を営む店舗等	□(2)物品販売業を営む店舗等	□(2)物品販売業を営む店舗等
	□(3)工場、作業場	□(3)工場、作業場	□(3)工場、作業場
	□(4)倉庫	□(4)倉庫	□(4)倉庫
	□(5)学校	□(5)学校	□(5)学校
	□(6)病院、診療所	□(6)病院、診療所	□(6)病院、診療所
	■(9)その他	□(9)その他	□(9)その他
	□多用途	□多用途	□多用途
【ハ. 工事部分の構造】	■(1)木造	□(1)木造	□(1)木造
	□(2)鉄骨鉄筋コンクリート造	□(2)鉄骨鉄筋コンクリート造	□(2)鉄骨鉄筋コンクリート造
	□(3)鉄筋コンクリート造	□(3)鉄筋コンクリート造	□(3)鉄筋コンクリート造
	□(4)鉄骨造	□(4)鉄骨造	□(4)鉄骨造
	□(5)コンクリートブロック造	□(5)コンクリートブロック造	□(5)コンクリートブロック造
	□(6)その他	□(6)その他	□(6)その他
【ニ. 工事の予定期間】	（　○　月間）	（　月間）	（　月間）
【ホ. 工事部分の床面積の合計】	（　199.50　㎡）	（　㎡）	（　㎡）
❽【ヘ. 建築工事費予定額】	（　2,500　万円）	（　万円）	（　万円）
【ト. 新築工事の場合における地上の階数】	（　3　）	（　）	（　）
【チ. 新築工事の場合における地下の階数】	（　0　）	（　）	（　）

❾【7. 新築工事の場合における敷地面積】　160.00㎡

❶**超重要!**　確認申請書、計画概要書の日付と一致すること

❷【イ】欄の「会社」は、株式会社、合名会社、合資会社、有限会社、特別法による会社（電源開発株式会社、日本銀行等）のこと

❸【ロ】欄は【イ】欄において、建築主が会社であるときのみ記入

❹増築と改築を同時に行うときは、床面積の大きいほうの工事区分

❺「(2)居住産業併用建築物」および「(3)産業専用建築物」に該当する場合は、産業の用に供する部分について、別記表の記号のなかから該当するものを選んで( )内に記入。また、一敷地内に既存の建築物があるときは、その部分と新たに建築する部分とを総合して判断して記入

❻建築物の数が1のときは「1」と記入し、建築物の数が2以上のときは、建築物（1棟）ごとに通し番号を付し、その番号を記入。建築物中に、2種類以上の用途（既存部分があるときは、その用途を含む）があるときは、「多用途」にチェックを入れ、一番大きい床面積の用途について記入。居住産業併用建築物は、産業の用に供する部分について該当するものにチェックを入れる

❼「事務所等」…事務所、地方公共団体の支庁もしくは支所、税務署、警察署、保健所、消防署その他これらに類するものまたは銀行の支店、損害保険代理店、宅地建物取引業を営む店舗その他これらに類するサービス業を営む店舗
「物品販売業を営む店舗等」…物品販売業を営む店舗、飲食店、料理店またはキャバレー、カフェー、ナイトクラブもしくはバー
「学校」…学校の校舎、体育館その他これらに類するもの
「その他」…居住専用建築物または(1)から(6)までに該当しない建築物

❽建築設備費を含んだ額を記入

❾新築工事の場合に記入

025

建築工事届【第三面】【第四面】

Point

【第三面】は住宅あり、【第四面】は除却ありの場合に記入

❶(第三面)

【1. 住宅部分の概要】
❷【イ. 番号】 1
❸【ロ. 新設又はその他の別】 (1)新設 (■新築 □増築 □改築)
(2)その他 (□増築 □改築)
❹❺【ハ. 新設住宅の資金】 ■(1)民間資金住宅 □(2)公営住宅
□(3)住宅金融支援機構住宅 □(4)都市再生機構住宅
□(5)その他
❻【ニ. 住宅の建築工法】 ■(1)在来工法 □(2)プレハブ工法 □(3)枠組壁工法
❼【ホ. 住宅の種類】 ■(1)専用住宅 □(2)併用住宅 □(3)その他の住宅
❽【ヘ. 住宅の建て方】 ■(1)一戸建住宅 □(2)長屋建住宅 □(3)共同住宅
【ト. 利用関係】 ■(1)持家 □(2)貸家 □(3)給与住宅 □(4)分譲住宅
❾【チ. 住宅の戸数】 (1 戸)(戸)(戸)(戸)
❾【リ. 工事部分の床面積の合計】 (199.50 ㎡)(㎡)(㎡)(㎡)

❶【第三面】は、建築物が住宅または住宅を含む場合に建築物ごとに作成する

❷【第二面】の【6】の【イ】欄に記入した番号と同じ番号を記入

❸「新設」…新築、増築、改築によって居室、台所および便所のある独立して居住し得る住宅が新たにつくられるものをいう(例:既存住宅の棟続きでも、居室、台所または便所を整えて独立して居住し得るものは「新設」に含まれる)
「その他」…増築または改築によってつくられる住宅で新設に該当しないものをいう(例:一敷地内に既存住宅があって、別棟に50㎡の居室だけを建築しても、新たにつくられる部分だけでは独立して居住できないので「その他」に含まれる)

❹【ハ】欄は、当該住宅が新設のときのみ記入

❺「民間資金住宅」とは、国、地方公共団体、住宅金融支援機構等の公的な機関の資金にまったくよらず、民間資金のみで建てる場合をいう。
「住宅金融支援機構住宅」「都市再生機構住宅」については、たとえば住宅金融支援機構のフラット35などを利用して建てる場合をいう。それぞれ該当するものにチェックを入れる

❻「在来工法」…プレハブ工法および枠組壁工法以外の工法
「プレハブ工法」…住宅の壁、柱、床、梁、屋根または階段等の主要構造部材を工場で生産し、現場で組み立て建築する工法
「枠組壁工法」…木材で組まれた枠組に構造用合板その他これに類するものを打ち付けた床および壁により建築物を建築する工法で、一般的には、ツーバイフォー工法といわれるもの

❼「その他の住宅」…主に工場、学校、官公署、旅館、下宿屋、浴場、社寺などの建築物に付属し、これと結合している住宅

❽「長屋建住宅」…廊下、階段等を共用しない2戸以上の住宅を連続させる建て方の住宅(連続建)をいい、廊下、階段等を共用しないで2戸以上の住宅を重ねたもの(重ね建)を含む
「共同住宅」…長屋建住宅以外の住宅で、一の建築物内に2戸以上の住宅があるものをいい、一般的には、アパートまたはマンションといわれるもの

❾1件の建築工事で【1】欄の【ト】欄の(1)～(4)までに挙げる住宅の利用関係が2種類以上の場合は、【チ】および【リ】欄は当該住宅の利用関係の種類ごとに記入

❶(第四面)

❷【1. 主要用途】 (1)居住専用建築物 (01)
(2)居住産業併用建築物 ( )
(3)産業専用建築物 ( )
【2. 除却原因】 ■(1)老朽して危険があるため □(2)その他
【3. 構造】 ■(1)木造 □(2)その他
【4. 建築物の数】 1
【5. 住宅の戸数】 1戸
【6. 住宅の利用関係】 ■(1)持家 □(2)貸家 □(3)給与住宅
【7. 建築物の床面積の合計】 150㎡
❸【8. 建築物の評価額】 8,000千円

❶【第四面】は、既存の建築物を除却し、引き続き、当該敷地内において建築物を建築しようとする場合に、当該除却しようとする建築物について作成する

❷【1】欄については、【第二面】の【5. 主要用途】を参照し、除却する建築物について表の主要用途記号のなかから該当するものを選び( )内に記入

❸この場合の評価額とは、除却しようとする建築物を建てるとしたら、いくらかかるか、という意味

026

構造計算安全証明書

Point

棟数が複数ならば、棟ごとに安全証明書を作成

構造計算偽装の防止

構造計算偽装問題の再発を防止するため、建築士は、構造計算によって建築物の安全性を確かめた場合には、その旨の証明書（構造計算安全証明書）を設計の委託者に交付しなければならない（建築士法20条2項）。

元請けと下請けの義務

この交付義務は構造計算を行った建築士にある。

たとえば、下請け建築士事務所の建築士が構造計算を行った場合には、下請け建築士事務所の建築士に交付義務があり、この建築士から元請け建築士事務所に対して構造計算安全証明書が交付されることになる。

一方、元請け建築士事務所の建築士が構造計算を行った場合には、この建築士から建築主へ構造計算安全証明書が交付される。

ただし、建築基準法施行規則により、建築確認申請書に構造計算安全証明書の写しの添付が必要であることから、下請け建築士事務所が構造計算を行った場合でも、元請け建築士事務所は受領した構造計算安全証明書を、建築主に引き渡さなければならない。

構造設計1級建築士の関与

構造設計1級建築士の関与（設計または法適合確認）が必要な建築物において、構造設計1級建築士が自ら構造設計図書の作成または法適合確認を行った場合は、適正な構造計算がなされ、建築物の構造関係規定への法適合性が確保されるため、構造計算安全証明書の交付は必要ない。

構造設計1級建築士の関与が必要な建築物は、1級建築士の業務独占の対象となる建築物［※1］で、法20条1号［※2］または2号［※3］に掲げる建築物が該当する。

※1 1級建築士の業務独占の対象となる建築物：学校、病院、劇場、映画館、百貨店等の用途に供する建築物（延べ面積500㎡超）木造の建築物または建築物の部分（高さ13m超または軒高9m超）。鉄筋コンクリート造、鉄骨造等の建築物または建築物の部分（延べ面積300㎡超、高さ13m超または軒高9m超）。延べ面積1,000㎡超、かつ、階数が2以上の建築物

❶
第四号の二書式(第十七条の十四の二関係)

❷構造計算によって建築物の安全性を確かめた旨の証明書

建築士法第20条第2項の規定により、別添の構造計算書によって下記の建築物の安全性を確かめたことを証明します。

○年○月○日

❸❹(1級)建築士　(大臣)登録第○○○○号
住　所　大阪府堺市堺区新町○-○
氏　名　構造三郎
(1級)建築士事務所　(大阪府)知事登録第○○○○号
名　称　㈱ベリタス構造設計事務所
所在地　大阪府大阪市中央区北浜○丁目○-○
電話06 (○○○○)○○○○番

❺委託者　㈱ビューローー建築設計事務所　知識次郎 殿

❻	建築物の所在地	○○県○○市○○　○丁目○ー○
❻	建築物の名称及び用途	建築太郎邸 一戸建ての住宅
❻	建築面積	91.40㎡
❻	延べ面積	199.50㎡
❻	高さ	1 最高の高さ　9.8m 2 最高の軒の高さ　9.0m
❻	階数　地上	地上3階　地下　階
❻	構造　造	木造　一部　造
	建築物の区分	1 建築基準法(以下「法」という。)第20条第1項第1号に掲げる建築物 2 法第20条第1項第2号に掲げる建築物 ③法第20条第1項第3号に掲げる建築物 4 法第20条第1項第4号に掲げる建築物
❼	別添の構造計算書に係る構造計算の種類	1 建築基準法施行令(以下「令」という。)第81条第1項に定める基準に従った構造計算 2 令第81条第2項第1号イに規定する構造計算 3 令第81条第2項第1号ロに規定する構造計算 4 令第81条第2項第2号イに規定する構造計算 ⑤令第81条第3項に定める基準に従った構造計算 6 その他(　　　)
❽	別添の構造計算書に係る構造計算の方法	①国土交通大臣が定めた方法によるもの 2 国土交通大臣の認定を受けたプログラムによるもの
❾	当該構造計算に用いたプログラム	1 名称(KIZUKURI Ver.○○　) 2 国土交通大臣の認定　□ 有　■ 無 3 認定番号(　)
❿	備考	

注 建築物の2以上の部分がエキスパンションジョイントその他の相互に応力を伝えない構造方法のみで接している場合は、当該建築物の部分ごとにこの証明書を作成し、設計の委託者に交付する

❶構造安全証明書に構造計算書を添える。原本は副に添付し、写しを正に添付する

❷構造安全証明書の添付は建築士法20条2項の規定により建築物規模に関係なく、「構造計算」(種類や方法を限定していない)が行われている場合、建築士法上必要となる。ただし、構造設計一級建築士の関与が必要となる場合は不要

❸構造計算を共同で行った場合は連名で証明

❹構造設計者本人の住所を記載する。個人情報保護法上は問題ない。また、建築士個人の住所の代わりに建築士事務所の所在地を記載しても可

❺委託者名を記入(例1:意匠事務所が構造事務所に外注した場合は意匠事務所の代表となる設計者など。例2:総合事務所(構造設計も自社で設計)の場合は建築主)

❻申請書との整合に注意する(特に面積、高さなど)

❼「6その他」に該当する場合は、具体的な構造計算の方法を併せて記入

❽「別添の構造計算書に係る構造計算の種類」の欄で1または6のいずれかを選択した場合は記入不要

❾「当該構造計算に用いたプログラム」の欄は、プログラムを用いて構造計算を行った場合に記入。複数のプログラムを用いた場合は、すべてのプログラムについて記入

❿次の①～③までに掲げる場合はその旨と当該部分を記入。また②の場合は、当該建築士が交付した構造計算により安全性を確かめた旨の証明書およびそれに添付された構造計算書を、この証明書に添付する。
①この証明書に係る建築物の部分について構造計算によりその安全性を確かめた場合
②この証明書に係る建築物の部分についてほかに構造計算によりその安全性を確かめた建築士がいる場合
③この証明書に係る建築物が法68条の10第1項の認定を受けた型式に適合する建築物の部分を有する場合、その旨および当該部分

※2 法20条1項1号に掲げる建築物：高さ60m超の建築物
※3 法20条1項2号に掲げる建築物：高さ60m以下の建築物のうち、ルート2、ルート3、限界耐力計算による構造計算を行うことにより構造計算適合性判定が義務づけられているもの

027

計画変更確認申請書

Point

【第三〜六面】にも、計画変更の概要を記入する

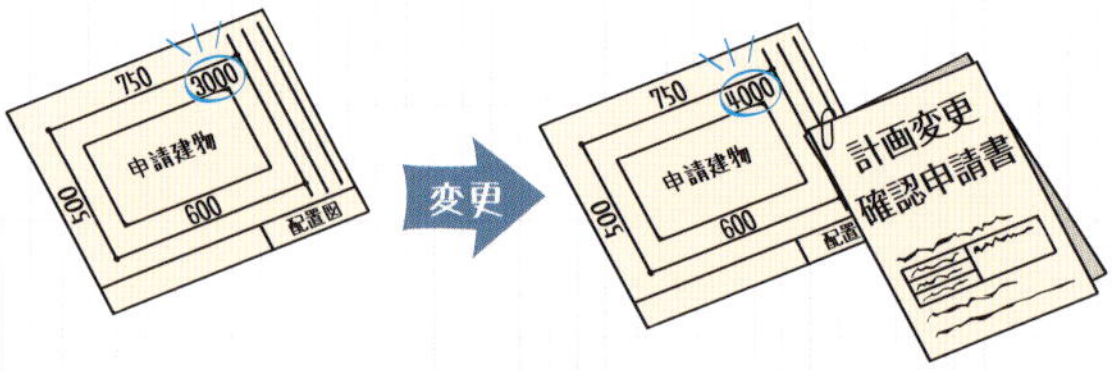

申請書の記入（図1、58頁図3）

第一面　【計画変更の概要】欄に、計画変更の内容（例：建物位置の変更）を記入する。書ききれない場合は、別紙を添付して計画変更の内容を明示する。

第二面　【2.代理者】欄には、計画変更確認申請について代理権限を与えられた者について記入する。したがって、直前の確認申請と代理者が異なることもある。

【3.設計者】欄には、当該計画変更に係る設計図書の設計を行った建築士も全員を記載する。また、【3-ト】欄は計画変更に係る図書を記入すればよいとされている[※]。

第三面　【19.備考】欄に第三面「建築物及びその敷地に関する事項」に係る部分の計画変更の概要について記入する。

第四面　【17.備考】欄に第四面「建築物別概要」に係る部分の計画変更の概要について記入する。第四面は建物ごとに作成されるので、他の建物に生じる計画変更の概要については記入する必要はない。

第五面　【9.備考】欄に第五面「建築物の階別概要」に係る部分の計画変更の概要について記入する。第五面は階ごとに作成されているので、他の階で生じる計画変更や建物全体にかかわる計画変更の概要（例：建物位置の変更）については記入する必要はない。

第六面　【8.備考】欄に第六面「申請に係る建築物（建築物の二以上がエキスパンションジョイントその他の相互に応力を伝えない構造方法のみで接している場合においては当該建築物の部分（以下、建築物独立部分））ごとに記入する。第六面は建築物独立部分ごとに作成されているので、他の建築物独立部分に生じる計画変更の概要については記入する必要はない。

※ 一般財団法人建築行政情報センター「改正建築基準法Q&A」による

図1 計画変更確認申請書【第一面】

第四号様式(第一条の三、第三条、第三条の三関係) (A4)

計画変更確認申請書(建築物)
(第一面)

建築基準法第6条第1項又は第6条の2第1項の規定による計画の変更の確認を申請します。この申請書及び添付図書に記載の事項は、事実に相違ありません。

建築主事又は指定確認検査機関
○○○○　御中

○年○月○日

❶申請者氏名　建築　太郎

設計者氏名　知識　次郎

❷【計画を変更する建築物の直前の確認】
【確認済証番号】　第○○○○号
【確認済証交付年月日】　○年○月○日
❸【確認済証交付者】　○○○○
❹【計画変更の概要】　建物の配置変更
（建築面積、延べ面積の変更なし）

※手数料欄			
※受付欄	※消防関係同意欄	※決裁欄	※確認番号欄
			年　月　日
			第　号
係員氏名			係員氏名

(注意)
① 数字は算用数字を用いてください。
② ※印のある欄は記入しないでください。

❶確認申請書の書き方に準じて記載する(40頁参照)

❷直前の確認申請について記載する

❸確認済証に記された「建築主事名」または「指定確認検査機関名」を記入

❹変更の概要を個条書きする。記入しきれない場合は、「別紙による」と記入のうえ別紙を添付する。なお、「軽微な変更」に係る項目に関してはこの欄には記入不要である

注意! 【第二面】以降は、確認申請の書き方に準じて作成する。また計画変更に際し、工事監理者、工事施工者、建築主の変更が生じていれば変更後の名前を記入する

図2 添付図書記載例

直前の確認申請を今回の計画変更確認申請の提出先と同一の確認主体(特定行政庁または指定確認検査機関)にて行っていた場合には、変更に係る部分の図書のみを添付すればよい[※]。

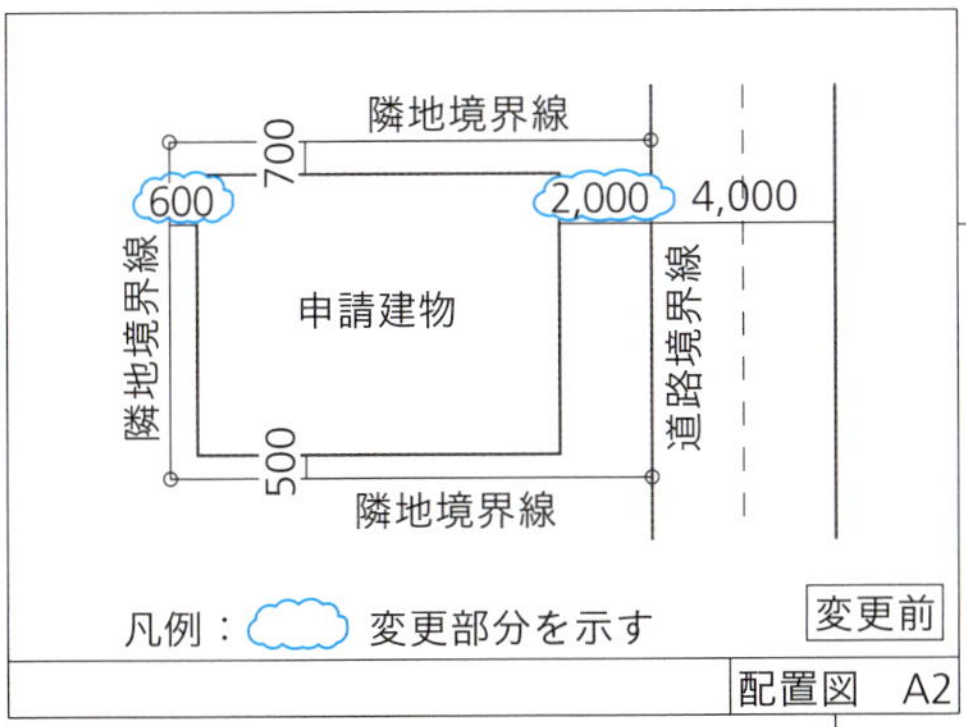

変更に伴い生じた建築基準関係規定について明示する

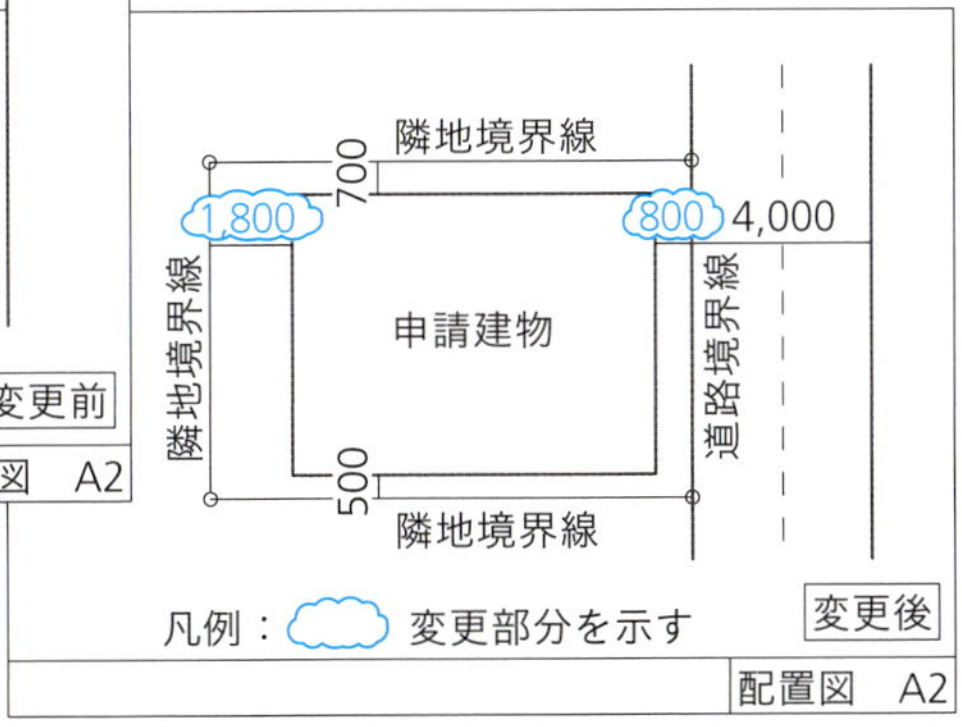

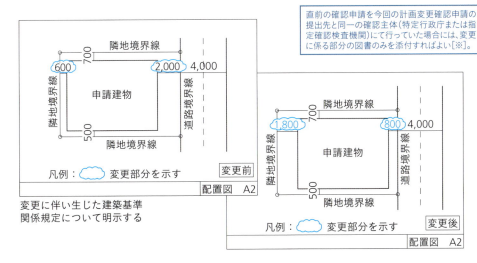

図3　計画変更確認申請書【第二面】〜【第六面】

（第二面）

建築主等の概要

【1. 建築主】

【イ. 氏名のフリガナ】

【ロ. 氏　　名】

【ハ. 郵便番号】

【ニ. 住　　所】

【ホ. 電話番号】

---

❶【2. 代理者】

【イ. 資格】　（　　）建築士　（　　）登録第　　号

【ロ. 氏名】

【ハ. 建築士事務所名】　（　　）建築士事務所　（　　）知事登録第　　号

【ニ. 郵便番号】

【ホ. 所在地】

【ヘ. 電話番号】

---

❷【3. 設計者】

（代表となる設計者）

【イ. 資格】　（　　）建築士　（　　）登録第　　号

【ロ. 氏名】

【ハ. 建築士事務所名】　（　　）建築士事務所　（　　）知事登録第　　号

【ニ. 郵便番号】

【ホ. 所在地】

【ヘ. 電話番号】

【ト. 作成又は確認した設計図書】

❸（その他の設計者）

【イ. 資格】　（　　）建築士　（　　）登録第　　号

【ロ. 氏名】

【ハ. 建築士事務所名】　（　　）建築士事務所　（　　）知事登録第　　号

【ニ. 郵便番号】

【ホ. 所在地】

【ヘ. 電話番号】

【ト. 作成又は確認した設計図書】

【9. 備　考】

建築太郎邸

---

❶計画変更確認申請を委任された代理者について記入

❷【3. 設計者】欄には、計画変更に係る設計図書の設計を行った建築士全員を記載し、「代表となる設計者」欄には、第2面に記載のある建築士のうち、当該計画変更の代表となる建築士の氏名を記載。（当初の確認申請書の記載内容と異なる場合もある）

❸計画変更に係る設計図書の設計を行った建築士全員を記載

【ト. 作成又は確認した設計図書】欄は計画変更に係る図書のみで構わない

（第三面）

建築物及びその敷地に関する事項

【1. 地名地番】

---

❹【19. 備考】

計画変更の概要：○○○

---

❹第三面に係る部分の変更の概要について記入

（第四面）

建築物別概要

【1. 番号】

❺【17. 備考】

計画変更の概要：△△△

❺第四面に係る部分の変更の概要について記入

（第五面）

建築物の階別概要

【1. 番号】

❻【9. 備考】

計画変更の概要：□□□

❻第五面に係る部分の変更の概要について記入

（第六面）

建築物の階別概要

【1. 番号】

❼【8. 備考】

計画変更の概要：◇◇◇

❼第六面に係る部分の変更概要について記入

028

建築士資格と設計・工事監理

Point

設計・監理を業として行うためには、登録が必要

代理者（建築士、行政書士）

代理者については、表1のとおりである。

設計者・監理者

建築士または建築士を使用する者（表2）は、他人の求めに応じ報酬を得て、設計、工事監理、建築物の建築に関する法令もしくは条例の規定に基づく手続きの代理設計等を業として行うときは、その建築士事務所について、都道府県知事の登録を受けなければならない（表3）。

工作物（単独）については建築士の業務範囲外であるため、確認申請書等の「設計者」欄については、建築士資格者でなくてもよいが、その者の責任において当該工作物の設計図書を作成した者を記入することになる。よって、「設計者」欄に記載される設計者のなかには、「資格」欄および「建築士事務所名」欄が空欄（建築士資格を有していない者）となる場合がある。

工事施工者

建設業を営もうとする者は、請負金額が500万円未満の工事など、いわゆる軽微な工事のみを請け負って営業しようとする場合を除いては、建設業の許可を取得しなければならない（表4）。

2以上の都道府県の区域内に営業所を設けて営業しようとする場合…国土交通大臣許可

1の都道府県の区域内のみに営業所を設けて営業しようとする場合…都道府県知事許可

建設業の許可は、下請契約の規模等により「一般建設業」と「特定建設業」の別に区分して行う。この区分は、発注者から直接請け負う工事1件につき、3千万円（建築工事業の場合は4千500万円）以上となる下請契約を締結するか否かで区分される。

表1　代理者

代理者は、行政書士または建築士

行政書士法	行政書士または行政書士法人でない者は「他人の依頼を受け報酬を得て、官公署に提出する書類を作成する」業務を行うことができない ただし、他の法律に別段の定めがある場合は、この限りでない
建築士法	建築士は、設計および工事監理を行うほか、建築に関する法令または条例に基づく手続の代理等の業務（木造建築士にあっては、木造の建築物に関する業務に限る）を行うことができる

表2　設計者・監理者

建築士でなければ設計・工事監理ができない建築物の規模・構造・用途（士法3条～3条の3）

延べ面積（S）		高さ≦13m　かつ　軒高≦9m					高さ>13m または軒高>9m
		木造			木造以外		すべて
		1階	2階	3階以上	2階以下	3階以上	構造・階数に関係なく適用
S≦30㎡		無資格	無資格	2級以上	無資格	2級以上	1級のみ
30㎡<S≦100㎡		無資格	無資格	2級以上	2級以上	2級以上	1級のみ
100㎡<S≦300㎡		木造以上	木造以上	2級以上	2級以上	2級以上	1級のみ
300㎡<S≦500㎡		2級以上	2級以上	2級以上	2級以上	1級のみ	1級のみ
500㎡<S≦1,000㎡	下記以外の用途	1級のみ	1級のみ	1級のみ	1級のみ	1級のみ	1級のみ
	特定の用途	1級のみ	1級のみ	1級のみ	1級のみ	1級のみ	1級のみ
1,000㎡<S	下記以外の用途	2級以上	1級のみ	1級のみ	1級のみ	1級のみ	1級のみ
	特定の用途	1級のみ	1級のみ	1級のみ	1級のみ	1級のみ	1級のみ

無資格:誰でもできるもの
木造以上:木造建築士、2級建築士、1級建築士ができるもの
2級以上:2級建築士、1級建築士ができるもの
1級のみ:1級建築士ができるもの
特定の用途:学校、病院、劇場、映画館、観覧場、公会堂、集会場（オーデイトリアムのあるもの）、百貨店

注1　災害時の応急仮設建築物は誰でもできる　注2　「高さ13m以下かつ軒高9m以下」の建築物について担えることとしていた2級建築士の業務範囲は、令和7年に「階数が3以下かつ高さ16m以下」の建築物に改正される

表3　建築士事務所登録

建築士法 （事務所登録）	建築士を使用する者は、他人の求めに応じ報酬を得て、設計等（＊）を業として行おうとするときは、1級建築士事務所、2級建築士事務所または木造建築士事務所を定めて、都道府県知事の登録を受けなければならない ＊設計等 ・設計　・工事監理　・建築工事契約に関する事務　・建築工事の指導監督 ・建築物に関する調査もしくは鑑定 ・建築物の建築に関する法令もしくは条例の規定に基づく手続きの代理

表4　工事施工者

建設業法 （建設業許可）	建設工事の完成を請け負うことを営業するには、その工事が公共工事であるか民間工事であるかを問わず、建設業法3条に基づき建設業の許可を受けなければならない ただし、以下の「軽微な建設工事」のみを請け負って営業する場合は、この限りでない ・建築一式工事については、工事1件の請負代金の額が1,500万円未満の工事または延べ面積が150㎡未満の木造住宅工事 ・建築一式工事以外の建設工事については、工事1件の請負代金の額が500万円未満の工事

029

都市計画制度と土地利用計画

Point

都市計画は都道府県による建築制限

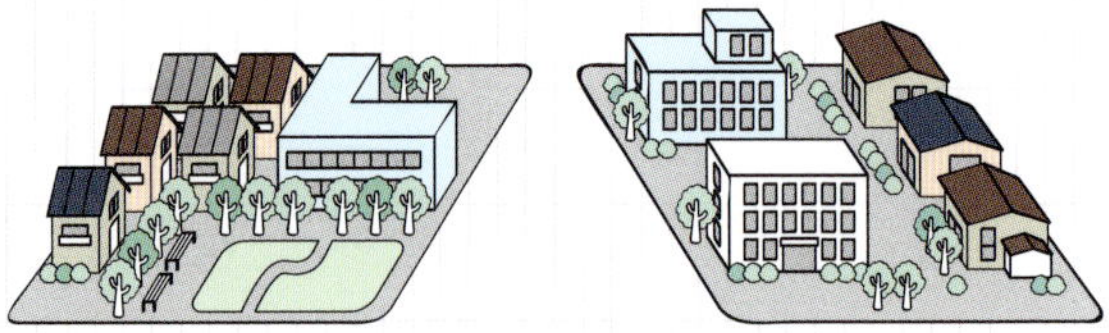

都市計画制度

都市計画は制限を通じて都市全体の土地の利用を適正に配分することを確保するための計画であり、土地利用、都市施設の整備および市街地開発事業に関する計画を定めることを通じて都市のあり方を決定する性格をもつ（表）。

その都市計画において目指す将来像を描くビジョンが、マスタープランである。都計法6条の2の規定に基づく都市計画区域の整備、開発および保全の方針である「都市計画区域マスタープラン」と、市町村の都市計画に関する基本的な方針である「市町村マスタープラン」がある。マスタープランは、土地の利用を直接制限するものではないが、具体的な土地利用規制を定める都市計画を立案する指針となる。

土地利用計画

都市計画の土地利用計画は、住宅、店舗、事務所、工場など、競合するさまざまな土地利用を秩序立て、効率的な都市活動の増進、優れた環境の保護、特色ある街並みの形成などを図ることを目的として、都計法で定められる（図）。

都市計画区域や準都市計画区域において、都市計画には「用途地域」「防火地域」「高度地区」「駐車場整備地区」「建築協定区域」「風致地区」「景観地区」「市街地開発事業区域」「地区計画区域」など数多くのメニューが用意されており、それを地方公共団体が地域の実情によって指定していく。

土地利用に関しては、大枠を決める仕組みから、きめ細かな街づくりのための仕組みまで、数多くの制度が用意されており、それらを組み合わせることにより、建物用途や形態制限等のルールがつくられる。

これらの都市計画による指定は、計画地を所管する市（区）町村の都市計画課などで調べることができる。

表　都市計画制度の構成

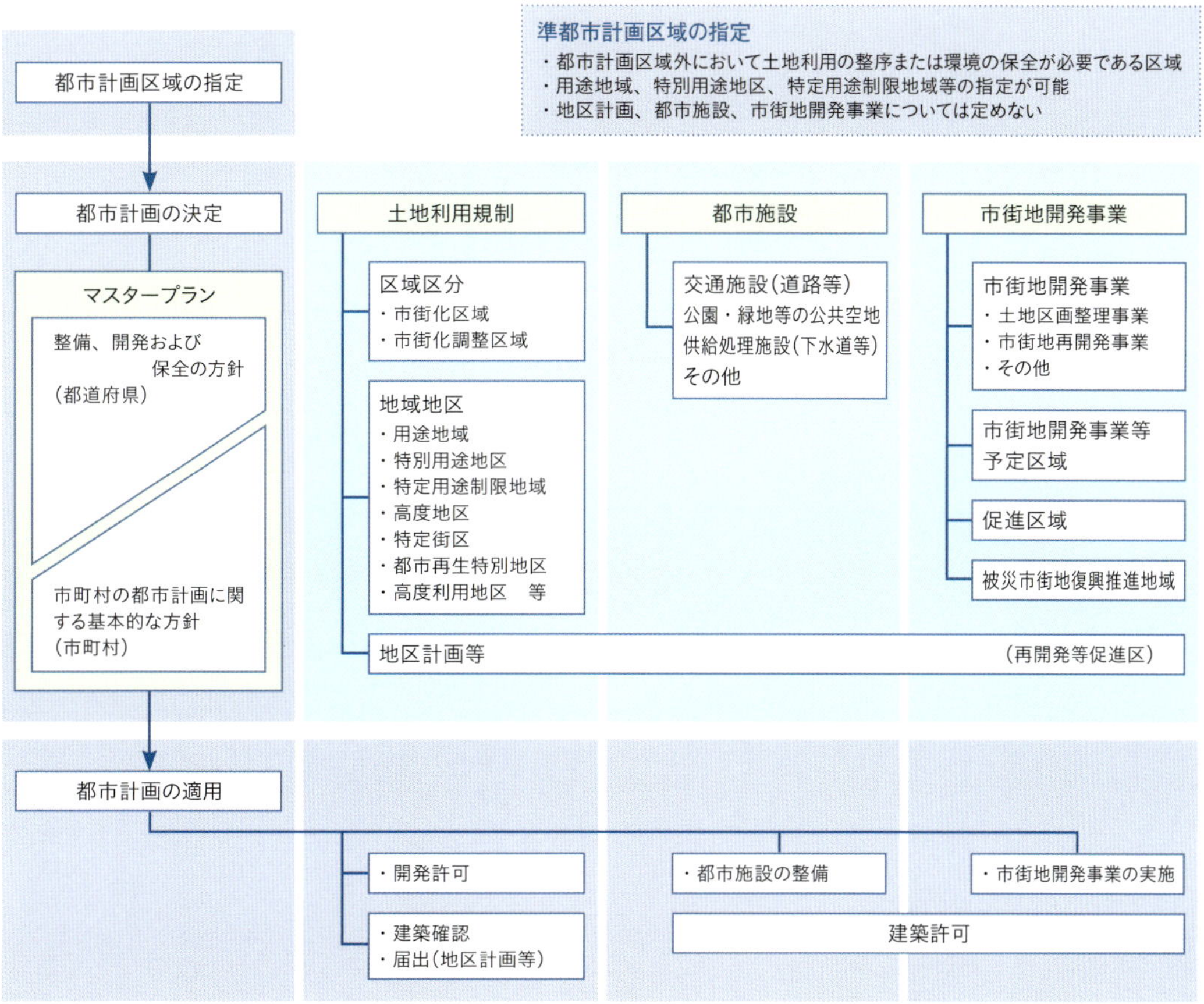

図　土地利用計画のイメージ

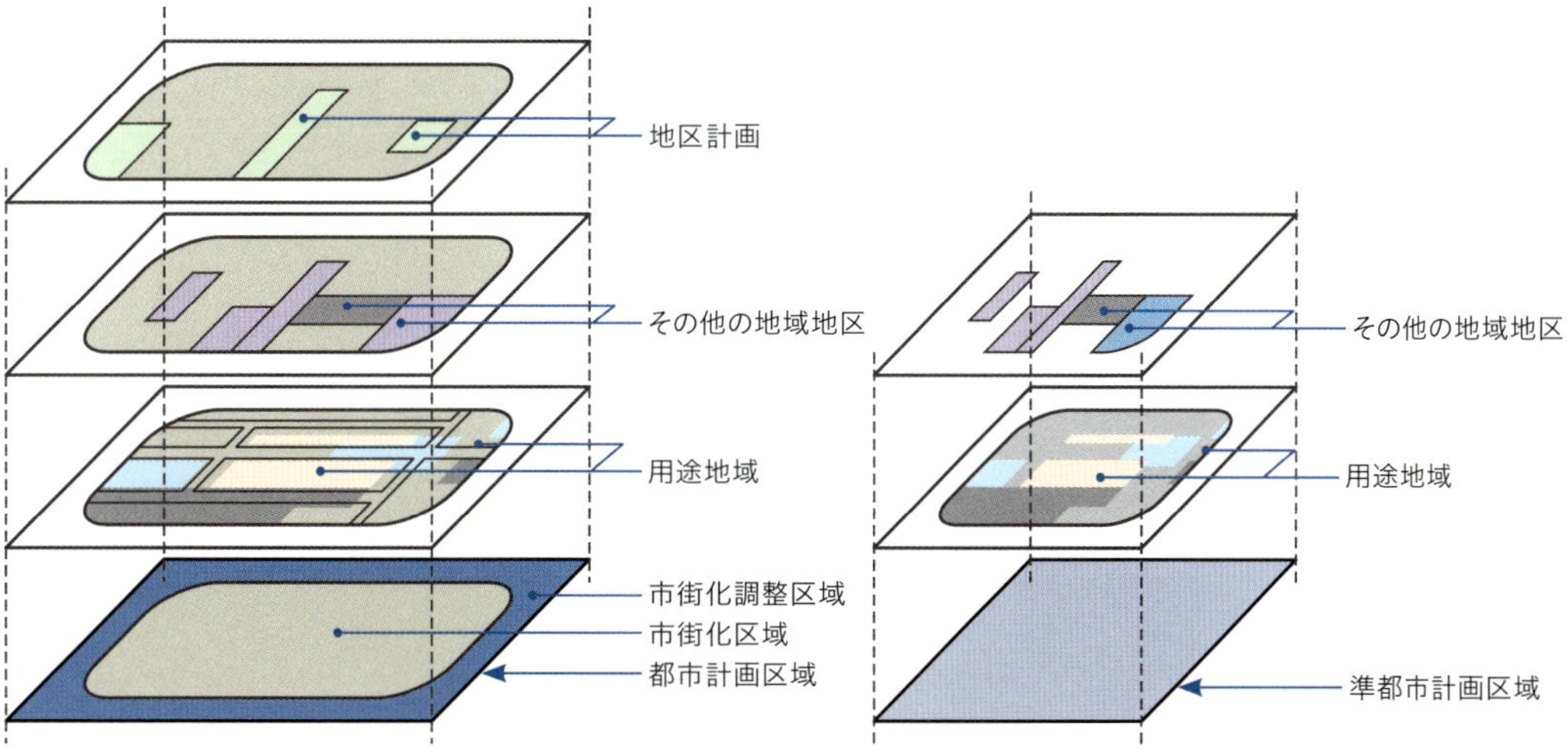

○都市計画区域を定めた場合　　○準都市計画区域を定めた場合

030

都市計画による建築制限

Point

（準）都市計画区域では、建築に対して制限

都市計画区域内外の区分

国土は、「都市計画区域」「準都市計画区域および準都市計画区域外」に分けられる。また、「都市計画区域」はさらに「市街化区域」「市街化調整区域」「区域区分未設定都市計画区域」に分割される（表、図）。

都市計画区域

市街化区域とは、すでに市街化が形成されている区域、および10年以内に優先的かつ計画的に市街化を図るべき区域であり、用途地域等の地域地区を指定できるほか、道路・公園・下水道等の都市施設や、区画整理事業・市街地再開発事業等の市街地の開発などを行い、計画的な街づくりが行われる。

市街化調整区域とは、市街化を抑制する区域であり、原則として用途地域を定めず、農林水産業用の建物や、一定規模以上の計画的開発などを除いて新たな開発は禁止され、市街化を促進する都市施設の整備も原則行わないことになる。市街化調整区域で建築行為を行う場合は、原則として都計法に基づく許可が必要となる。

区域区分未設定都市計画区域とは、市街化区域または市街化調整区域の区分をするまでの暫定的な位置付けの区域である。

準都市計画区域

準都市計画区域は、積極的な整備または開発を行う必要はないものの、そのまま放置すれば、将来における都市としての整備、開発および保全に支障が生じるおそれがある区域について指定する。次のような規制がある。

①木造住宅でも建築確認申請が必要
②建築の制限（建蔽率・容積率の制限、接道義務等）
③3千㎡以上の開発行為は許可対象
④大規模集客施設の立地が原則制限

表 都市計画区域内外の区分

都市計画区域	市街化区域	すでに市街地を形成している区域およびおおむね10年以内に優先的かつ計画的に市街化を図るべき区域。用途地域や各種地域地区が定められる
	市街化調整区域	市街化を抑制すべき区域。原則として用途地域を定めず、一部を除いて新たな開発は禁止され、市街化を促進する都市施設の整備も原則行わない
	区域区分未設定都市計画区域	市街化区域・市街化調整区域の区分がされていない区域。線引きをするまでの暫定的な位置付け
準都市計画区域	準都市計画区域は、積極的な整備または開発を行う必要はないものの、そのまま土地利用を整序し、または環境を保全するための措置を講ずることなく放置すれば、将来における一体の都市として総合的に整備、開発および保全に支障が生じるおそれがある区域について都道府県が指定	
都市計画区域および準都市計画区域外	上記のいずれの区域にも該当しない区域	

図 都市計画の分類イメージ

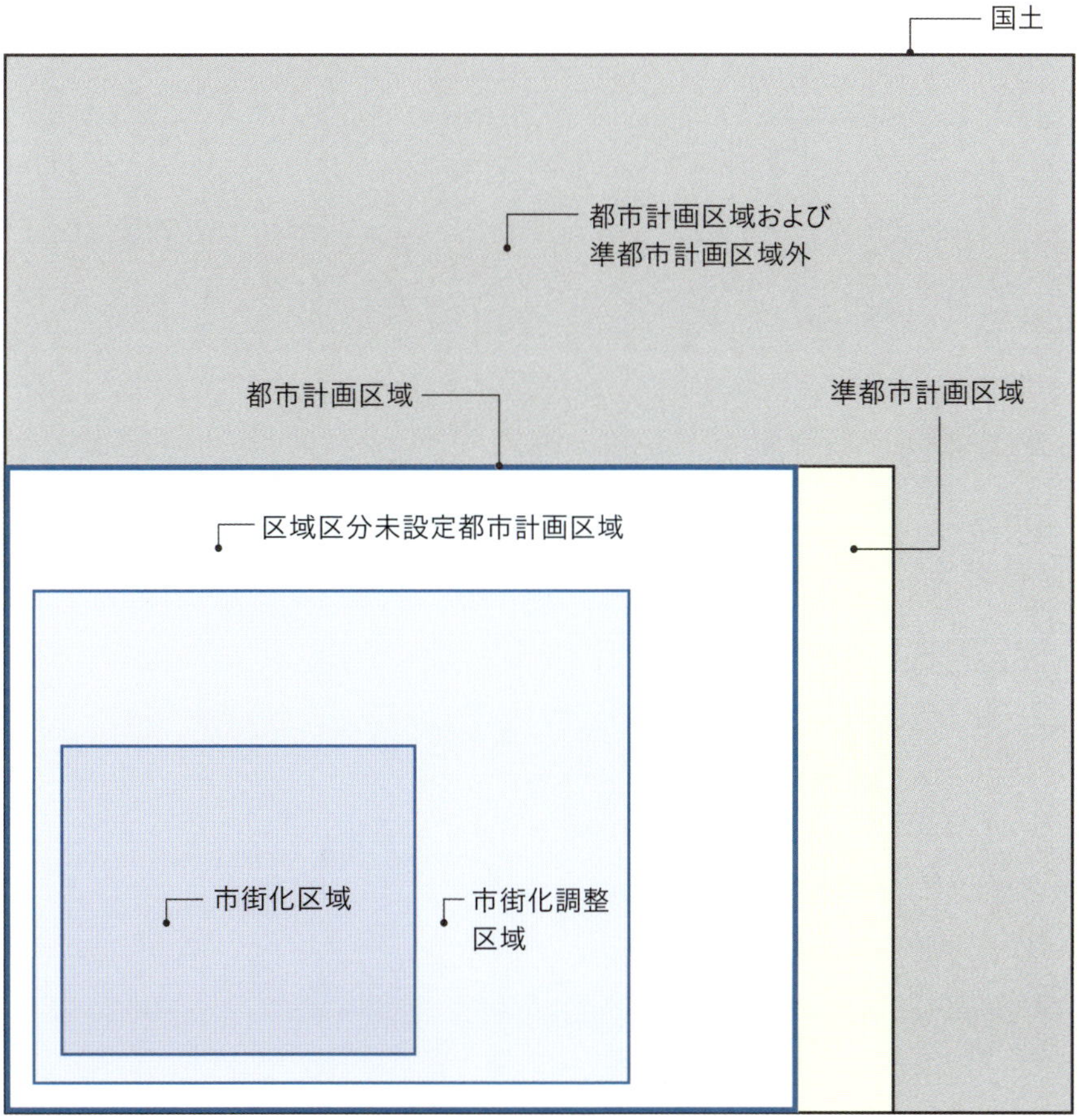

031

用途地域・防火地域

Point

2つの地域にまたがる場合は、要注意

用途地域

都市計画区域内において、都計法8条1項1号に基づき13種類の用途地域（表1）を定めることができ、具体的な規制は建築基準法および同施行令に規定されている（建物用途は法48条、容積率は法52条、建蔽率は法53条、高さ制限は法56条、日影による高さの制限は法56条の2など）。

準都市計画区域内においても都計法8条2項に基づき用途地域を定めることができる。

また、用途地域の指定がされていない地域もある。この場合は、法48条に基づく用途規制はないが、容積率、建蔽率、高さ制限、日影による高さの制限などは規制される。

敷地が2つの用途地域にまたがる場合は、その建築物またはその敷地の全部について敷地の過半の属する地域内の用途規制が適用される（法91条）。

防火地域

防火地域および準防火地域は、都計法9条21項に基づき定められ、法61条～66条によって規制される。主な規制内容は、階数や面積に応じて耐火建築物や準耐火建築物とすることだ。それ以外の建築物でも、屋根、延焼のおそれのある部分の開口部、木造建築物等の外壁と軒裏の構造に規制を受ける。

防火・準防火地域以外の区域でも、特定行政庁が法22条に基づき指定した区域（法22条指定区域）（表2）では、屋根、木造建築物等の外壁が構造制限を受ける（法23条）。

敷地が異なる防火規制の地域にまたがる場合は、最も厳しい地域の規制を受ける。ただし、一方の地域のみに建てられていたり、防火壁で区画されている場合は、その建物または区画されている部分が地域の制限を受ける（図）。

表1 用途地域(法48条)

住居系	第1種低層住居専用地域	低層住宅のための地域。小規模な店舗や事務所をかねた住宅や、小中学校などが建てられる
	第2種低層住居専用地域	主に低層住宅のための地域。小中学校などのほか、150㎡までの一定の店舗などが建てられる
	第1種中高層住居専用地域	中高層住宅のための地域。病院、大学、500㎡までの一定の店舗などが建てられる
	第2種中高層住居専用地域	主に中高層住宅のための地域。病院、大学などのほか、1,500㎡までの一定の店舗や事務所など必要な利便施設が建てられる
	第1種住居地域	住居の環境を守るための地域。3,000㎡までの店舗、事務所、ホテルなどが建てられる
	第2種住居地域	主に住居の環境を守るための地域。店舗、事務所、ホテル、カラオケボックスなどは建てられる
	準住居地域	道路の沿道において、自動車関連施設などの立地と、これと調和した住居の環境を保護するための地域
	田園住居地域	農業の利便の増進を図りつつ、これと調和した低層住宅に係る良好な住居の環境を保護するために定められる地域
商業系	近隣商業地域	周りの住民が日用品の買物などをするための地域。住宅や店舗のほかに小規模の工場も建てられる
	商業地域	銀行、映画館、飲食店、百貨店などが集まる地域。住宅や小規模の工場も建てられる
工業系	準工業地域	主に軽工業の工場やサービス施設等が立地する地域。危険性、環境悪化が大きい工場のほかは、ほとんど建てられる
	工業地域	どんな工場でも建てられる地域。住宅や店舗は建てられるが、学校、病院、ホテルなどは建てられない
	工業専用地域	工場のための地域。どんな工場でも建てられるが、住宅、店舗、学校、病院、ホテルなどは建てられない
指定なし		用途地域の指定のない地域

注 複数の用途地域にまたがる場合の措置、その敷地の全部について、敷地の過半の属する地域内の用途規制の規定を適用する

表2 防火地域

防火地域		「市街地における火災の危険を防除するため定める地域」として、都計法で指定された地域
準防火地域		
その他(防火・準防火地域以外)	法22条指定区域	法22条1項の規定により特定行政庁が指定した区域で、建築物の屋根や外壁に一定の防火性能を確保させ、市街地の建築物の火災による延焼等の防止を図る区域
		上記のいずれの指定もない区域

図 防火・準防火地域の内外にわたる場合(法65・91条)

①防火地域ー準防火地域にわたる場合 ②防火地域ー指定のない区域にわたる場合 ③準防火地域ー指定のない区域にわたる場合

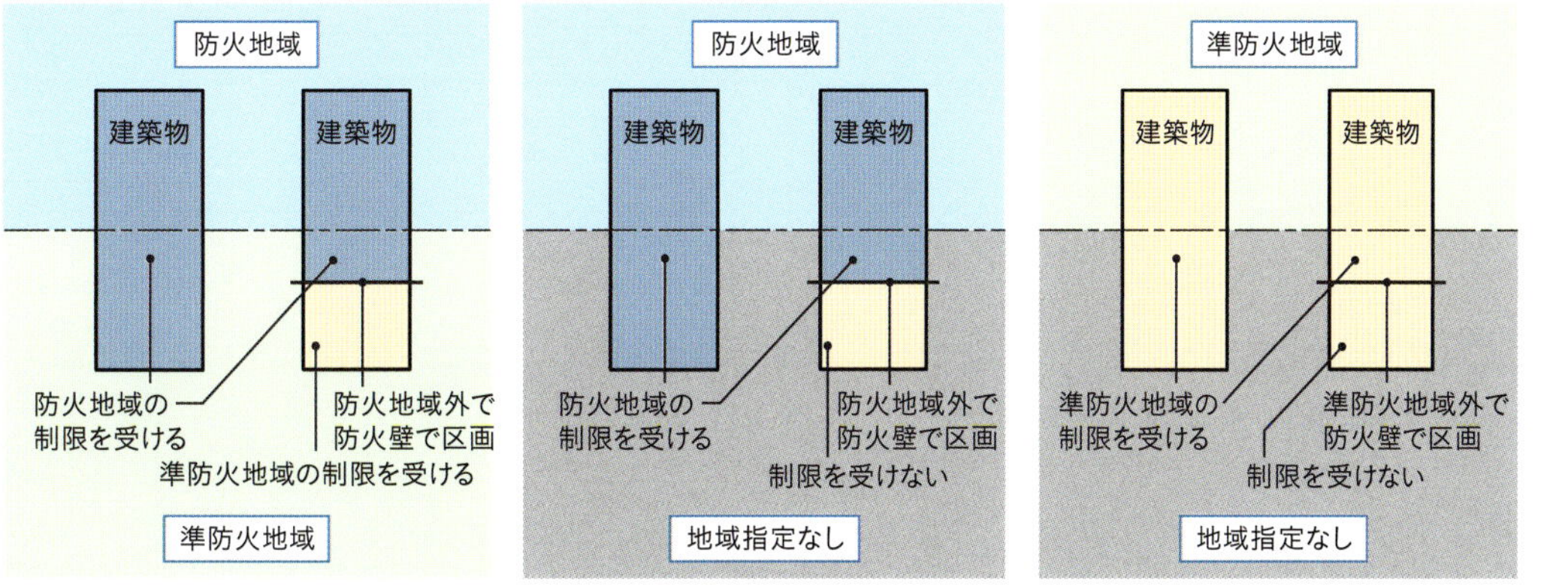

032

その他の地域地区

Point

高度地区規制は天空率の使用不可

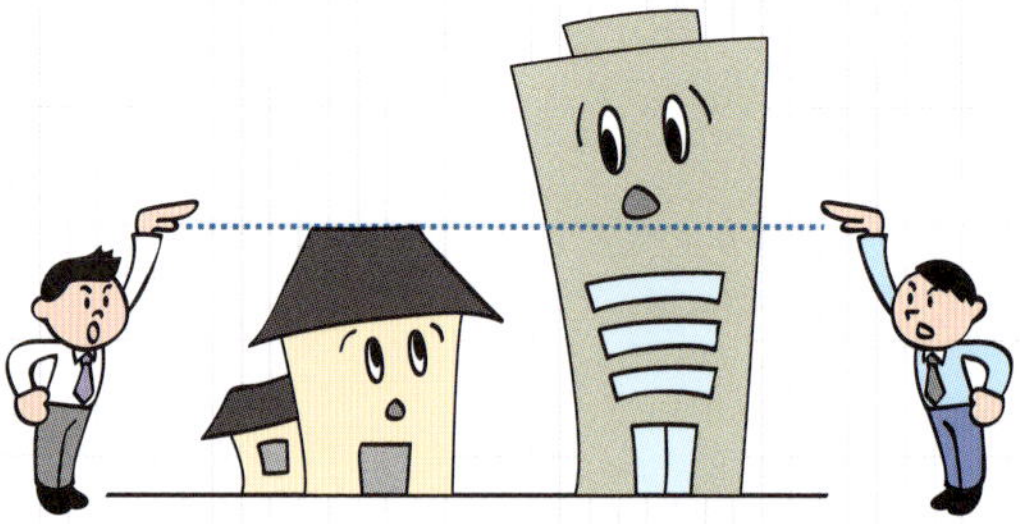

特別用途地区

都計法9条14項により、用途地域の指定を補完して定める地区と定義されており、規制内容は法49条に基づき、市町村が地域の特性に応じて、条例により用途地域における用途制限の強化または緩和を定める。

高度地区

都計法9条18項により、用途地域内において建築物の高さの最高限度または最低限度を定める地区と定義されており、法58条で遵守規定が定められている。具体的な規制内容は、都道府県等の都市計画により定められる、北側斜線規制型、隣地斜線規制型、最高高さ規制型、最低高さ規制型など、規制方法は自治体によりさまざまである（表2）。なお、斜線規制型については、法56条7項、いわゆる天空率を適用することができない。

高度利用地区

都計法9条19項により、用途地域内で建築物の容積率の最高限度および最低限度、建築物の建蔽率の最高限度、建築物の建築面積の最低限度ならびに壁面の位置の制限を定める地区と定義されており、法59条に遵守規定および緩和規定が定められている。

小規模建築を規制するとともに、建蔽率の低減など、必要な要件を都市計画で定めたうえで、容積率を緩和する。

建築協定区域、その他

建築協定は、土地所有者等同士による建築物の基準に関する一種の契約である［※］。そのため、協定違反への措置は民法に基づくことになり、公法に基づく是正命令等の措置はとれない。

その他、特定用途制限地域、景観地区、風致地区、土地区画整理事業区域等で、制限が設けられている（表1）。

※ 特定行政庁は締結時に関与するのみで、土地所有者等同士による私的契約という性格のものである

表1 その他の主な地域地区

地域地区	制限内容
特別用途地区	用途地域を補完する地域地区で、地区の特性にふさわしい土地利用の増進、環境の保護など、特別 の目的の実現を図るために指定。条例により、用途制限の強化または緩和を定める
高度地区	建築物の高さの最高限度または最低限度を定める
高度利用地区	建築物の容積率の最高限度および最低限度、建築物の建蔽率の最高限度、建築物の建築面積の最低限度ならびに壁面の位置の制限を定める
建築協定区域	住宅地としての環境や商店街としての利便を高度に維持増進することなどを目的として、土地所有者等同士が建築物の基準(建築基準法による最低基準を超えた高度な基準)に関する一種の契約を締結する
特定用途制限地域	用途地域が定められていない土地の区域(市街化調整区域を除く)内において、その良好な環境の形成または保持のため当該地域の特性に応じて合理的な土地利用が行われるよう、制限すべき特定の建築物等の用途の概要を定める
景観地区	建築物の高さの最高限度または最低限度、壁面の位置の制限、建築物の敷地面積の最低限度等を定めることができ、建築物の建築等に際し市町村長の認定が必要。また、法68条にも遵守規定が定められている
風致地区	具体的な規制は地方公共団体の条例により定められる。建築物の新築等を行う際に許可が必要
土地区画整理事業区域	健全な市街地の整備と生活環境の改善を図るため、道路や公園等の公共施設と宅地を一体的に整備し、総合的な街づくりを進める事業で、換地処分の公告がある日までは、土地区画整理事業の施行の障害となるおそれのある行為(土地の形質の変更、建築物の新築等)については、事業施工者の許可を受けなければならない

表2 高度地区規制の例

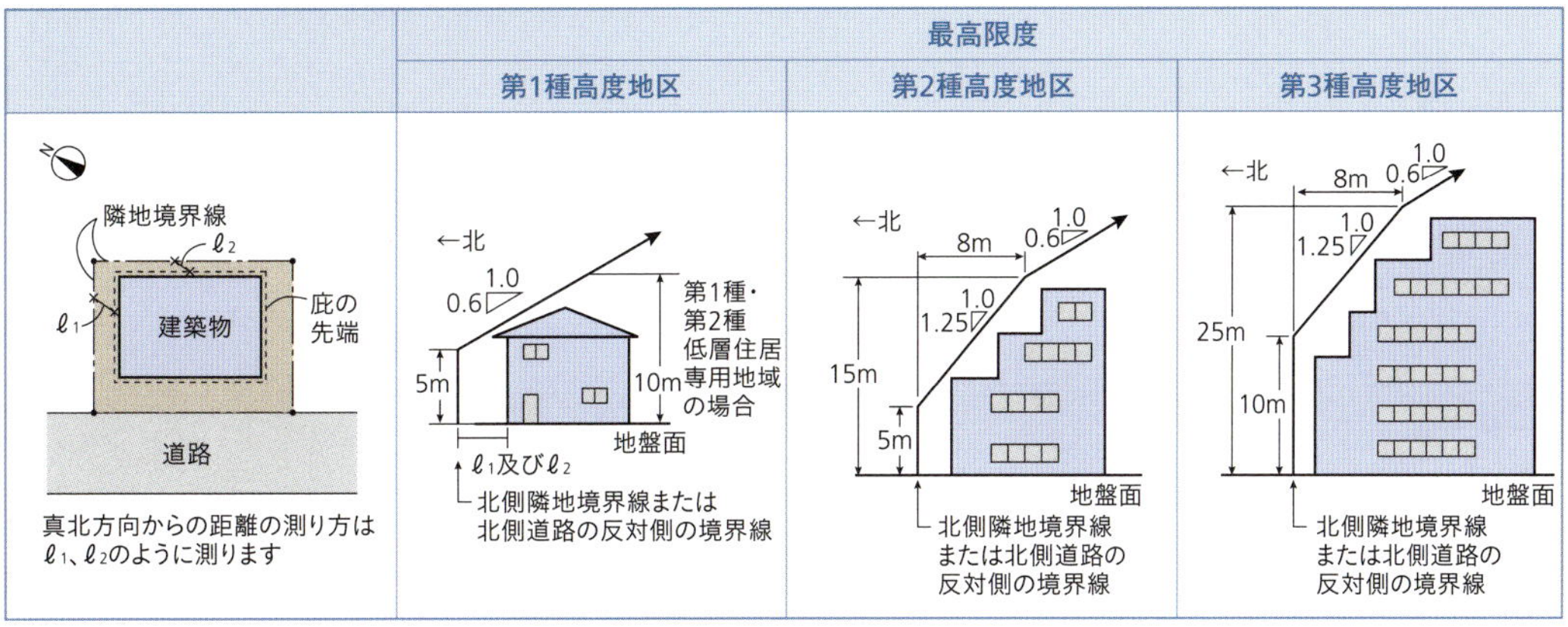

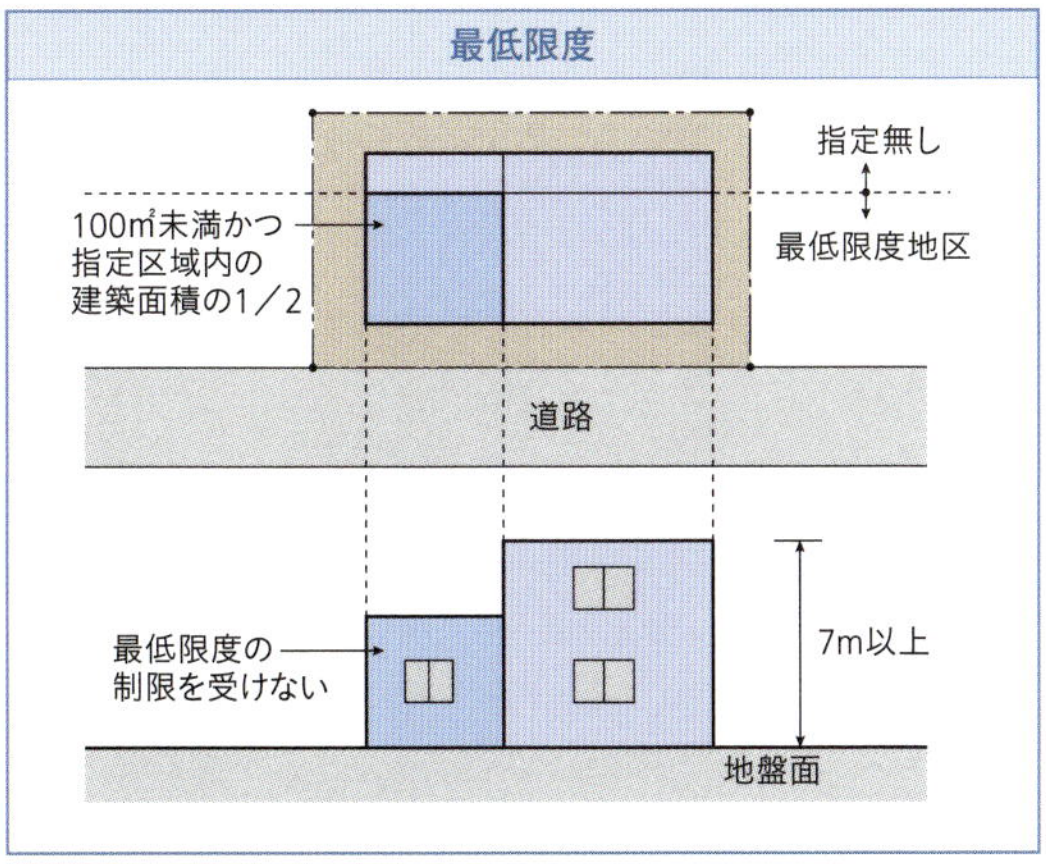

033

絶対高さ制限・最低敷地面積

Point

すべての低層住専・田園住居地域は絶対高さ制限を受ける

絶対高さ制限

都計法8条3項2号ロに基づき、第1種低層住居専用地域、第2種低層住居専用地域または田園住居地域における建築物の高さの限度は10mまたは12mに定められている。建築物の高さはこの高さの限度を超えてはならない（法55条）（表、図）。

ただし、高さの限度が10mに指定された区域で、一定の空地が確保され、かつ敷地面積が一定の規模以上の場合に特定行政庁に認められれば、高さの限度が12mとなる。また、公園などに隣接する敷地や、学校などの建築物で特定行政庁の許可がある場合は、高さの限度が適用されない。そのほか、高度地区規制や地区計画で建築物の高さの限度が規制される場合がある。

最低敷地面積

都計法8条3項2号イに基づき、当該地域における市街地の環境を確保するため必要な場合に限り、200㎡を超えない範囲で敷地面積の最低限度を定めることができる。敷地面積の最低限度が定められた地域では、建築物の敷地面積は当該最低限度以上でなければならない（法53条の2）。

ただし、特定行政庁がやむを得ないと認めて許可した場合などは、この規定が適用されない。

またこれとは別に、地区計画で敷地面積の最低限度が定められている場合がある。

表 絶対高さ制限(第1・2種低層住居専用地域、田園住居地域内)

種別	適用地域・敷地・建築物	建築物の高さ(H)	適用条項
原則	第1・2種低層住居専用地域、田園住居地域	H≦10m または 12m (10mか12mかは都市計画で定める)	法55条1項
緩和	下記をすべて満たす敷地[*1] 敷地面積≧1,500㎡[*2] 空地率＝$\frac{空地面積}{敷地面積}$≧(1－建蔽率)+1／10 [*3]	絶対高さ10mを12mまで緩和	法55条2項 令130条の10
緩和	下記をすべて満たす建築物[*4] 地上階数≦3、軒高≦10m (住宅・共同住宅・兼用住宅)	絶対高さ10mを12mまで緩和	法55条2項 昭59住街発35
緩和	下記のいずれか[*5] 再生可能エネルギー源の利用に資する設備の設置および工事 敷地の周囲に広い公園・広場・道路その他の空地のある建築物、学校その他の建築物[*6]	絶対高さ制限を緩和	法55条3〜5項

*1 特定行政庁が低層住宅に係る良好な住居の環境を害するおそれがないと認めるもの
*2 地方公共団体の規則で750㎡≦敷地面積<1,500㎡の範囲で定めた場合は、その値
*3 建蔽率の指定のない地域：空地率≧1／10
*4 各特定行政庁が3階建て住宅の認定準則による緩和を適用している場合
*5 特定行政庁が建築審査会の同意を得て許可する場合
*6 用途上やむを得ないもの

図 低層住居専用地域・田園住居地域の高さ制限

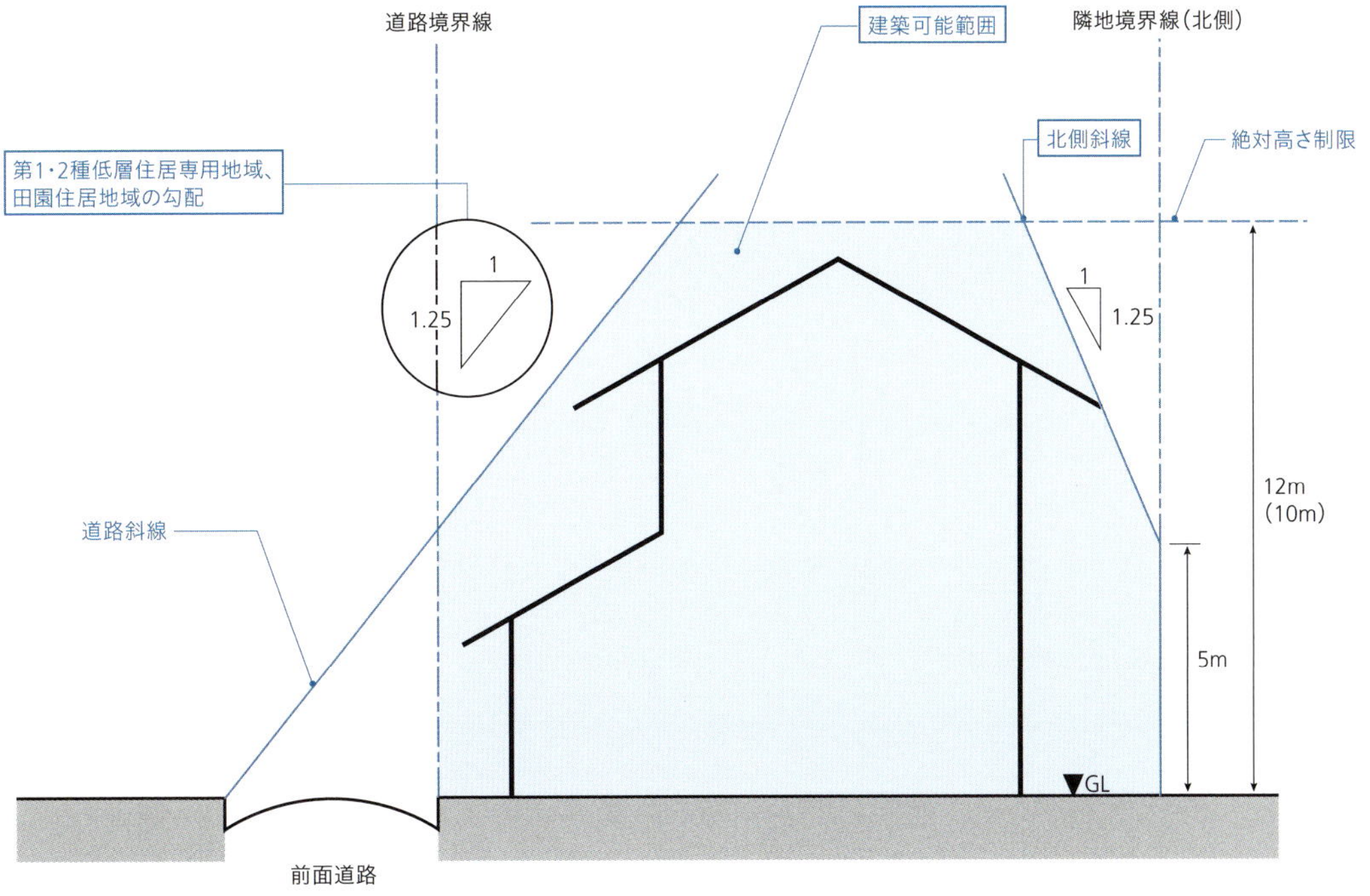

034

都市計画による街づくり

Point

地区計画は条例による建築制限

地区計画

地区計画は、それぞれの地区の特性に応じて、良好な都市環境の形成を図るために必要な事項を定める「地区レベルの都市計画」である。街づくりの全体構想を定めた「地区計画の方針」と具体的な道路、公園などの配置や建築物に関する制限を定めた「地区整備計画」で構成されるが、方針のみの地区計画もある。地区整備計画まで定めた区域では、市町村は地区整備計画の内容を条例で制限として定めることができる。建築物に関する制限は地区整備計画が定められた区域に限定される。条例で定められる建物の建て方や街並みのルールは、図のとおりである。

また、都計法58条の2に基づき、地区整備計画が定められた地区計画の区域内では、建築物の建築等を行おうとする者は、市町村長に省令で定める事項を届け出なければならない。

都市計画施設

都市計画施設とは、都計法11条に規定される道路、公園等の14項目の都市施設のうち、都市計画決定されたものをいう。代表的なものは都市計画道路である。その区域内では、将来施設の建設等が円滑に進むよう建築規制が課せられる。

都市計画施設の区域内において建築物の建築をしようとする者は、都計法53条に基づき都道府県知事の許可を受けなければならない（表1）。

都計法41条1項による制限

用途地域の定められていない区域における開発行為の許可をする場合において、都道府県知事は当該開発区域内の土地について、建築物の建蔽率、建築物の高さ、壁面の位置その他建築物の敷地、構造および設備に関する制限を定めることができる（表2）。

図　地区計画で定められる街づくりのルール

①**地区施設（生活道路、小公園、広場、遊歩道など）の配置**
②**建物の建て方や街並みのルール**
用途（緩和も含む）、容積率、建蔽率、高さ、敷地規模、セットバック、デザイン、生垣化など
③**保全すべき樹林地**

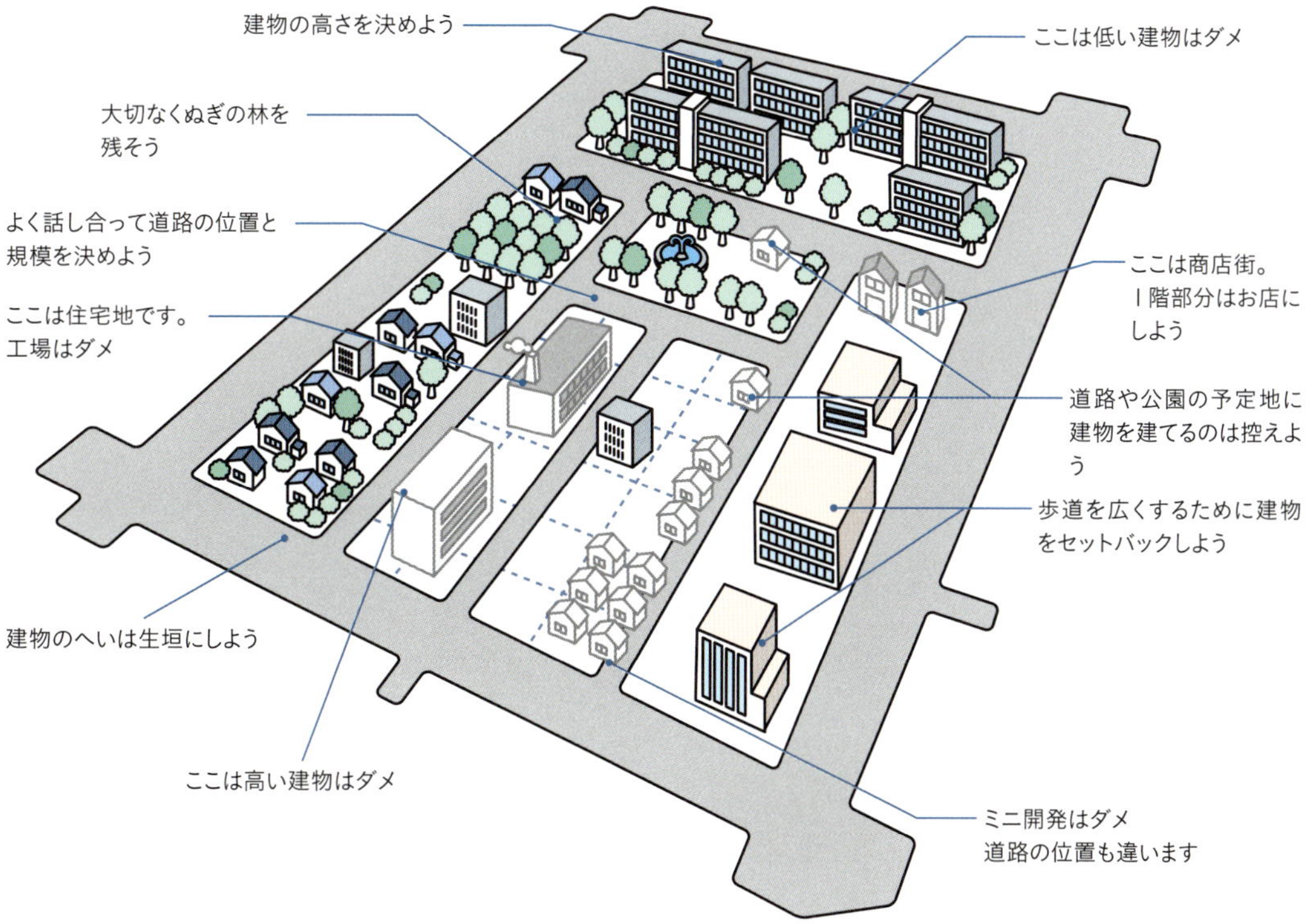

表1　都市計画施設

都市施設のうち、都市計画決定されたもので、その区域内では、将来施設の建設等が円滑に進むよう建築規制が課せられる⇒都計法53条に基づく許可が必要
主な都市施設：道路、都市高速鉄道、駐車場、自動車ターミナルその他の「交通施設」、公園、緑地、広場、墓園その他の「公共空地」
（その他：都計法11条で14項目を規定）

表2　都計法41条1項による制限

都道府県知事は用途地域の定められていない土地の区域における開発行為について、開発許可の際に
・建築物の建蔽率
・建築物の高さ
・壁面の位置
・その他建築物の敷地、構造および設備に関する制限
を定めることができる

035

許認可、特定工程

Point

開発対象規模以上の敷地は許可対象

建築基準関係規定

令9条には建築基準法以外の法令も「建築基準関係規定」に含まれるものとして定められており、そのなかには他法令の「許可」が必要な場合がある（表1）。

(1)屋外広告物法

屋外に設ける広告物（独立看板や袖看板、壁面サイン等）を設置する場合には、許可を受けなければならない。屋外広告物を掲示できる区域、許可基準、許可の要否等は条例で定められる。

(2)宅地造成等規制法

- 宅地造成許可…宅地造成工事規制区域内の土地で、宅地造成に関する工事を行う場合には許可が必要。

(3)都市計画法

- 開発許可…都市計画区域または準都市計画区域内で開発行為をしようとする場合には、あらかじめ、開発許可権者の許可が必要（表2）。
- 市街化調整区域での許可…市街化調整区域については、開発許可を受けた区域以外の区域で行われる建築物の建築等（新築、改築、用途変更を含む）を行う場合は、許可が必要。したがって、市街化調整区域においては、原則開発許可か建築許可のいずれかの許可を受けることとなる。
- 都市計画施設等の区域内における許可…都市計画施設等の区域において建築物の建築をしようとする場合は、許可が必要。たとえば、建築物の敷地（の一部）が都市計画道路の区域に指定されている場合などが該当。

特定工程

特定工程（中間検査の工程）には、建築基準法および建築基準法施行令で定められた工程と、特定行政庁が指定する工程の2種類がある（表3）。

また、施工制限については、図に示したとおりである（法7条の3）。

表1 建築基準関係規定に基づく主な許可

屋外広告物法	4条・5条	条例に基づき、広告物の表示または掲出物件の設置について、許可を受けなければならない
宅地造成等規制法	8条	宅地造成工事規制区域内において行われる宅地造成に関する工事［＊1］については、都道府県知事の許可を受けなければならない
都市計画法	29条	開発行為［＊2］をしようとする者は、あらかじめ、許可を受けなければならない
	35条の2	開発許可を受けた者は、その変更をしようとする場合に、許可を受けなければならない
	43条	市街化調整区域のうち開発許可を受けた開発区域以外の区域内においては、許可を受けなければ建築物の新築等をしてはならない
	53条	都市計画施設の区域または市街地開発事業の施行区域内において建築物の建築をしようとする者は、許可を受けなければならない

＊1 宅地造成に関する工事とは、下記のいずれかに該当する場合
1. 切土で、高さが2mを超えるがけ（30°以上の斜面）を生ずる工事
2. 盛土で、高さが1mを超えるがけを生ずる工事
3. 切土と盛土を同時に行うとき、盛土は1m以下でも切土と合わせて高さが2mを超えるがけを生ずる工事
4. 切土、盛土で生じるがけの高さに関係なく、宅地造成面積が500㎡を超える工事

また、許可を受けた宅地造成工事の計画の変更しようとする場合も許可が必要

＊2 開発行為とは、主として、①建築物の建築、②第1種特定工作物（コンクリートプラント等）の建設、③第2種特定工作物（ゴルフコース、1ha以上の墓園等）の建設を目的とした「土地の区画形質の変更」をいう。また、許可を受けた開発行為を変更しようとする場合も許可が必要（次項参照）

表2 開発許可規制対象規模

都市計画区域	線引き都市計画区域	市街化区域	1,000㎡（3大都市圏の既成市街地、近郊整備地帯等は500㎡以上 ・開発許可権者が条例で300㎡まで引き下げ可
		市街化調整区域	原則としてすべての開発行為
	非線引き都市計画区域		3,000㎡以上 ・開発許可権者が条例で300㎡まで引き下げ可
準都市計画区域			3,000㎡以上 ・開発許可権者が条例で300㎡まで引き下げ可
都市計画区域および準都市計画区域外			1ha以上

表3 特定工程（中間検査の工程）

特定工程法で定められる特定工程（法7条の3第1項1号）	階数が3以上の共同住宅の2階の床およびこれを支持する梁に鉄筋を配置する工事［＊］
特定行政庁が指定する特定工程（法7条の3第1項2号）	特定行政庁が、その地方の建築物の建築の動向また工事に関する状況その他の事情を勘案して、区域、期間または建築物の構造、用途もしくは規模を限って指定する工程

＊ ただし、床および梁の両方に配筋工事がある場合が対象

図 特定工程による施工制限

建築主は、建築工事に特定工程が含まれる場合は、その特定工程に係る工事を終えたときに、その都度、建築主事等の検査を申請しなければならない。
特定工程後の工程に係る工事は、その特定工程の中間検査合格証の交付を受けた後でなければ、施工してはならない。

特定工程終了 ➡ 中間検査申請 ➡ 中間検査実施 ➡ 中間検査合格 ➡ 特定工程後の工程の施工

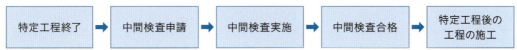

036

区画・形質の変更

Point

区画・形質の変更、造成行為は開発許可対象

都計法4条12項において「開発行為」は、建築物の建築等のための目的で行う土地の区画形質の変更と定義されている。ここでいう、「区画・形質の変更」とは次のような行為を指す。

(1)「区画」の変更（図1）

建築物の敷地区画を統合する場合や分割する場合、つまり、従来の建築物の敷地の境界を変更することである。単なる土地の分筆や合筆のみを目的とした権利区画の変更は、区画の変更に該当しない［※1］。

道路、公園などの公共施設の新設、変更、廃止などを伴う場合も、区画の変更に該当する（形質の変更に分類される場合もある）。

(2)「形」の変更（図2・3）

建築物の建築の目的で行う土地の切土、盛土により土地の現状を変更する宅地の整備を指す。ただし、建築に伴う単なる整地、掘削など、建築行為と一体不可分の土地の形状の変更は、開発行為でなく建築行為に付随するものとして取り扱うとされる行政庁が多い［※2］。

(3)「質」の変更（図2）

農地、山林、雑種地、池沼等の宅地以外の土地を宅地にするなど、土地の有する性質を変更する場合が「質」の変更に該当する。

開発許可が必要な開発区域

開発区域の面積が、市街化区域では1千㎡以上（3大都市圏では500㎡以上）、区域区分未設定都市計画区域および準都市計画区域では3千㎡以上、都市計画区域および準都市計画区域外では1万㎡以上の場合の開発行為は、開発許可が必要になる［※3］。

また、市街化調整区域では、都計法34条各号のいずれかに該当する場合でなければ、開発許可をしてはならないとされている。その場合、開発区域面積にかかわらず開発許可が必要である。

※1 単なる敷地区画の統合・分割は土地の区画変更には該当しないとする行政庁もある
※2 切土、盛土の高さや造成面積に一定の範囲を行政庁で定め、それらの範囲に満たない場合は「形」の変更に該当しないとされることがある
※3 市街化区域、区域区分未設定都市計画区域、準都市計画区域では条例で300㎡まで引き下げることができる

図1 区画の変更

建築物の敷地区画を統合する場合

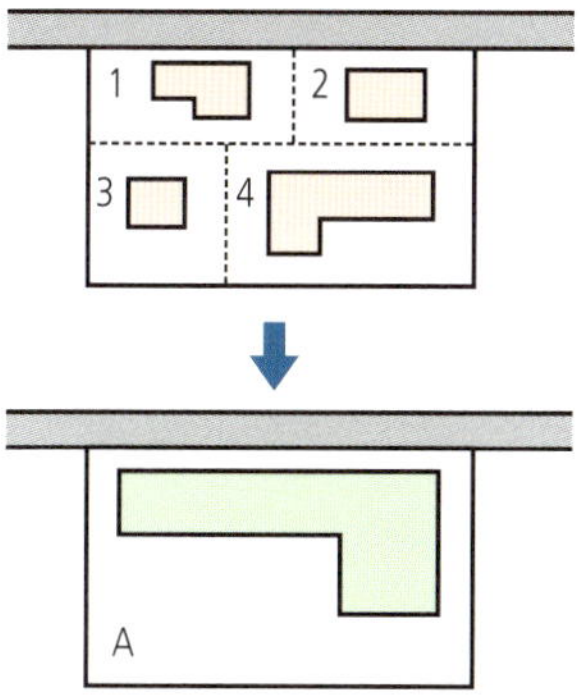

建築物の敷地区画を分割する場合

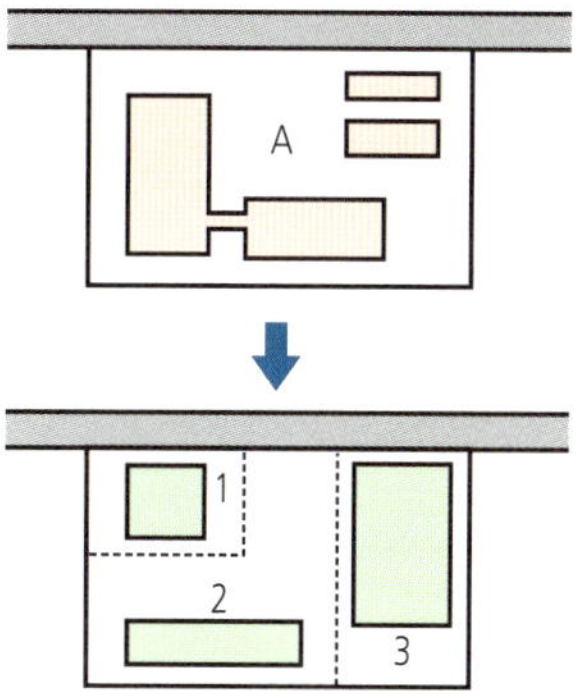

図2 形質の変更

形の変更

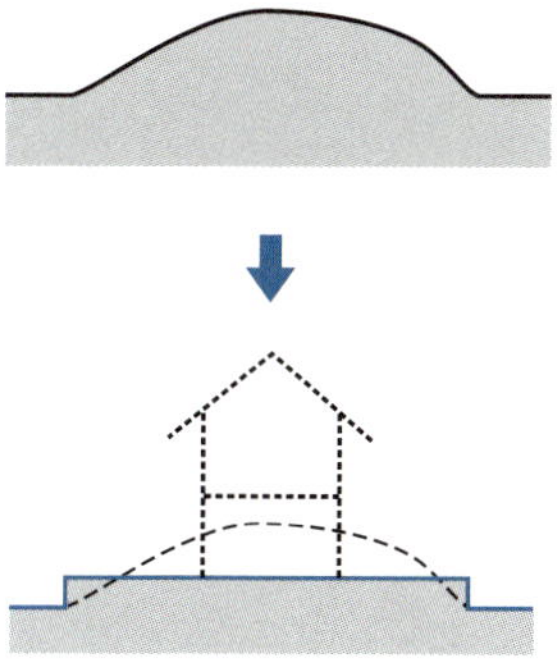

質の変更

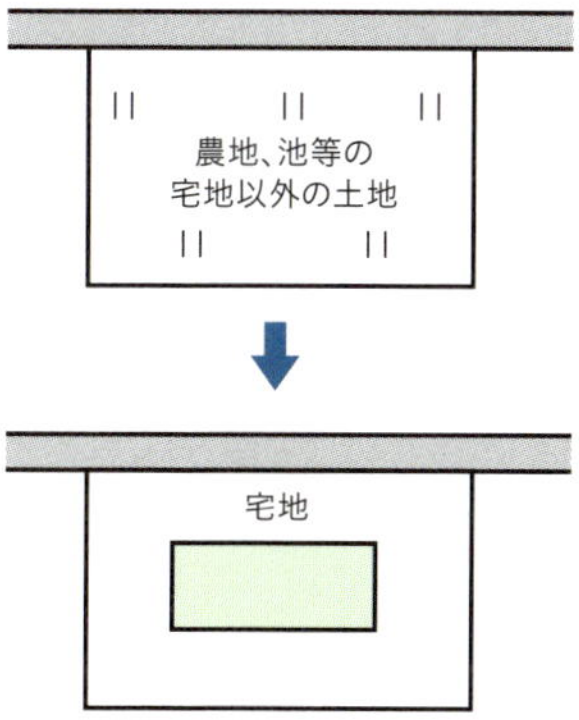

道路を新しく築造して複数の
敷地区画を設定する場合
⇒形質の変更に該当

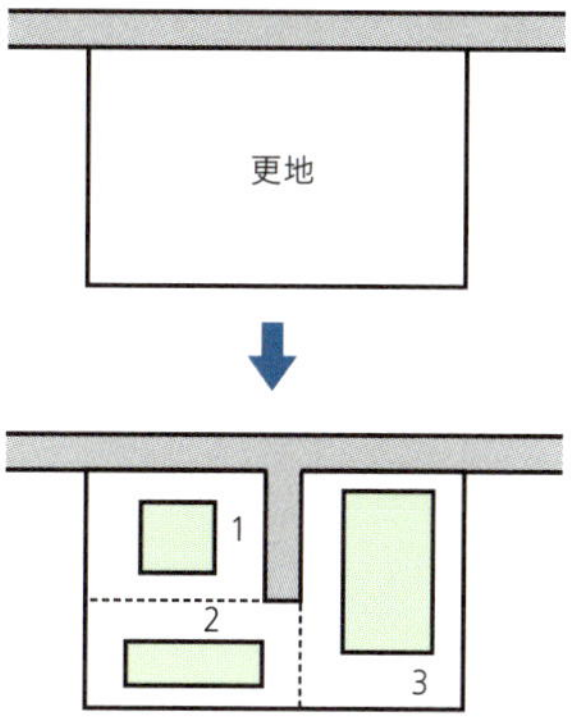

（区域内に道路等の公共施設が生じる）

図3 切土・盛土による整備

切土により高さ2mを超えるがけを生じるもの

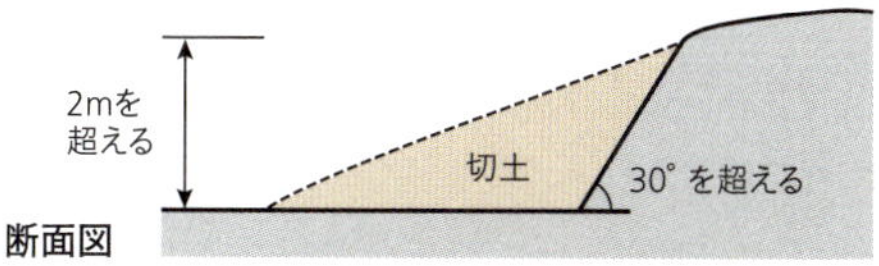

盛土により高さ1mを超えるがけを生じるもの

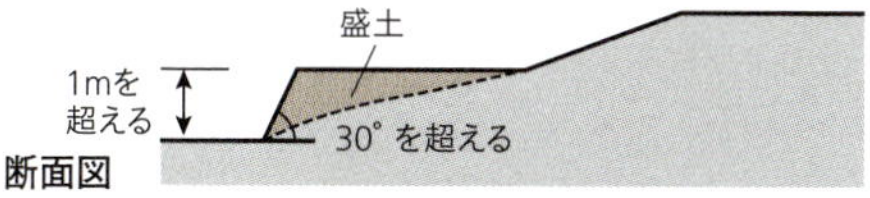

切土と盛土によるどてが2mを超えるもの

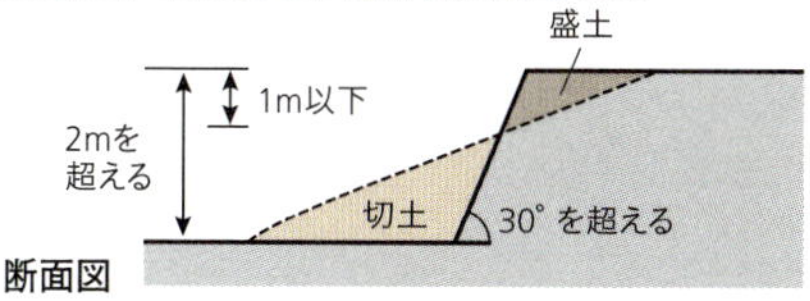

切土または盛土をする土地の面積が500㎡を
超えるもの

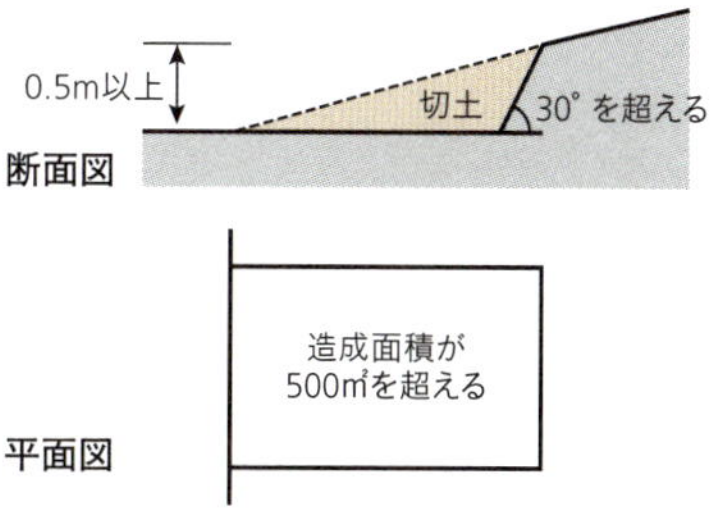

037

建築基準法上の道路

Point

道路後退部分は敷地面積に不算入

都市計画区域内または準都市計画区域内では、建築物の敷地は道路に2ｍ以上接しなければならない（法43条）。「道路」には以下のものがある（表）。

1項1号道路…道路法による道路。一般国道、都道府県道および市町村道（いわゆる公道）で、幅員4ｍ以上のもの。公道であっても形態が存在しない場合や幅員が4ｍに満たない場合は、建築基準法上の道路に該当しない可能性がある［※1］。

1項2号道路…都計法などによる道路。都計法の開発許可あるいは、土地区画整理法等による許認可等を受けて築造された道路で幅員4ｍ以上のもの。築造後に公道移管がなされ、道路法による道路（1項1号道路）に変わるのが一般的である［※1］。

1項3号道路…基準時に現に存在していた道。「基準時［※2］」に道路状の形態があり、一般に通行されている幅員4ｍ以上の道［※1］。

1項4号道路…事業計画のある道路。道路法、都計法等の法律による新設または変更の事業計画のある道路（2年以内にその事業が執行される予定として特定行政庁が指定したもの）［※1］。

1項5号道路…位置指定道路。建築基準法の基準に基づいてつくった私道（特定行政庁が道路として指定したもの）。また、建築線の指定のある場合も、これに該当［※1］。

2項道路…「基準時［※2］」において、建築物が建ち並んでいる幅員4ｍ未満の道（特定行政庁が指定したもの）。この道路に面している敷地は、道路の中心線から水平距離2ｍの後退線を道路の境界線とみなし、門塀等を後退させることが必要となる。道路対側ががけ地等の場合は、反対側の境界線から水平距離4ｍの後退線を道路の境界線とみなす（図）。

その他、3項道路、4項道路、予定道路が「道路」に該当する。

※1 なお、上記1項各号の道路については、幅員4m以上のところを特定行政庁が6mと指定する場合がある
※2 都市計画区域若しくは準都市計画区域の指定若しくは変更又は法68条の9第1項の規定に基づく条例の制定若しくは改正によりこの章の規定が適用されるに至った際

表 建築基準法上の道路の種類

道路種別（都市計画区域・準都市計画区域内）	内容	道路幅員（W）	適用条項	備考
道路法による道路（1号道路）	国道・都道府県道・市町村道（一般の公道）	W≧4m	法42条1項1号	—
都市計画法等による道路（2号道路）	都市計画法・土地区画整理法・都市再開発法等により築造された道路（完成後は一般的に道路法による道路となる）		法42条1項2号	—
既存道路	都市計画区域決定を受けた区域内の幅員4m以上の道路（建築基準法施行時[＊]にあった道で、現に一般交通の用に供しているもの）		法42条1項3号	—
事業執行予定道路（計画道路）	道路法・都市計画法等により2年以内に事業執行予定として特定行政庁が指定する道路		法42条1項4号	特定行政庁の指定あり
位置指定道路（5号道路）	敷地が道路に接していない場合に築造する道路で、特定行政庁から位置の指定を受けたもの		法42条1項5号	特定行政庁の指定あり
2項道路（みなし道路）	特定行政庁が指定した道路で幅員4m未満の道（建築基準法施行時[＊]に建物が建ち並んでいたもの） ①道路中心線からの水平距離2mの線を道路境界線とみなす ②片側ががけ地、川等の場合は、当該境界線から水平距離4mの線を道路境界線とみなす	W<4m	法42条2項	特定行政庁の指定あり
3項道路	特定行政庁指定道路（2項道路の緩和:土地の状況により将来的に拡幅が困難なもの） ①道路の中心線から水平距離2m未満1.35m以上の範囲内で水平距離を指定 ②片側ががけ地等の場合は、当該がけ地等の境界線から水平距離4m未満2.7m以上の範囲で水平距離を指定	2.7m≦W<4m	法42条3項	特定行政庁の指定あり
4項道路	幅員6m未満の道で、特定行政庁が認めて指定したもの	W<6m	法42条4項	特定行政庁の指定あり
予定道路	地区計画等に定められた道の配置および規模、またはその区域に即して政令で定める基準に従い指定された道路	—	法68条の7第1項	特定行政庁の指定あり

＊ 都市計画区域若しくは準都市計画区域の指定若しくは変更又は法68条の9第1項の規定に基づく条例の制定若しくは改正によりこの章の規定が適用されるに至った際

図 2項道路にはセットバック

2項道路に面して新築する場合は、道路中心線から2m後退したところを道路境界線の位置とする。後退部分は、敷地面積に含まれない

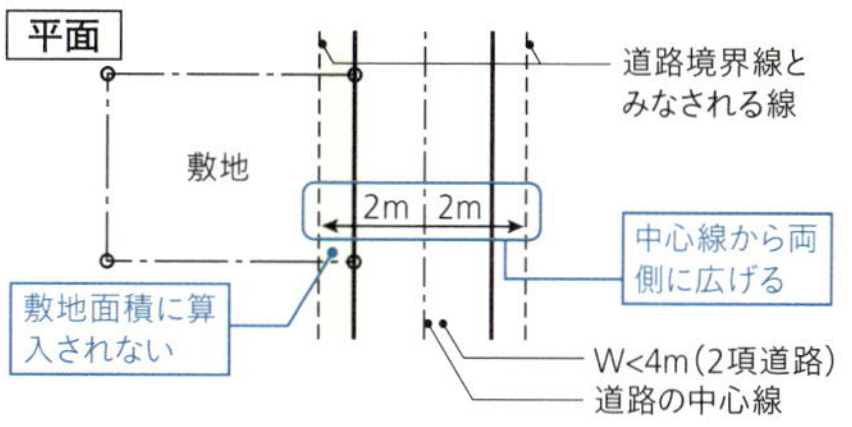

がけ地などで道路が一方にしか広げられない場合、敷地の反対側の道路境界線から4m分セットバックしなければならない

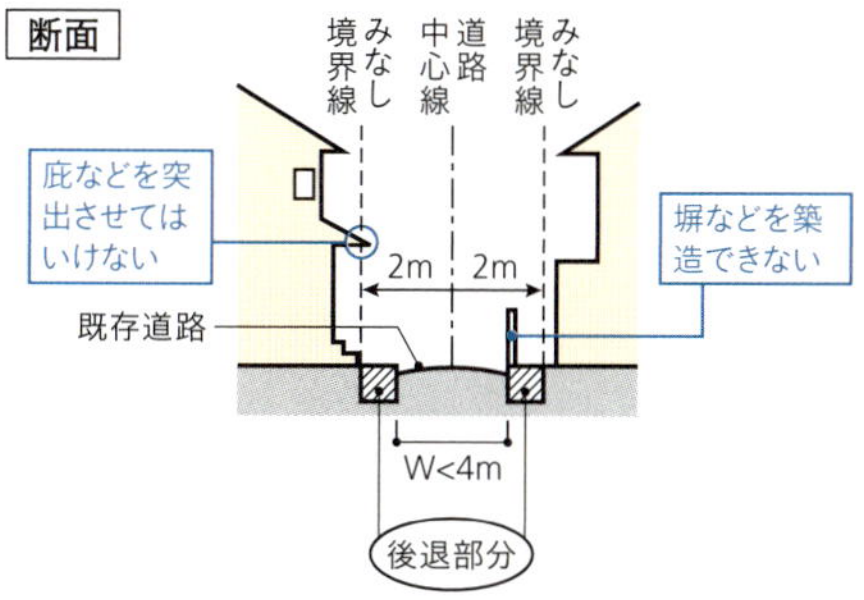

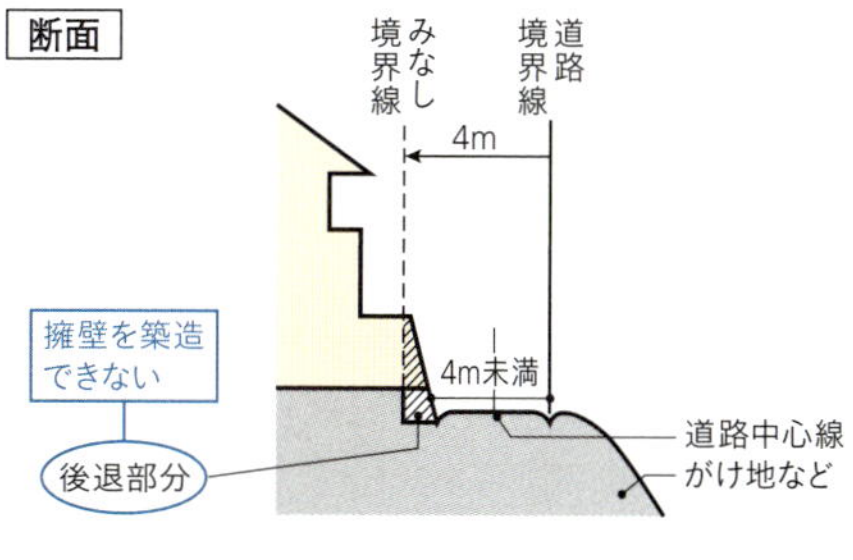

038

基準法外の道

Point

法43条2項適用は特定行政庁の許可等を要する

法43条2項許可等

法43条では、建築物の敷地は建築基準法上の道路に接しなければならないと規定されている。しかし、なかにはこの要件を満たせない敷地が存在する。たとえば、建築物の敷地の接する道が、現況が道路状の形態であっても、過去の事例や調査で建築基準法に定められた道路でないことがすでに明らかにされたもの（表1）。道路状の土地が公道や官有地であっても、法42条の定義に当てはまらなければ、建築基準法上の道路とはならない。

ただしそのような場合でも、一定の基準に適合し、特定行政庁が交通上、安全上、防火上及び衛生上支障がないと認めるもの、或いは建築審査会の同意を得て許可したものについては、敷地が道路に接しているものとみなされる（法43条2項、規則10条の3）。

里道（赤道・赤線・赤地）

道路法の適用のない法定外公共物である道路。登記所に備え付けられている公図上で赤色で着色することが義務づけられていたことから、赤線（あかせん）、赤道（あかみち）などとも呼ばれる。

水路（青道・青線・青地）

河川法、下水道法などの法令で管理が規定されている1級河川、2級河川、準用河川と雨水管渠以外で公共の用に供されている国有地である水路や小河川で、登記所に備え付けられている公図上青く塗られた部分。

里道・水路に関する許可は表2のとおり。

表1　基準法外の道

法43条2項許可等	①幅員4m以上の道（道路を除く）で、規則で定める基準に適合するものに建築物の敷地が2m以上接するもので、利用者が少数であるものとしてその用途及び規模に関して規則で定める基準に適合するもので特定行政庁が交通上、安全上、防火上及び衛生上支障がないと認めるもの ②建築物の敷地の周囲に広い空地を有するなど、規則で定める基準に適合する建築物で、特定行政庁が交通上、安全上、防火上、衛生上支障がないかを審査し、建築審査会の同意を経て許可したもの
里道・赤道・赤地・赤線	道路法の適用のない法定外公共物である道のこと。登記所に備え付けられている公図上で赤色で着色することが義務づけられていたことから赤線（あかせん）、赤道（あかみち）などとも呼ばれる
水路・青道・青線・青地	河川法、下水道法などの法令で管理が規定されている1級河川、2級河川、準用河川と雨水管渠以外で公共の用に供されている小河川や水路。登記所に備え付けられている公図上青く塗られた部分

図　法43条2項許可等の例

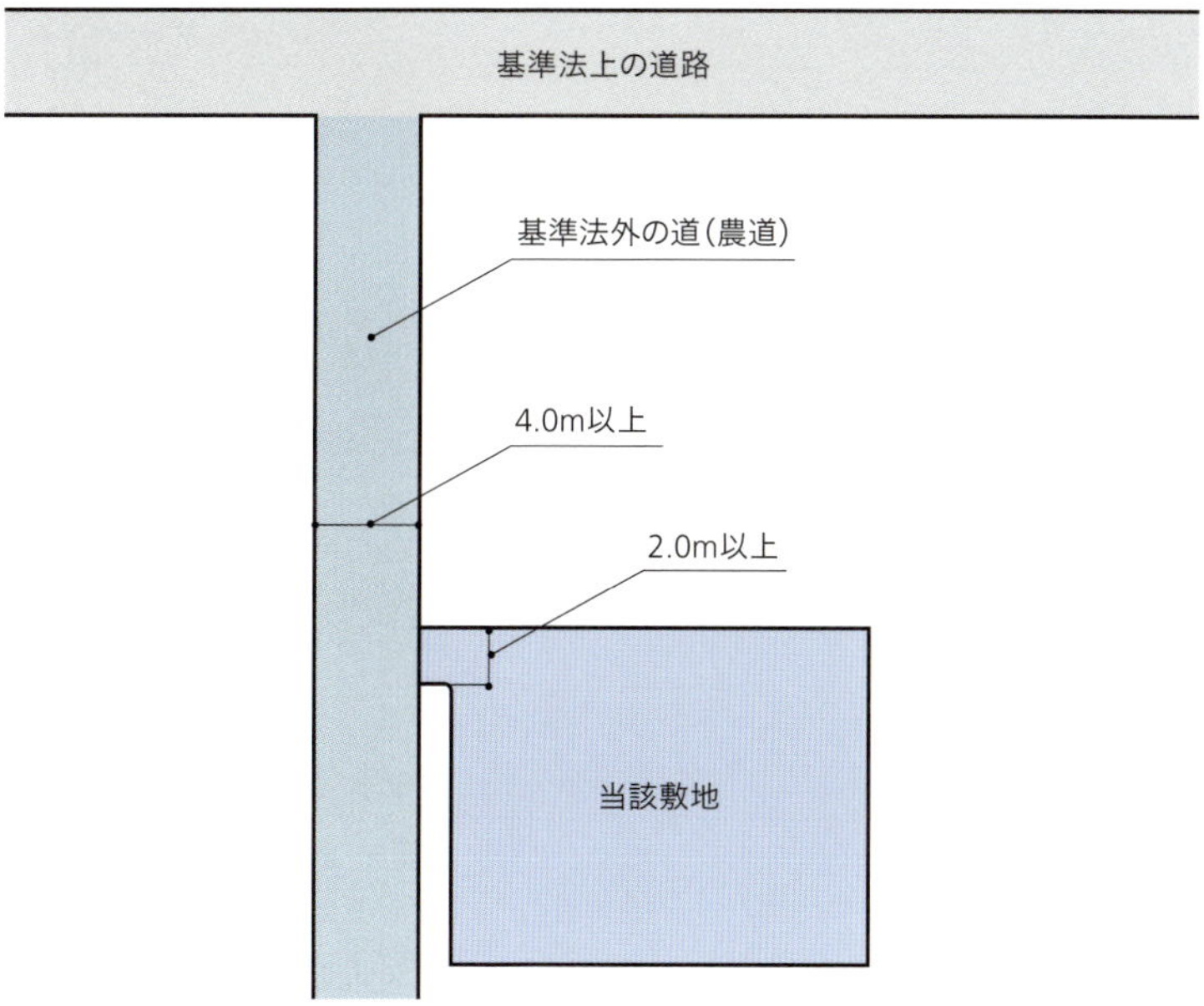

表2　里道・水路に関する許可

敷地と道路の間に里道や水路が通っていて、敷地と道路が直接には接していない場合は、原則として法43条に適合していることにはならない。里道や水路の上部を通行するための通路橋を設けるために、里道や水路の管理者から法定外公共物占用許可を取得するなど、接道要件を満たすための措置が必要となる（法43条2項許可等も必要となる場合がある）

039

外壁後退・壁面線の指定

Point

低層住専・田園住居地域で外壁後退の指定を受けている場合に適用

外壁の後退距離の限度（外壁後退）

都計法8条3項2号に基づき、良好な住居の環境を保護するため、第1種低層住居専用地域、第2種低層住居専用地域または田園住居地域に外壁の後退距離の限度（1mまたは1.5m）を定めることができる。

後退距離の限度が定められている場合には法54条により、建築物の外壁またはこれに代わる柱の面から敷地境界線（道路境界線も含む）までの距離は、定められた限度以上でなければならない。

ただし、外壁後退が限度以下でも、令135条の21に該当する場合は緩和される（図1）。

なお、風致地区や地区計画、建築協定で外壁後退が定められている場合もあるが、それぞれ別の規定に基づく制限であり、緩和措置なども異なることに注意が必要だ。

壁面線の指定

法46条に基づき、特定行政庁が建築審査会の同意を得て、壁面線を指定することができる[※]。壁面線が指定された場合、建築物の壁・柱、高さ2m超の門や塀は、壁面線を超えて建築することはできない（図2）。

壁面線の指定があると許可等によって、壁面線の位置まで道路とみなされ道路幅員による容積率制限や建蔽率制限が緩和されることがある（図3）。

建築線とは

なお、壁面線と似た「建築線」という言葉があるが、これは建築基準法の前身として大正時代に制定された「市街地建築物法」に基づいて指定されたもので、その間の距離（幅員）が4m以上のものは建築線の位置に法42条1項5号の規定による道路の位置の指定があったものとみなされる。

※ 建築物と道路の境界線の間に一定の空間を確保するためのもので、隣地境界側には規制はない

図1 外壁後退の緩和（第1・2種低層住居専用地域、田園住居地域）

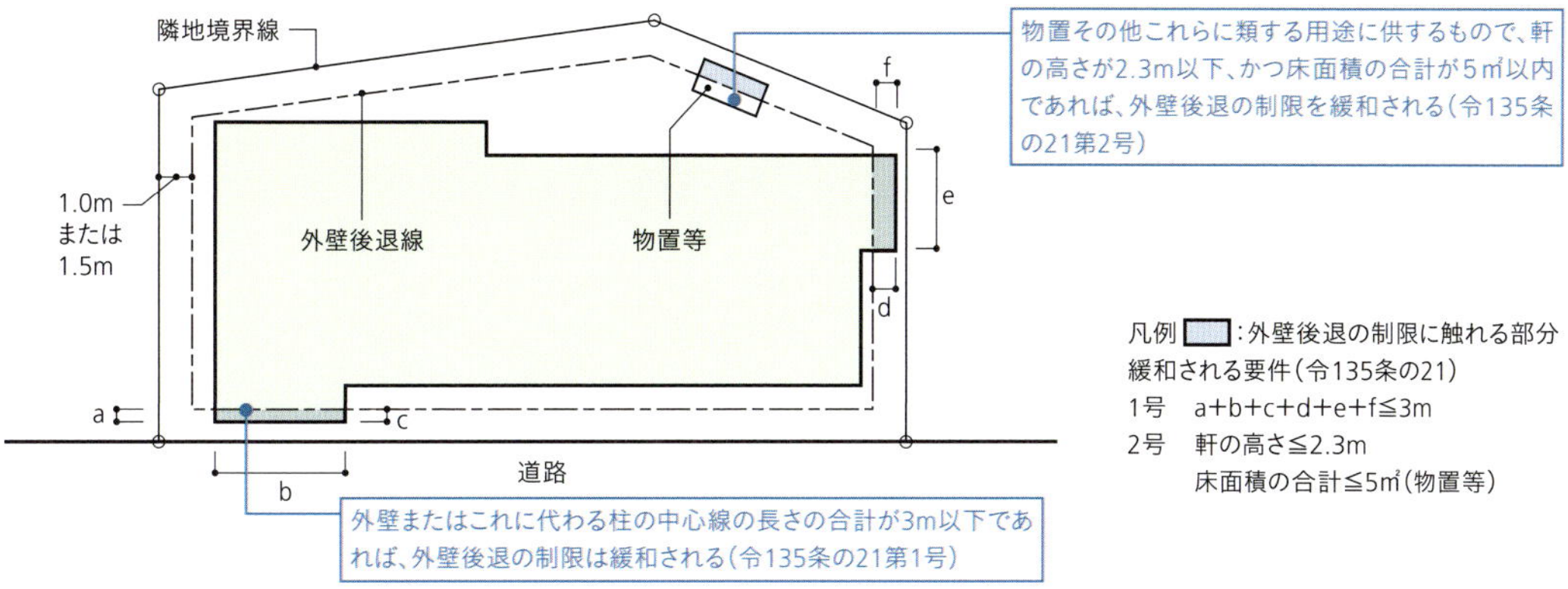

図2 壁面線の指定

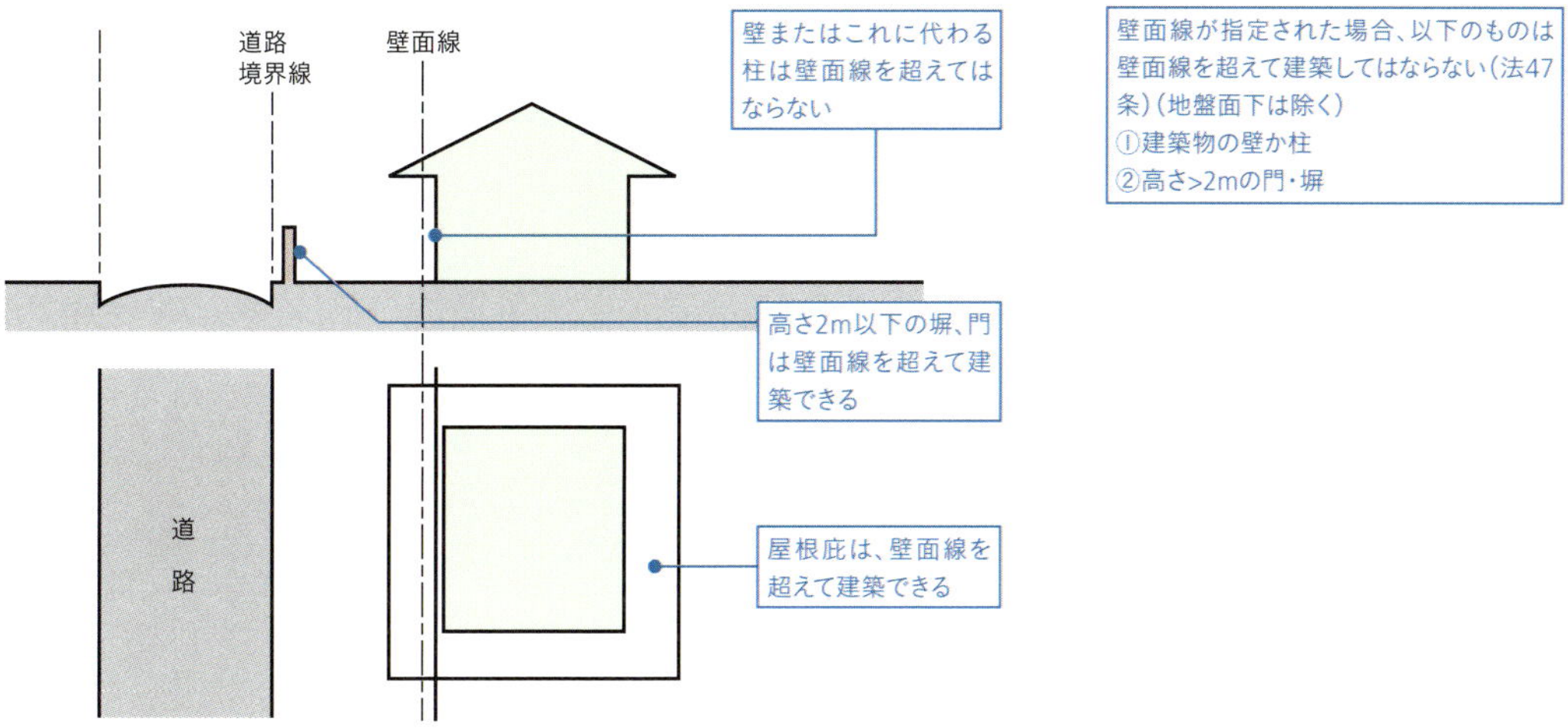

図3 壁面線の指定による容積率の違い

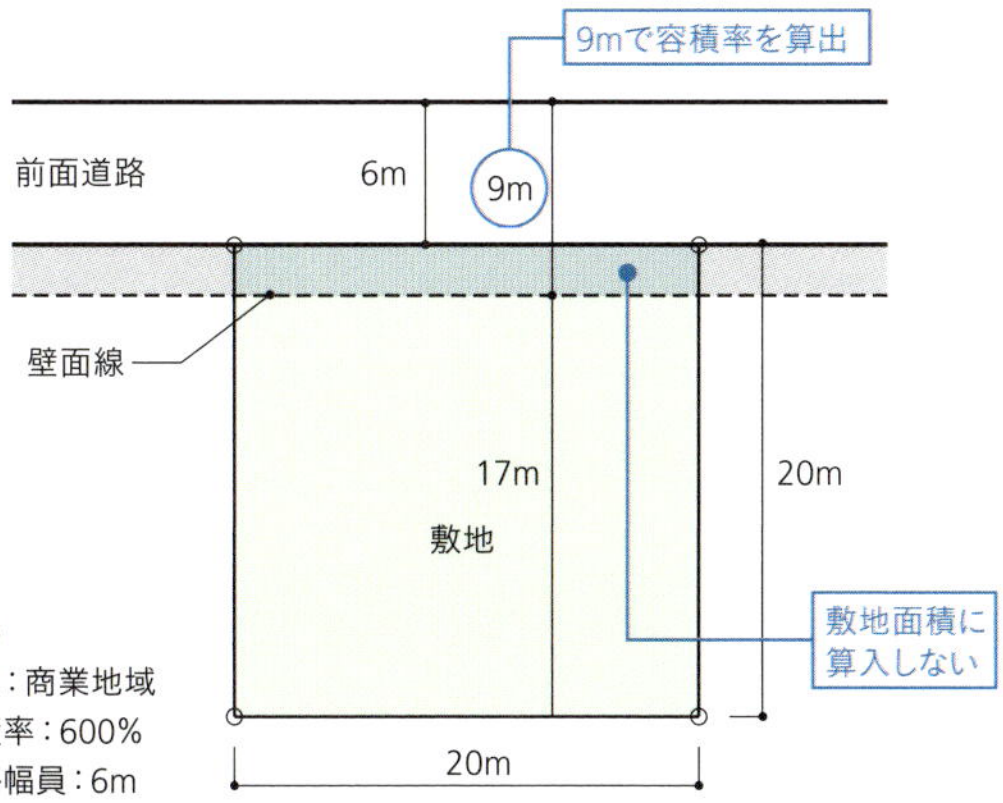

■与条件
用途地域：商業地域
指定容積率：600%
前面道路幅員：6m
壁面線による道路幅員：9m
前面道路の幅員に乗じる係数：6/10

道路幅員から算出される容積率		
①通常の場合	通常の容積率	6m×6/10 =360% <600%
	最大許容延べ面積	400㎡×360% =1,440㎡
②緩和適用の場合	通常の容積率	9m×6/10 =540% <600%
	最大許容延べ面積	340㎡×540% =1,836㎡

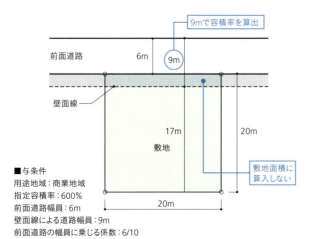

040

容積率

Point

容積率は前面道路幅員により制限を受ける

$$容積率 = \frac{建築物の延べ面積}{敷地面積}$$

容積率（法52条1項、2項）

容積率とは、建築物の延べ面積の敷地面積に対する割合のことである。「都市計画で用途地域毎に50～1300％の範囲で制限が定められている容積率」と、「接道する前面道路の幅員が12ｍ未満の場合に、住居系の用途地域では〝道路幅×4／10〟により、その他の用途地域（商業系・工業系）では〝道路幅×6／10〟により算出される容積率」の、いずれか小さいほうにより、規制を受ける。前面道路の幅員が12ｍ以上の場合は、都市計画で定められている容積率のみに基づいて規制される。

容積率の異なる地域にまたがるとき

敷地内に容積率の異なる2以上の地域がある場合は、加重平均（各部分の容積率に、それぞれの面積の敷地面積に対する割合をかけて求める）によって容積率の限度が決まる（図）。

「容積率の対象となる延べ面積」に算入されない部分（法52条3項、6項、令2条1項4号、3項）

左頁表の部分については、容積率の対象外となるので、延べ面積からそれぞれの面積を差し引いた面積が「容積率の対象となる延べ面積」になる［※］。

※ 容積率の対象からは除外されるが建築物の延べ面積には含まれる

図 敷地に2つの容積率がある場合は？

1つの敷地に容積率の異なる2つの地域がある場合、区域ごとに算出した延べ面積の合計が敷地の最大延べ面積になる

①前面道路幅員≧12mの場合

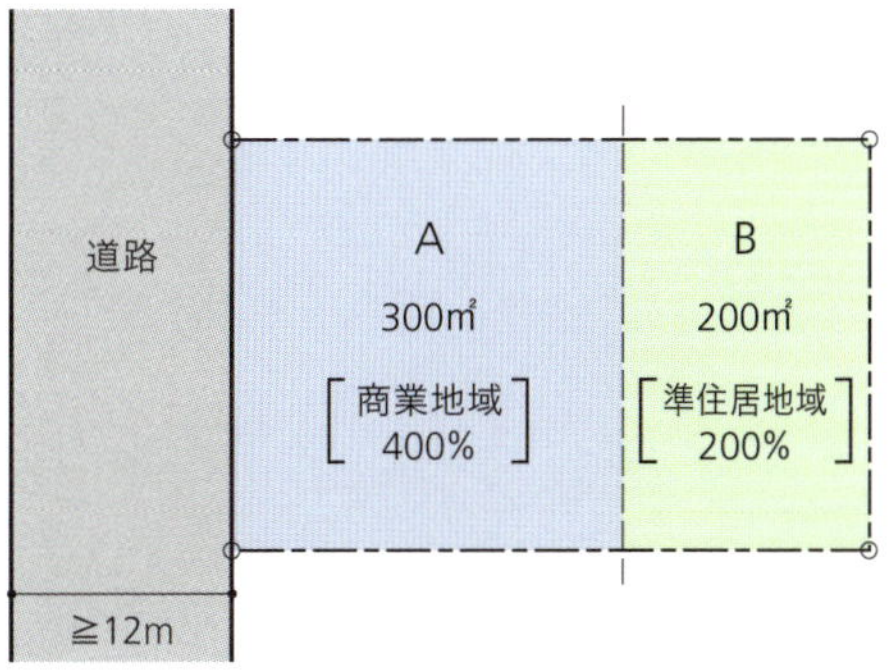

Aの最大延べ面積：300㎡×400%＝1,200㎡

Bの最大延べ面積：200㎡×200%＝400㎡

1,600㎡が敷地全体の最大延べ面積

これを敷地全体の面積で割ると、全体の容積率（加重平均）が出る

$\frac{1,600㎡}{500㎡}$ ＝320%

②前面道路幅員<12mの場合

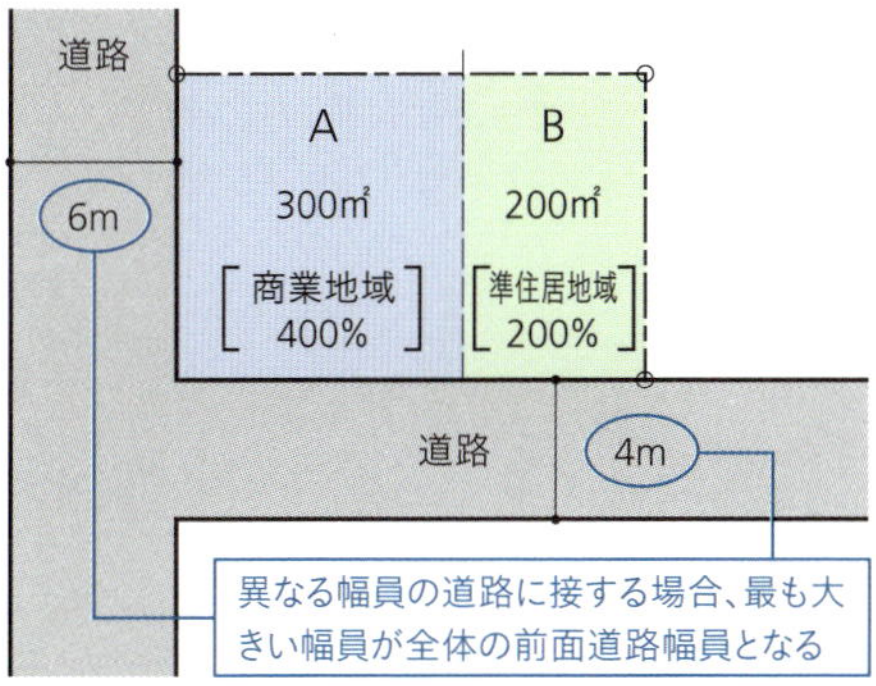

まず、指定容積率と前面道路幅員による容積率を比較する

A＝6m× $\frac{6}{10}$ ＝360% ＜ 400%

B＝6m× $\frac{4}{10}$ ＝240% ＞ 200%

前面道路幅員による容積率／指定容積率 → Aは360%、Bは200%を採用

①と同様の方法で、敷地全体の最大延べ面積と容積率を算出する

A＝300㎡×360%＝1,080㎡

B＝200㎡×200%＝400㎡

1,480㎡←最大延べ面積

$\frac{1,480㎡}{500㎡}$ ＝296%←敷地全体の容積率

表 容積率の緩和対象

対象	緩和上限
自動車車庫等の部分	延べ面積[＊1]の1／5
備蓄倉庫部分	延べ面積[＊1]の1／50
蓄電池設置部分	
自家発電設備設置部分	延べ面積[＊1]の1／100
貯水槽設置部分	
宅配ボックス設置部分	
昇降機の昇降路に定める部分	なし
共同住宅または老人ホーム等[＊2]の共用の廊下および階段の部分	
住宅または老人ホーム等に設ける機械室その他これに類する建築物の部分で、特定行政庁が交通上、安全上、防火上および衛生上支障がないと認めるもの	
建築物の地階の住宅または老人ホーム等部分[＊3]で、その天井が地盤面からの高さ1m以下にあるもの	当該建築物の住宅または老人ホーム等の部分の床面積の1／3

＊1 同一敷地内に2以上の建築物がある場合は、それらの床面積の合計
＊2 老人ホーム等には、老人ホーム、福祉ホームその他これらに類するものが含まれる
＊3 昇降機の昇降路の部分、共同住宅または老人ホーム等の共用の廊下または階段の部分を除く

041

建蔽率

Point

すべての角地が緩和を受けられるわけではない

建蔽率（法53条1項、2項）

建蔽率とは、敷地面積に対する建築面積の割合のことである。都市計画で用途地域ごとに30～80％の範囲で制限が定められている（表）。敷地内に建蔽率の異なる2以上の地域がある場合は、容積率と同様に加重平均によって建蔽率の限度を求める（図2）。

建蔽率の緩和—その1（法53条5項、6項）

建蔽率の上限が80％と指定されている地域で、かつ防火地域に指定されている土地に耐火建築物を建てる場合には、建蔽率の制限はない（100％）。ただし、付属建物も含めて敷地内の全部が耐火建築物でなければならない。

建築物の敷地が防火地域と防火地域以外の地域にまたがった場合は、その敷地内の全部が耐火建築物であれば、その敷地は、すべて防火地域内にあるものとみなし緩和される。

建蔽率の緩和—その2（法53条3項）

①建蔽率の上限が80％と指定されている地域以外で、かつ防火地域または準防火地域に指定されている敷地に耐火・準耐火建築物等を建てる場合は、10％加算される。

②街区の角にある敷地（角敷地）等で特定行政庁が指定する敷地は、10％加算される。加算対象となる角敷地等は、特定行政庁が建築基準法施行細則で定めており、角敷地のほか、2つの道路の間にある敷地、公園や水路に隣接する敷地などが、指定されている。ただし、前面道路の幅員やその和、道路に接する割合、敷地面積などにより、加算対象となる角敷地等が定められている場合があるので、すべての角敷地等が加算可能というわけではない。

①②の2項目のいずれにも該当する場合は、20％加算される（図1）。

図1　建蔽率が緩和される条件

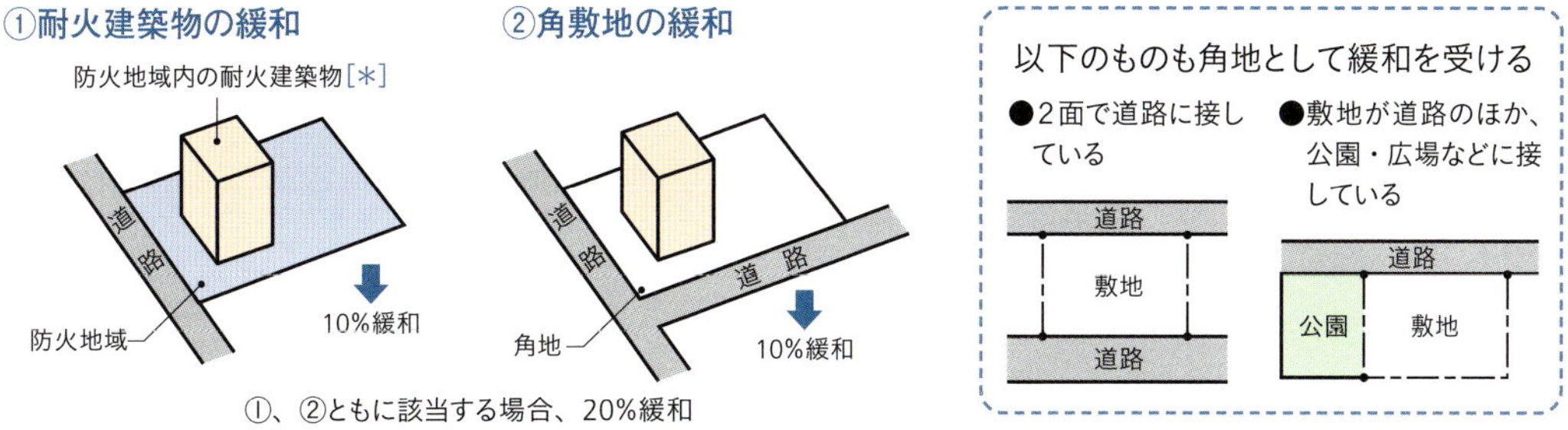

＊1・2住、準住、準工、近商、商業の各地域で80%と定められている場合、防火地域内の耐火建築物であれば制限なしとなる

図2　敷地が制限の異なる地域をまたがる場合は？

地域ごとに最大建築面積を算出し、それらを足して全体の建蔽率を割り出す

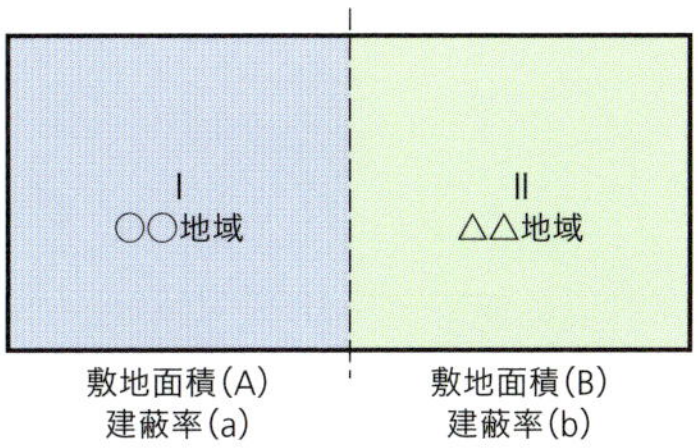

最大建築面積(S)＝a×A＋b×B（㎡）

敷地全体の建蔽率＝$\frac{S}{A+B}$

表　建蔽率の緩和(法53条)

		敷地の条件	用途地域(略称)													
			1低	2低	1中	2中	1住	2住	準住	田住	近商	商業	準工	工業	工専	無指定
原則		一般の敷地(A)	30 40 50 60				50 60 80			30 40 50 60	60 80	80	50 60 80	50 60	30 40 50 60	30 40 50 60 70 [*1]
緩和	①	角地等[*2]	A +10				A +10				A +10	A +10	A +10	A +10	A +10	A +10
	②	防火・準防火地域内の耐火・準耐火建築物等[*3]	A +10				A +10				A +10	—	A +10	A +10	A +10	A +10
	③	上記①+②	A +20				A +20				A +20	—	A +20	A +20	A +20	A +20
	④	敷地が建蔽率制限の異なる2以上の地域・地区にわたる	それぞれの地域に属する敷地の部分の面積比の加重平均で建蔽率を算定する建蔽率制限を受けない区域にわたる場合、受けない部分を100%として加重平均で建蔽率を算定する(法53条2項)													
	⑤	敷地が防火地域の内外にわたる	敷地内の建築物がすべて耐火建築物の場合、敷地はすべて防火地域内にあるとみなされ緩和が適用される(法53条6項)													
	建蔽率の制限を設けない建築物		壁面線の指定があり、特定行政庁が許可した建築物(法53条4項)													
			防火地域内で建蔽率が80%の地域内の耐火建築物(法53条5項1号)													
			巡査派出所・公衆便所・公共用歩廊[*4]など 公園・広場・道路・川などの内にある建築物[*5](法53条5項2号、3号)													

*1 特定行政庁が計画地方審議会の議を経て指定する区域の数値｜*2 角敷地または角敷地に準ずる敷地で特定行政庁が指定するものの内にある建築物（各特定行政庁の角地指定基準に適合するもの）｜*3 建蔽率80%以外の区域｜*4 商店街に設けるアーケードや多雪地帯の雪除けのための「がんぎ」などが該当する｜*5 特定行政庁が安全・防火・衛生上支障がないと認めて建築審査会の同意を得て許可したもの

042

確認の特例

Point

建築確認の審査を一部省略するのが確認の特例

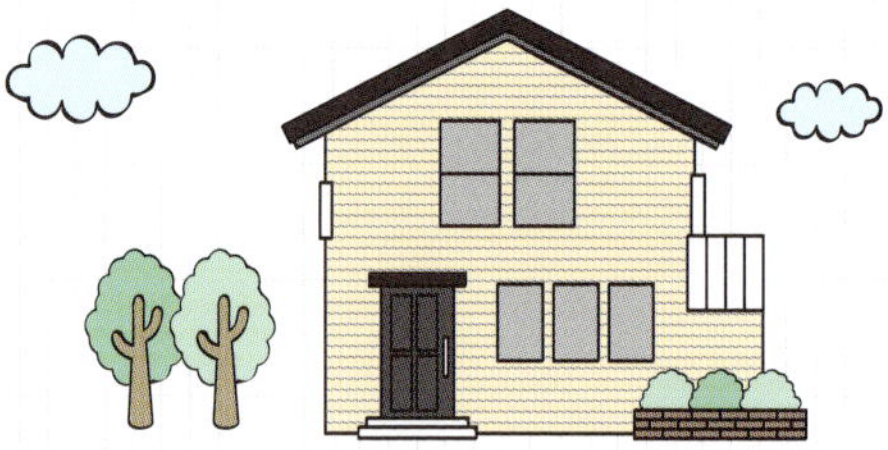

建築確認の簡素化や合理化のため、型式認定を受けたプレハブ建築物や、建築士の設計した木造2階建ての戸建住宅など、一部の建築物については単体規定の多くの部分が確認審査の対象から除外され、確認申請時にもこれらに関する設計図書の添付や明示事項の明示を要さない。これを確認の特例という（表）。

特例対象建築物（図2）

①認定型式に適合する部分を有する建築物

②認証型式部材等を有する建築物

③法6条1項4号（図1）に掲げる建築物で建築士の設計に係るもので、防火・準防火地域以外の区域内における一戸建ての住宅（住宅以外の部分が延べ面積の1／2以上または50㎡を超えるものを除く）

④法6条1項4号に掲げる建築物で建築士の設計に係るもので、③以外

表　各建築物で緩和される内容

対象建築物	確認の特例
① 認定型式に適合する部分を有する建築物	認定型式の認定書の写しを添付した場合、認定にかかわる一連の規定の審査が省略される型式に適合しているか否かの審査を行い、構造計算書等の提出は不要
② 認証型式部材等を有する建築物	認定型式部材等の認定書の写しを添付した場合、認定にかかわる一連の規定の審査が省略される。構造計算書、構造詳細図等の提出は不要
③ 法6条1項4号に掲げる建築物で建築士の設計に係るもので防火、準防火地域以外の区域内における一戸建ての住宅（住宅以外の用途に供する部分の床面積の合計が、延べ面積の1/2以上または50㎡を超えるものを除く）	令10条3号に掲げる規定の図書等の提出は不要
④ 法6条1項4号に掲げる建築物で建築士の設計に係るもので、上記③以外のもの	令10条4号に掲げる規定の図書等の提出は不要

注 令和7年に、建築確認審査の対象となる建築物の規模の見直しが行われる

図1 法6条1項による建築物の区分けチャート

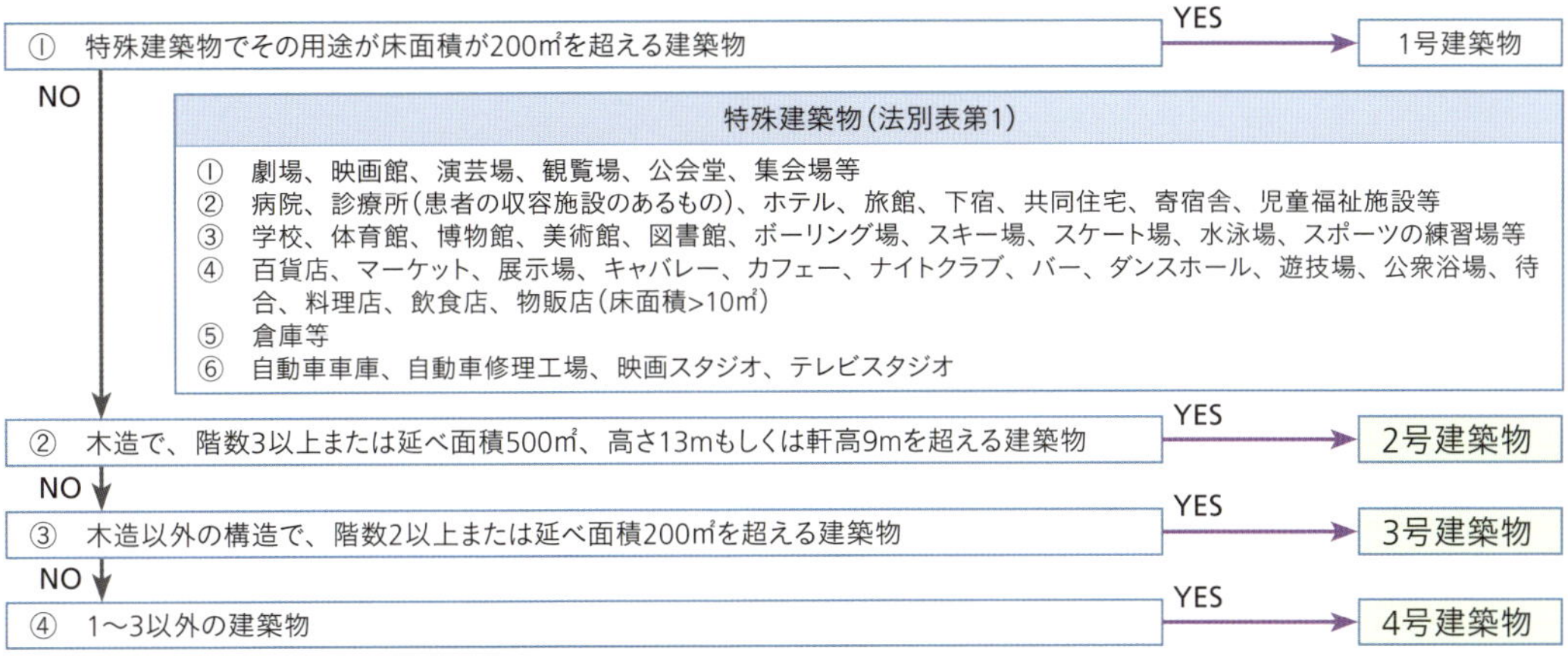

注 増築後に1〜3号になるものは、1〜3号建築物とする

図2 特例対象建築物判定フローチャート

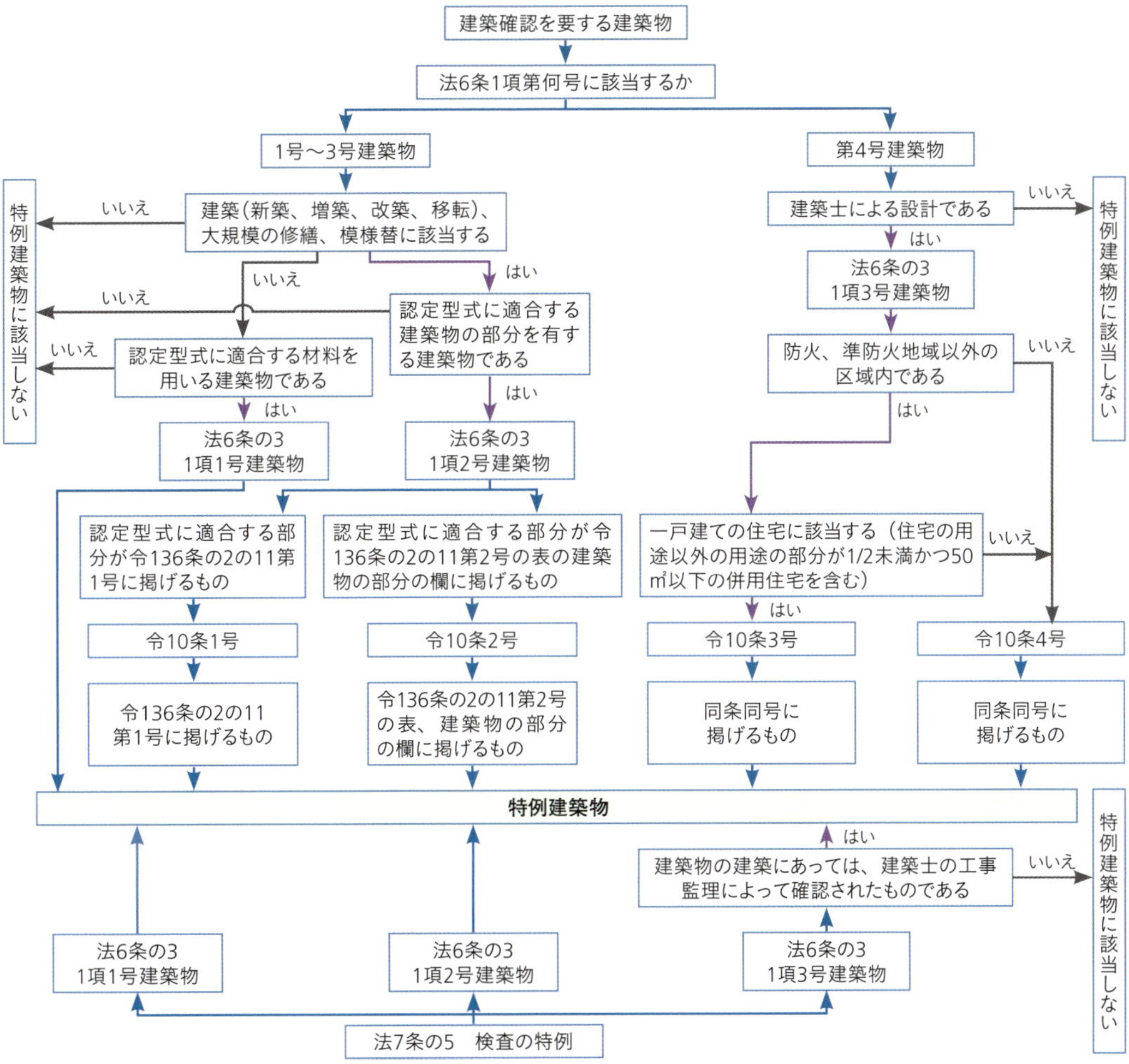

COLUMN

区域、地域、地区が複数にわたる場合

地域の異なる建物の面積制限は敷地面積の按分で算定

建築物の敷地が異なる区域や地域、地区（地域等）にまたがる場合、原則としてその敷地の過半以上の属する地域等の制限が適用されるが、個々の条文により取り扱いが異なる場合がある。

敷地面積の過半以上の属する区域等の制限が敷地全体に適用となるものとしては、用途地域制限、最低限敷地面積制限、採光補正係数などである。なお、敷地が3つ以上の用途地域にわたり過半となる用途地域がない場合は、当該用途が建築できる用途地域に属する各敷地面積の合計が過半を占めるかどうかによって判断する。全体の敷地面積に対するそれぞれの区域等の敷地面積の按分によるものとしては、容積率制限や建蔽率制限がある。

また、建築物が防火地域、準防火地域、法22条区域にわたる場合、その建築物の全体について防火上最も厳しい地域の制限が適用となるが、当該建築物を防火上緩やかな地域の側に防火壁を設け区画した場合、その区域を境に、それぞれの地域の制限が適用される。

都市計画により定められる高度地区については、行政庁によって独自に異なる規定を設けているので、事前に行政庁の規定を確認する必要がある。

道路斜線、隣地斜線、北側斜線などの高さ斜線制限は、その地域等ごとに制限が適用され敷地内において制限が分かれることとなる。

日影規制について、対象建築物が日影時間の制限の異なる区域の内外にわたる場合や、日影の生じる区域が2つ以上あるなどの場合には、それぞれの区域内に対象建築物があるとみなされる。

また、対象区域外の建築物でも高さが10mを超え、かつ、対象区域の土地に日影を生じさせるものは、規制の対象となる。

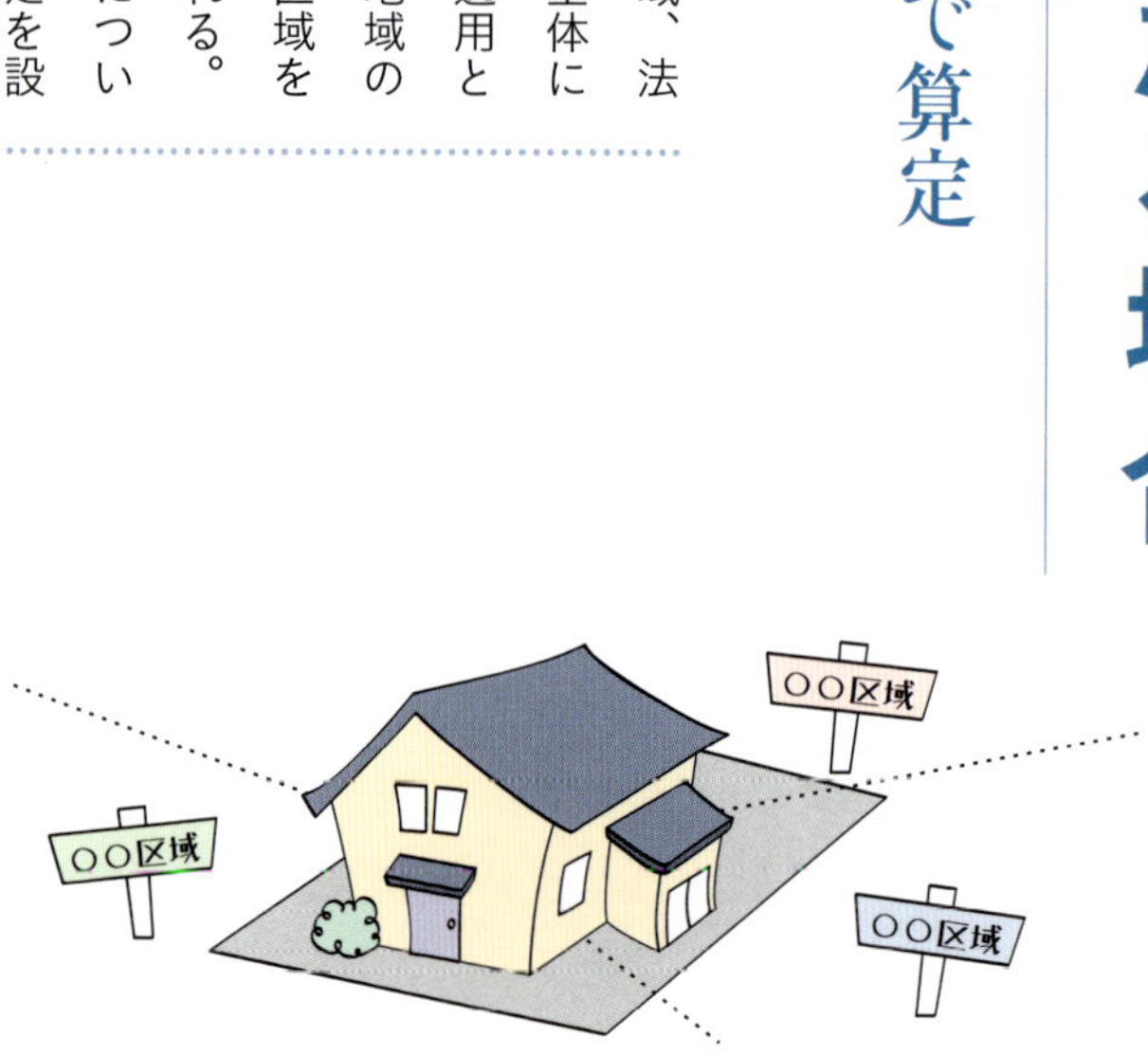

表　敷地が2つ以上の地域や地区にまたがる場合の規制

敷地が2つ以上の区域・地域・地区にまたがる場合の扱いについては、原則として敷地の過半以上の属する区域等の規制を受ける。ただし、個々の条文において扱いも異なるので注意を要する

①敷地の過半の属する区域等の制限を受けるもの

建築物の敷地、構造、建築設備または用途に関する禁止または制限を受ける区域、地域または地区（②は除く）

条文	項目	適用の範囲	備考（根拠条文）
法28条	採光	過半	法91条
法48条	用途地域	過半	法91条
法53条の2	最低限敷地面積	過半	法91条

●敷地が2つ以上の用途地域にまたがる場合の考え方

2つの用途地域にまたがる場合	3つ以上の用途地域にまたがる場合
敷地の過半の属する用途地域の制限を受ける（建築物の位置には関係しない）	それぞれの建築物用途により建てられる用途地域の合計が全体敷地面積の過半であるか否かによって判断するのが一般的な考え方

A地域の制限を受ける

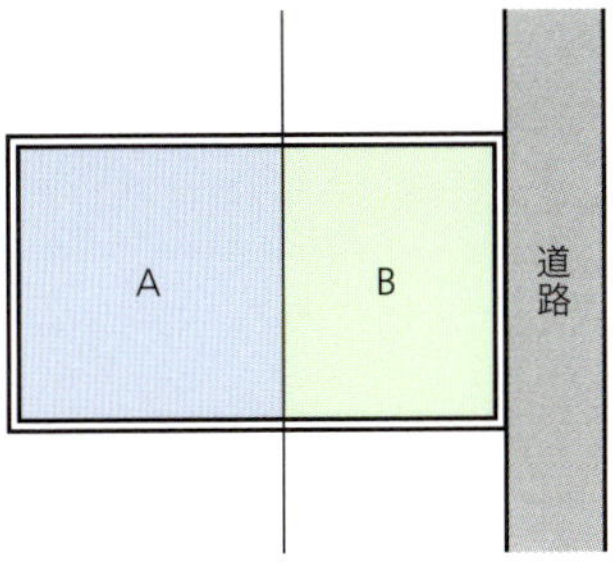

A≧B

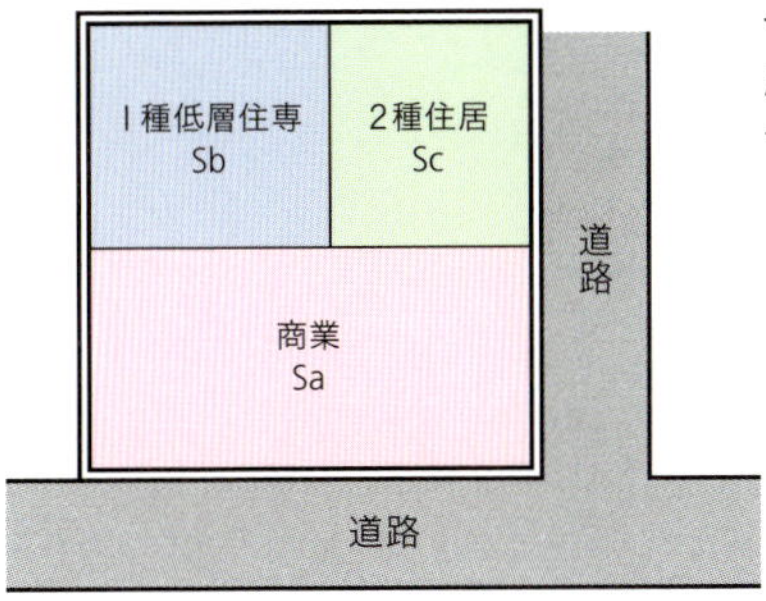

映画館であれば、商業地域には建てられるが、1種低層住専、2種住居には建てられないため、Sa>(Sa+Sb+Sc)/2であれば建築が可能

②　①以外の制限

条文	項目	適用の範囲	備考（根拠条文）
法22条	屋根不燃の区域	建築物全体	
法52条	容積率	敷地の加重平均	法52条7項
法53条	建蔽率	敷地の加重平均	法53条2項
法53条	建蔽率（防火地域、準防火地域の内外等）	敷地全体	法53条7項
法55条	絶対高さ	建築物の部分	
法56条	道路斜線	建築物の部分	法別表3備考1
法56条	隣地斜線	建築物の部分	法56条5項
法56条	北側斜線	建築物の部分	法56条5項
法56条の2	日影規制	受影地域の制限	令135条の13
法58条	高度地区	都市計画決定の内容	
法61条	防火・準防火地域	建築物全体	

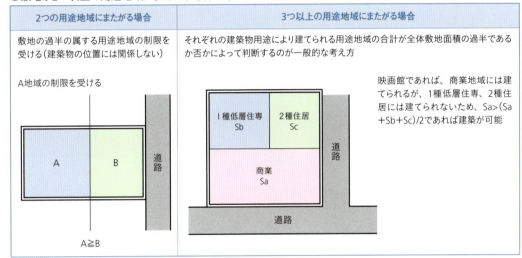

Memo

第3章

木2申請図面をつくる

043

申請図書基本事項

Point

必要事項を無駄なく表現

木造2階建戸建住宅の申請図書の書き方（特例あり）

ここからは実務に沿った計画を用いて申請図面の作成方法を紹介する。

木造2階建ての一戸建住宅は、法6条1項4号に掲げる建築物で、建築士が設計・工事監理を行った場合には、建築物の建築に関する確認の特例が適用される（法6条の4）。確認の特例とは確認申請の審査の簡略化を図るもので、具体的には政令10条で定める規定の審査を省略することであり、図書の省略が図られ（規則1条の3第5項表2）、審査期間は短縮される。特例の適用の有無については確認申請書第四面に記載する箇所がある。

今回は、防火地域・準防火地域以外の区域内における一戸建ての住宅（令10条1項3号）の確認申請を行う場合に注意しておきたい事項を取り上げる。以下、順に作成方法を解説する。

建築確認申請チェックシート（添付図書と明示すべき事項の説明）

	法令	明示すべき事項	明示すべき事項の説明	令10条特例3号
関係法令	宅地造成及び特定盛土等規制法12条1項	宅地造成及び特定盛土等規制法12条1項の規定に適合していることを証する書面	たとえば、「宅地造成に関する工事の許可通知書」の写しおよび「宅地造成に関する検査済証」の写しを添付する（許可申請時の図書の写しの添付を求める場合がある）	□
	都計法29条1項	都計法29条1項の規定に適合していることを証する書面	「開発許可書」または「開発許可等不要証明書」の写しを添付する。「検査済証」または「建築承認」の写しの添付でも可（各申請時の図書等の写しの添付を求める場合がある）	□
	都計法53条1項	都計法53条1項の規定に適合していることを証する書面	「許可書」の写しを添付する（各申請時の図書の写しの添付を求める場合がある）	□
	水道法16条	水道法16条で定める給水装置に係る、給水管および水栓の位置	水道法16条で定める給水装置に係る給水管および水栓の位置と種別を明示する。逆支機能等、クロスコネクション防止の措置について明示する	□
	下水道法10条	排水設備について、公共下水道のますその他の排水施設または他の排水設備に接続部まで配水管の位置	排水設備について、公共下水道のますその他の排水施設または他の排水設備の接続部まで配管の種別および位置を明示する	□
	高圧法24条	高圧法24条の配管の仕様	高圧法24条の配管に係る規定について明示する。また、区画があればガス配管の位置を明示する	□

注 港湾法、消防法等本チェックシートに掲げていない関係法令については各特定行政庁により条例および事務手続きなどが異なるため本シートにはチェック項目を設けてない。事前に各地方公共団体の条例等を確認し、必要な手続きおよび図書の添付等を行うこと

出典：大阪府建築行政連絡協議会

表　建築計画の概要

工事名称	○○邸新築工事
敷地概要	
地名地番	○○市○○町○丁目○番○号
敷地面積	194.83㎡
用途地域	第1種低層住居専用地域
防火地域	法22条地域
高度地区	指定なし
指定建蔽率	40%
指定容積率	80%
外壁後退	1.5m
建築概要	
建物用途	一戸建住宅
構造	木造（枠組壁工法）
階数	2階建て
建築面積	71.22㎡（36.56% <40%）
延べ面積	130.84㎡（67.16% <80%）

044

付近見取図

Point

敷地の位置・道路の位置を確認

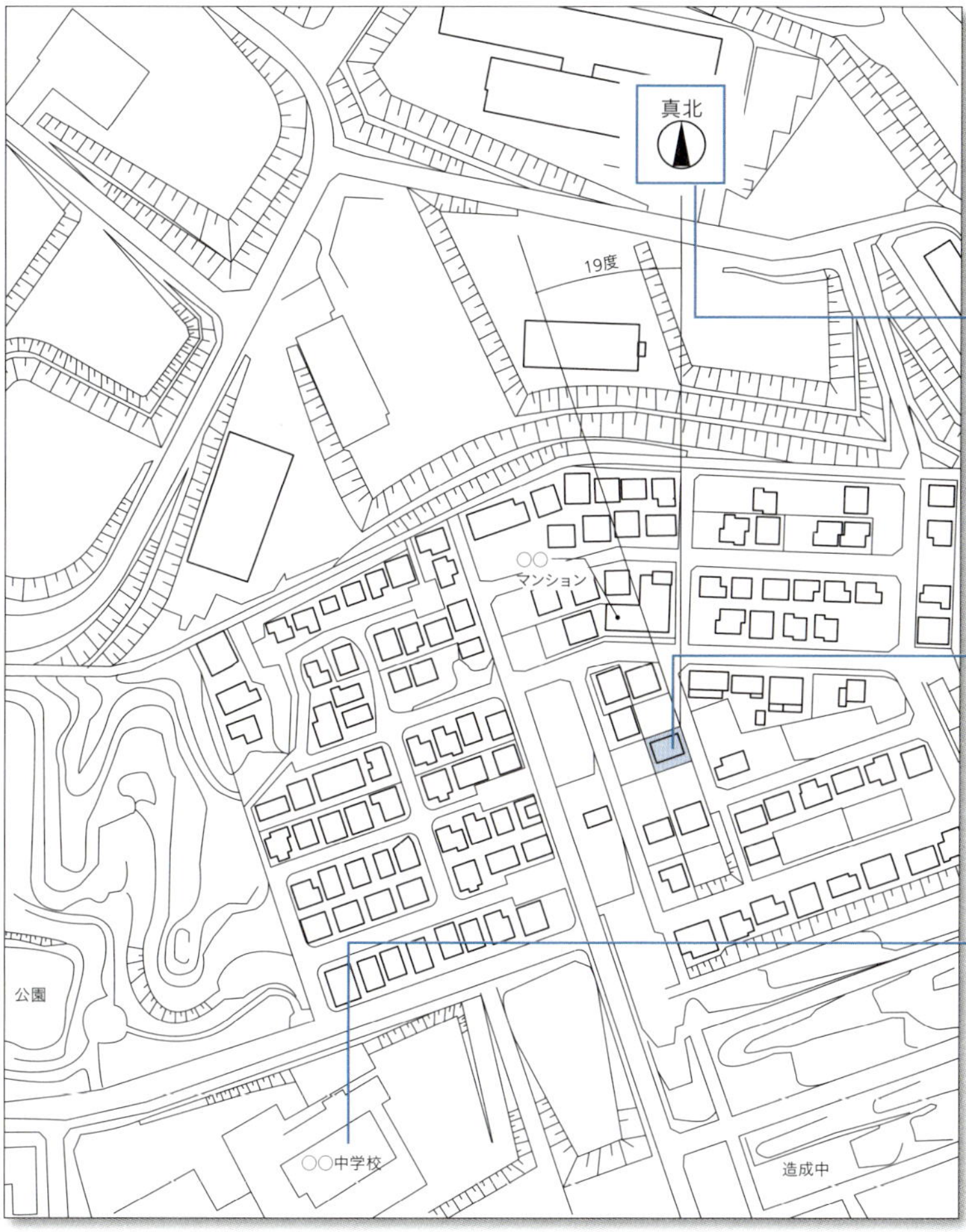

申請場所を特定し、その敷地の条件を調査するために必須の図書であり、縮尺1／2500の白地図が推奨される。

■付近見取図　S=1：2500

建築確認申請チェックシート（添付図書と明示すべき事項の説明）

図面名	法令	明示すべき事項	明示すべき事項の説明	令10条特例3号
付近見取図	共通	方位	方位を明示する	□
		道路	道路・道・通路等の位置を明示する	□
		目標となる地物	地名・市役所等の公共施設、学校、大規模な店舗等目印となる地物を明示する	□
	法第3章	敷地の位置	敷地の位置を明示する	□

045

配置図

Point

敷地の安全性の確認は重要

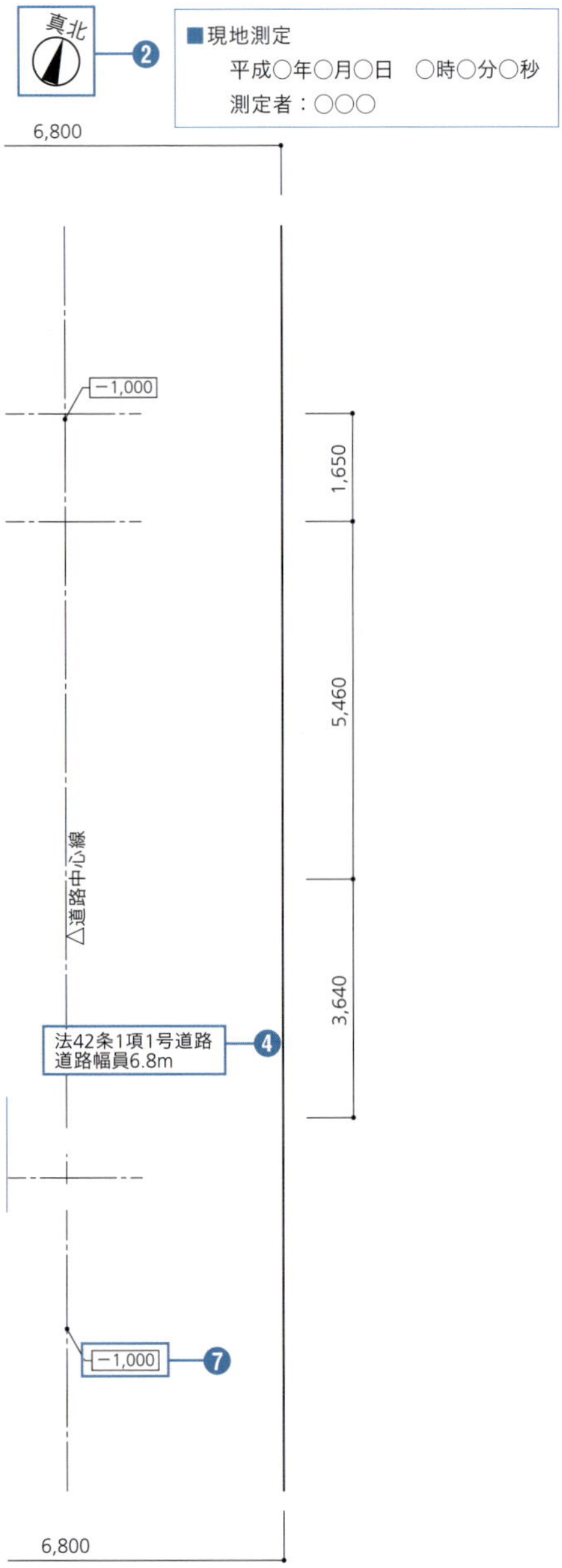

建築物の敷地に対する計画が「敷地の安全性」「集団規定」「建築基準関係規定」における適合性を確認できる図面とし、明示しなければならない事項は多くなる。都市計画域内においては敷地の接道状況は集団規定の基礎となるもので、接道長さ、道路の種類、幅員、レベルの明示が必要であり、特に法42条2項道路の場合は現況の道路中心線を決定する根拠を明確にしておく（令2条）。

道路の反対側や隣地に水面や公園などがある場合、用途地域や防火地域の境界線がある場合などはその位置を明示する。また現況の敷地状況を把握し敷地の安全性に関する事項、既存擁壁、既存塀などの処理についても明確にしておく。「申請建物」は屋根形状が分かるものとし、建築物の位置、後退距離、真北の水平距離、道路および隣地との高低差、各部分の高さ、ならびに浄化槽の位置、排水経路などの明示が必要となっている。

※増築の場合は申請以外の建築物の用途、高さ、面積を記載し、既存不適格建築物であることの調書等を提出する。計画の内容によって緩和規定や遡及適用の有無、あるいはその範囲を検討する必要がある。十分現況調査をしたうえで計画にあたることが重要である

※「申請に係る建築物と他の建築物の別」
敷地内に既存建築物など申請外のものがある場合、その別を明示し、敷地内に建築可能（用途上不可分）かどうか審査を行う

※「明示すべき事項」に係る規定が明らかに建築基準関係規定に適合する場合、具体的な数値や図ではなく、適合することが明らかである旨の記載等に替えてもよい（平19国住指2327号3②）

❶縮尺を明示（住宅の場合は1/100が一般的）

❷方位を明示
真北の明示。真北を決定した根拠（1：2500 白地図、真北測量など）

❸敷地境界線、および各辺長を明示。隣地境界線、道路境界線、水路境界線、境界杭位置などを記入

❹敷地の接する道路の位置、幅員および種類を明示

❺建築物の位置を明示

❻外壁の後退距離の限度が定められている時はその線を明示。緩和規定の適用内容を記載（法54条、令135条の20）

❼土地の高低を明示
前面道路の路面の中心高さ、敷地と敷地の接する道路の境界線との高低差を明示

❽建築物の各部分の高さを明示（立面図、断面図に明示されていれば不要）

❾北側斜線、高度斜線の検討位置である軒先や棟等からの真北最短水平距離を明示（法56条、法58条）

❿法56条2項に規定する後退距離を明示（道路境界線までの最短水平距離）

⓫各階延焼のおそれのある部分を明示（各階平面図への記載でも可）

⓬雨水・汚水排水の最終放流先を明示

⓭門、塀の位置、およびその高さ等を明示

⓮擁壁がある場合は、その位置、高さ、構造、および既設、新設の別を明記

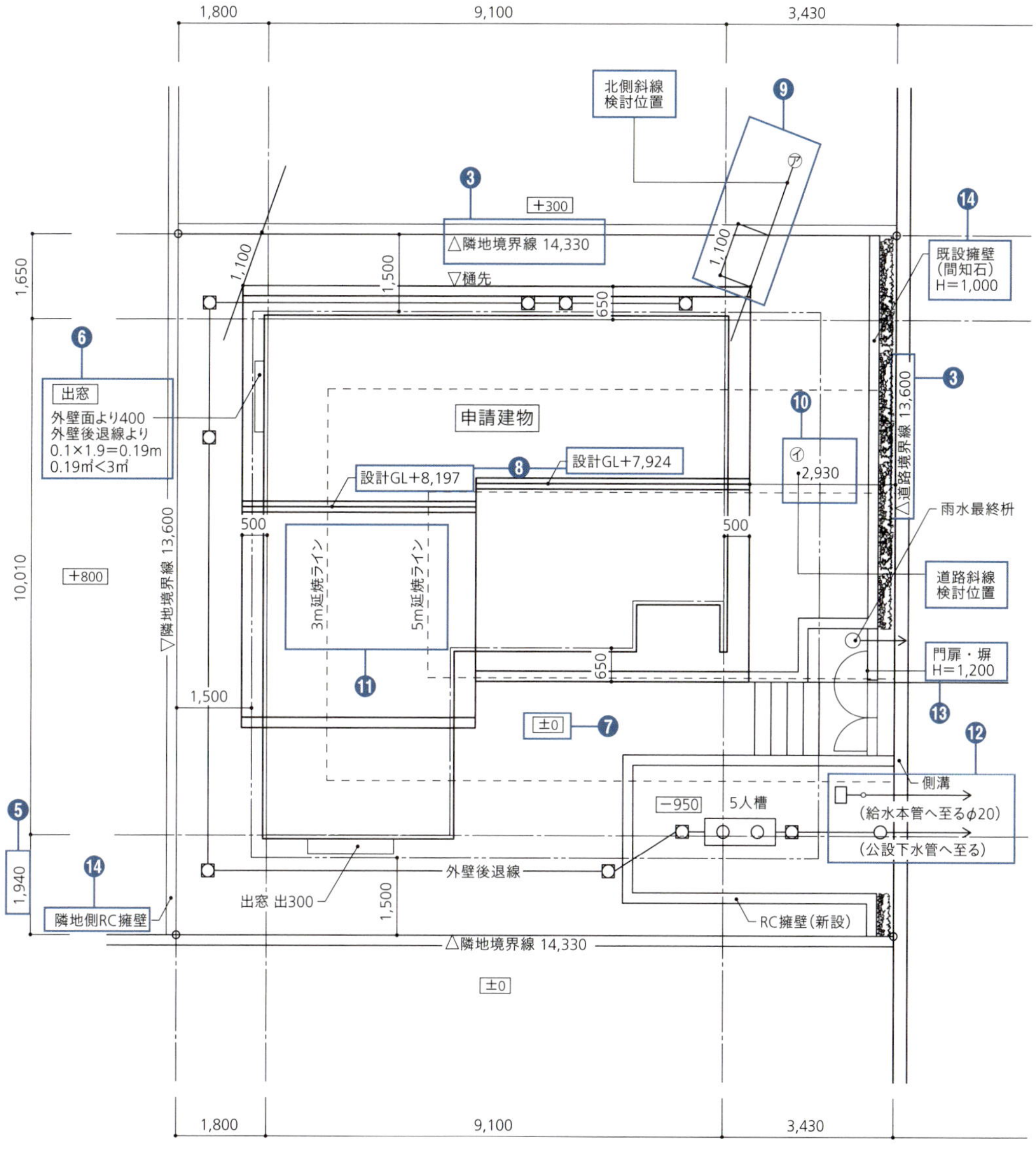

■配置図 S=1：100 ❶

注 掲載図面の大きさはS=1：150（元図 S=1：100）

建築確認申請チェックシート（添付図書と明示すべき事項の説明）

図面名	法令	明示すべき事項	明示すべき事項の説明	令10条特例3号
配置図	共通	縮尺	縮尺を明示する	□
		方位	方位（真北）を明示する	□
		敷地境界線	敷地境界線を明示し、「隣地境界線」「道路境界線」と明示する	□
		敷地内における建築物の位置	寸法線および寸法を明示し、敷地内における建築物の位置を明示する	□
		申請に係る建築物と他の建築物との別	申請建築物には「申請建築物」と、他の建築物には「既存建築物」等と明示する	□
		建築物の敷地が区域、地域または地区の内外にわたる場合の境界線	敷地が区域、地域または地区（用途地域、防火地域等）の内外にわたる場合の境界線を記入（地域界証明の添付を求める場合がある）	□
	法19条他	擁壁の設備、その他安全上適当な措置	擁壁の位置を明示する。安息角内に設置する基礎の範囲を明示する等、安全上適当な措置を行ったものを明示する	□
		土地の高低	土地の高低を明示する	□
		下水管、下水溝またはためますその他これらに類する施設の位置および排出経路または処理経路	下水管、下水溝またはためますその他これらに類する施設の位置および排出経路または処理経路を明示する	□
	法19条 法42条	敷地と敷地の接する道の境界部分との高低差	敷地と敷地の接する道の境界部分との高低差を明示する	□
	法28条 法43条 法52条	敷地の接する道路の位置・幅員・種類	敷地の接する道路（法43条2項許可等を含む）の位置・幅員・種類（条文）を明示する	□
	法31条	浄化槽の位置および放流先の位置	浄化槽の位置および放流先の位置を明示する	□
	法43条 法43条2項	敷地の道路に接する部分およびその長さ	敷地の道路に接する部分を明示し、その長さを明示する	□
		法43条2項許可等の内容に適合することの確認に必要な図書	法43条2項の「認定または許可証」等の写しを添付する（許可申請時の図書の写しの添付を求める場合がある）	□
	法54条	都市計画において定められた外壁の後退距離の限度の線	都市計画において定められた外壁の後退距離の限度の線を明示する	□
		申請に係る建築物の外壁またはこれに代わる柱の位置	申請に係る建築物の外壁またはこれに代わる柱の位置を明示する	□
		令135条の21に掲げる建築物またはその部分の用途・高さ・床面積	都市計画において定められた外壁の後退距離の限度に満たない距離にある建築物または建築物の部分の用途・高さ・床面積を明示する	□
		申請に係る建築物またはその部分の外壁またはこれに代わる柱の中心線およびその長さ	申請に係る建築物またはその部分の外壁またはこれに代わる柱の中心線およびその長さを明示する	□
	法56条	地盤面からの申請に係る建築物の各部分の高さ（法55条でも必要）	地盤面からの申請に係る建物の各部分（周囲の軒先、けらばの先端（最高部）、建築物の最高の高さの部分等）の高さを明示する（立面図、断面図等に明示されていれば不要）	□
		前面道路の路面の中心からの申請に係る建築物の各部分の高さ	前面道路の路面の中心からの申請に係る建築物の各部分（周囲の軒先、けらばの先端（最高部）、建築物の最高の高さの部分等）の高さを明示する（立面図、断面図等に明示されていれば不要）	□
		地盤面の異なる区域の境界線（法55条でも必要）	申請敷地内に2以上の地盤面の異なる区域がある場合、その境界線を明示する	□
		法56条1項2号に規定する水平距離	建築物の部分から隣地境界線までの水平距離のうち最小の距離を明示する	□
		令130条の12に掲げる建築物の部分の用途・位置・高さ・構造および床面積	道路斜線制限に係る建築物の後退距離の算定の特例を受ける建築物の部分の用途・位置・高さ・構造および床面積を明示する	□
		法56条2項に規定する後退距離	前面道路の境界線から後退した建築物までの水平距離のうち最小の距離を明示する	□
		前面道路の反対側または隣地にある公園、広場、水面その他これらに類するものの位置	前面道路の反対側または隣地にある公園、広場、水面その他これらに類するものの位置を明示する	□
		建築物の各部分から前面道路の反対側の境界線または隣地境界線までの真北方向の水平距離	建築物の各部分（北側の最も不利な部分）から前面道路の反対側の境界線または隣地境界線までの真北方向の最短の水平距離を明示する	□
	法59条	高度利用地区に関する都市計画において定められた壁面の位置の制限の位置	高度利用地区に関する都市計画において定められた壁面の位置の制限の位置を明示する	□
		申請に係る建築物の壁またはこれに代わる柱の位置	申請に係る建築物の壁またはこれに代わる柱の位置を明示する	□

046

求積図

Point

配置図・平面図との整合性

■敷地面積求積表

符号	底辺	高さ	積
㋑	19.75	9.87	194.9325
㋺	19.75	9.86	194.7350
倍面積			389.6675
面　積			194.83375
地　積			194.83㎡

法52条・法53条・法53条の2の規定が適用される場合の必要図書である。なお、敷地面積については、法42条2項、3項、5項の規定について道路境界線とみなされる線と道との間の部分の敷地は算入しない。

敷地求積図は各部分の寸法、算式を表記（三斜求積など）

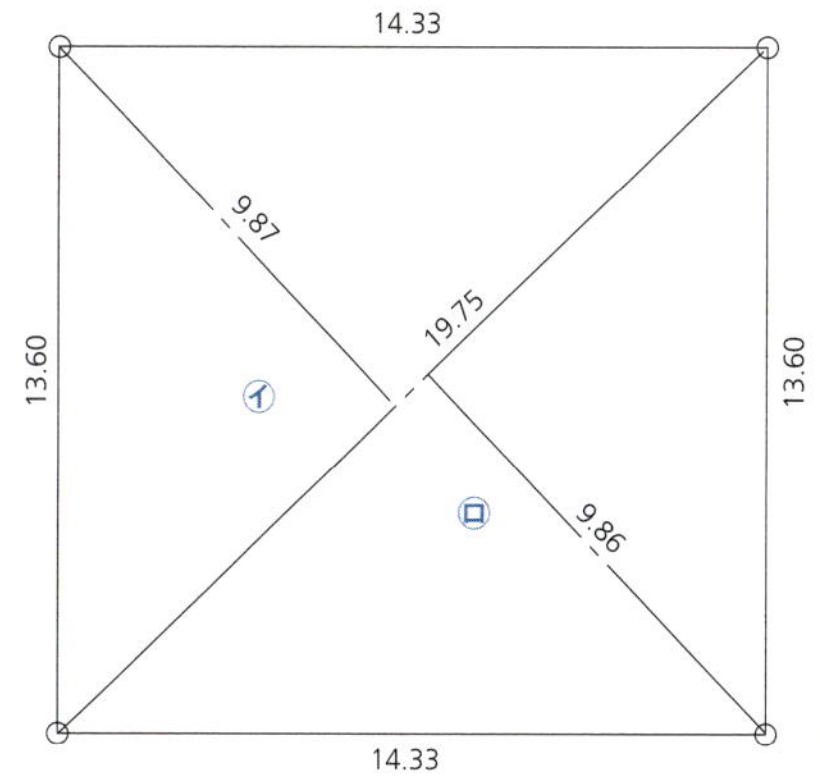

■敷地求積図　S=1：200

床面積・建築面積の求積に必要な建築物の各部分の寸法・算式を表記

小屋裏物置等の水平投影面積がその存する部分の1/2以上の場合は、階数、床面積の対象となる。また、1/8を超える場合は令46条4項により壁量計算上の床面積が加算となるので注意（平12建告1351号）

建築物が周囲の地面と接する各部分の高さに高低がある場合には「平均地盤面算定表」を加える必要がある。なお、「平均地盤面」の考え方については日本建築行政会議で整理されたので参考にされたい

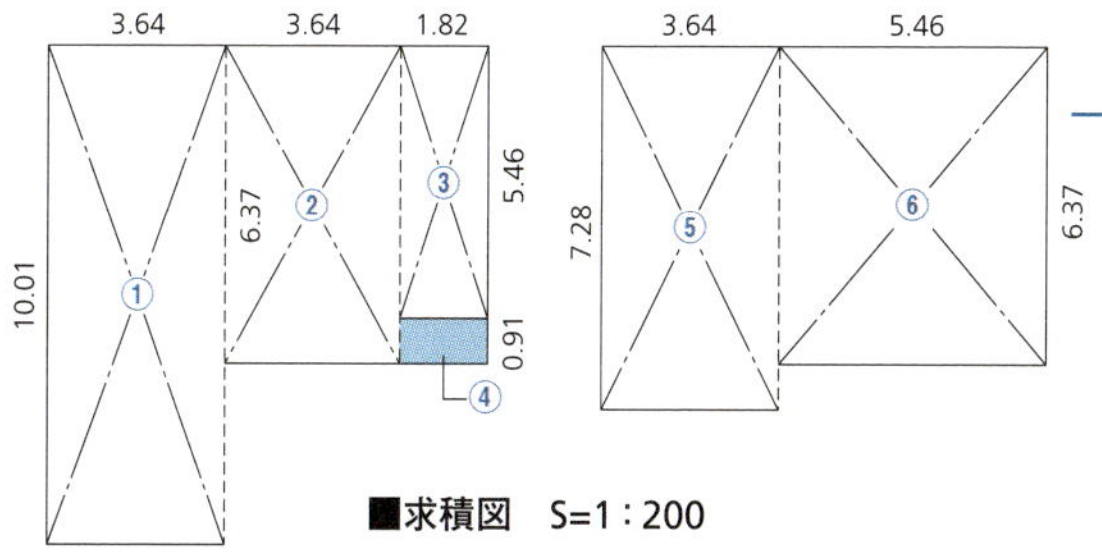

■求積図　S=1：200

■1階床面積・建築面積求積図

①10.01×3.64=36.4364
②6.37×3.64=23.1868
③5.46×1.82=9.9372
④1.82×0.91=1.6562
1階床面積　①+②+③=69.5604
69.56㎡
建築面積　①+②+③+④=71.2166
71.22㎡

■2階床面積求積図

⑤7.28×3.64=26.4992
⑥6.37×5.46=34.7802
2階床面積　⑤+⑥=61.2794
61.28㎡
延床面積　130.84㎡

■面積表

敷地面積	194.83㎡
建築面積	71.22㎡
1階床面積	69.56㎡
2階床面積	61.28㎡
延床面積	130.84㎡

建築確認申請チェックシート（添付図書と明示すべき事項の説明）

図面名	法令	明示すべき事項	明示すべき事項の説明	令10条特例3号
敷地面積求積図	法52条 法53条 法53条の2	敷地面積の求積に必要な敷地の各部分の寸法・算式	敷地面積の求積に必要な敷地の各部分の寸法・算式を明示する	□
床面積求積図	法52条	床面積の求積に必要な建築物の各部分の寸法・算式	床面積の求積に必要な建築物の各部分の寸法・算式を明示する	□
建築面積求積図	法53条	建築面積の求積に必要な建築物の各部分の寸法・算式	建築面積の求積に必要な建築物の各部分の寸法・算式を明示する	□
地盤面算定表	共通	建築物が周囲の地面と接する各位置の高さ	建築物が周囲の地面と接する各位置の高さを明示する	□
		地盤面を算定するための算式	地盤面を算定するための算式を明示する	□

注 掲載図面の大きさはS=1：300（元図S=1：200）

平面図

Point

特例ありで明示事項が減少

主に「単体規定」に関する内容を明示するものである。計画建物の形状、規模、用途などが確認できるものとし、シックハウス対策、火災予防条例による住宅防災設備なども明記する。なお、審査の対象から省かれる規定については明示する必要はないが計画の誤りを避けるためにも明示して法適合性を確認しておくほうがよいだろう。

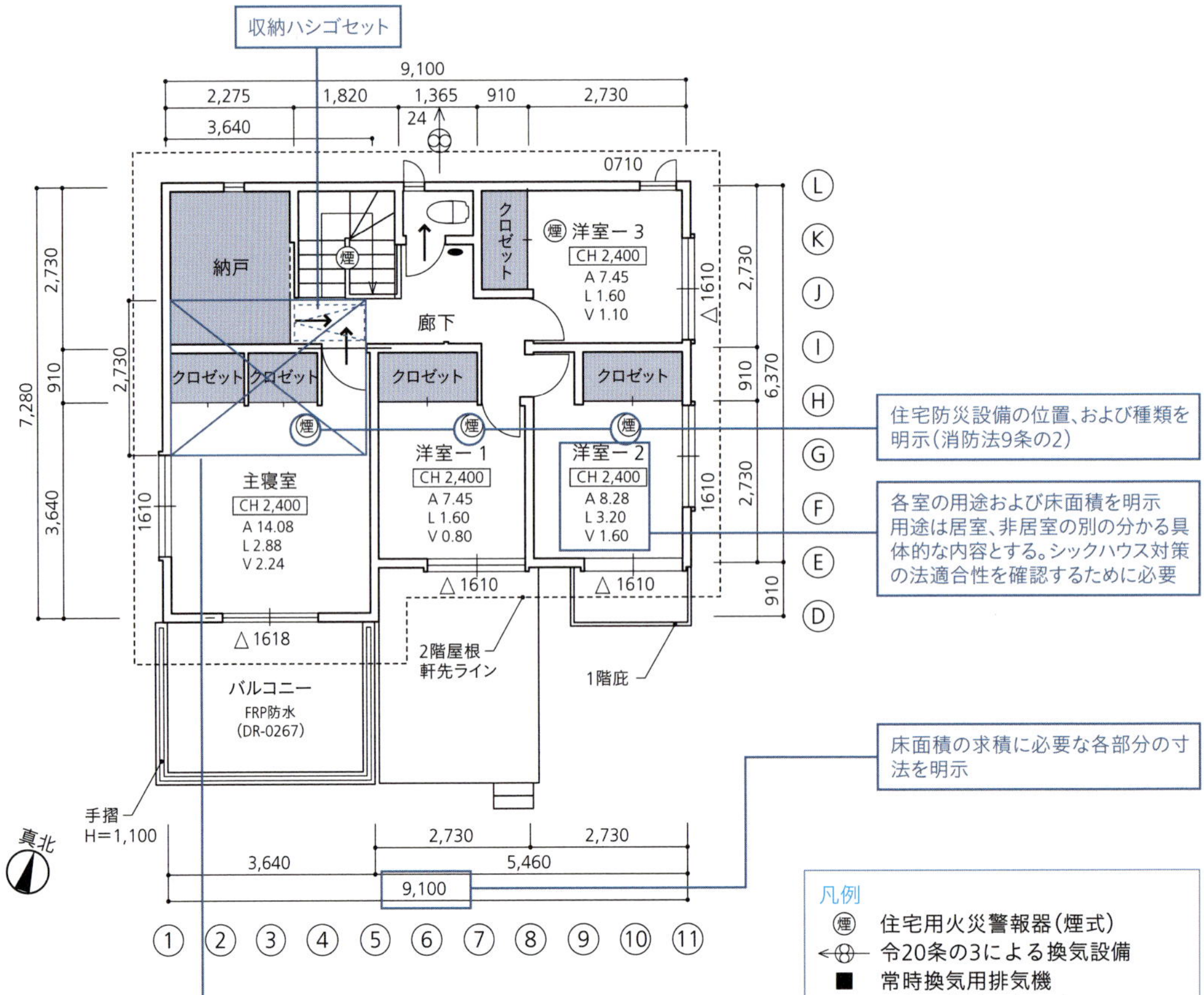

■2階平面図　S=1：100

小屋裏物置の床面積算定。
3.64×2.73=9.9372㎡
2階床面積の1/2以下
最高の天井高さは1.4mとする。
収納ハシゴセット付き

凡例
- 煙　住宅用火災警報器(煙式)
- ←⊕— 令20条の3による換気設備
- ■　常時換気用排気機
- △　給気口(換気ブレス)
- ←　空気の流れ方向を示す(ドアのアンダーカット等)
- ▒　天井裏等となる部分
- ●　スイッチの位置(常時運転表示)

階段(木製)　1〜2F
有効巾750mm、蹴上207.69mm、踏面210mm
(手摺取付位置　壁面より10㎝以内)

注 掲載図面の大きさは S=1：150 (元図 S=1：100)

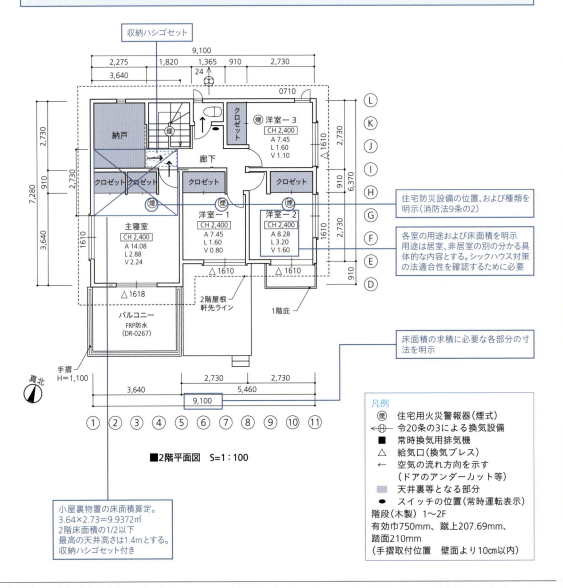

建築確認申請チェックシート（添付図書と明示すべき事項の説明）

図面名	法令	明示すべき事項	明示すべき事項の説明	令10条特例3号
各階平面図	共通	縮尺	縮尺を明示する	□
		方位	方位を明示する	□
		間取	間取を明示する	□
		壁の位置	壁の位置を明示する	□
		開口部の位置	開口部の位置を明示する	□
	法28条の2	各室の用途	室名を明示し、用途を明らかにする	□
		各室の床面積	シックハウス等法的審査が必要となる室すべての床面積を明示する	□
		給気機または給気口および排気機または排気口の位置	給気機または給気口および排気機または排気口の位置を明示する	□
	消防法9条の2	住宅用防災機器の位置・種類	住宅用防災機器の位置・種類を明示する	□

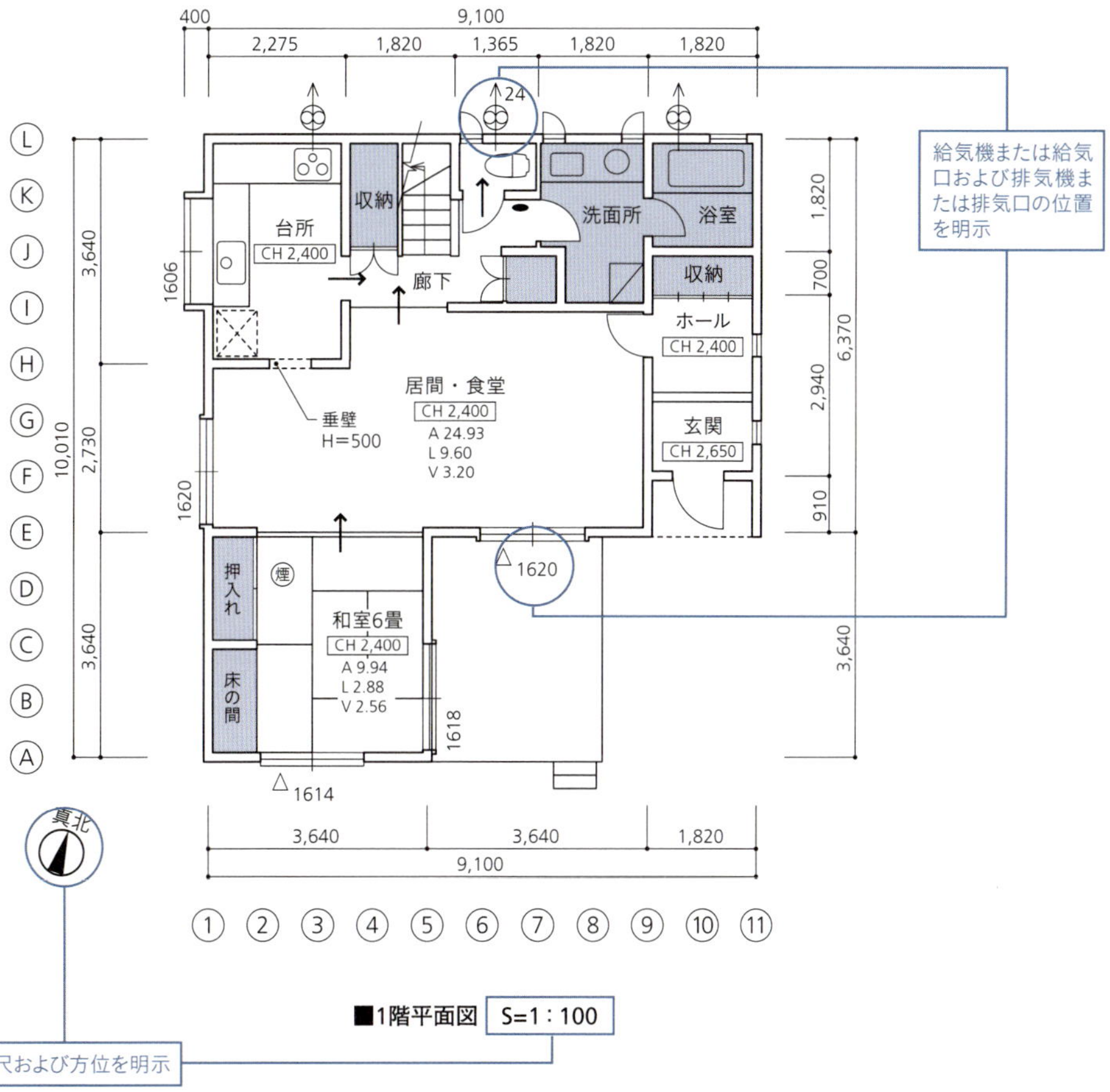

■1階平面図 S=1：100

小屋裏物置を設置する場合はその位置、および面積を記載する。天井高さ140cm以内、水平投影面積がその存する階の床面積の1／2未満であれば階数、床面積には算入されない（ロフト等の取り扱いについては特定行政庁によって異なる場合もあるが、近年日本建築行政会議で基本事項は整理されている）

確認の特例で審査を省略できる規定の1つに構造規定（法20条）があるが、仕様規定を満たしていることにおいて省略が認められているものである。なお、構造計算によって安全を確かめた場合は構造規定に関する審査の特例は適用されない。

確認の特例により審査を省略できる規定はほかに居室の採光・換気面積、火気使用室の内装、階段の構造、居室の天井高・床高・防湿などがあげられるが、設計者は法適合の確認をしなければならない

048

立面図

Point

土地の・道路の・建築物の各部分の高さ

規則1条の3第6項の規定により、「明示すべき事項を全て第1項または第4項の別の図書に明示した場合は、当該図書を申請書に添えることを要しない」とある。ここでは、「断面図」に明示すべき事項をすべて「立面図」に明示しているため、断面図の添付は不要としている。

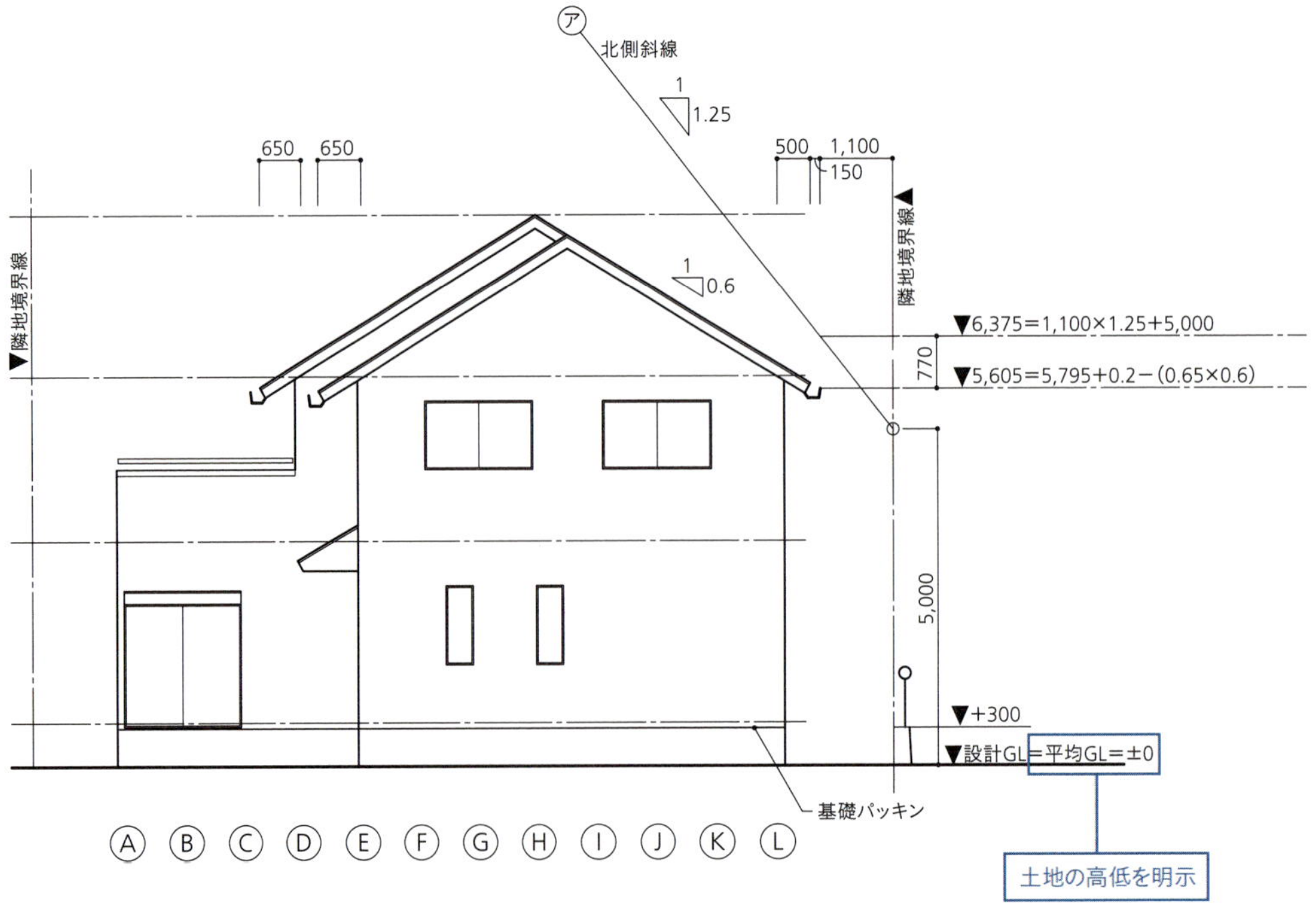

■東立面図　S=1：100

縮尺を明示

注 掲載図面の大きさは S=1：150（元図 S=1：100）

建築確認申請チェックシート（添付図書と明示すべき事項の説明）

図面名	法令	明示すべき事項	明示すべき事項の説明	令10条特例3号
2面以上の立面図	共通	縮尺	縮尺を明示する	□
		開口部の位置	開口部の位置を明示する	□
2面以上の断面図	共通	縮尺	縮尺を明示する	□
		地盤面	建築物が周囲の地面と接する位置の平均の高さにおける水平面を明示する	□
		各階の床および各室の天井の高さ	各階の床および各室の天井の高さ（高さが同じ室が並ぶ場合は代表で1室の高さ）を明示する	□
		軒および庇の出	軒および庇の出の寸法を明示する	□
	法56条	敷地の接する道路の幅員	敷地の接する道路（法43条2項の道を含む）の幅員を明示する	□
		敷地の接する道路の種類	敷地の接する道路の種類（条文）を明示する	□
		前面道路の路面の中心 前面道路の中心線	前面道路の路面の中心線を明示する	□
		地盤面からの申請に係る建築物の各部分の高さ	地盤面からの申請に係る建物の各部分（周囲の軒先、けらばの先端（最高部）、建築物の最高の高さの部分等）の高さを明示する	□
		前面道路の路面の中心からの申請に係る建築物の各部分の高さ	前面道路の路面の中心からの申請に係る建築物の各部分（周囲の軒先、けらばの先端（最高部）、建築物の最高の高さの部分等）の高さを明示する	□
		法56条1項から6項までに掲げる規定による建築物の各部分の高さの限度	道路斜線、隣地斜線、北側斜線を明示する。後退距離の算定の特例の場合、および2以上の道路に接している場合、公園、広場、川、もしくは海その他これらに類するものに接する場合、建築物の敷地とこれに接する道路もしくは隣地との高低差が著しい場合の緩和に関する措置についても明示する	□
		令130条の12に掲げる建築物の部分の位置・高さ・構造	道路斜線制限に係る建築物の後退距離の算定の特例を受ける建築物の部分の位置・高さ・構造を明示する	□
		法56条2項に規定する後退距離	前面道路の境界線から後退した建築物までの水平距離のうち最小の距離を明示する	□
		建築物の各部分から前面道路の反対側の境界線または隣地境界線までの真北方向の水平距離	建築物の各部分（北側の最も不利な部分）から前面道路の反対側の境界線または隣地境界線までの真北方向の最短の水平距離を明示する	□
	法58条	高度地区の境界線	高度地区内外または高度地区内で違う地区にまたがる場合、その境界線を明示する	□
		土地の高低	土地の高低差がある場合、明示する。また、高低差がない場合もその旨を明示する	□

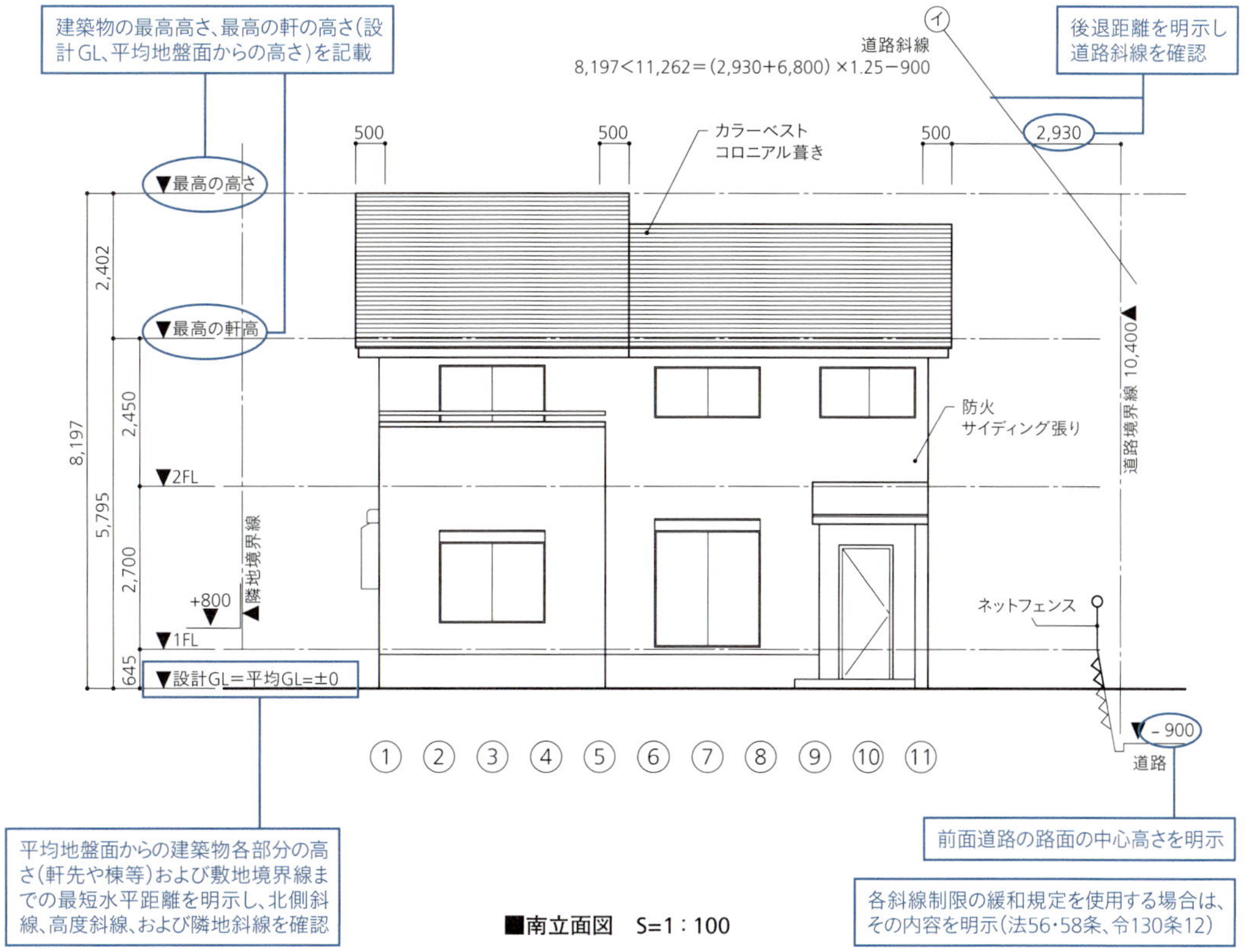

■南立面図　S=1：100

049

シックハウス仕上げ

Point

使用建築材料・
機械換気設備・
天井裏等の措置

シックハウス対策に係る規制

規制を受ける化学物質はクロルピリホスおよびホルムアルデヒドが対象であり（令20条の5）クロルピリホスに関しては原則使用が禁止されている（令20条の6）。また、ホルムアルデヒドに関する規制については、①「内装仕上げの制限」居室の種類および換気回数に応じて、内装の仕上げに使用するホルムアルデヒド発散建築材料の面積制限（令20条の7）。②「換気設備の義務付け」内装の仕上げ等にホルムアルデヒド発散建築材料を使用しない場合であっても、家具等からも発散されるため、居室を有するすべての建築物に機械換気設備の設置が原則義務付けられている（令20条の8）（図）。③「天井裏などの制限」天井裏等は、下地材をホルムアルデヒドの発散の少ない建築材料とするか、機械換気設備で天井裏等も換気できる構造とする必要がある（平15国交告274号第1第3号）。

事例の住宅の場合、内部仕上表（表1）には「内装の仕上げの部分についてはすべてシックハウス規制対象外の建築材料を使用する」との記載があり、「使用建築材料表」の添付は不要である（平成23年5月1日施行運用改善第2弾）（表2）。また、確認申請書第四面【8.建築設備の種類】の別紙として「居室ごとの機械換気設備」（表3）「天井裏等への措置」（表4）を添付する。換気計画上一体の居室として扱うエリアを明確にし、換気経路の通気性、および経路を明記しておく。

なお、中間検査・完了検査の申請時に提出が必要であった内装の仕上げ部分の写真は、平成15年の施行から一定期間が経過し制度として定着してきたことなどから平成23年度の法改正により提出不要となった。このため検査申請書第四面に記載された工事監理の状況や現場での目視による検査となる。

建築確認申請チェックシート(添付図書と明示すべき事項の説明)

図面名	法令	明示すべき事項	明示すべき事項の説明	令10条特例3号
使用建築材料表	法28条の2	内装の仕上げに用いる建築材料の種類・面積	使用建築材料表に居室ごとの名称、用途、床面積、天井高さ、換気回数、建築材料の種別、ホルムアルデヒド放散量等級区分(例:F☆☆☆☆)、当該材料の面積を明示する。クロルピリホスの添加またはクロルピリホスをあらかじめ添加した建築材料の使用の有無を明示する	□
	(条例細則)	天井裏等の措置	居室と当該居室に係る天井裏等を区画する連続した気密層および通気止めの有無、下地材および断熱材その他これらに類する面材に用いる建築材料の種別、を明示する	□
構造詳細図	法28条の2	令20条の7第1項2号の表および令20条の8第2項に規定するホルムアルデヒドの発散による衛生上の支障がないようにするために必要な換気を確保することができる居室の構造方法	告示273号を適用している場合はその旨明記し、適用条件を満たしていることを明示する	□
計算書	法28条の2	有効換気量または有効換気換算量およびその算出方法	有効換気量または有効換気換算量およびその算出方法を明示する	□
		換気回数および必要有効換気量	換気回数および必要有効換気量を算定した計算書を添付して明示する	□
		給気機または排気機の給気または排気能力およびその算出方法	給排気機の能力の算出方法をPQ曲線や圧力損失等で明示する	□
		換気経路の全圧力損失(直管部損失、局部損失、諸機器その他における圧力損失の合計をいう)およびその算出方法	ダクトや屋外端末等の圧力損失および算出方法を明示する	□

表1　内部仕上表

階	室名	床		巾木	壁		廻縁	天井	
		仕上げ	下地	仕上げ	仕上げ	下地	仕上げ	仕上げ	下地
1階	居間・食堂	木質フローリング	構造用合板	木製巾木	ビニールクロス	石膏ボード・接着剤	木製廻縁	ビニールクロス	石膏ボード・接着剤
	台所	木質フローリング	構造用合板	同上	ビニールクロス	石膏ボード・接着剤	木製廻縁	ビニールクロス	石膏ボード・接着剤
	和室	本畳敷	構造用合板	畳寄	じゅらく塗り	ラスボード	木製廻縁	天然木化粧合板	
	便所	木質フローリング	構造用合板	木製巾木	ビニールクロス	石膏ボード・接着剤	木製廻縁	ビニールクロス	石膏ボード・接着剤
	廊下	木質フローリング	構造用合板	木製巾木	ビニールクロス	石膏ボード・接着剤	木製廻縁	ビニールクロス	石膏ボード・接着剤
	収納	合板1類	構造用合板	雑巾摺	1類合板		木製廻縁	1類合板	
2階	廊下・階段	木質フローリング	構造用合板	木製巾木	ビニールクロス	石膏ボード・接着剤	木製廻縁	ビニールクロス	石膏ボード・接着剤
	便所	木質フローリング	構造用合板	同上	ビニールクロス	石膏ボード・接着剤	木製廻縁	ビニールクロス	石膏ボード・接着剤
	主寝室	木質フローリング	構造用合板	同上	ビニールクロス	石膏ボード・接着剤	木製廻縁	ビニールクロス	石膏ボード・接着剤
	洋室-1、-2、-3	木質フローリング	構造用合板	同上	ビニールクロス	石膏ボード・接着剤	木製廻縁	ビニールクロス	石膏ボード・接着剤
	納戸	木質フローリング	構造用合板	同上	ビニールクロス	石膏ボード・接着剤	木製廻縁	ビニールクロス	石膏ボード・接着剤
	収納	合板1類	構造用合板	雑巾摺	1類合板		木製廻縁	1類合板	
備考	ドア、引違戸は木質系既製建具(規制対象外:F☆☆☆☆)を使用。襖は襖紙(規制対象外:F☆☆☆☆)を使用 床の間は天然木床材(規制対象外)と構造用合板(規制対象外:F☆☆☆☆)を使用								

注 内装の仕上げの部分についてはすべてF☆☆☆☆、もしくは規制対象外の建築材料を使用する

表2　建築物のシックハウス対策に関する提出書類等について

確認申請の添付図書等	
①確認申請の添付図書 ・建築設備の種類 ・使用建築材料表 ・大臣認定書または試験成績書の写し （認定を受けているものを使用する場合に限る）	②申請図書への記載事項 ・換気計画のエリア ・給気機、排気機、給気口および排気口の位置 ・換気経路図 ・スイッチの位置、建具のアンダーカットおよびガラリの有無

補足　（平成23年5月1日施行運用改善第2弾）。法28条の2の規定が適用される建築物に関して添付する「使用建築材料表」において明示すべき事項とされている「内装の仕上げに用いる建築材料の面積」および「内装の仕上げの部分の面積に、内装の仕上げに用いる建築材料の種別に応じ令20条の7第1項2号の表の⑴項または⑵項に定める数値を乗じて得た面積の合計」について、第1種ホルムアルデヒド発散建築材料、第2種ホルムアルデヒド発散建築材料および第3種ホルムアルデヒド発散建築材料以外の建築材料を使用する場合においては、当該図書への明示を不要とする（規則1条の3第1項表2（11））

表3　居室ごとの機械換気設備

階	室名	床面積 ㎡	平均天井高 h	気積 ㎡	換気種別	給気機による給気量(A) ㎥／h	排気機による排気量(B) ㎥／h	換気回数 n
1階	居間・食堂	24.22	2.4	58.13	第3種換気	自然給気		
	台所	8.28	2.4	19.87				
	和室	11.59	2.4	27.82				
	便所	1.24	2.4	2.98			65	
	廊下	1.24	2.4	2.98				
	階段	3.31	4.5	14.90				
2階	廊下	5.80	2.4	13.92				
	主寝室	13.25	2.4	31.80				
	洋室-1	7.45	2.4	17.88				
	洋室-2	8.28	2.4	19.87				
	洋室-3	7.45	2.4	17.88				
	便所	1.24	2.4	2.98			65	
合計				230.99			130	0.5628

表4　天井裏等への措置

天井裏等＼室名	1F 居間・食堂	1F 台所	1F 和室	1F 便所	1F 廊下／階段	2F 廊下	2F 便所	2F 主寝室	2F 洋室-1	2F 洋室-2	2F 洋室-3
1階床裏	気密層										
1階天井裏／2階床裏	第3種材料										
2階小屋裏	気密層										
外壁	気密層										
間仕切壁	通気止め										
収納	第3種材料			／	／	／	／	第3種材料			

図　パイプファン用　詳細図

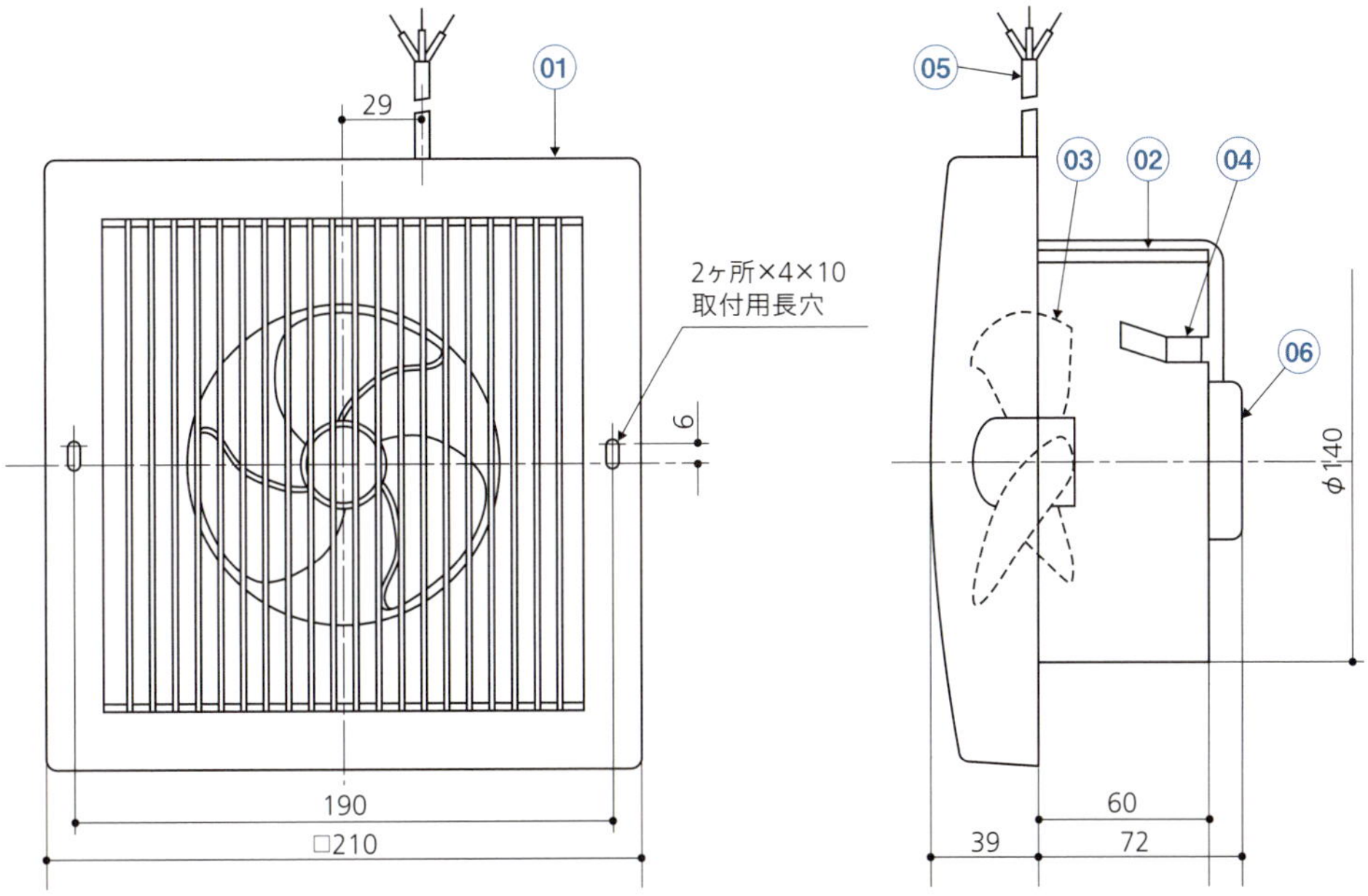

■P–Q特性図

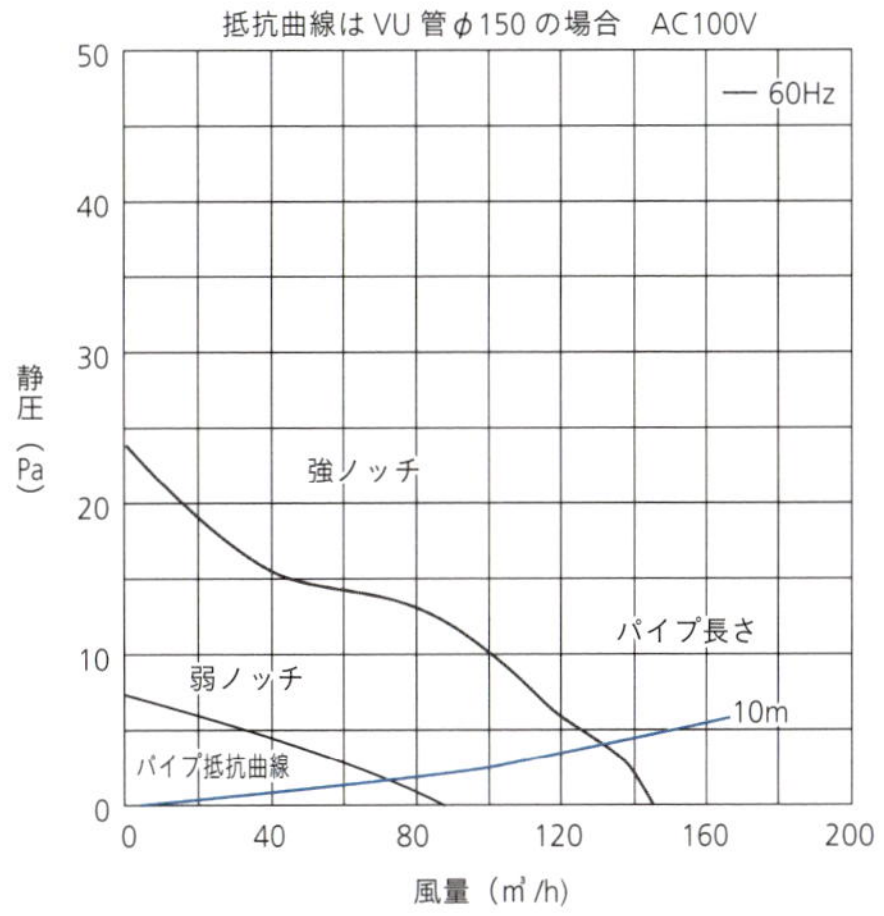

■部品表

品番	品名	材質	色調(マンセル・近)
01	グリル	合成樹脂	6.4Y8.9／0.4
02	本体	合成樹脂	N-1
03	羽根	合成樹脂	N-1
04	スプリング	バネ用ステンレス鋼板(2個)	
05	電源コード	3芯ビニルキャブタイヤコード　有効長約0.6m	
06	電動機		

■特性表[＊1]

定格電圧(V)	定格周波数(Hz)	ノッチ	定格電流(A)	定格消費電力(W)	開放風量(㎥／h)	有効換気量(㎥／h)[＊2]	騒音(dB)	質量(kg)
100	60	強	0.039	3.9	145	124	30.5	0.91
		弱	0.027	1.8	90	65	18	

電動機形式	コンデンサー永久分相形単相誘導電動機　2極
シャッター形式	ー
羽根径	10.5cm
耐電圧	AC　2500V　1分間
絶縁抵抗	10MΩ以上(500Vメガー)

＊1 特性はJIS C 9603に基づく
＊2 有効換気量は、壁取付けの場合に屋外フードと組み合わせたときの風量

050

天空率

Point

すべての算定位置で
高さ制限適合建築物の
天空率以上とする

図1　北側斜線制限適合建築物の配置図

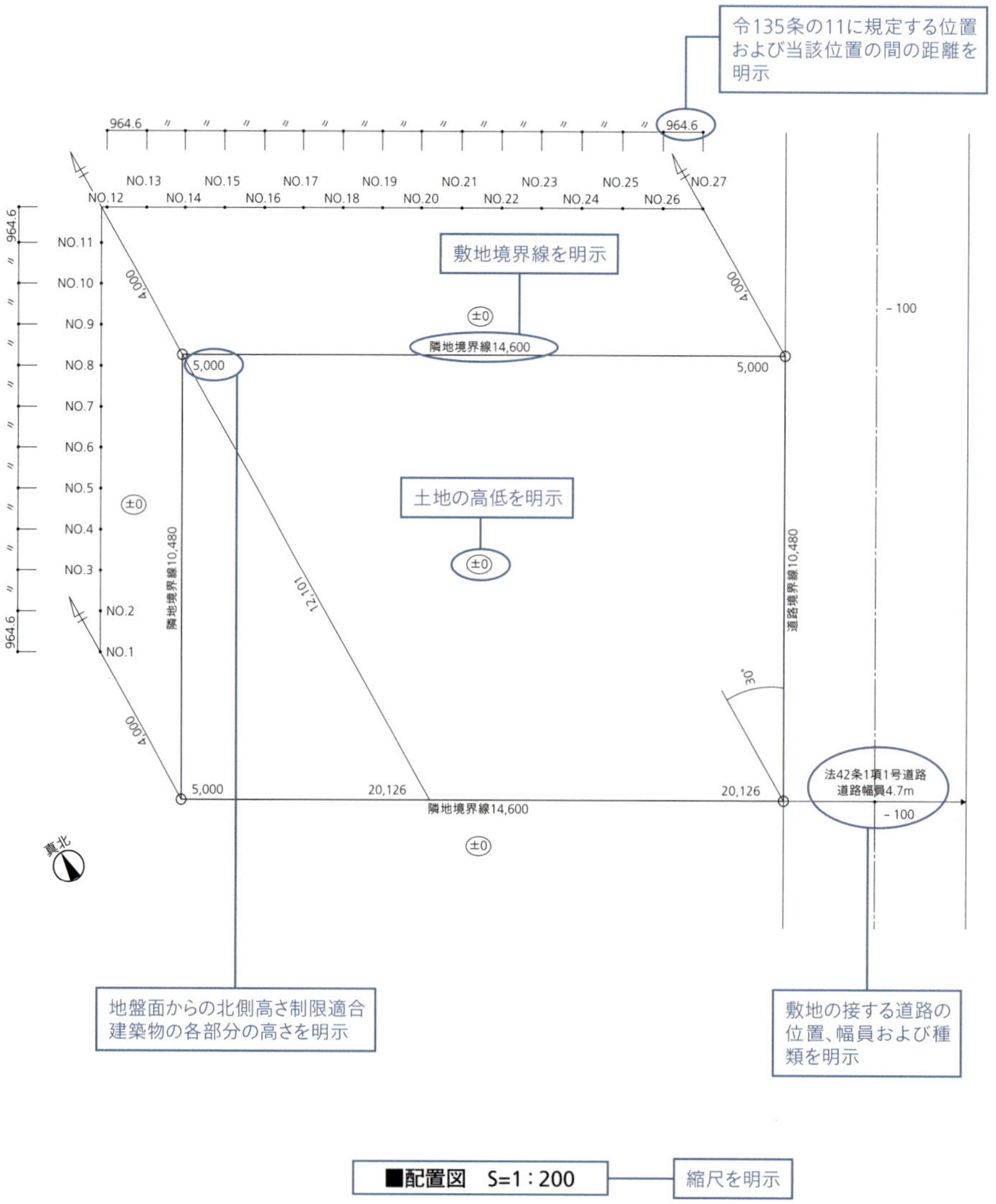

■北側高さ制限を適用しない建築物

小規模住宅の例を想定して、法56条7項により北側高さ制限(法56条1項3号)によって確保されている採光、通風等と同程度以上の採光、通風が確保されるものとしての政令で定める天空率により検討する。計画建築物の天空率が、北側高さ制限に適合する適合建築物の天空率以上であれば、北側高さ制限は適用されない。事例は第1種低層住居専用地域で高度地区の指定のない地域に計画されている2階建住宅の例で、敷地の条件により真北方向は2以上の隣地境界線からの制限を受けている。
※天空率の算定位置は北側隣地境界線の両端から真北方向への水平距離が第1種、第2種低層住居専用地域、田園住居地域であれば4m、第1種、第2種中高層住居専用地域であれば8mだけ外側にある線上で、その位置間の間隔を第1種、第2種低層住居専用地域であれば1m、第1種、第2種中高層住居専用地域であれば2mの数値以内とし、高さは平均地盤面からの高さとする。

図2　計画建築物の配置図

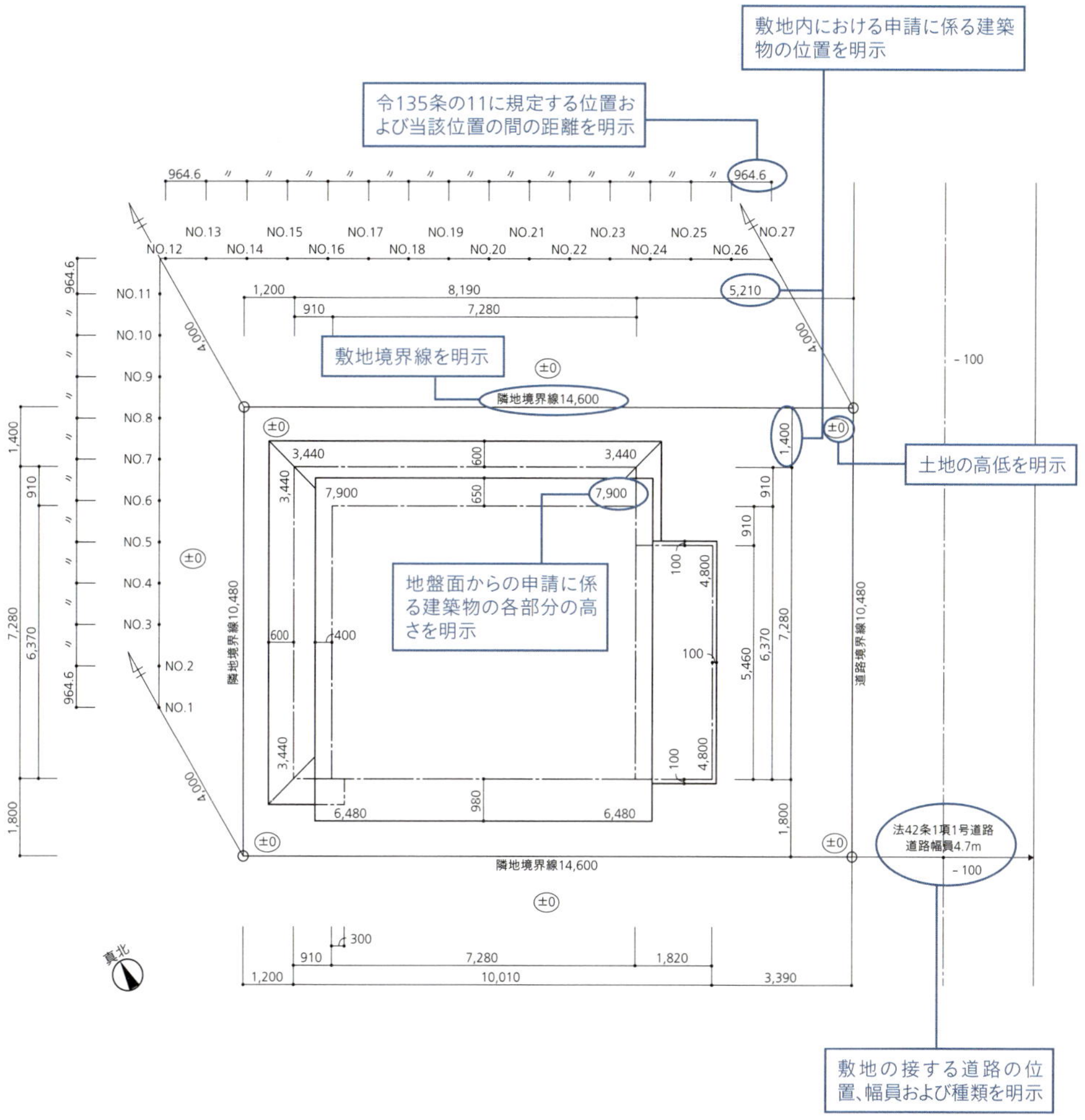

■配置図　S=1：200

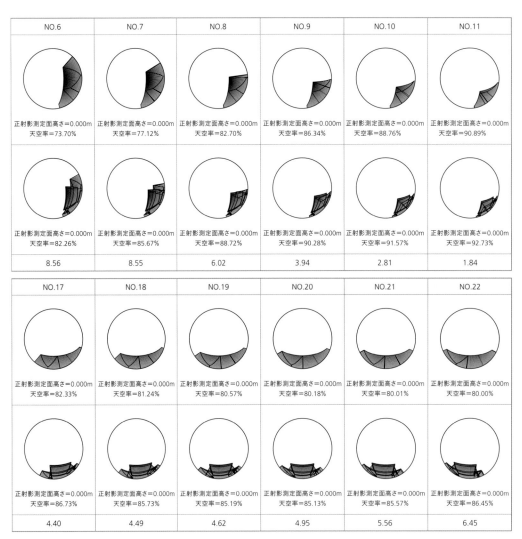

NO.6	NO.7	NO.8	NO.9	NO.10	NO.11
正射影測定面高さ=0.000m 天空率=73.70%	正射影測定面高さ=0.000m 天空率=77.12%	正射影測定面高さ=0.000m 天空率=82.70%	正射影測定面高さ=0.000m 天空率=86.34%	正射影測定面高さ=0.000m 天空率=88.76%	正射影測定面高さ=0.000m 天空率=90.89%
正射影測定面高さ=0.000m 天空率=82.26%	正射影測定面高さ=0.000m 天空率=85.67%	正射影測定面高さ=0.000m 天空率=88.72%	正射影測定面高さ=0.000m 天空率=90.28%	正射影測定面高さ=0.000m 天空率=91.57%	正射影測定面高さ=0.000m 天空率=92.73%
8.56	8.55	6.02	3.94	2.81	1.84

NO.17	NO.18	NO.19	NO.20	NO.21	NO.22
正射影測定面高さ=0.000m 天空率=82.33%	正射影測定面高さ=0.000m 天空率=81.24%	正射影測定面高さ=0.000m 天空率=80.57%	正射影測定面高さ=0.000m 天空率=80.18%	正射影測定面高さ=0.000m 天空率=80.01%	正射影測定面高さ=0.000m 天空率=80.00%
正射影測定面高さ=0.000m 天空率=86.73%	正射影測定面高さ=0.000m 天空率=85.73%	正射影測定面高さ=0.000m 天空率=85.19%	正射影測定面高さ=0.000m 天空率=85.13%	正射影測定面高さ=0.000m 天空率=85.57%	正射影測定面高さ=0.000m 天空率=86.45%
4.40	4.49	4.62	4.95	5.56	6.45

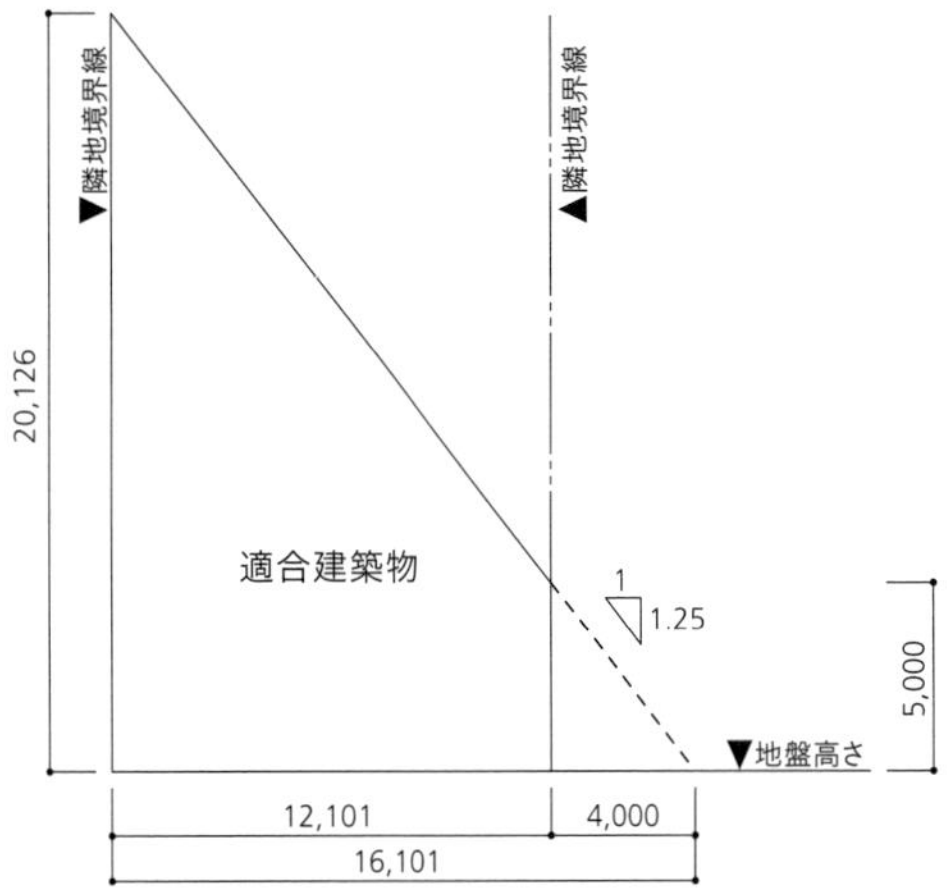

■北側斜線制限適合建築物の立面図　S=1：400

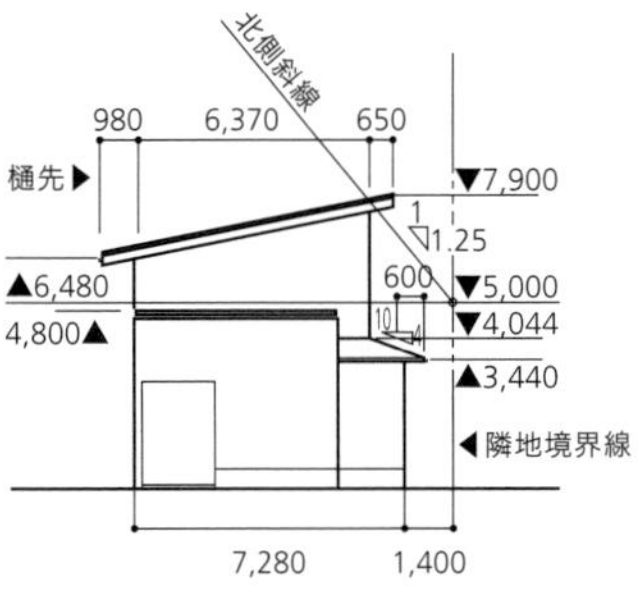

■計画建築物東立面図　S=1：400

図3　天空率比較表

測定点	NO.1	NO.2	NO.3	NO.4	NO.5
適合建築物	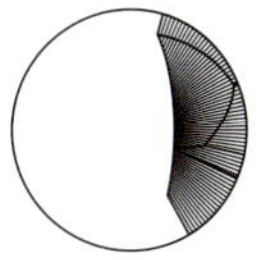 正射影測定面高さ=0.000m 天空率=71.55%	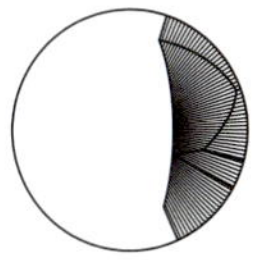 正射影測定面高さ=0.000m 天空率=70.89%	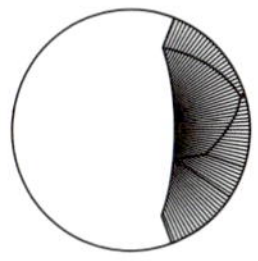 正射影測定面高さ=0.000m 天空率=70.73%	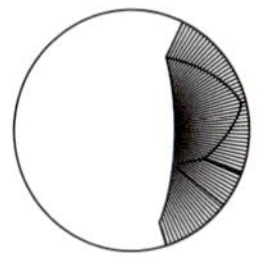 正射影測定面高さ=0.000m 天空率=71.03%	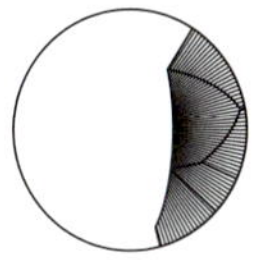 正射影測定面高さ=0.000m 天空率=71.90%
計画建築物	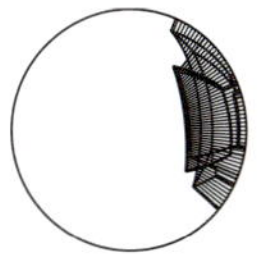 正射影測定面高さ=0.000m 天空率=80.06%	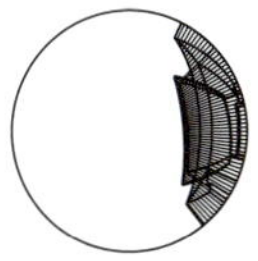 正射影測定面高さ=0.000m 天空率=78.86%	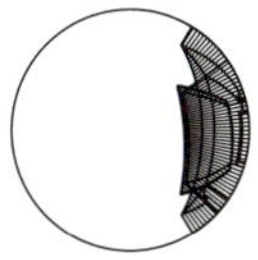 正射影測定面高さ=0.000m 天空率=78.50%	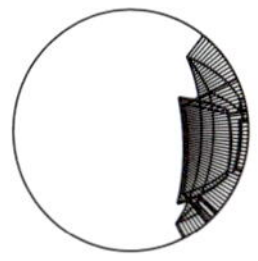 正射影測定面高さ=0.000m 天空率=78.89%	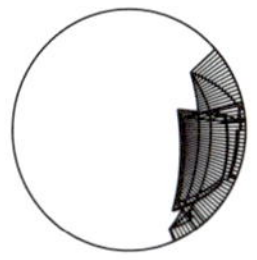 正射影測定面高さ=0.000m 天空率=80.05%
判定	8.51	7.97	7.77	7.86	8.15

測定点	NO.12	NO.13	NO.14	NO.15	NO.16
適合建築物	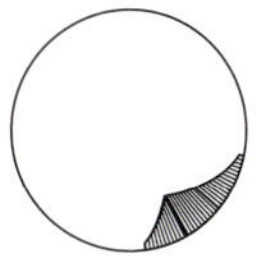 正射影測定面高さ=0.000m 天空率=92.25%	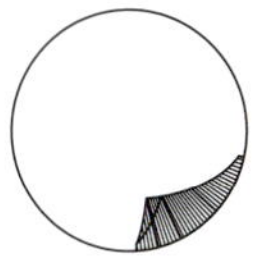 正射影測定面高さ=0.000m 天空率=90.80%	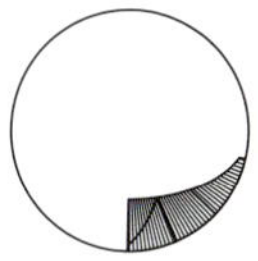 正射影測定面高さ=0.000m 天空率=89.18%	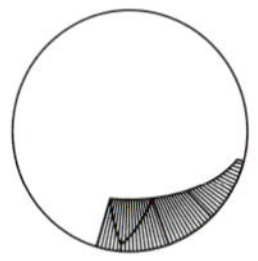 正射影測定面高さ=0.000m 天空率=86.33%	 正射影測定面高さ=0.000m 天空率=84.00%
計画建築物	 正射影測定面高さ=0.000m 天空率=93.50%	 正射影測定面高さ=0.000m 天空率=92.54%	 正射影測定面高さ=0.000m 天空率=91.36%	 正射影測定面高さ=0.000m 天空率=89.81%	 正射影測定面高さ=0.000m 天空率=88.11%
判定	1.25	1.74	2.18	3.48	4.11

測定点	NO.23	NO.24	NO.25	NO.26	NO.27
適合建築物	 正射影測定面高さ=0.000m 天空率=80.18%	 正射影測定面高さ=0.000m 天空率=80.56%	 正射影測定面高さ=0.000m 天空率=81.24%	 正射影測定面高さ=0.000m 天空率=82.32%	 正射影測定面高さ=0.000m 天空率=83.98%
計画建築物	 正射影測定面高さ=0.000m 天空率=87.48%	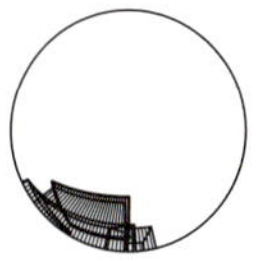 正射影測定面高さ=0.000m 天空率=88.69%	 正射影測定面高さ=0.000m 天空率=90.00%	 正射影測定面高さ=0.000m 天空率=91.25%	 正射影測定面高さ=0.000m 天空率=92.33%
判定	7.30	8.13	8.76	8.93	8.35

図4　適合建築物近接点天空図、計画建築物近接点天空図

■北側斜線制限適合建築物近接点天空図

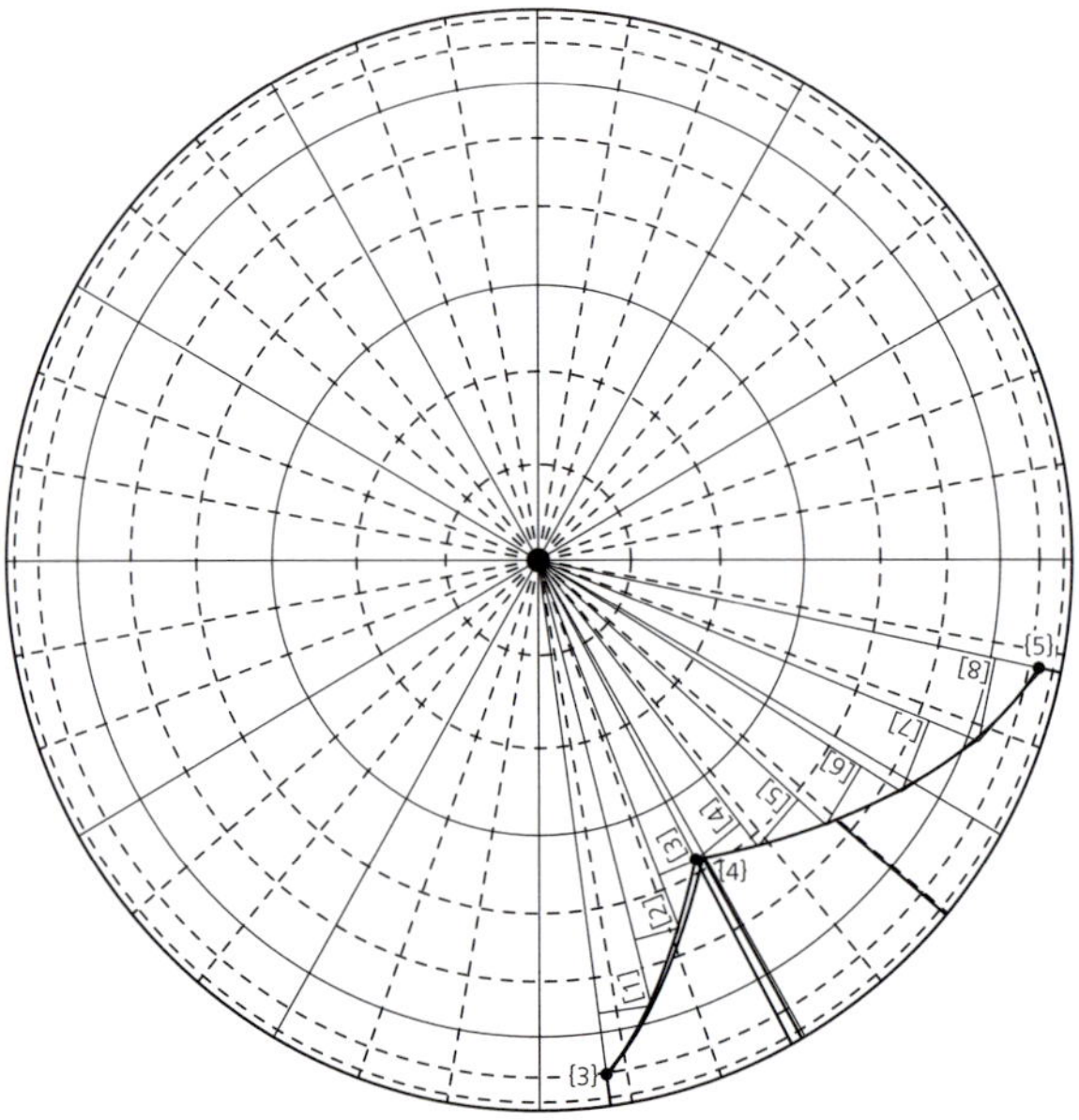

測定点　No.12　目盛間隔　10°
正射影　測定面高さ=0.000m
天空図半径(R)=100.000 (図寸㎜)
【適合建築物用】三斜計算　　最大分割角=10°

三角形 No.	底辺(㎜)	高さ(㎜)	面積(㎟)
[1]	95.063	10.065	478.405
[2]	83.445	8.642	360.566
[3]	71.687	7.459	267.357
[4]	66.312	10.714	355.234
[5]	72.295	11.471	414.648
[6]	79.908	12.512	499.905
[7]	88.611	13.840	613.189
[8]	96.660	15.357	742.204
		三斜面積合計	3731.508

扇形面積(扇形中心角=70.487°)　6151.141
扇形面積－三斜面積合計=水平円射影面積　2419.633
No.12　天空図円面積　31415.927
(31415.927－2419.633) /31415.927×100=92.299
切り上げ↑
【適合建築物用】　三斜計算　天空率=92.299%

測定点　No.12　目盛間隔　10°
正射影　測定面高さ=0.000m
建物位置確認表　天空図半径(R)=100.000 (図寸mm)
【適合建築物用】

位置 No.	配置図		天空図		
	距離(実寸m)	高さ(実寸m)	方位角(°)	仰角：h(°)	R*cos(h)(図寸㎜)
{3}	14.069	5.000	-82.365	19.565	94.226
{4}	3.936	5.000	-61.650	51.789	61.856
{5}	16.830	5.000	-11.878	16.547	95.859

■計画建築物近接点天空図

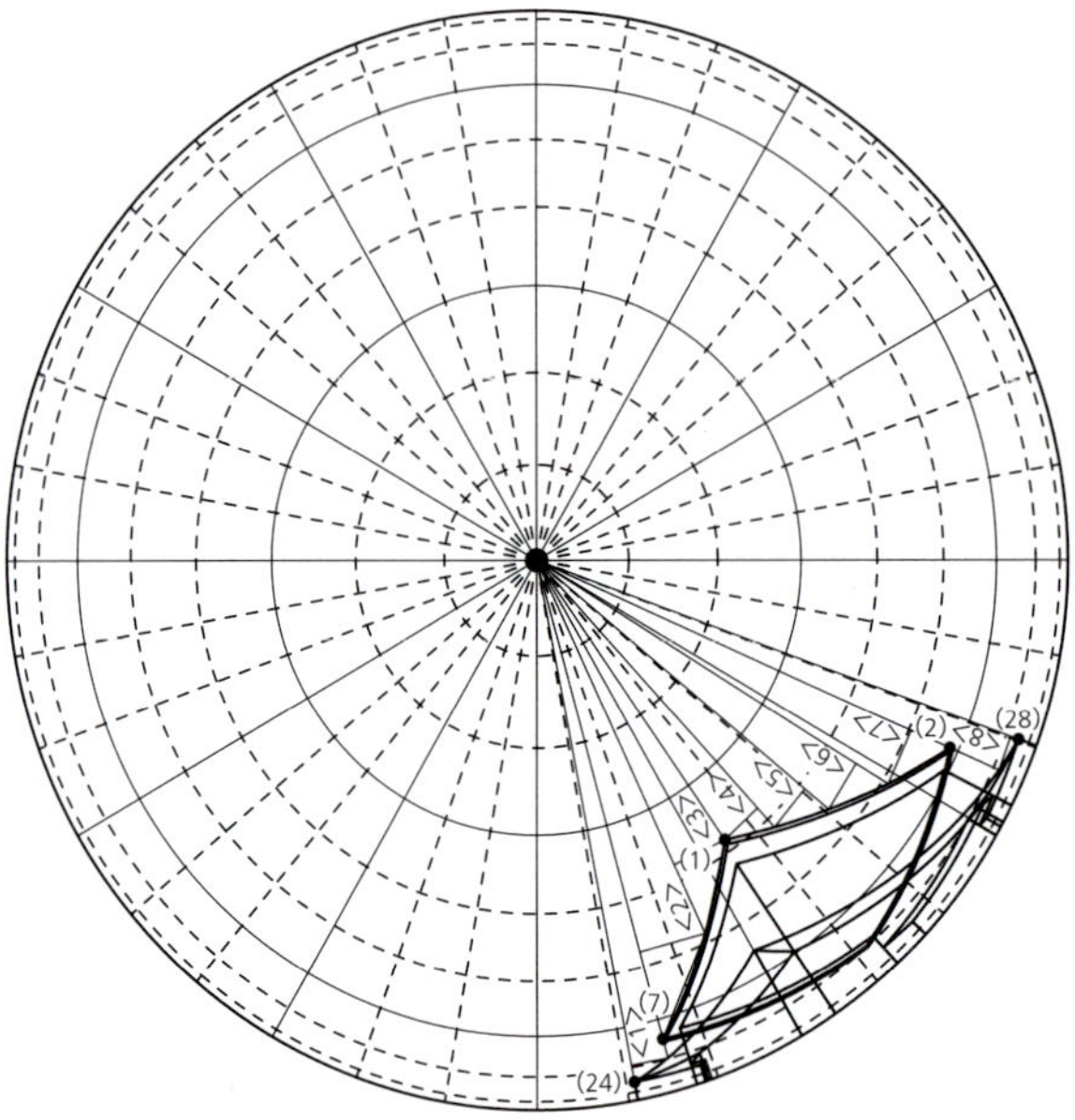

測定点　No.12　目盛間隔　10°
正射影　測定面高さ=0.000m
天空図半径(R)=100.000 (図寸㎜)
【申請建築物用】三斜計算　　最大分割角=10°

三角形 No.	底辺(㎜)	高さ(㎜)	面積(㎟)
<1>	96.663	7.020	339.287
<2>	90.280	12.804	577.972
<3>	74.929	10.603	397.236
<4>	66.207	8.458	279.989
<5>	71.466	9.025	322.490
<6>	77.812	9.742	379.022
<7>	84.978	10.607	450.680
<8>	96.470	6.548	315.842
		三斜面積合計	3062.518

扇形面積(扇形中心角=59.258°)　5171.255
扇形面積－三斜面積合計=水平円射影面積　2108.737
No.12　天空図円面積　31415.926
(31415.926－2108.737) /31415.926×100=93.287
切り捨て↓
《申請建築物用》　三斜計算　天空率=93.287%

測定点　No.12　目盛間隔　10°
正射影　測定面高さ=0.000m
建物位置確認表　天空図半径(R)=100.000 (図寸mm)
《申請建築物用》

位置 No.	配置図		天空図		
	距離(実寸m)	高さ(実寸m)	方位角(°)	仰角：h(°)	R*cos(h)(図寸㎜)
(1)	6.250	7.900	-55.066	51.650	62.047
(2)	12.735	7.900	-23.725	31.812	84.978
(7)	13.603	6.480	-74.745	25.471	90.280
(24)	12.981	3.440	-79.035	14.842	96.663
(28)	12.602	3.440	-19.777	15.268	96.471

建築確認申請チェックシート（添付図書と明示すべき事項の説明）

■北側高さ制限を適用しない建築物（法56条7項3号）

図面名	明示すべき事項	令10条特例3号
令135条の8第1項の規定により想定する「北側高さ制限適合建築物」の配置図	縮尺	□
	敷地境界線	□
	敷地内における申請に係る建築物および北側高さ制限適合建築物の位置	□
	擁壁の位置	□
	土地の高低	□
	敷地の接する道路の位置、幅員および種類	□
	地盤面からの申請に係る建築物および北側高さ制限適合建築物の各部分の高さ	□
	北側制限高さが異なる地域の境界線	□
	高低差区分区域の境界線[＊1]	□
	令135条の11に規定する位置および当該位置の間の距離	□
	申請に係る建築物および北側高さ制限適合建築物について令135条の11に規定する位置ごとに算定した天空率[＊2]	□
北側高さ制限適合建築物の2面以上の立面図	縮尺	□
	地盤面	□
	地盤面からの申請に係る建築物および北側高さ制限適合建築物の各部分の高さ	□
	令135条の4第2項の規定により特定行政庁が規則に定める高さ	□
	擁壁の位置	□
	土地の高低	□
	令135条の11に規定する位置からの申請に係る建築物および北側高さ制限適合建築物の高さ	□
「北側高さ制限近接点」[＊5]における水平投影位置確認表	申請に係る建築物および北側高さ制限適合建築物の各部分の高さ	□
	北側高さ制限近接点から申請に係る建築物および北側高さ制限適合建築物の各部分までの水平距離、仰角および方位角	□
北側高さ制限近接点における申請に係る建築物および北側高さ制限適合建築物の天空図	水平投影面[＊3]	□
	天空率	□
北側高さ制限近接点における天空率算定表	申請に係る建築物および北側高さ制限適合建築物の天空率を算定するための算式[＊4]	□

＊1 敷地内の計画建築物が周囲の地盤面と接する位置の高低差が3mを超える場合に設定する
＊2 算定位置ごとに天空率（計画・適合建築物）を比較した一覧表を明示する
＊3 正射影方式で算定する。なお、天空図の半径は10cm未満でもよいとするが、その大きさについては確認にあたり支障のないものとする
＊4 計算過程の分かる算式（三斜求積図、三斜求積表）を明示する
＊5「北側高さ制限近接点」とは申請に係る建築物と北側高さ制限適合建築物の天空率の差が最も近い算定位置のことをいう
その他の注意点
各特定行政庁により運用、取り扱いを定めている場合があり事前に確認しておく

051

浄化槽

Point

浄化槽の処理対象人員はJIS算定基準による

浄化槽の設置が必要な場合とは？

建築物の新築などの場合、敷地の周りに公共下水道が敷設され、これに建物の便所の排水（汚水）を放流できるかどうかを、自治体の下水道関係部署に確認しなければならない。

汚水を公共下水道以外に放流しようとする場合は、浄化槽を設置しなければならない。浄化槽には、屎尿のみを処理する単独処理浄化槽と、屎尿と雑排水を処理する合併処理浄化槽があるが、浄化槽法の規定により、単独処理浄化槽は設置できない［※1］。

浄化槽の処理性能基準・処理対象人員の算定

浄化槽の処理性能（放流水質基準）は、浄化槽法で生物化学的酸素要求量（BOD）が20ppm以下と定められている（令32条3項、浄化槽法4条）［※2］。

浄化槽の計画では、まず処理対象人員を決めなければならない。算定基準はJIS 3302-2000に定められており、建物用途別の算定式および算定単位（延べ面積、定員など）により算定する［※3］。

浄化槽の構造基準

合併浄化槽の構造は、告示で定められた構造方法、または大臣認定を受けたものとしなければならない（令35条）。小容量のものは、樹脂製で工場生産の大臣認定品がほとんどである。

浄化槽調書の添付

確認申請書に添付する図書は、浄化槽の位置と放流先を明示した配置図、仕様書、構造詳細図などである。

保健所通知用の書類として「浄化槽調書（浄化槽設置届出書）」を添付する（表）。行政によって書式、提出部数が定められているので、事前に確認が必要だ。

※1 浄化槽法では、事業認可済みの下水道の予定処理区域内では単独浄化槽を設置可と規定しているが、現在、単独浄化槽を製造しているメーカーはない

※2 都道府県の条例で、BODおよびその他に関し、より厳しい付加基準が定められている場合があるので、特定行政庁に確認を要する（令32条3項、水質汚濁防止法3条）

表　浄化槽調書記入例

（表）

浄　化　槽　に　関　す　る　調　書

※確認済証番号 確認済証交付年月日				
建築主の住所及び氏名	埼玉県○○市△△町○丁目○番地 埼玉 一郎 電話番号 ＊＊＊-＊＊＊-＊＊＊＊			
建築場所	埼玉県○○市△△町○丁目△番地			
主要用途	一戸建ての住宅			
建築物の構造規模	木造 地上２階 地下　階建て 延べ面積198.50㎡			
建築物の用途別処理対象人員算定	建築物の用途	算定床面積	単位当たり算定人員	処理対象人員
	住宅	199.50 ㎡		7人
				（計 7人）
使用予定人員及び算定根拠	7人 JIS A 3302 2号イ 住宅			
便器数	大便器 2個　小便器　　個　女子専用　　個　兼用便器　　個			
種類	・浄化槽法第13条による認定 （大臣）認定浄化槽　名称　○○○○ 認定番号＊＊＊-＊＊＊号			
	・昭和55年建設省告示第1292号第　　第　　号 ・建築基準法第68条の25による認定 国土交通大臣認定浄化槽　認定番号			
処理能力	日平均汚水量	70 m³／日		
	生物化学的酸素要求量の除去率	90％以上		
	放流水の生物化学的酸素要求量	20mg／ℓ 以下		
浄化槽工事業者の住所及び氏名	埼玉県知事（登／届 ＊＊）第＊＊＊号 埼玉県○○市△町＊＊丁目＊＊番地 ○○住設株式会社 電話番号＊＊＊-＊＊＊-＊＊＊＊			
使用開始予定年月日	＊＊年　＊＊月　＊＊日			
その他特記すべき事項				

浄　化　槽　の　仕　様　等

槽の材質	FRP製	排気管	径　＊＊cm　長さ　＊＊m
汚水管	導入管内径10cm　勾配 1／100 排水管内径10cm　勾配 1／100	受付欄	
汚水の排水方法	自然流下 ポンプ　　kW　　台		
通気孔	20 cm²		

（注）1　※欄には、記入しないこと。
2　確認申請書の正本に3部、副本に1部添付すること。
3　認定浄化槽については、裏面の記入は省略することができる。

※3　JIS算定基準では、戸建住宅は、延べ面積130㎡以下で5人槽、これを超えると7人槽と規定されている。また台所が2カ所以上でかつ浴室が2カ所以上の場合は10人槽と規定されている

図　浄化槽構造詳細図

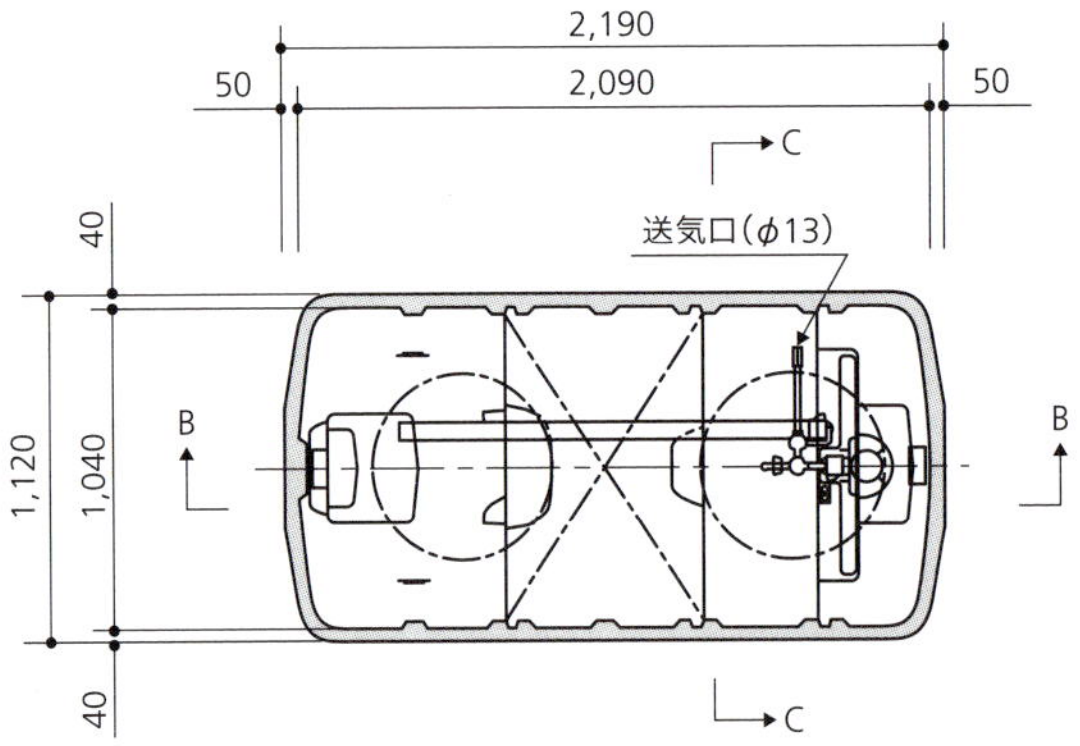

A-A断面図

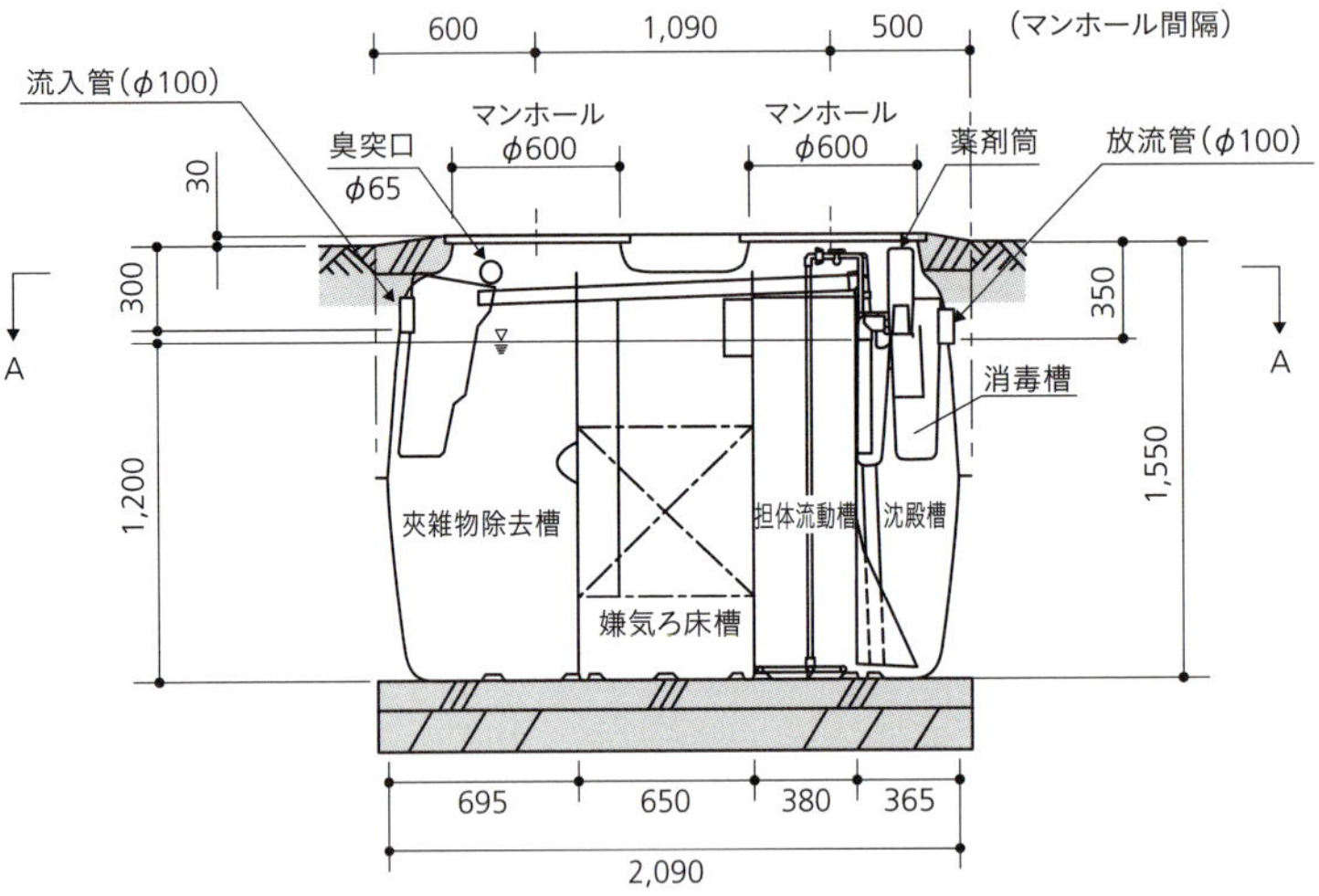

B-B断面図

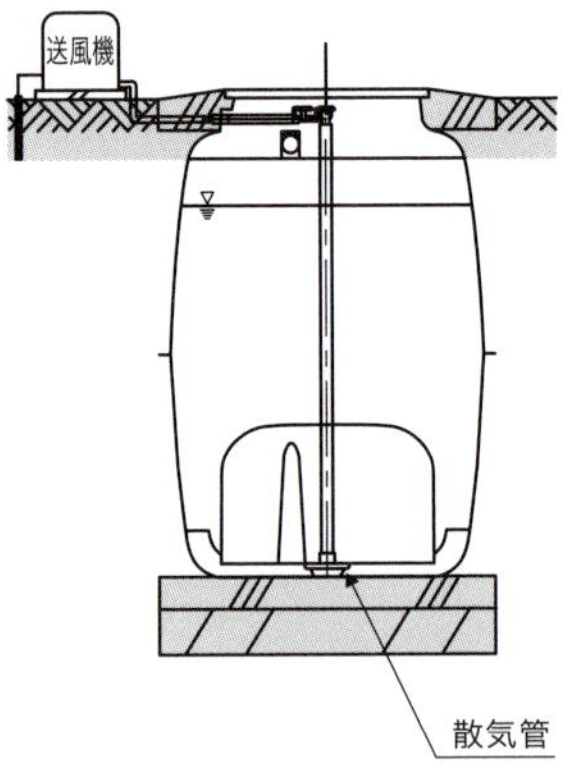

C-C断面図

建築確認申請チェックシート（添付図書と明示すべき事項の説明）

図面名	区分	法令	明示すべき事項	明示すべき事項の説明	令10条特例3号	令10条特例4号
浄化槽の仕様書	設備	法31条	浄化槽の汚物処理性能	浄化槽の汚物処理性能を明示する	☐	☐
			浄化槽の処理対象人員およびその算出方法	浄化槽の処理対象人員およびその算出方法を明示する	☐	☐
			浄化槽の処理方式	浄化槽の処理方式を明示する	☐	☐
			浄化槽の各槽の有効容量	浄化槽の各槽の有効容量を明示する	☐	☐
浄化槽の構造詳細図			浄化槽の各槽の有効容量	浄化槽の各槽の有効容量を明示する	☐	☐
浄化槽の認定書			法31条2項の認定を受けたものとする構造の屎尿浄化槽の認定書の写しを添付する		☐	☐
			令35条1項の認定を受けたものとする合併処理浄化槽の認定書の写しを添付する		☐	☐

第4章 4号住宅の明示・適合事項

052

火気換気・煙突

Point

フードや煙突の構造により必要有効換気量は異なる

火気使用室の換気設備の設置基準

建築基準法では、コンロやガス湯沸器など、火を使用する設備や器具を室内に設けたもの（火気使用室）には、換気設備を設置しなければならないとされている（法28条3項）。火気使用設備・器具は、都市ガス、LPガス、灯油を燃焼させるものであり、IHコンロなどの電化厨房機器は対象外である。

火気使用室でも換気設備の設置を要しない場合が示されているが（令20条の3第1項）[※1]、開放式燃焼器具を設置する場合は安全上、換気設備を設置することが望ましい。

換気設備の構造基準

火気使用室の換気設備の構造基準は告示で定められた構造（排気筒、煙突、排気フードなどで必要有効断面積を有するもの、または換気扇を設けたもの）と、燃焼に必要な酸素濃度を保つことができる大臣認定の構造方法があるが、一般的に告示の構造方法のものが採用されている。

必要有効換気量の算定

換気扇を設ける場合の必要有効換気量の算定は、使用する燃料種別、燃焼器具の燃料消費量により、換気扇を設置する排気口、排気筒、排気フード付き排気筒などの構造別に、告示で算定式が定められている（表1、図1）。

確認申請の図書には、必要有効換気量の算定（燃料種別・消費量と算定式）、換気扇・排気筒・フードなどの位置および構造、換気扇の仕様（風量など）を明示しなければならない（120頁表2、図2）。また、住宅に暖炉や薪ストーブを設置する場合、これらも燃料が薪、木炭、ガスなど（電気以外）であれば、建築基準法の火気使用室の換気設備となり、構造基準に適合したものとしなければならない[※2]。

※1 機器と屋外との間で直接給排気を行う密閉式燃焼器具のみを設置する場合や、床面積100㎡以内の住戸で、火気使用設備の発熱量合計が12kW以下、かつ規定の有効開口面積を有する開口部を設けた場合など

※2 暖炉などは建築基準法の煙突の構造基準や、火災予防条例の構造基準への適合も求められるので、計画に際しては暖炉などの専門メーカーに、これらの基準に適合した製品であることを確認するとよい

表1 燃料の種類と理論廃ガス量

	燃料の種類		理論廃ガス量K値
	燃料の名称	発熱量	
(1)	都市ガス	—	0.93㎥/kW・h
(2)	LPガス(プロパン主体)	50.2MJ/kg	0.93㎥/kW・h
(3)	灯　油	43.1MJ/kg	12.1㎥/kg
(4)	ま　き	—	8.84㎥/kg[＊]
(5)	木　炭	—	9.33㎥/kg[＊]

＊　参考値とする

図1 機械換気設備の例

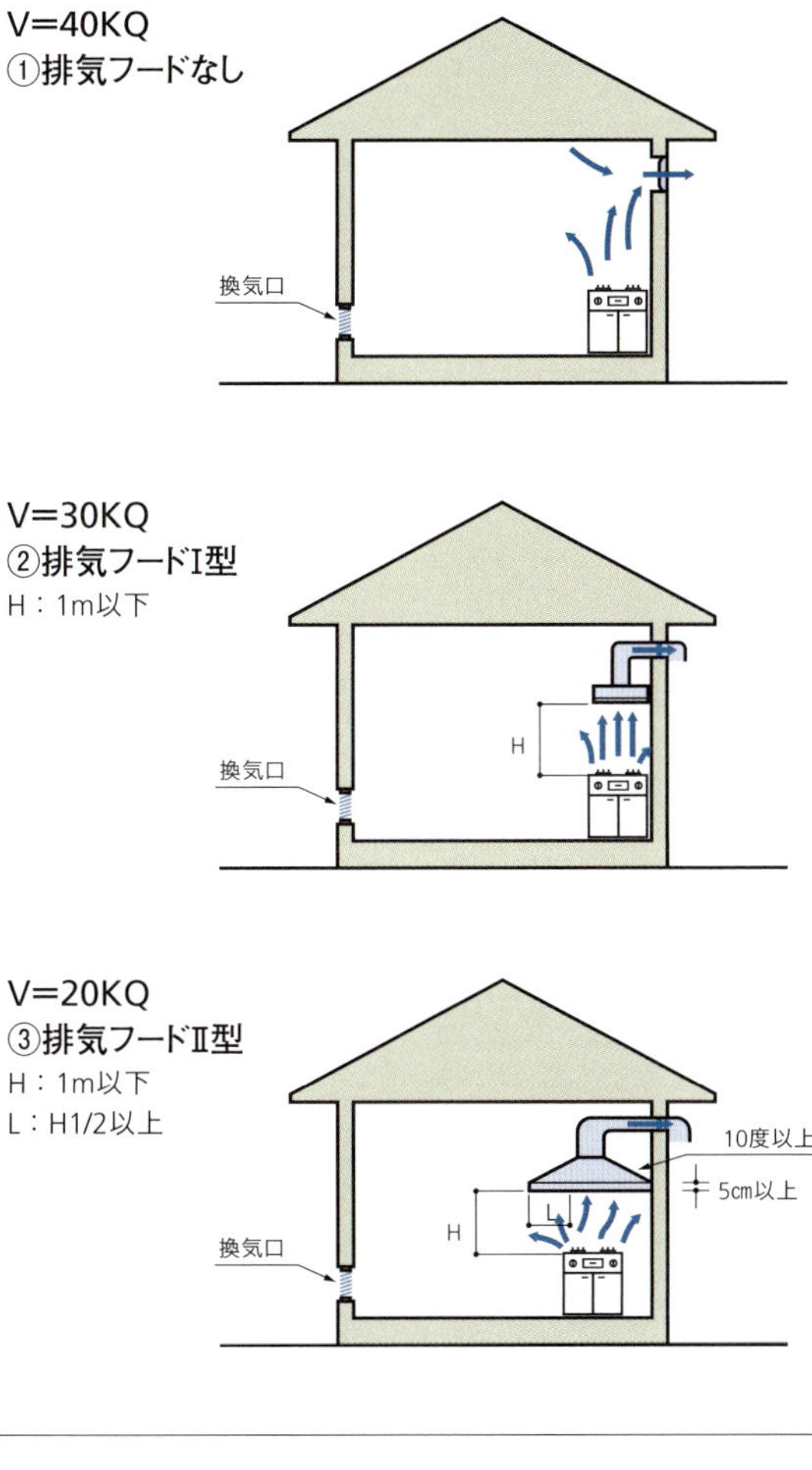

(1)排気フードⅠ型

1)火源等から排気フードの下端までの高さは1m以下とすること

2)排気フードは、火源等を覆うことができること。ただし、火源等に面して下地および仕上げを不燃材料とした壁などがある場合は、当該部分はこの限りではない

3)排気フードの集気部分は、廃ガスを一様に捕集できる形状を有すること

(2)排気フードII型

1)火源等から排気フードの下端までの高さは1m以下とすること

2)排気フードは、火源等およびその周囲（火源等から排気フードの高さの1/2以内の水平距離にある部分）を覆うことができること。ただし、火源等に面して下地および仕上げを不燃材料とした壁等がある場合は、当該部分はこの限りではない

3)排気フードは、その下部に5cm以上の垂下がり部分を有し、その集気部分は水平面に対し10度以上の傾斜を有すること

表2　火気使用室に設置する機械換気設備の構造（令20条の3第2項、昭45建告1826号第3）

火気使用室に設置する換気設備一覧

換気設備の種類 ／ 適用規定（令20条の3第2項）	換気扇等	煙突＋換気扇等	排気フード付き排気筒＋換気扇等
給気口の位置（1号イ(1)）	適当な位置		
排気口の位置（1号イ(2)）	天井下80cm以内	適当な位置	適当な位置
給気口の有効開口面積または給気筒の必要有効断面積（1号イ(3)）	適当な数値		
排気口の必要有効開口面積、排気筒の必要有効断面積または煙突の必要有効断面積（1号イ(4)(6)(7)）	―（必要な換気風量を確保できる面積）		
換気扇等の必要有効換気量（1号イ(4)(6)(7)）	V＝40KQ	V＝2KQ	V＝20KQ V＝30KQ

V：有効換気量（㎥/h）
K：燃料の単位燃焼量当たりの理論廃ガス量（㎥）（119頁表1）
Q：火を使用する設備または器具の実況に応じた燃料消費量（kWまたはkg/h）

注 火気使用室の給気口は、換気扇を設けない場合は設置位置と有効開口面積の規定があるが、換気扇を設ける場合は適切な位置と大きさでよい、とされている

図2　台所レンジフードの平面図

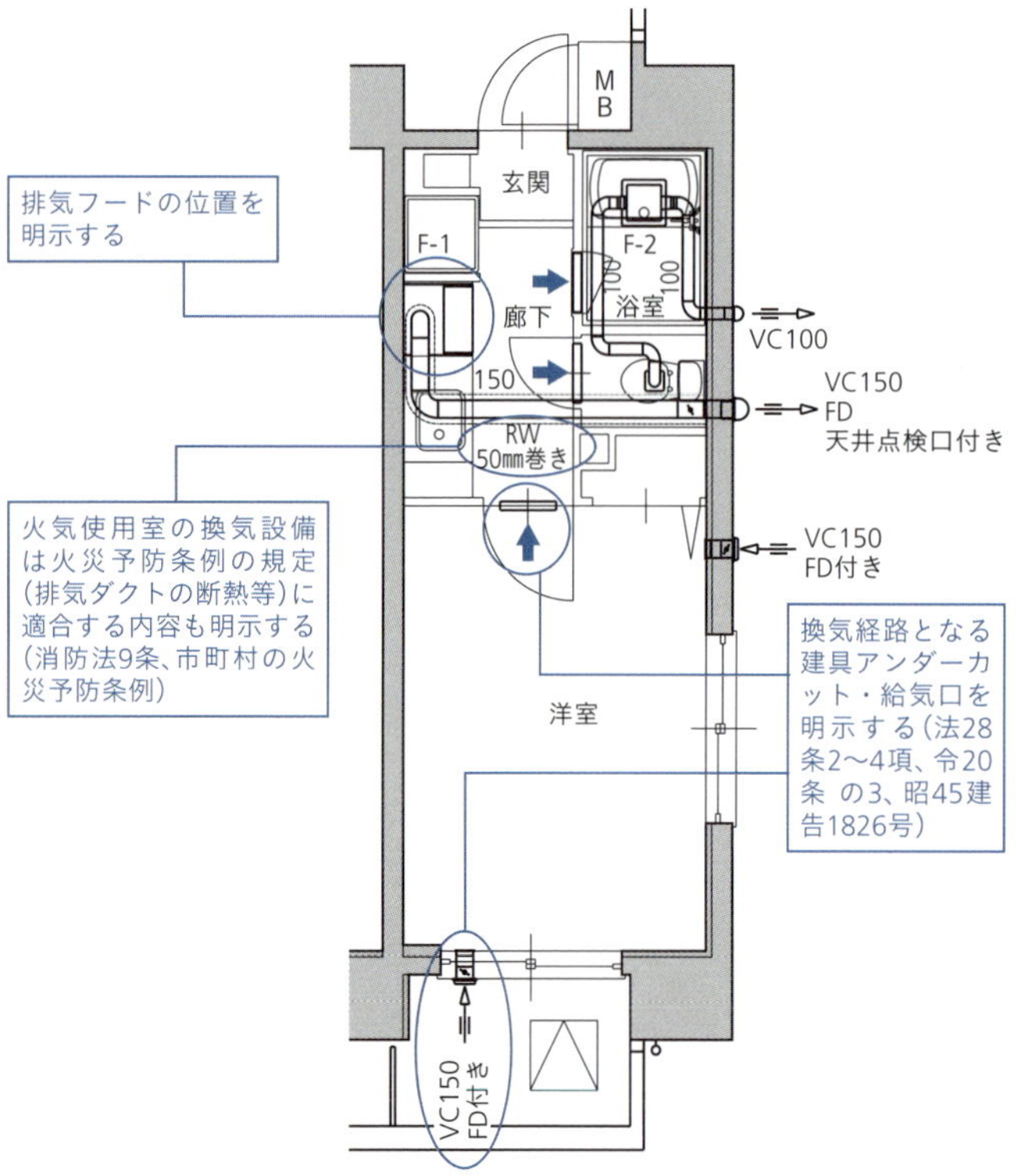

換気機器表

記号	F-1
機器名	レンジフード
仕様	300㎥/h×180Pa×77W、1ϕ-100V 排気フード鋼板製、SUS製ベントキャップ、ダクトサイズϕ150、グリースフィルター付き
参考品番	V-604K6（三菱電機）
台数	15
設置場所	住戸台所

注 排気フードの材料の種別を明示する（法28条2～4項、令20条の3第2項4号）

053

ホームエレベータとは

Point

住戸内のみを昇降するものに限ることに注意

「ホームエレベータ」とは、告示で特殊な構造または使用形態のエレベータの1つとして、その構造方法が定められており、「住戸内のみを昇降するもので、昇降行程が10m以下、かごの床面積が1.1㎡以下のもの、積載荷重を床面積1㎡当たり1800Nとして計算した数値でかつ1300N以上の数値としたもの」と規定されている。

かごの床面積や使用形態に制限を設け、荷重条件や過荷重検出装置不要などの基準緩和がされているので、特に「住戸内のみを昇降する」という使用形態制限には注意を要する（表、図）。

「住戸内のみを昇降」の判断は？

告示の規定の「住戸」には、戸建住宅のほかに、長屋、共同住宅のメゾネット住戸も含まれるが、「住戸内のみ」の判断には注意を要する［※］。

複合用途建築物の場合、専用住宅の部分と他の用途の部分が明確に区画され、エレベータの乗降口が専用住宅部分のみであれば、「住戸内のみ」を昇降するものとしてホームエレベータが設置できる（122頁参考図③）。

専用住宅以外の用途部分にも乗降口がある場合、あるいは、専用住宅の部分と他の用途部分の区画が明確でなく専用住宅の居住者以外の人もエレベータを利用できるプランになっている場合は、ホームエレベータを設置できない（122頁参考図④）。

長屋の場合は、一住戸内を昇降する専用のものはホームエレベータを設置できる。複数戸の居住者が使用できるものは対象外となる（122頁参考図②）。

型式部材等製造者認証のエレベータ

ホームエレベータは、型式部材等製造者認証を取得したものが多く、同認証のものは、主索・レールの強度などの確認事項が軽減される。

※住宅展示場のモデルハウスやショールームに設置されるホームエレベータについて、「昇降機技術基準の解説」では、過荷重検出装置を設ければ設置できる、とされているが、不特定多数による利用度合いや運転管理なども踏まえて判断することが望ましい

建築確認申請チェックシート（添付図書と明示すべき事項の説明）

図面名	区分	法令	明示すべき事項	明示すべき事項の説明	令10条特例3号	令10条特例4号
構造詳細図	設備	法34条1項	昇降機の昇降路の周壁および開口部の構造	昇降機の昇降路の周壁および開口部の構造（各寸法、用途、昇降行程、ピット深さ、頂部隙間等）について明示する なお、テーブルタイプの小荷物専用昇降機もしくは法6条1項の4号に該当する建築物に設ける昇降機の申請は建築物の確認申請と同時に行うこと	□	□

参考図　用途によるホームエレベータの設置可否

①戸建住宅の場合

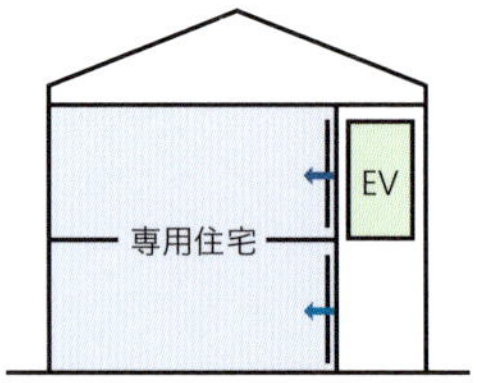

○ 専用住宅のみでの使用のため設置ができる

②長屋の場合

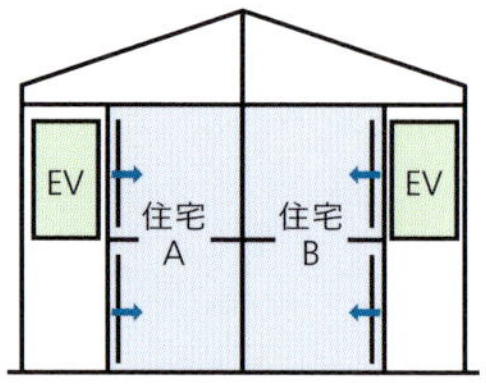

○ ホームエレベータの定義には、長屋も含まれるため設置できる

③店舗併用住宅の場合

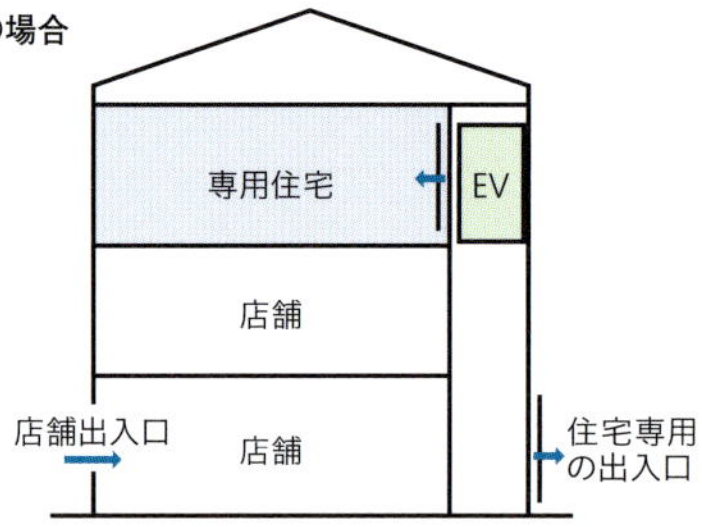

○ 専用住宅と店舗が1つの建物に混在しているがエレベータの利用において両者は明確に区画されているので設置が可能

④複合用途の場合

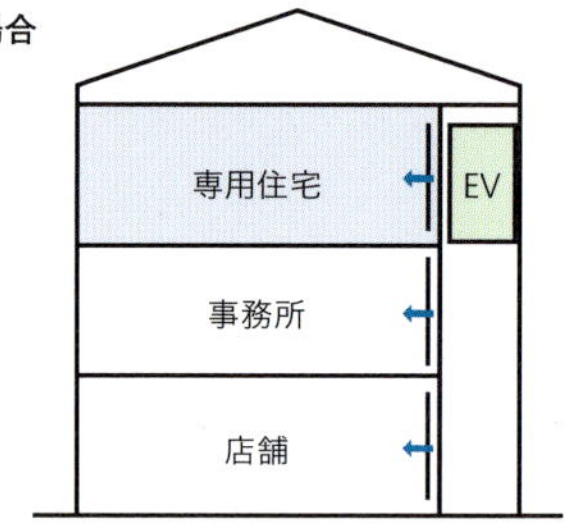

× エレベータの利用が住宅と店舗とで区別されていないため設置は不可

表　建物の種別による法手続き（ホームエレベータ）

建物の種別		法6条1項　1号	同　2号	同　3号	同　4号
建物の概要		劇場・病院等の特殊建築物なのでホームエレベータでは対象外	木造で階数3以上または延べ面積500㎡、高さが13mもしくは軒高が9mを超えるもの	木造以外の構造で階数2以上または延べ面積200㎡を超えるもの	左記の1～3号以外の建物で都市計画区域内等に設置されるもの
建築	確認申請	○	○	○	○
	完了検査	○	○	○	○
	検査済証	○	○	○	○
エレベータ	確認申請	－	○	○	○
	完了検査	－	○	○	○
	検査済証	－	○	○	○
備考		ホームエレベータ対象外である	既存建築物にエレベータのみを設置する場合も必要		

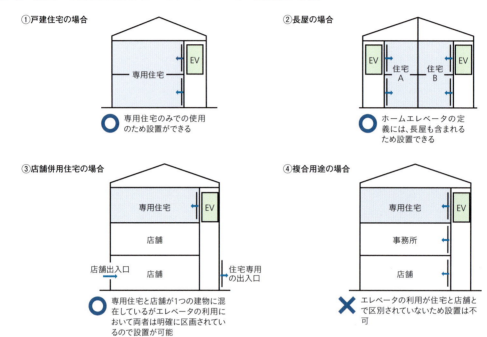

図　全体構造図

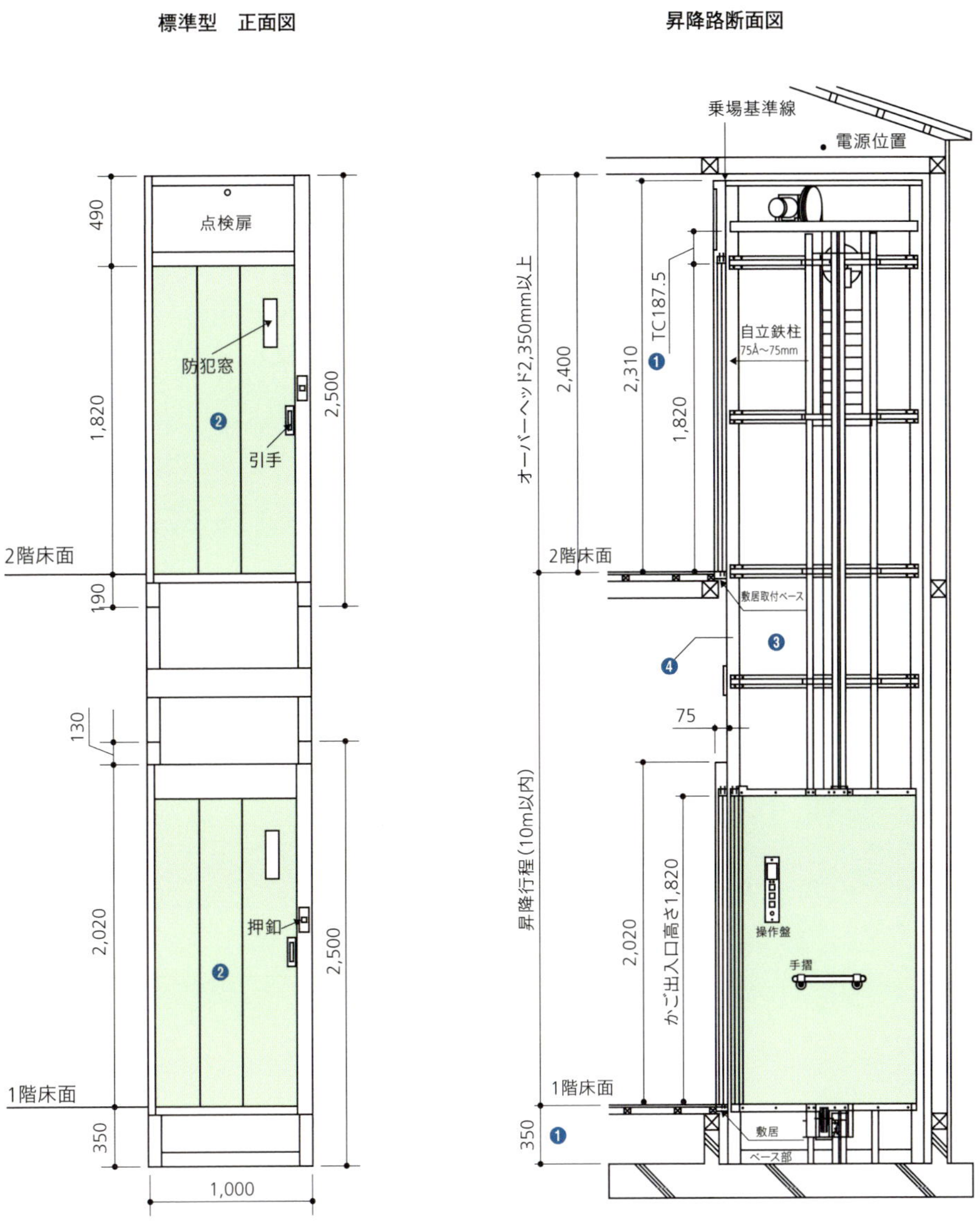

❶頂部隙間およびピット深さが、エレベータの構造上必要な寸法が確保されていることを確認する

❷乗場の戸に防火設備の性能が要求される場合(竪穴区画の遮煙性能など)に、適切な仕様となっていることを確認する

❸建築物の規模・構造によっては、昇降路の壁または囲いおよび出入口の戸を難燃材料で遮りまたは覆わなければならないことに留意

❹かごの床先と昇降路の壁との隙間の寸法が12.5㎝以下であることを確認する

054

シックハウス対策

Point

24時間換気設備の空気の流れを考えて計画

24時間機械換気設備の設置

　ホルムアルデヒド発散建築材料の使用規制については、「049シックハウス仕上げ」で解説したが、ホルムアルデヒドは、建築物の建材のほかに家具などからも発散されるため、居室には24時間運転の機械換気設備の設置が義務付けられている（令20条の8）[※1]。

　換気量は、住宅等の居室では換気回数で0.5回／時、それ以外では0.3回／時以上としなければならない。住宅等の居室には、寄宿舎の寝室のほかに家具などの物品販売店舗も含まれる。

申請図書に明示すべき事項

　確認申請図書では、換気量計算、給気機または給気口および排気機または排気口の位置、風道（ダクト）の経路とともに、換気経路の途中に開き戸がある場合はアンダーカットなどで通気が確保されていることを明示する（図1・2、表）。

　ダクトを有する換気設備では、換気経路の全圧力損失の計算を明示し、給排気機の能力が、この圧力損失においても必要換気量を確保できるものであることを明示する[※2]。

居室の構造により変わる基準

　ホルムアルデヒドの発散によるシックハウス対策換気設備の構造方法の基準は、居室の構造により変わる。

　規制対象である居室には、常時開放された開口部により相互通気が確保される廊下などの部分がある場合、必要換気量計算ではこれらの部分も対象となる（表、図3）。

　天井高さが2.9m以上の居室の場合は、必要換気量の換気回数の低減にかかわる規定が、また、規定以上の常時外気に開放された開口部がある場合には、機械換気設備の設置義務が免除される場合がある。

※1 機械換気設備を24時間運転とする手法として、「建築物のシックハウス対策マニュアル」では、機器自体の回路制御によるもののほかに、スイッチプレートに停止させないことを喚起するシールを貼る方法も示されている
※2 これは、機器製造者が提供する風量と機外静圧との関係を示した換気機器の能力線図（P－Q線図）をもって示すことができる

図1 空気の流れと給気口、排気口の位置

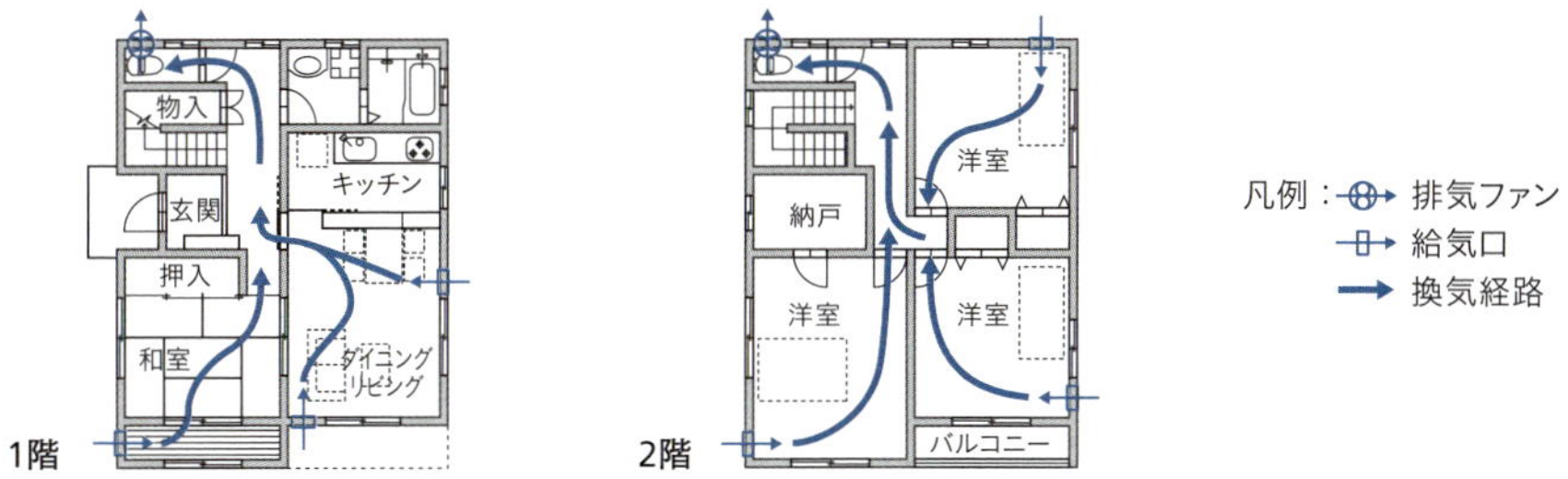

図2 換気経路にある扉の通気の確保

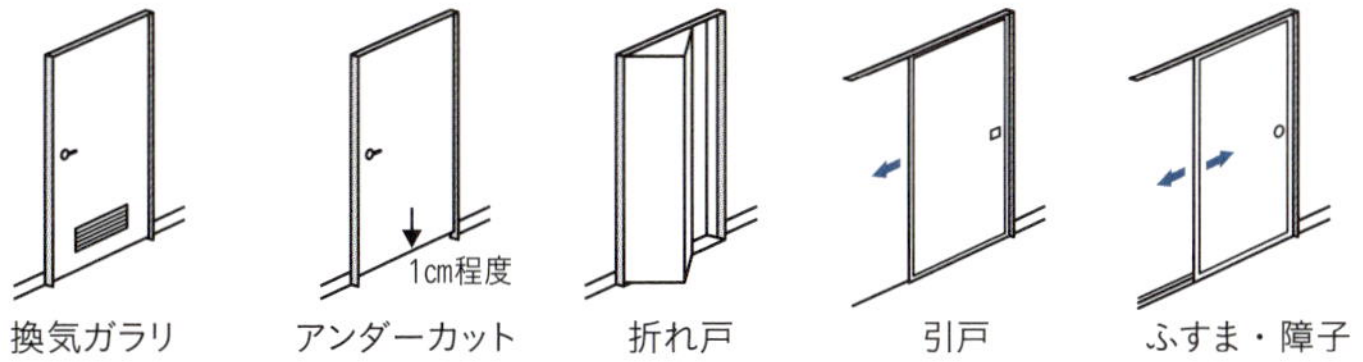

- 換気経路にある扉、たとえば、居室の排気をトイレからまとめて排気するため、空気を居室→廊下→トイレと流そうとする場合、その間にある扉は通気の確保が必要
- 通常の開き戸には扉の周囲に隙間があるので、高さ1cm程度のアンダーカットやガラリを設けることによって必要な通気の確保ができる
- 一般的な折れ戸や引戸など比較的隙間の多い建具の場合はそのままで換気経路としてよい

表 必要換気量の計算例

階	室名	① 換気回数 回/h	② 床面積 m^2	③ 天井高 m	②×③ 室の容積 m^3	全般換気対象範囲[＊1] 対象(○) 対象外(－)	①×②×③ 全般換気 必要換気量 m^3/h
1階	ダイニング	0.5	16.6	2.5	41.5	○	20.8
	キッチン		6.6	2.5	16.6	○	8.3
	和室・縁側		13.2	2.5	33.0	○	16.5
	浴室		3.3	2.5	8.3	—	—
	洗面		3.3	2.5	8.3	—	—
	トイレ		1.7	2.5	4.1	○	2.1
	階段・廊下		12.0	2.58[＊2]	31.0	○	15.5
	1階計	—	56.7	—	142.8	—	63.2
2階	洋室(1)	0.5	16.6	2.5	41.5	○	20.8
	納戸		5.0	2.5	12.4	—	—
	洋室(2)		13.2	2.5	33.0	○	16.5
	洋室(3)		13.2	2.5	33.0	○	16.5
	トイレ		1.7	2.5	4.3	○	2.1
	階段・廊下		10.8	2.5	27.0	○	13.5
	2階計	—	60.5	—	151.2	—	69.4
	住戸計	—	117.2	—	294.0	—	132.6

＊1 図3で青色の部分が居室として換気する部分
- 障子で仕切られた縁側は居室とみなすため必要換気量に算入
- 廊下、階段は換気経路とするため居室と一体とみなすこととなり、必要換気量に算入
- 洗面、浴室は換気経路としないため必要換気量に算入しない

＊2 階段・廊下の天井高は、階段室と廊下の容積の合計を床面積で割った平均天井高とする。なお、1階の階段室は、2階床高までの空間を容積に算入し、階段下物入れは容積に算入しない

図3 全般換気の対策範囲

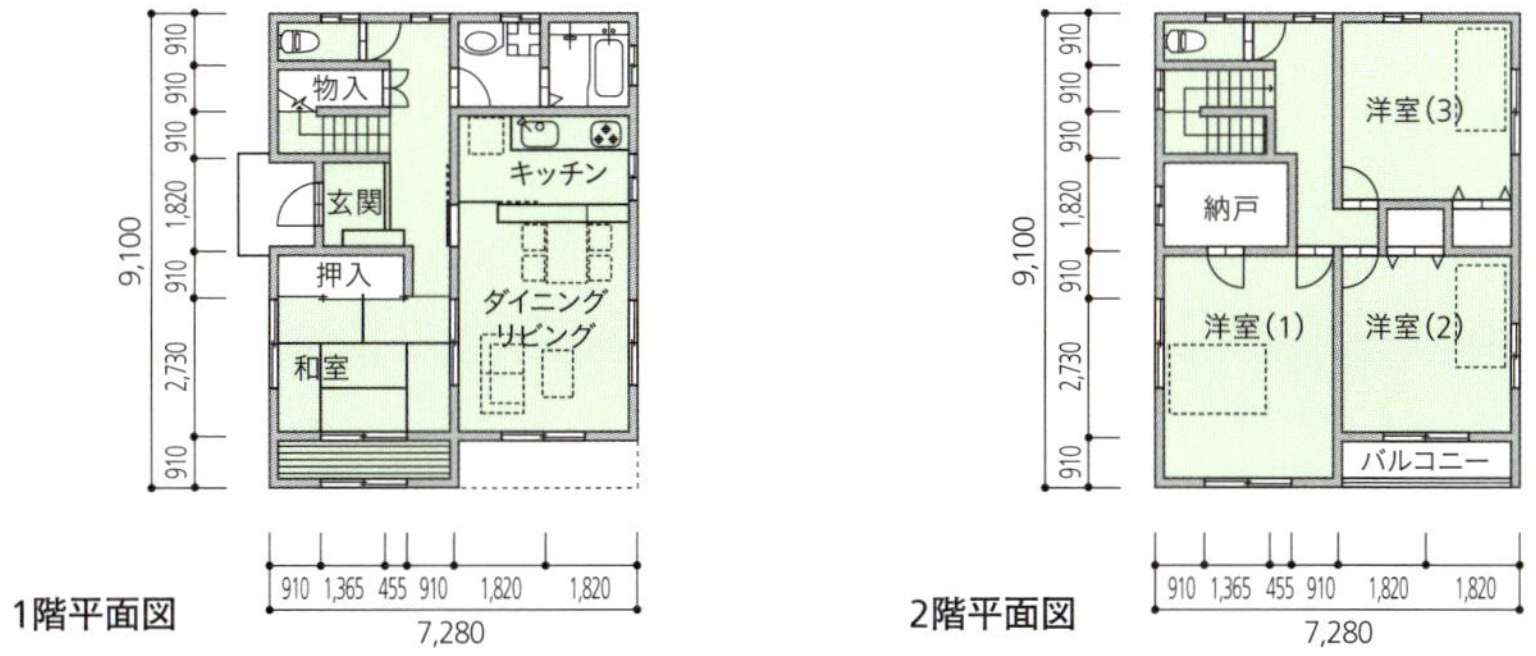

055

排煙無窓

Point

一戸建ての住宅でも、規模により検討が必要となる

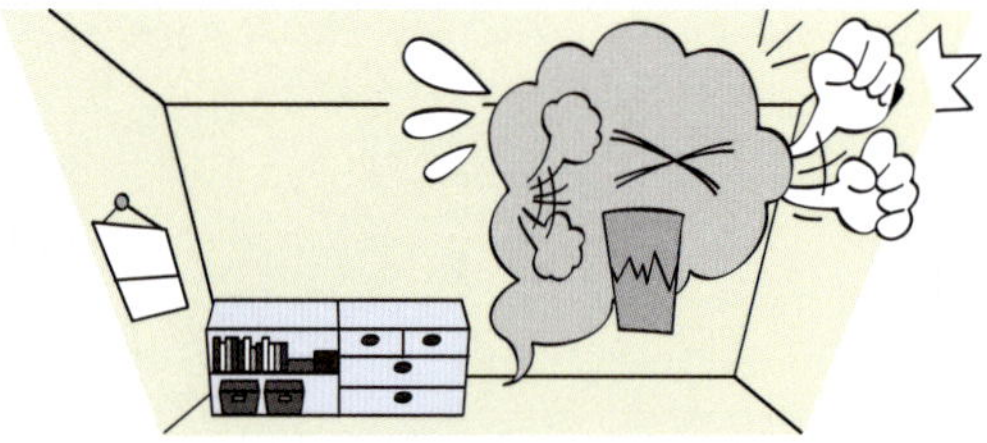

排煙設備の設置の基本

排煙設備の設置が必要となる建築物および居室については、令126条の2に規定されている。

通常の一戸建ての住宅であれば、同条1項5号の規定に基づき定められた、平12建告1436号の4号イに掲げる「階数が2以下で、延べ面積が200㎡以下の住宅または床面積の合計が200㎡以下の長屋の住戸の居室で、当該居室の床面積の20分の1以上の換気上有効な窓その他の開口部を有するもの」に該当し、排煙設備の設置は不要である。なお、本書にて例示している住宅は、当該告示4号イに該当し、排煙設備の設置は不要である。

しかしながら、法28条2項に基づく換気のための開口部を設置せず換気設備によって対応する場合や、階数が3以上の住宅（地下1階・地上2階も階数は3であることに注意）および延べ面積が200㎡を超える住宅には当該告示4号イは適用できず、令126条の2本文に戻ることとなる。

排煙無窓でないことの検討

令126条の2本文において、階数が3以上で、延べ面積が500㎡を超える建築物や、延べ面積が1千㎡を超える建築物に該当しない建築物であっても、いわゆる排煙無窓（令116条の2第1項2号に該当する窓その他の開口部を有しない居室）に、該当しないことを検討しなければならない。

令116条の2第1項2号に定められた開口部の条件は、「天井または天井から下方80cm以内の距離にある部分」だけであり、その大きさの合計は、「当該居室の床面積の50分の1以上」である。

なお、この場合の有効範囲については、排煙設備と同様であり、図1を参考とされたい（例規・昭和46年12月4日住指発905号）。

図1　有効範囲はAの範囲にある開口部の部分とする

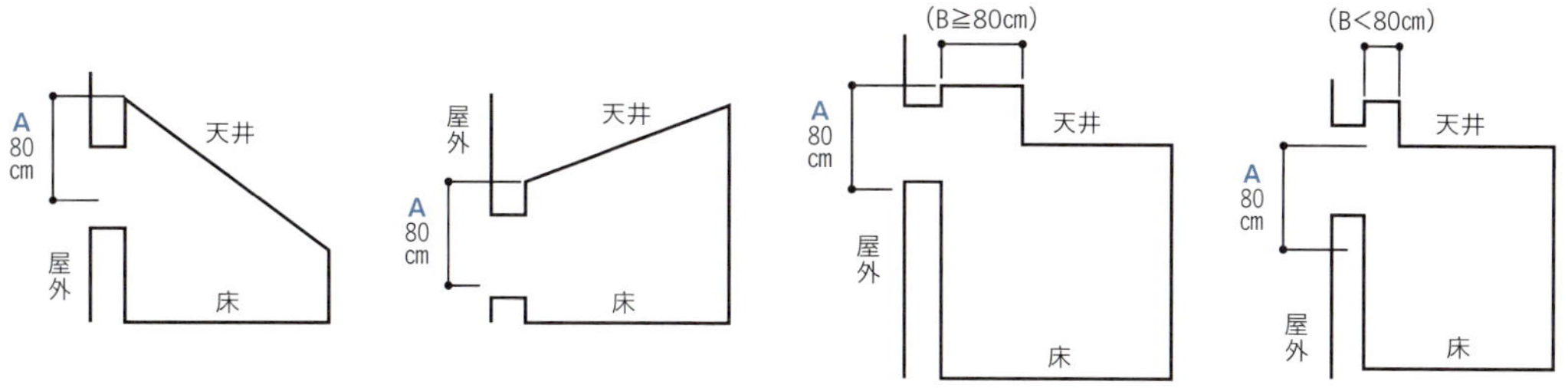

図2　個々に間仕切りされた2室を同一防煙区画とみなす場合

間仕切壁の上部が排煙上有効に開放されている場合の2室は、個々に間仕切りされていても以下の①②の条件を満たしていれば同一の防煙区画とみなす

①間仕切壁の上部で天井面から50㎝下方までの部分が開口部として開放されている

②開放部分の面積≧対象となる室の合計床面積×1/50

③1室が屋外に接する排煙上有効な開口部を有する。ただし、同一防煙区画とみなすのは2室までとする

隣室が1室で排煙上有効な開口部を有している場合、同一防煙区画と認められる

C室がB室を介しているため、同一防煙区画とは認められない

A室の開口部の面積がa1とa2に分割されているため、同一防煙区画とは認められない

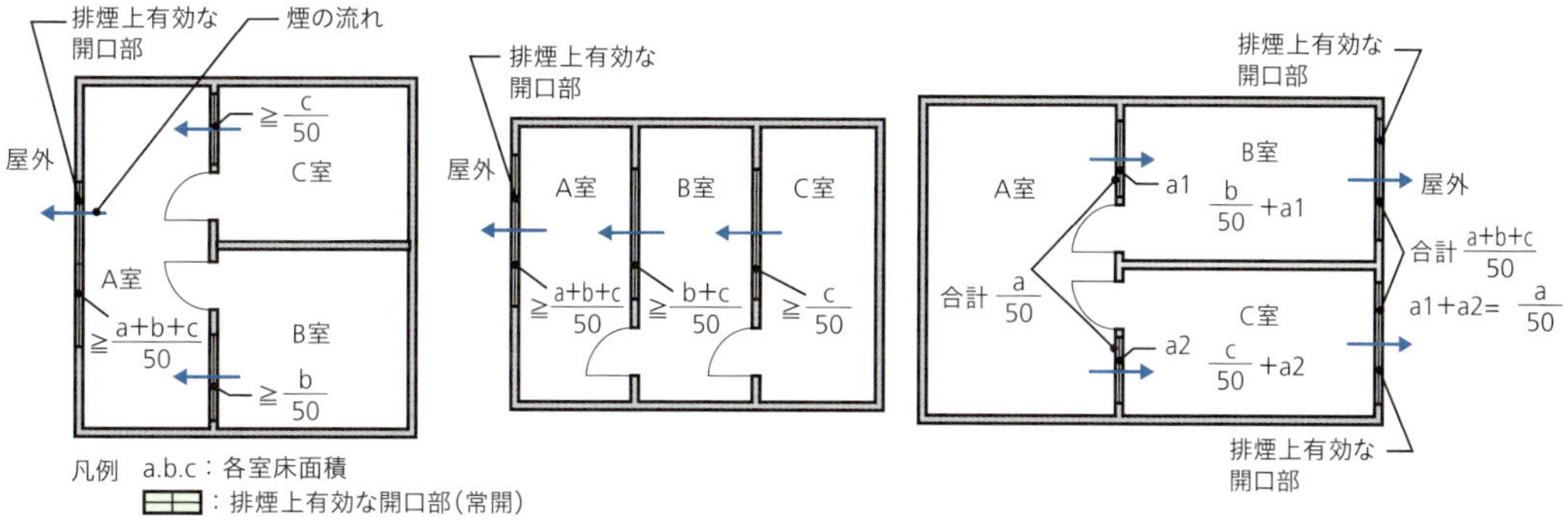

排煙無窓についての応用

排煙無窓でないことの検討にあたっては、自然排煙設備との考え方に共通点が多い。

たとえば、図2のように広縁を配した和風住宅によくある室配置の検討についても、自然排煙設備と同様の考え方で、排煙無窓でないことが検討できる場合もある。

しかしながら、前出告示3号にある、天井の高さが3mを超える場合の排煙有効範囲の取り扱いは、排煙設備に対する告示であるため、排煙無窓でないことの検討に必要な開口部の検討に用いることはできない。ただし、排煙無窓であることとして、排煙設備が必要な居室と判定し、排煙設備を設置するのであれば、当該告示3号の適用は可能となる。だが、排煙設備の構造については令126条の3により多くの条件があるため、それらも満たす必要がある。

056

内装制限

Point

住宅でも、台所（火気使用室）、車庫には内装制限がかかる

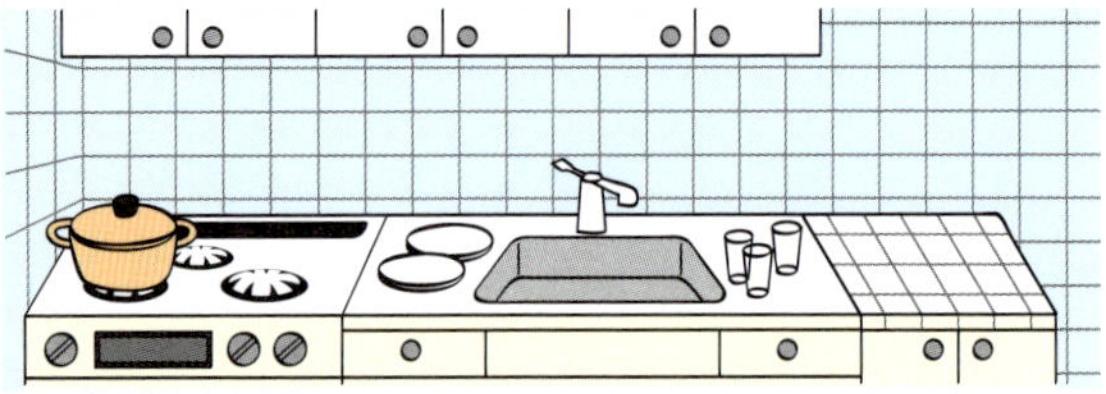

内装制限の基本

法35条の2に規定される内装制限であるが、一戸建ての住宅であっても、「建築物の調理室、浴室その他の室でかまど、コンロその他火を使用する設備もしくは器具を設けたもの」や、「法別表第1（い）欄に掲げる用途」に該当する室があれば内装制限を受ける。

また、内装の仕様については、令128条の5に規定されており、その部位を具体的に示すと図1～3のようになる。

内装の制限を受ける調理室等

令128条の4第4項では、前掲した調理室等であっても、その位置により内装制限を受けないことがある。具体的には、

・階数が2以下の住宅で最上階にあるもの
・耐火構造としたもの

は当項による内装制限を受けない（当項による制限はないが、他の項による制限を受けることがある）。

条文の意図を読む

内装制限にかかわる条文には、当項のように、否定の否定で肯定（「以外のもの」を「除き」制限する）となる条文構成のものが多い。規制意図を考慮しながら読むようにしたい。

さらに、本書にて例示している住宅のように、台所と、居間・食堂が一体の室となっている場合にあっても、天井から下方50cm以上の、不燃材料でつくりまたは覆われた、たれ壁があれば、台所部分のみが内装制限の対象となる（防火避難規定の解説）。なお、これらの室の内装の仕様は、令128条の5第6項により、準不燃材料以上としなければならないが、一戸建ての住宅の調理室等に限って、緩和（火気周辺は強化）されることがある（平21国交告225号）。

図1　居室の内装制限（和室）

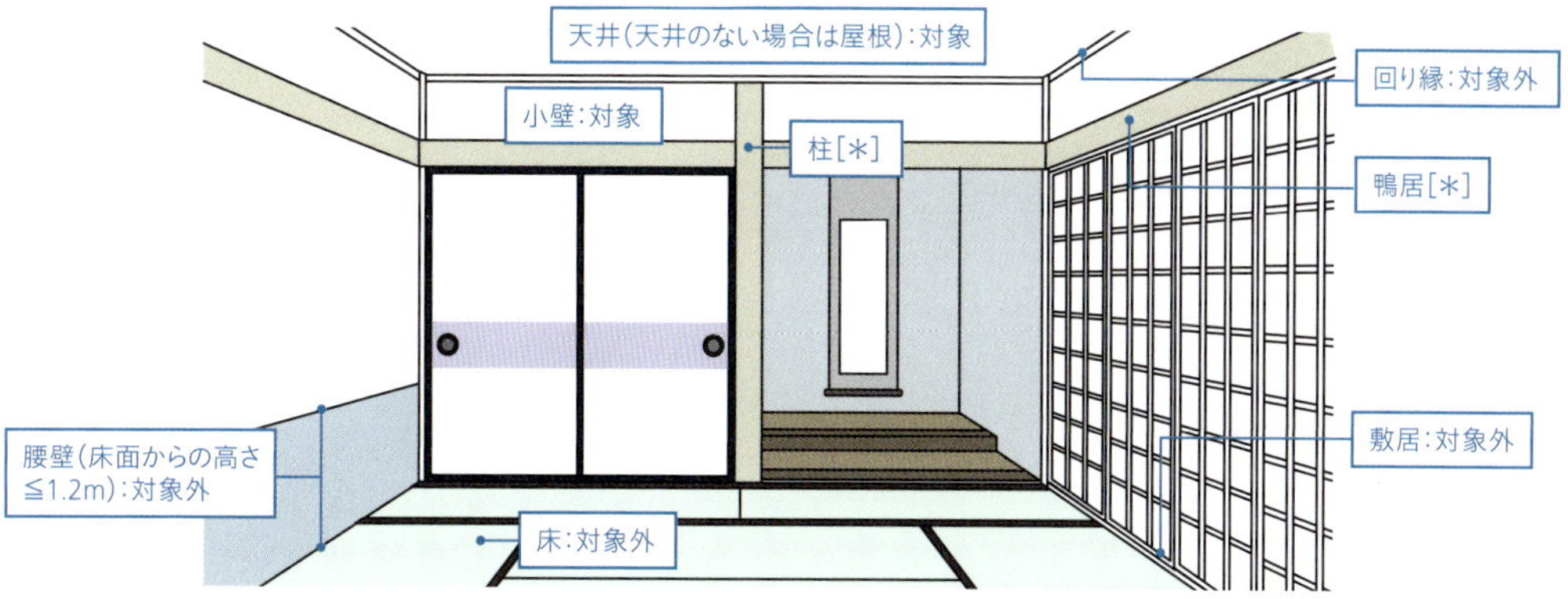

＊ 柱・鴨居は各壁面の1/10以内の見付け面積であれば対象外

図2　居室の内装制限（洋室）

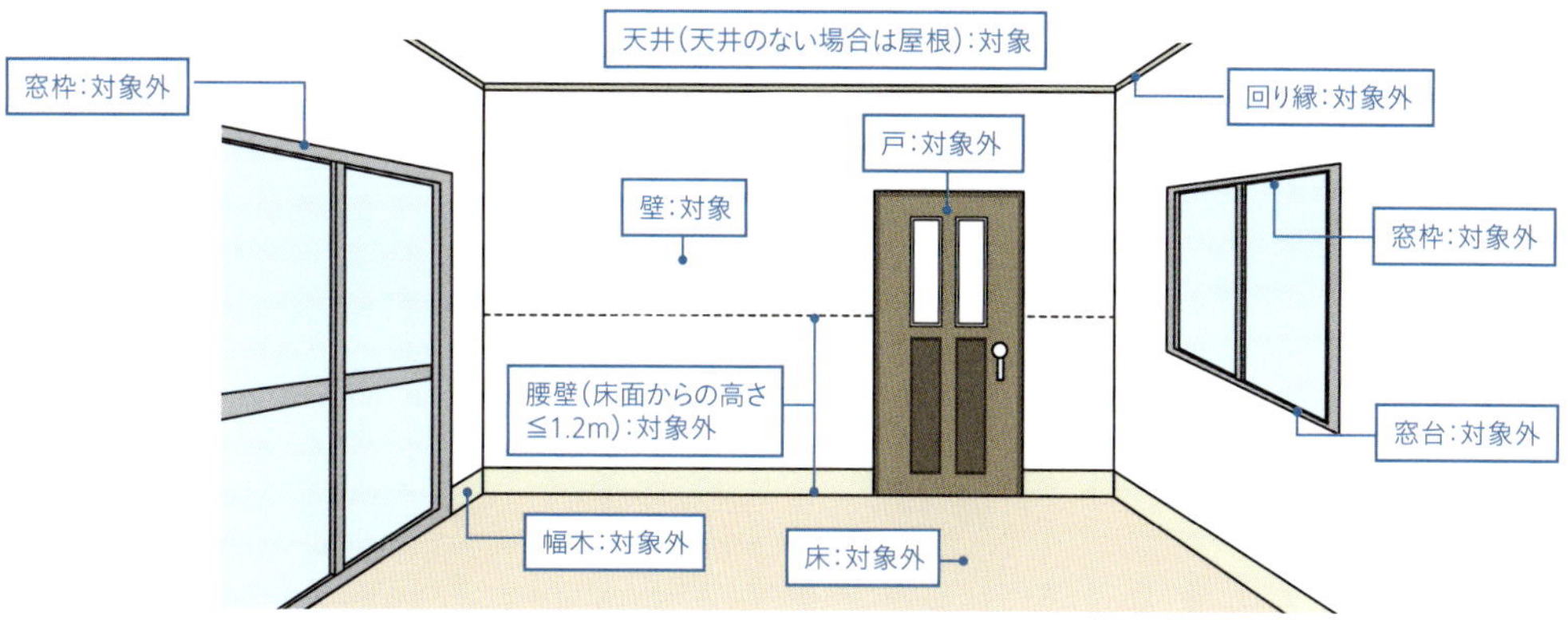

図3　廊下の内装制限

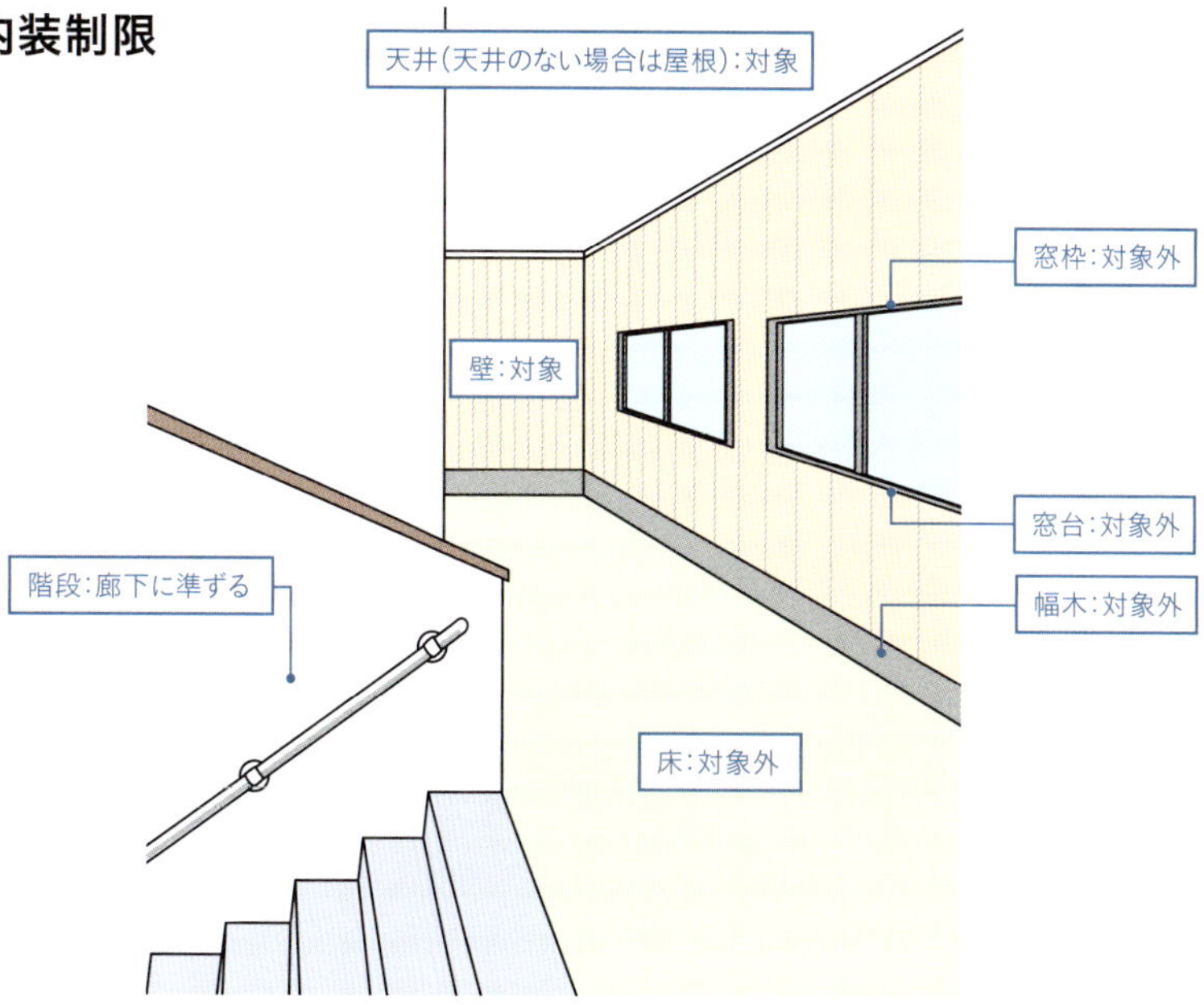

057

接道長さ

Point

建設地や用途により
取り扱い(条例)が
異なることに注意

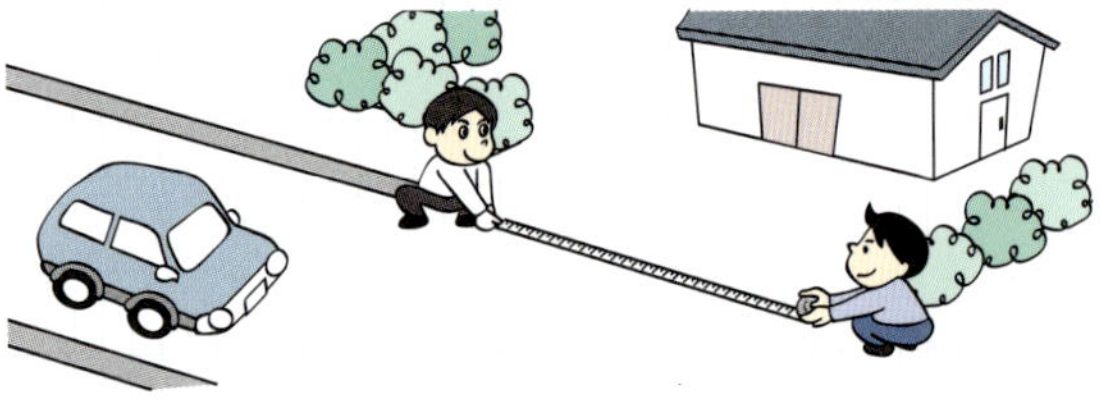

接道規定の基本

都市計画区域および準都市計画区域内にあっては、防火避難上の観点から、法43条の規定によって、法42条に定める道路に2m以上接しなければならないことが定められている。

本書にて例示している住宅は、東側に法42条1項1号道路があり、それに13・6m接しているため、支障がないといえる。

しかしながら、法43条3項または法50条に基づく地方公共団体の条例により、必要な接道長さに制限があることがあるので、注意したい。

不整形敷地の場合

図1のような不整形敷地の場合、実際に道路に接している長さはa＋bであるが、実質cの長さでしか接していないため、接道長さはcとなる（建築確認のための基準総則・集団規定の適用事例）。

敷地から直径2mの球を転がして道路に出すことができるだろうか、と考えるとわかりやすい。

同様に、図2についてもa・bのどちらも必要な接道長さを確保できていない場合や、図3においてaの部分が必要な接道長さを確保できていない場合も、法43条に基づく接道義務を満たしていないといえる（建築確認のための基準総則・集団規定の適用事例）。

また、路地状敷地については、地方公共団体の条例により、路地状部分の長さに応じた幅が必要となることが多い（表）。

他の規定に基づく接道長さ

前掲した条例以外にも、接道長さに影響を与える規定の1つが、令126条の6に規定される非常用の進入口である。

3階以上の階があれば原則として非常用の進入口を設けなければならない

図1 不整形敷地の接道長さ

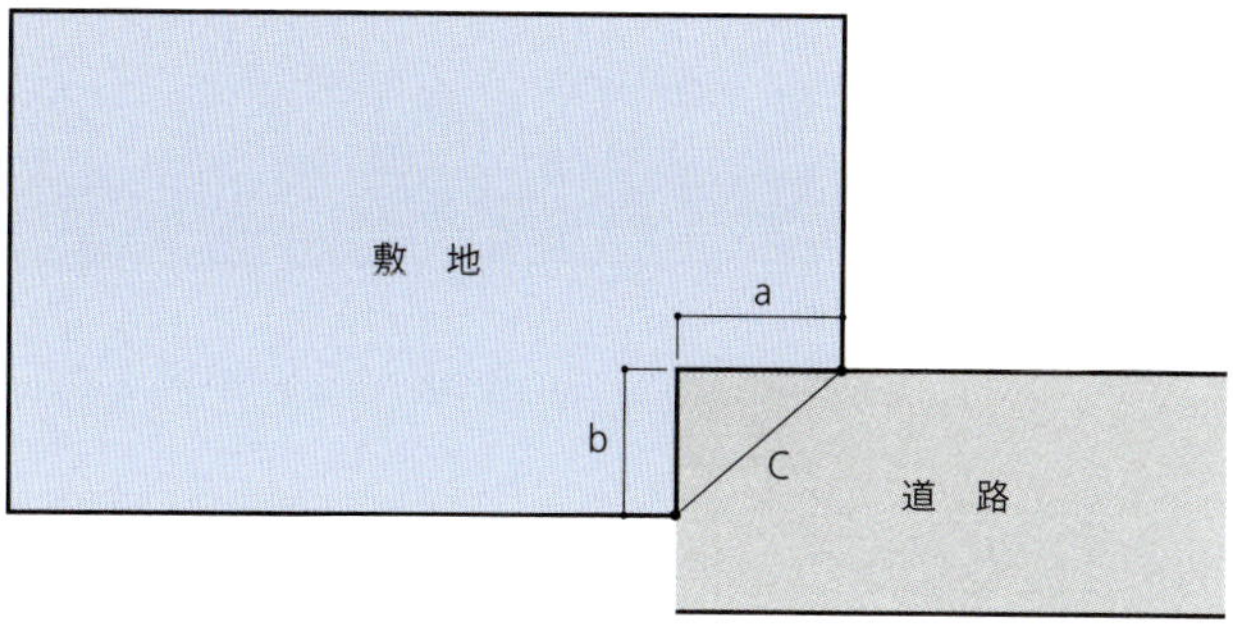

図2 路地状敷地の接道長さ①

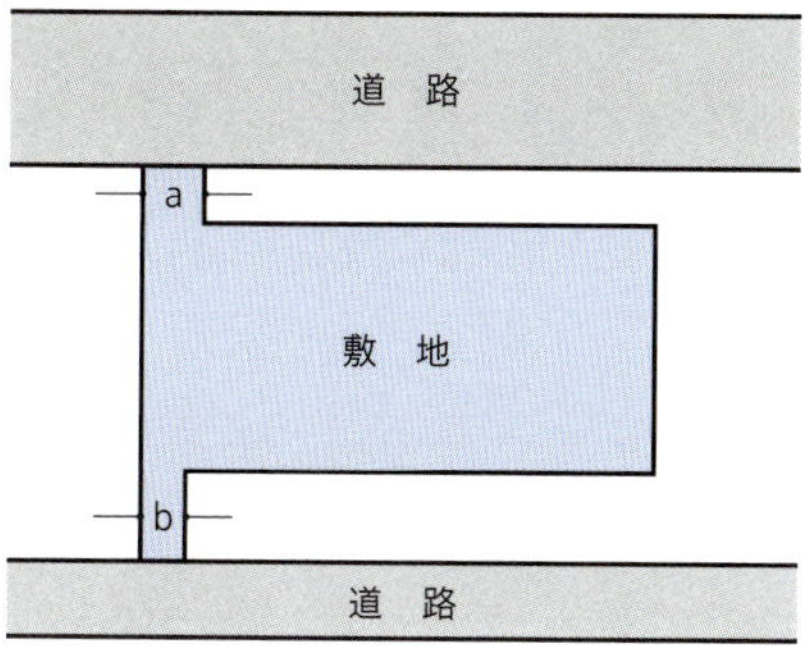

図3 路地状敷地の接道長さ②

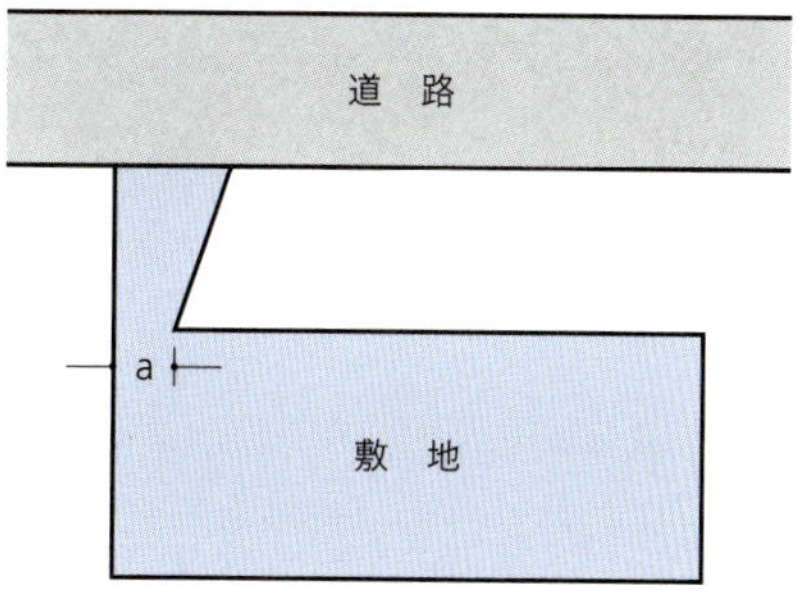

表 路地状敷地の路地状部分の幅員に関する規制

路地状部分の長さ	路地状部分の幅
10m未満の場合	2m以上
10m以上15m未満の場合	2.5m以上
15m以上20m未満の場合	3m以上
20m以上の場合	4m以上

が、それが道に面していない場合には、道路に通ずる幅員4mの通路がなければならず、必然的に4mの接道長さが必要とされるため、注意したい。

058

接道部分の高低差等

Point

現実に通行（避難）可能かどうかがポイント

接道部分に高低差がある場合

接道義務の基本については前項に記載したが、敷地と道路に高低差があり、避難上支障がある場合についても接道義務を果たしているといえるのだろうか（図1）。

これらの敷地の場合、敷地から道路に通じる階段や傾斜路等の有効な通路等が設けられていない場合は、敷地が法上の道路に接しているとはいえない（建築確認のための基準総則・集団規定の適用事例）とされ、そのため、敷地から道路へ至る避難通路等を設けなければならないが、その幅については避難上支障がなければよいとされている。

接道部分に構造物がある場合

図2のように、接道部分に門塀等の構造物があり、実際に通行できる部分が必要な接道長さが確保されていないことがある。しかしながら、接道義務については避難と同時に防火の役割も担っており、これらのケースであっても実際に通行できる程度の幅があれば、接道義務は果たしているといえる。

ただし、3階建て以上の建築物等で、令128条に規定される敷地内通路が必要であったり、地方公共団体の条例で、避難用の通路が必要である建築物にあっては、実際に通行できる幅をそれぞれ規定される幅としなければならない。

2項道路終端部に接する敷地の場合

図3のように、法42条2項の規定により指定された道路の終端部に接する敷地の場合の接道長さは、同項により道路とみなされた部分に接する長さが接道長さとなる。道路後退の状況によっては実際の通行可能な幅が狭い敷地ができることになるが、同項の規定により将来的に道路になるため、支障がない。

図1　敷地と道路に高低差がある場合

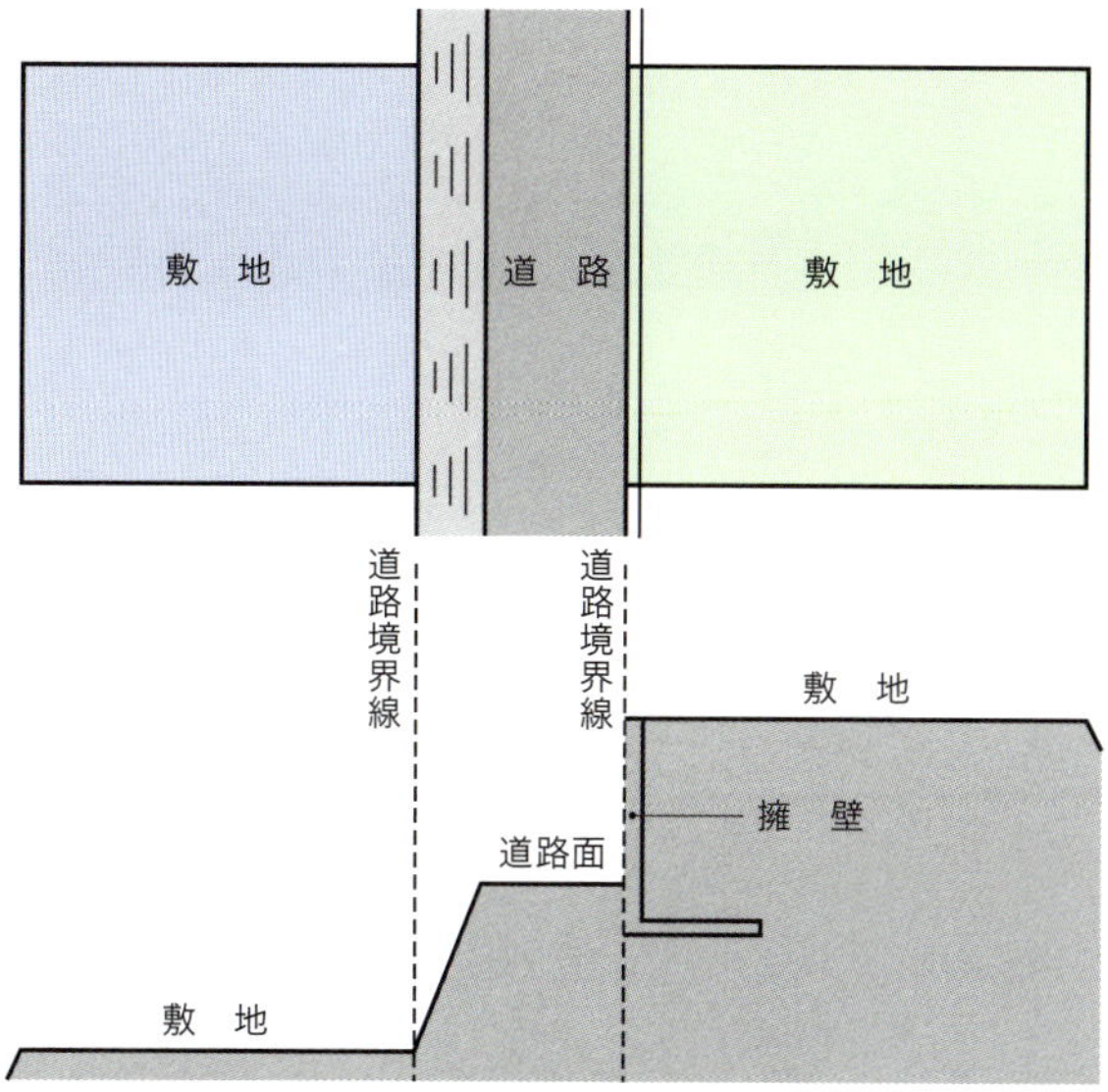

図2　路地状敷地に構造物がある場合の接道長さ

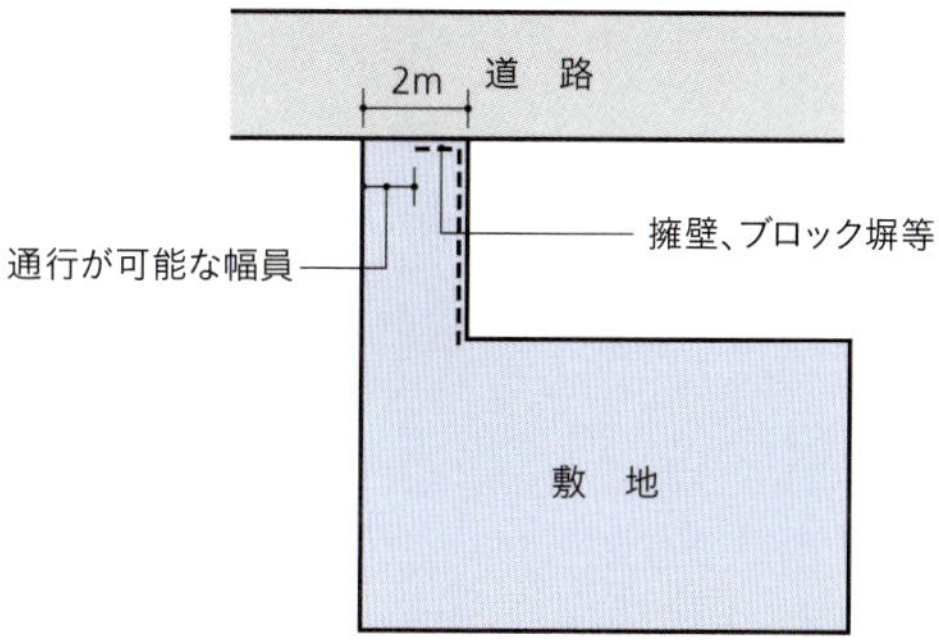

図3　行き止まり先がすべて一敷地の場合と行き止まり先が一敷地でない場合

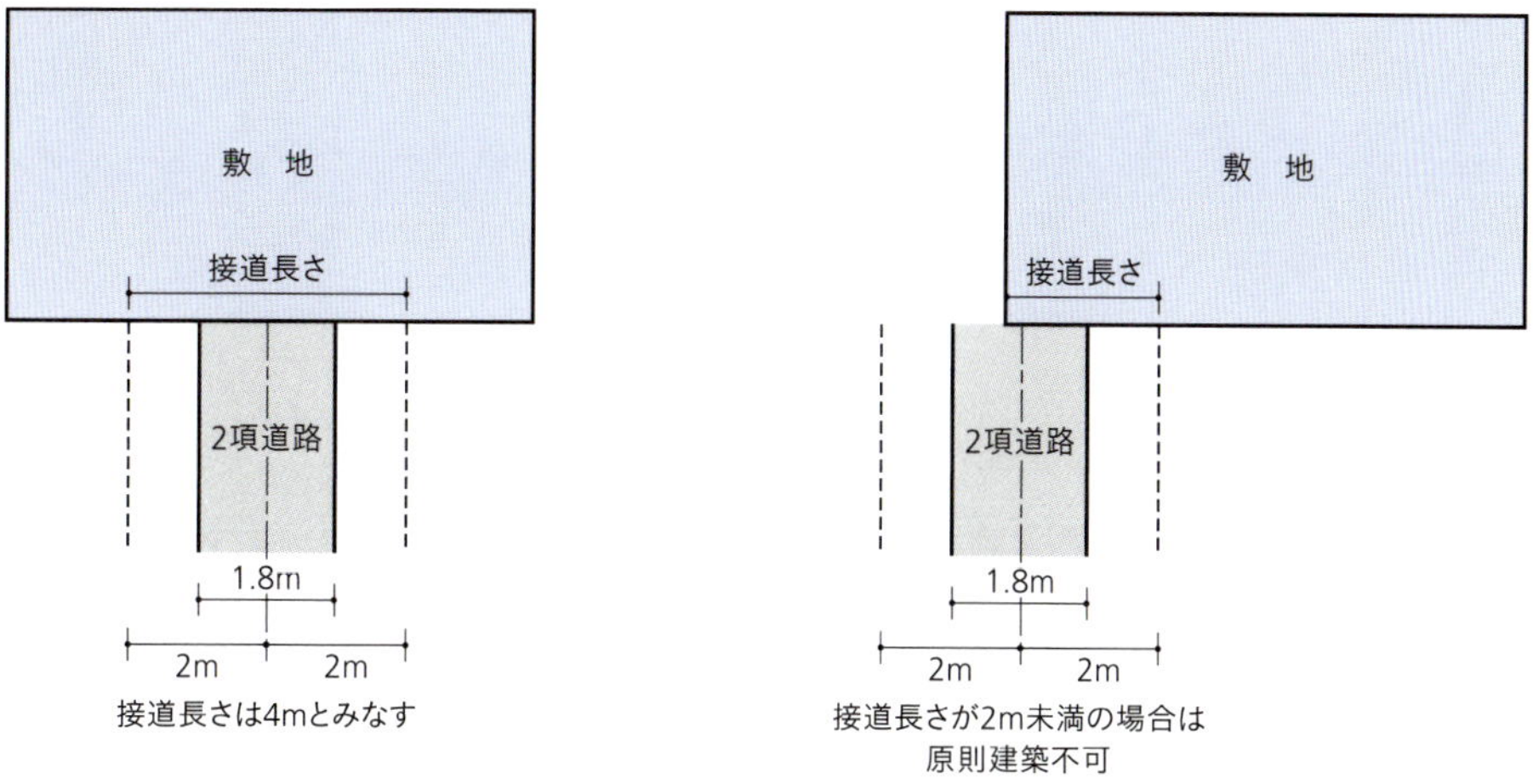

059

外壁後退

Point

建築基準法以外でも、規制されることがあるので注意

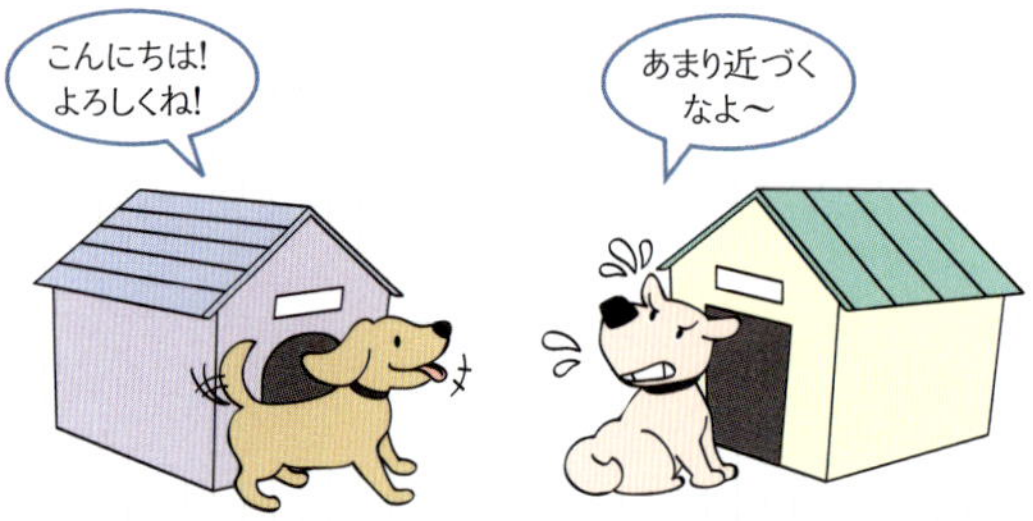

こんにちは!
よろしくね!
あまり近づくなよ〜

外壁の後退制限の基本

外壁の後退距離は、市街地建築物法の空地地区から引き続き採用されているもので、適正な建物密度を確保すること、および建築物の良好な配置により、住環境の保護を図ろうとするものである。

この制限は、第1種低層住居専用地域、第2種低層住居専用地域、および田園住居地域に、定めることができるものであるが、その全域にかかるものではなく、都市計画により制限される区域を決定する。

外壁の後退制限は、法54条以外にも、法46条（壁面線の指定）、法59条（高度利用地区）、法60条（特定街区）、法68条（景観地区）、法68条の2（地区計画）および法69条（建築協定）に同趣旨（壁面の位置の制限含む）の制限があるが、ここでは、法54条を中心に解説する［※］。

法54条では、第1種低層住居専用地域、第2種低層住居専用地域または田園住居地域において、外壁面から敷地境界線までの距離を、1.5ｍまたは1.0ｍのうち都市計画において定められた限度以上確保しなければならない旨が規定されている。

外壁の後退制限の緩和

外壁後退の対象は、「建築物の外壁またはこれに代わる柱の面」であるため、はね出しの庇等については、対象とならない（図1）。また、令135条の21において制限の緩和が定められている（図2）。

さらに外壁がない場合の壁長の算定については図3を参考にされたい（建築確認のための基準総則・集団規定の適用事例）。

ただし、地区計画等において、法54条と同様の外壁の後退制限が定められていたとしても、緩和の定めがないものもあるため、注意が必要である。

※なお、建築基準法以外でも、都計法（風致地区・地区計画等）や、民法にも同種の規定があるので注意したい

図1　はね出しの庇等

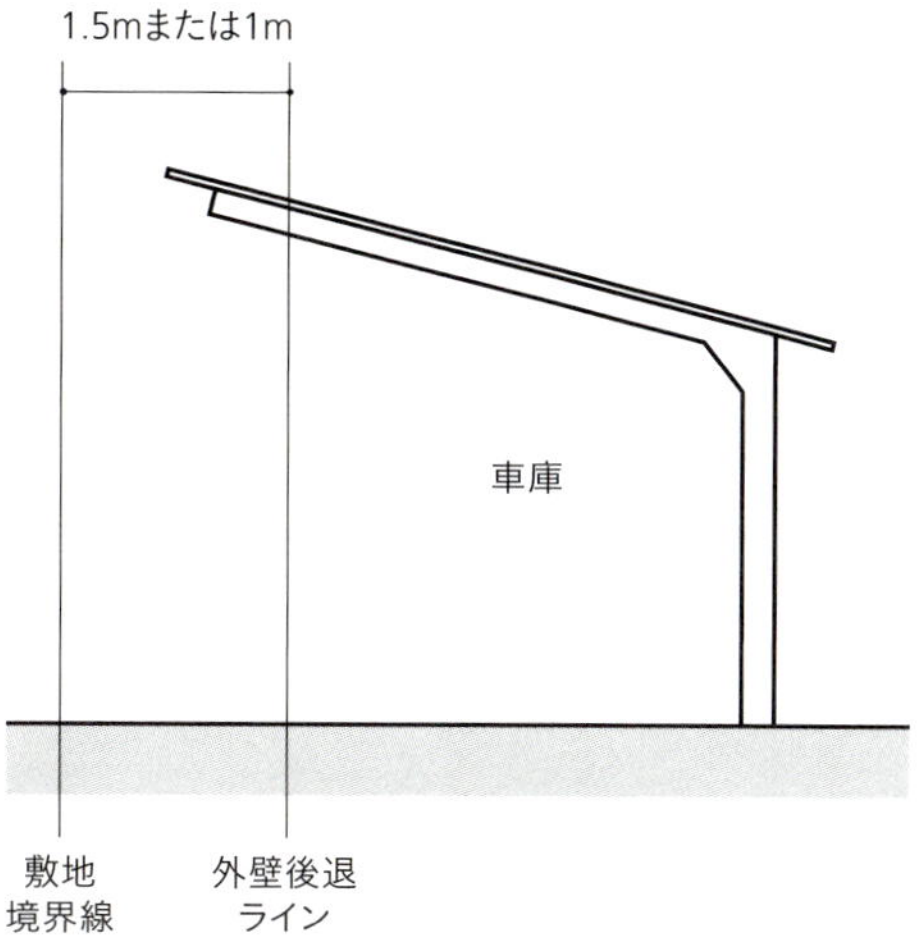

図2　制限の緩和

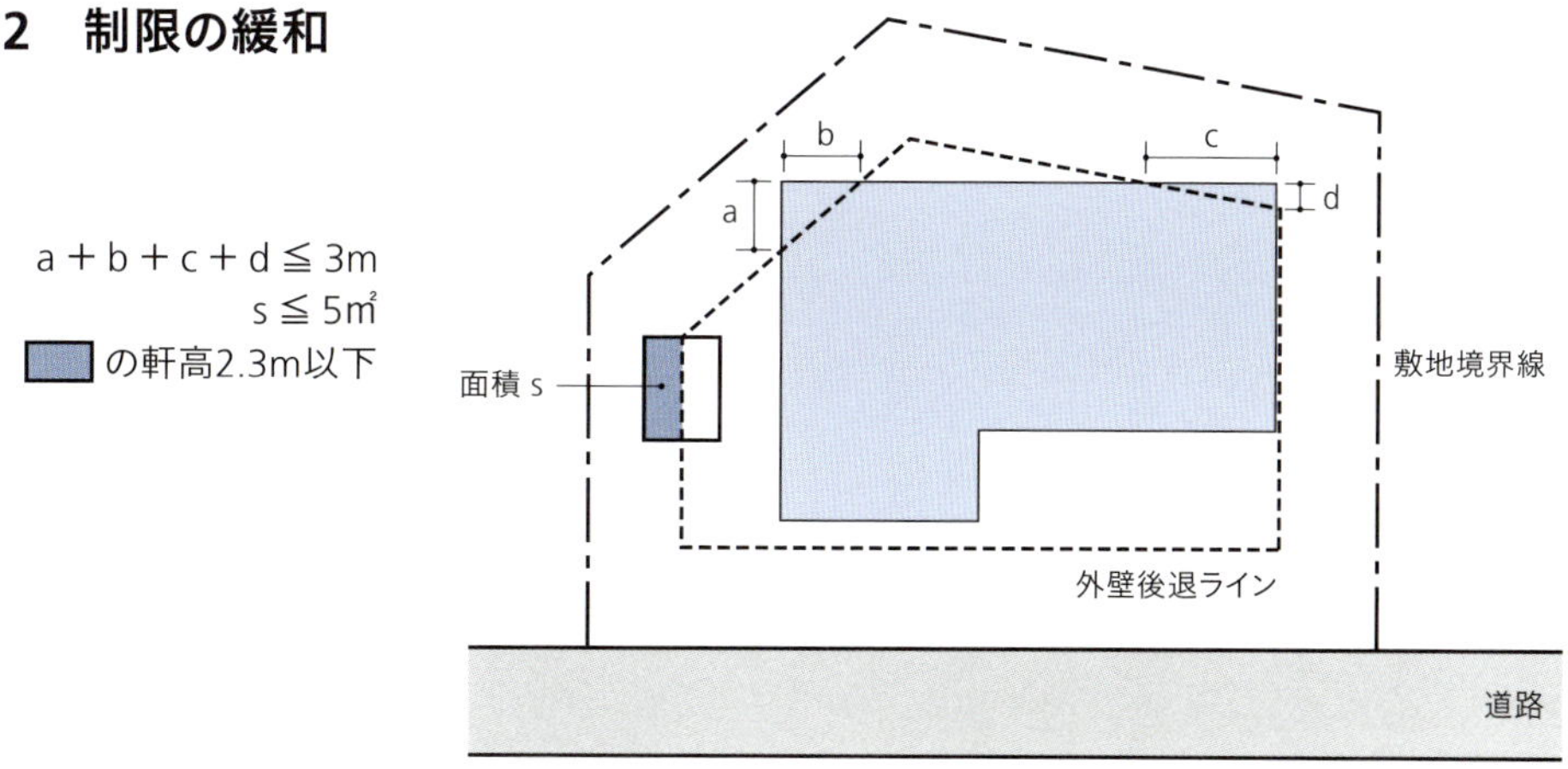

図3　外壁がない場合の壁長の算定

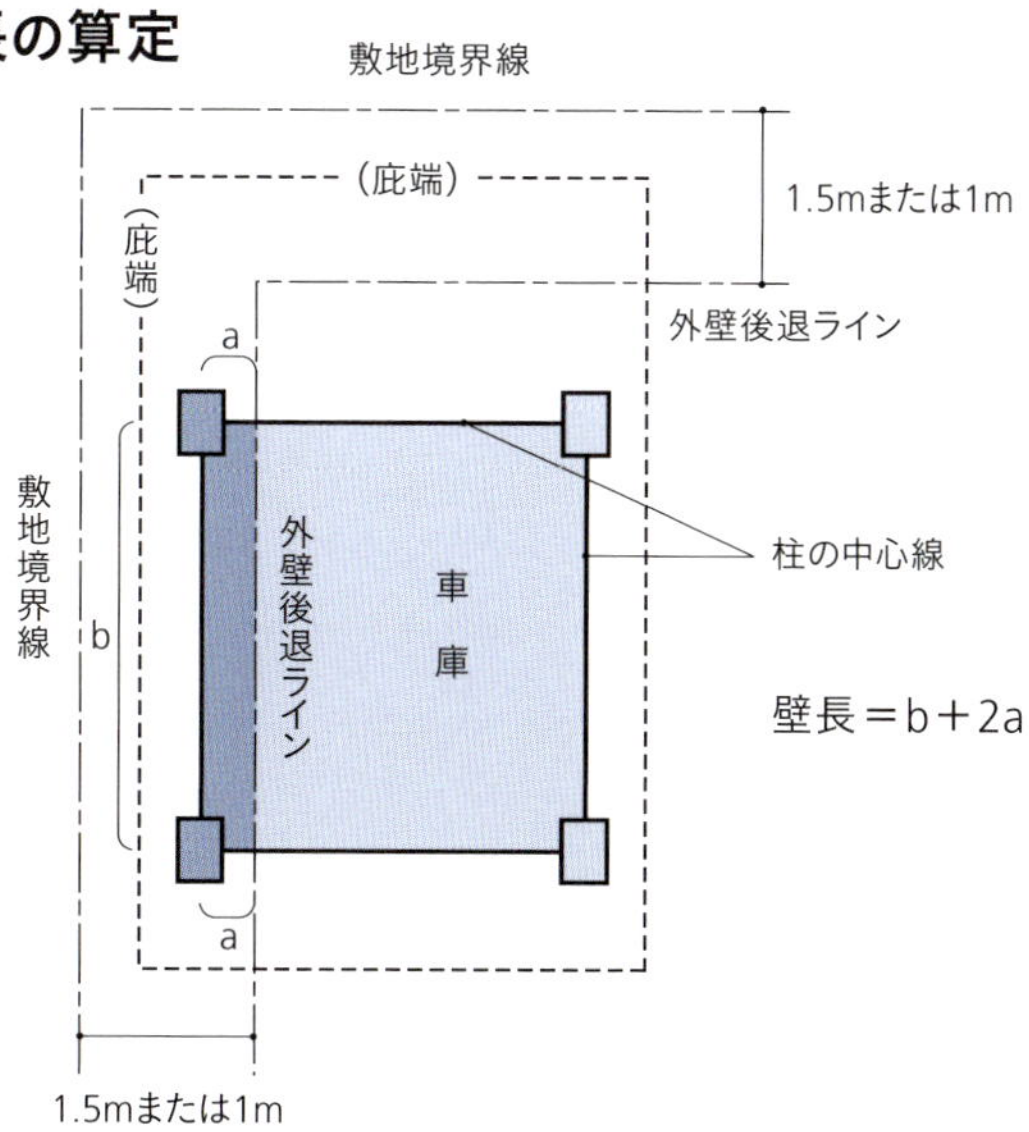

060

出窓

Point

下屋との関係や、天井との関係により出窓とみなされないことがある

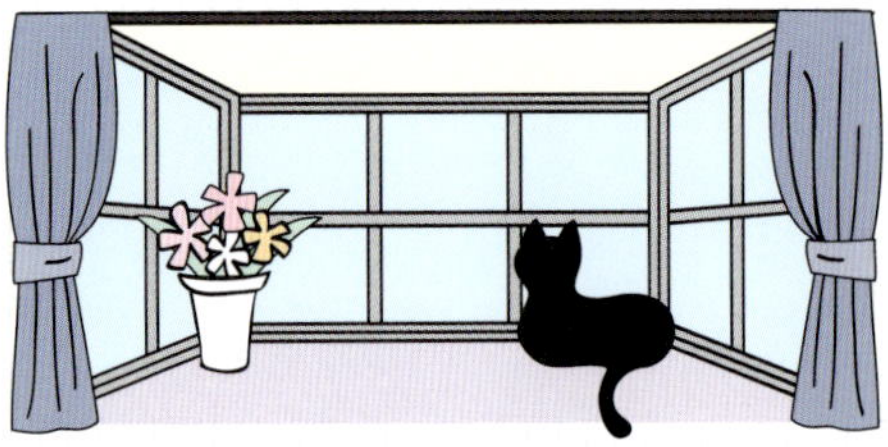

出窓の床面積

出窓の床面積については、昭61住指発115号において、イ　下端の床面からの高さが、30㎝以上であること。ロ　周囲の外壁面から水平距離50㎝以上突き出ていないこと。ハ　出窓部分の見付け面積の1／2以上が窓であること。の3つの条件を満たすものは床面積に算入しないとしている（図1）。

それぞれ、イについては、下端は、室内の上面でとる。ハについては、見付け面積のとり方は、図2（室内側から見たもの）における斜線部分の面積（鉛直投影面積）である。また、3つの条件を満たす場合であっても、当該部分の天井が室内の天井の高さ以上に位置する場合（図3）や、当該部分が屋根と一体となっていて下屋となっていない場合（図4）、梁を利用した出窓状の開口部などで、その形状が常識的に出窓と認められない場合は、床面積に算入する。さらに、棚等の物品の保管や格納の用途に供される部分がある場合や、下に地袋を設ける場合（図5）は床面積に算入される。

なお、床面積に算入されない出窓であれば、建築面積にも算入されない。

図1　出窓の床面積

立面	平面	床面積に算入しない	床面積に算入する
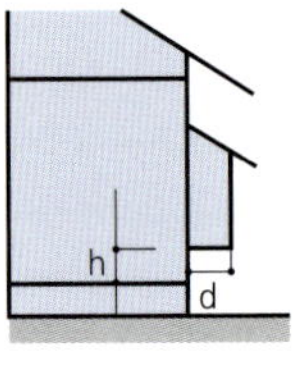	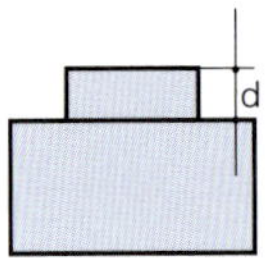	h≧30㎝、d＜50㎝かつ見付け面積の1/2以上が窓であるもの （h：下端の床面からの高さ d：周囲の外壁面からの水平距離）	左記以外のもの

図2 見付け面積（屋内側からの見付け面積）のとり方

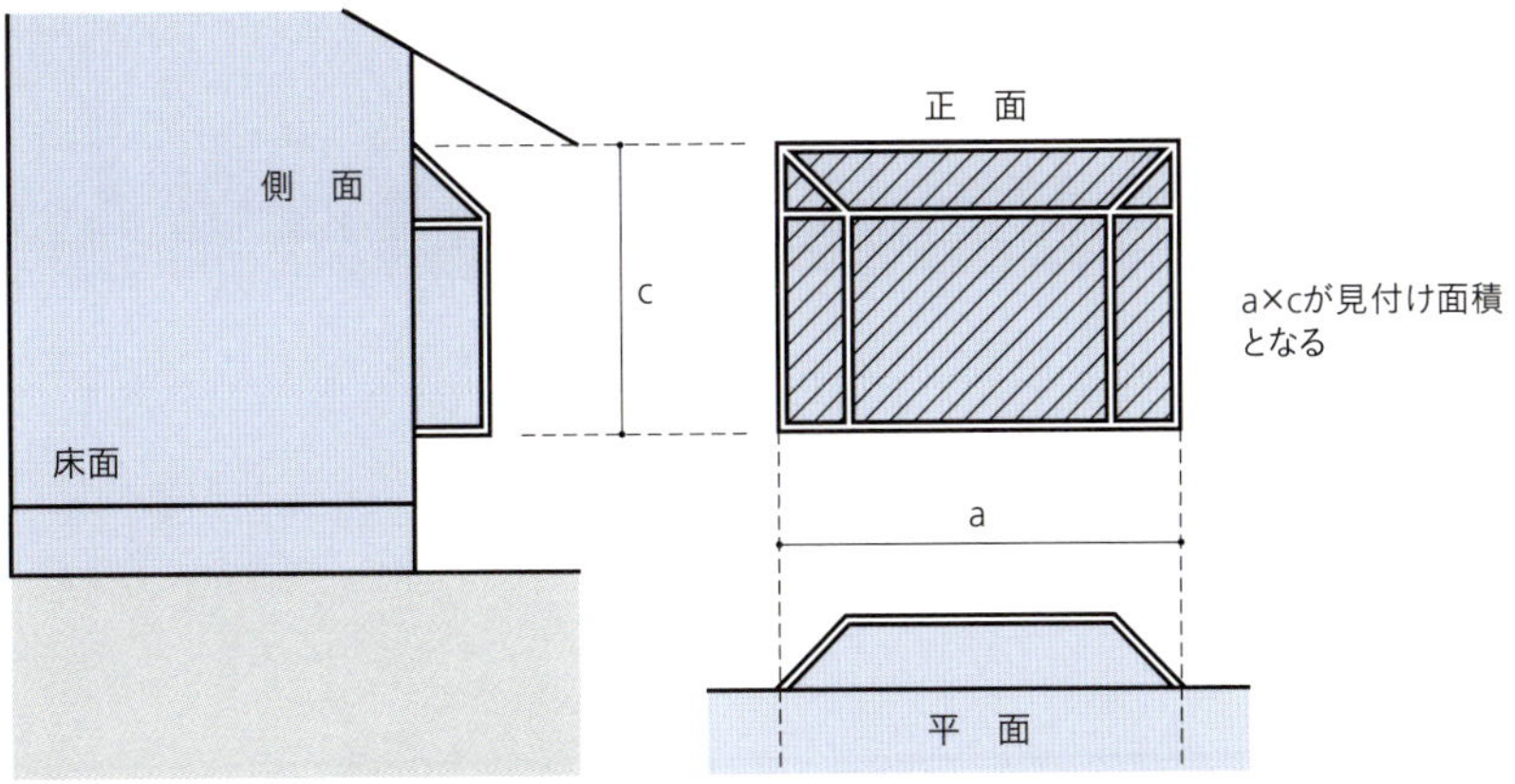

図3 出窓と認められない場合の例①

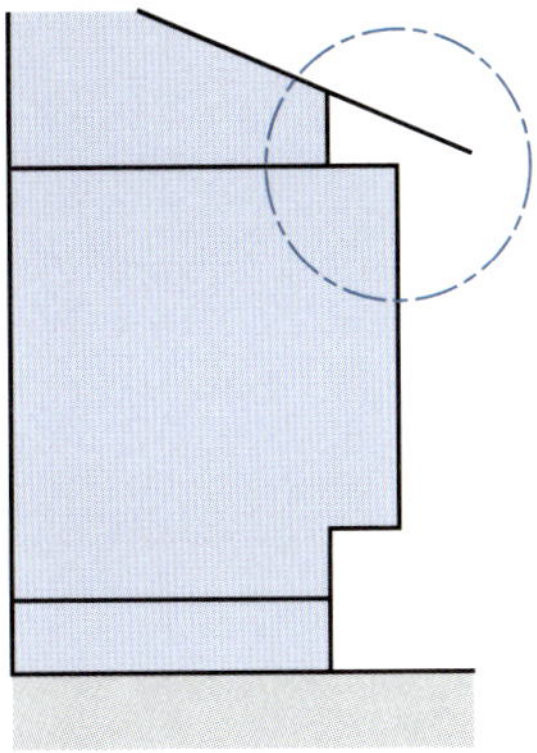

図4 出窓と認められない場合の例②

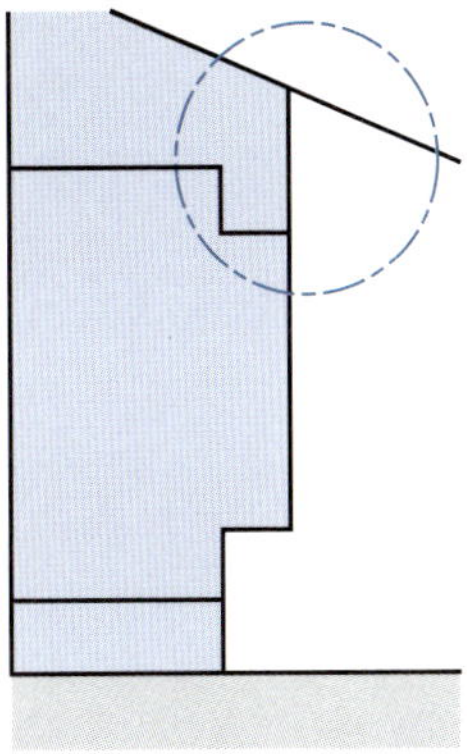

図5 出窓部分に棚等がある場合の算定

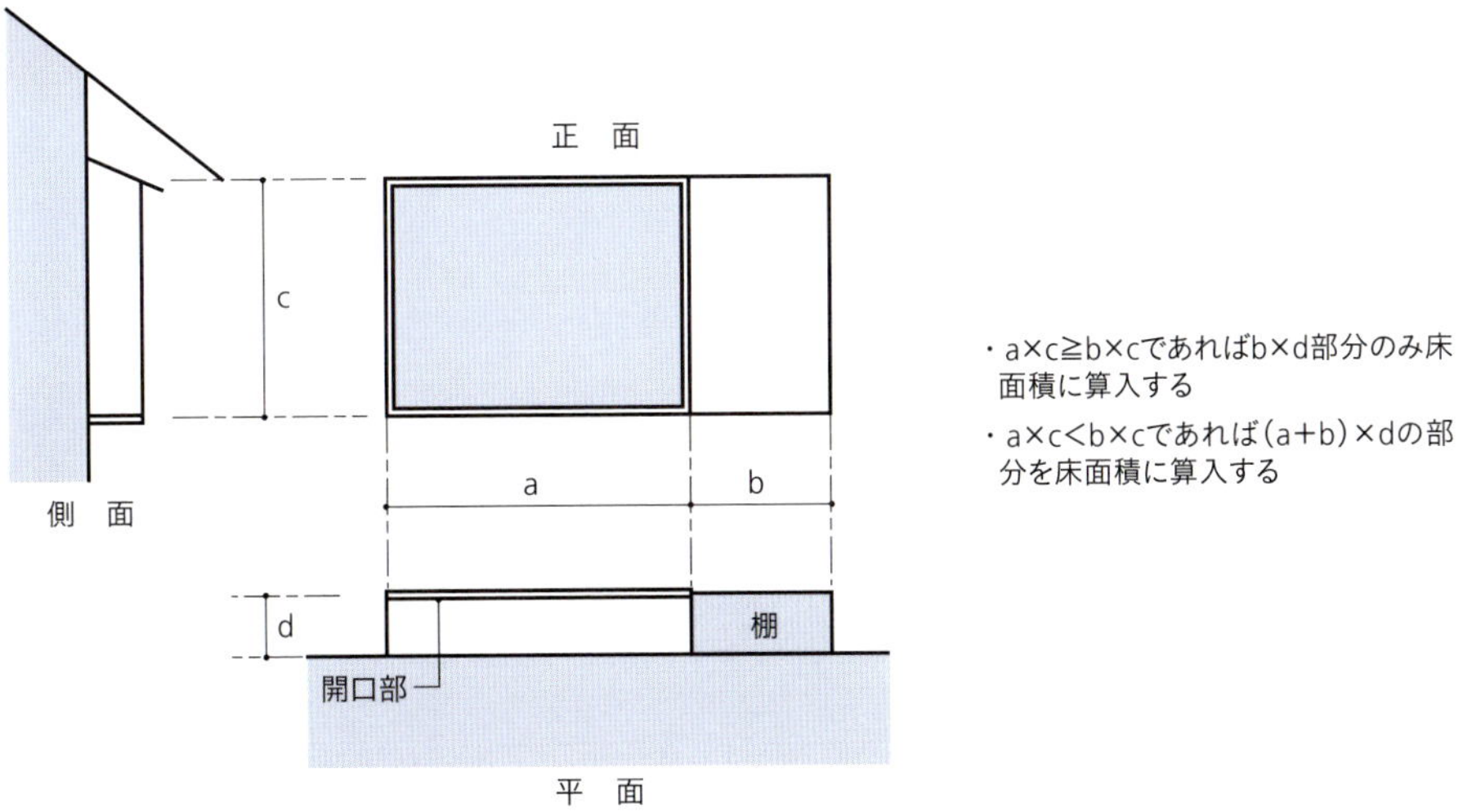

061

小屋裏物置等

Point

建設地による取り扱いの違いに注意

小屋裏物置の取扱いの変遷

建設省は、昭32住指発461号において、「普通の構造の小屋裏の一部を利用して季節的に不要な物等を置く設備を設けたものと認められる程度のもの等は、通常階数に算入されない」とした。

しかしながら、通達に具体的な数値の定めがなく、地方により取り扱いに差があったため、昭55住指発24号において、「住宅の小屋裏部分を利用して設ける物置（以下、小屋裏物置）で、次の各号に該当するものについては、建築基準法の規定の適用にあたっては、階とみなさないこととする。

一　小屋裏物置の部分の水平投影面積は、直下の階の床面積の1／8以下であること。

二　小屋裏物置の天井の最高の高さは、1.4m以下であること。

三　物の出し入れのためのはしご等は、固定式のものとしないこと」

と定められ、統一された運用がされるようになった。

ところが、平12住指発682号における記載で［※1］、従来の通達の面積についてのみ緩和されたと解する行政庁と、従来の通達が廃止されたうえで、内法高さと面積のみが階として扱わない条件となったと解する行政庁などがあり、現在は取り扱いに差が生じている。取り扱いに差が生じる項目で多いものは、用途（非住宅における取り扱いの可否）と、階段（固定式階段の可否）であるが、地域によっては、開口部の大きさ等に制限を設けているところもあり、注意が必要である。

小屋裏物置が存する階の取り扱い

階とみなされないためには、面積がその存する階の1／2未満であることが条件の1つであるが、存する階の考え方は、図のようになる［※2］。

※1 小屋裏、天井裏その他これらに類する部分に物置等がある場合において、当該物置等の最高の内法高さが1.4m以下で、かつ、その水平投影面積がその存する部分の床面積の2分の1未満であれば、当該部分については階として取り扱う必要はないものである
※2 建築確認のための基準総則・集団規定の適用事例

図 小屋裏物置の床面積算定

①基本

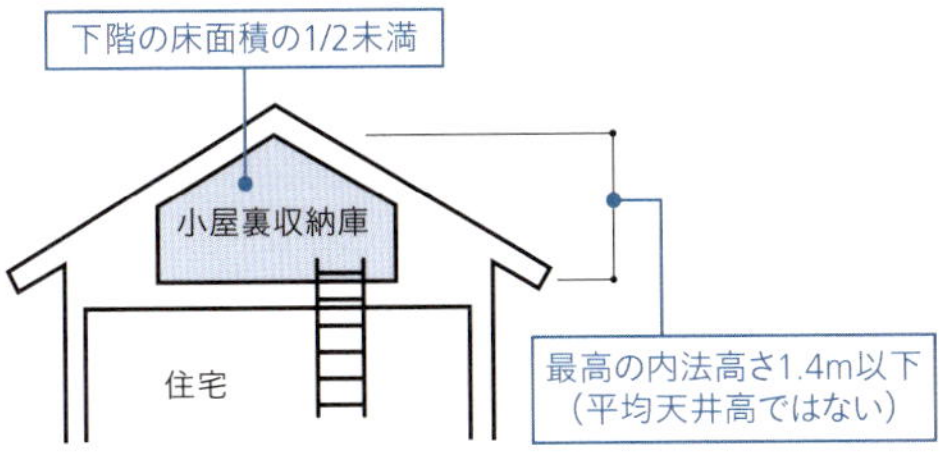

小屋裏・天井裏の最高の内法高さ1.4m以下、水平投影面積が下階（共同住宅、長屋にあっては各住戸単位）の床面積の1/2未満であれば階としてみなさず、床面積に算入しない（昭55住指発24号）。固定はしご、固定専用階段での出入りも可能。ただし、行政庁により制限している場合もある。また、小屋裏収納の開口部制限をしている場合もある

②1つの住宅に小屋裏物置（小屋裏収納、天井裏収納、ロフト等）が複数あるケース

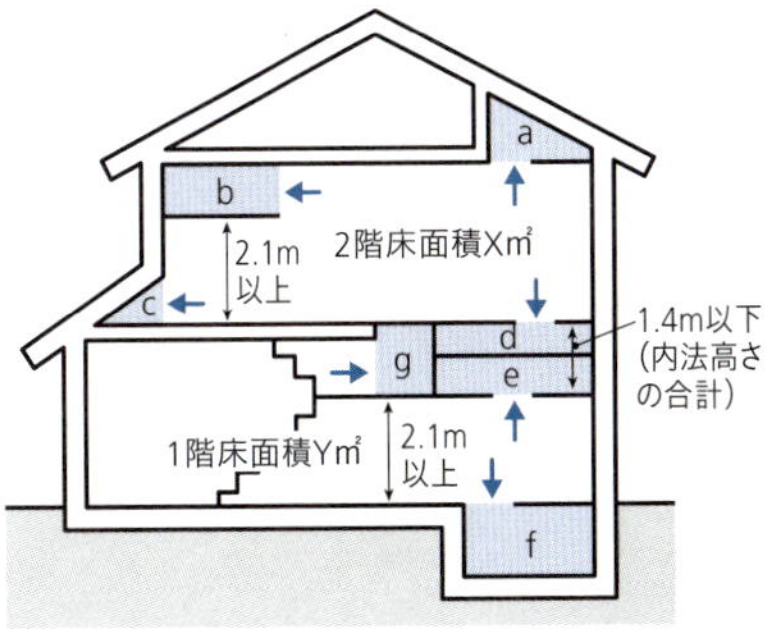

建物の用途、構造により小屋裏物置とみなされず、床面積に算入するケースがあるので、申請する審査機関に確認が必要

「建築確認のための基準総則　集団規定の適用事例」
（編集 日本建築行政会議）より引用

各階で使用する小屋裏物置の水平投影面積の合計が、存する階の床面積の1/2未満となればよい

$a + b + c + d < X/2$
$e + f + g < Y/2$
$c + d + e + g < X/2$ かつ $Y/2$

a：2階小屋裏物置の水平投影面積
b：2階物置の水平投影面積
c：2階から利用する1階小屋裏物置の水平投影面積
d：2階床下物置の水平投影面積
e：1階天井裏物置の水平投影面積
f：1階床下物置の水平投影面積
g：階段等から利用する1階天井裏物置の水平投影面積

X：2階の床面積
Y：1階の床面積
→：物の出し入れ方向

③小屋裏物置とみなされないケースⅠ

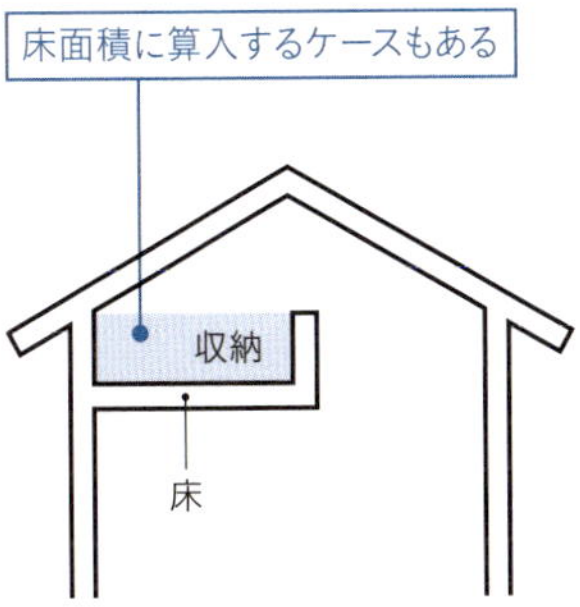

建物の用途については制限がないが、行政庁により住宅の用途に限定しているところもある。いずれにしろ、主たる用途でない余剰空間を利用した物置を対象としているものであり、業務用の建物に設ける本格的な倉庫等は対象とならない

④小屋裏物置とみなされないケースⅡ

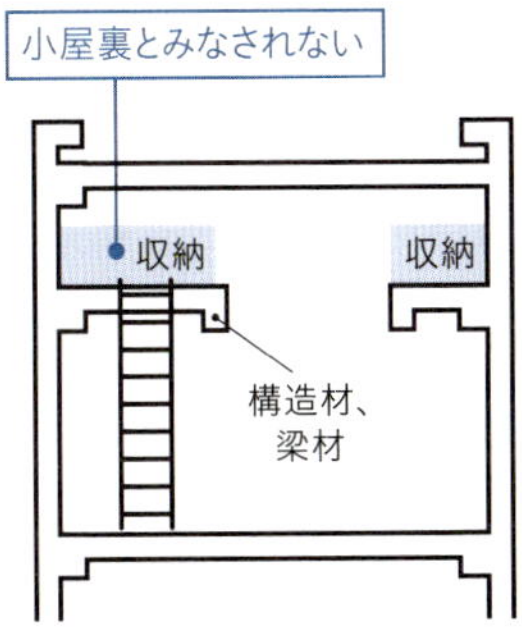

鉄筋コンクリート造等の陸屋根で小屋裏、天井裏でない構造体の部分に設けるものは床面積に算入すると考えられる

062

屋上突出物

Point

屋上突出物とみなされないものは、高さに算入される

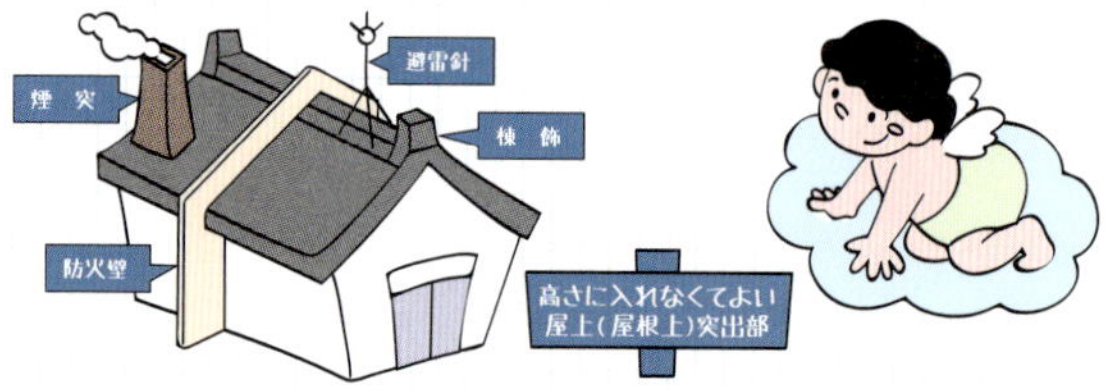

屋上突出物とは何か

屋上突出物は、令2条1項6号ハにおいて、「棟飾、防火壁の屋上突出部その他これらに類する屋上突出物」であり、「当該建築物の高さに算入しない」とされている。これにより、屋上突出物であれば、ペントハウス等とは異なり、条項にかかわらず高さに算入されない。

ただし、屋上突出物であっても、法33条（避雷設備）の要否を判断する場合にあっては、雷撃の確率は電界の分布に関係するものであり、高さに比例するものであるから、屋上突出物のみが20mを超えた場合であっても、避雷設備によって保護すべきである。

屋上突出物の例（図1）

屋上突出物に該当するものは、以下のとおりである。

○建築物の躯体の軽微な突出部

・採光、換気窓等の立ち上がり部分
・パイプ・ダクトスペース等の立ち上がり部分
・箱棟

○部分的かつ小規模な外装等

・鬼瓦、装飾用工作物等（装飾塔に類するものを除く）
・手摺（開放性の大きいもの）

○部分的かつ小規模な建築設備

・避雷針等

○建築物と一体的な煙突［※］

なお、例示されているものでも、その形態が部分的な突出部と扱えない程度のものであれば高さに算入されるため、注意したい。

高さ制限における緩和

一戸建ての住宅で、よくあるのが煙突であるが、これらは屋上突出物と扱える程度であれば、斜線制限や絶対高さ制限の対象とならない。（図2）

※「高さ・階数の算定方法・同解説」（日本建築主事会議）においても、煙突の場合は、法33条の場合を除き、屋上突出物として扱うことができる、とされている

図1 高さに算入されない屋上突出物の例

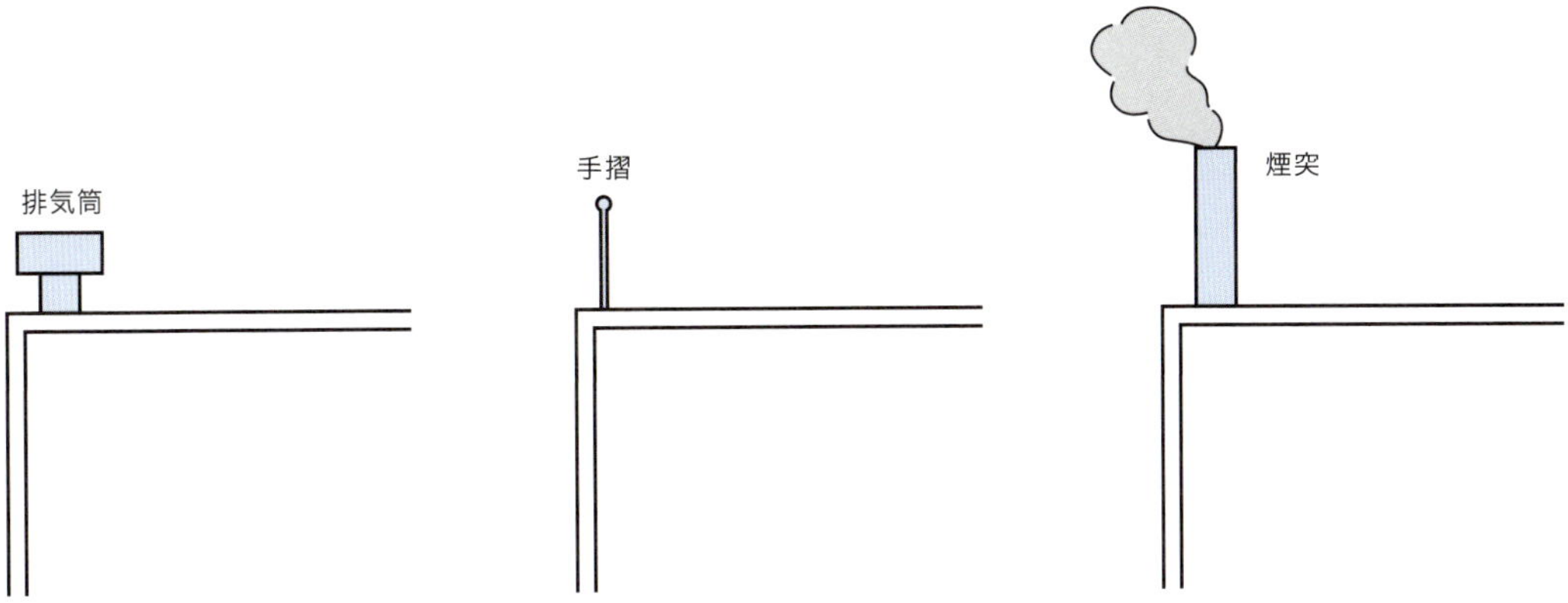

図2 高さ制限における屋上突出物の緩和

①煙突、避雷針等の建築設備は、影響のない軽微なものといえるのでbで取り扱う
②屋外階段は、たとえパイプ等の軽微なものでつくられている場合であってもbで取り扱う

①煙突

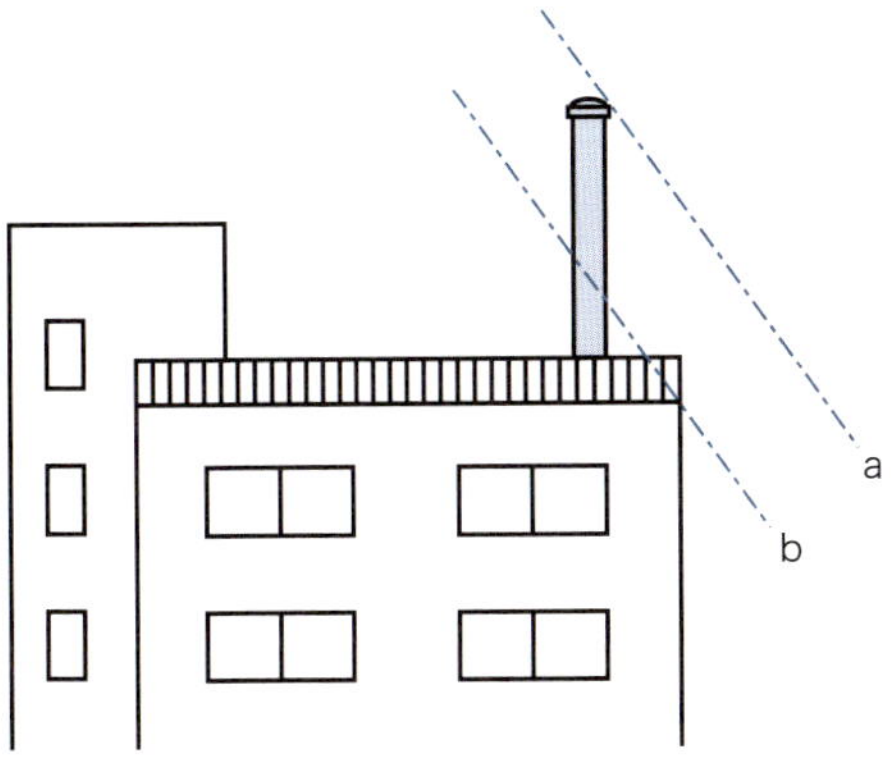

②屋外階段

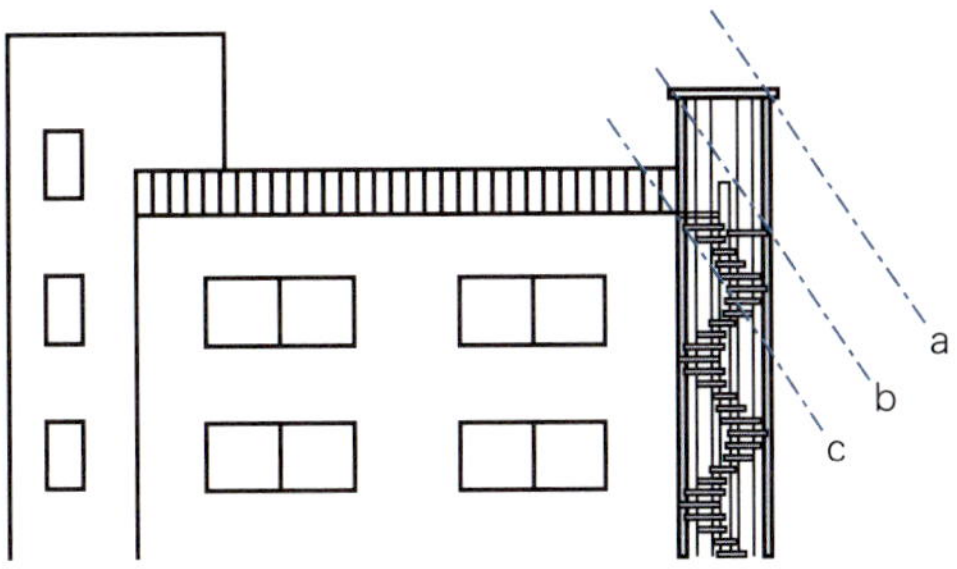

063

軒の高さ

Point

低層住居専用地域・田園住居地域では、軒の高さにより日影規制がかかる

軒の高さの基本（図）

軒の高さは、地盤面から建築物の小屋組またはこれに代わる横架材（枠組壁工法の場合は頭つなぎ）を支持する壁、敷げた、または柱の上端までの高さとする。

また、片流れ屋根の場合は、原則として高い側の軒の高さを当該建築物の軒の高さとする。なお、屋根が小屋組で形成されているものは、それを支持する壁または柱の上端までとする（図、建築確認のための基準総則・集団規定の適用事例）。

なお、折置組などの張り間方向の小屋組を直接柱が支持する方式では、その柱の上端までである。

軒の高さ算定における注意点

一般に軒の高さ算定は地盤面からであるが、道路斜線後退緩和規定（令130条の12第1号イ）における軒の高さは、当該条文が道路斜線にかかわるものであるため、起算点が前面道路の路面の中心の高さからとなる。また、建築物の高さに算入されない程度のペントハウス等の屋上部分は、軽微な部分であるため、軒の高さは建築物本体で算定することが妥当と考えられる。

軒の高さが関係する規制

軒の高さは、建築物の高さによる制限だけでは不合理なことも出てくるために設けられた規定である。

軒の高さが関係する規制（構造関係規定を除き）で代表的なものに、日影規制がある。

本書に例示した住宅も第1種低層住居専用地域内にあるため、軒の高さが7mを超えると、日影規制を受けることになる。

なお、この場合の軒の高さの起算点は、建築物ごとの地盤面であり、日影図作成用の平均地盤面からではない。

図　軒高の算定の基本

①構造・小屋組別の軒の高さ

イ）木造

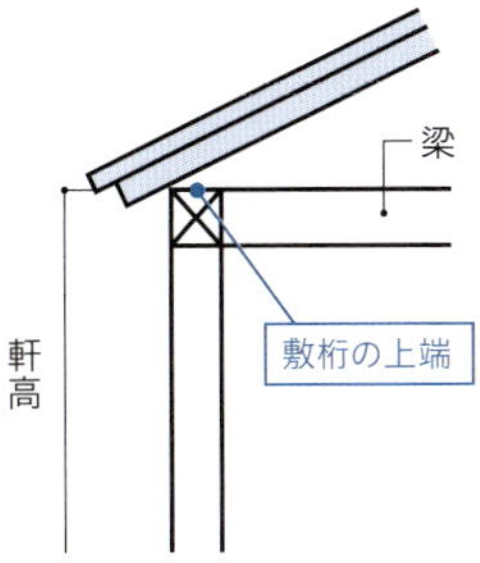

ロ）木造（京呂）

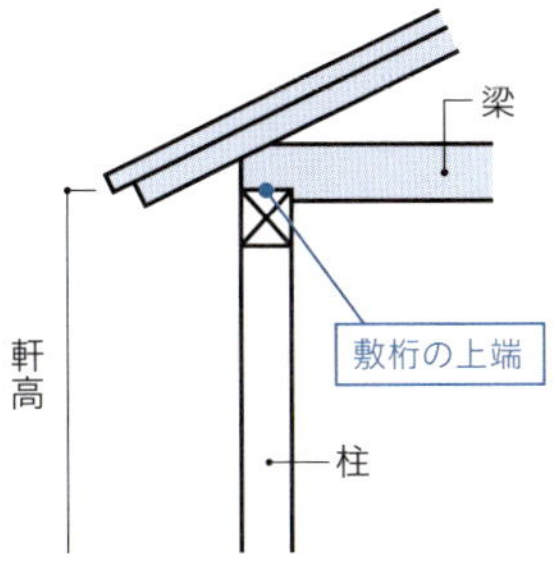

ハ）木造（折置）

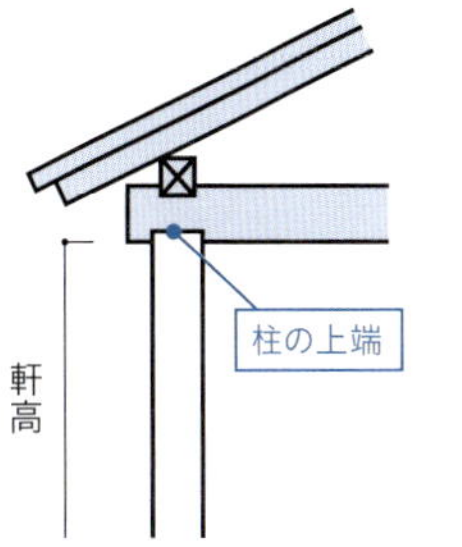

ニ）木造（洋小屋）

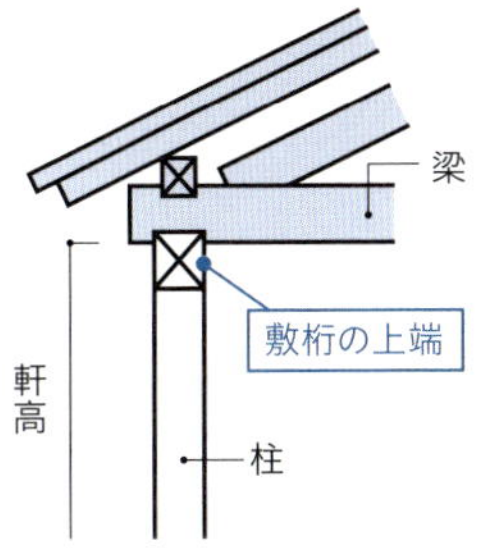

ホ）RC造

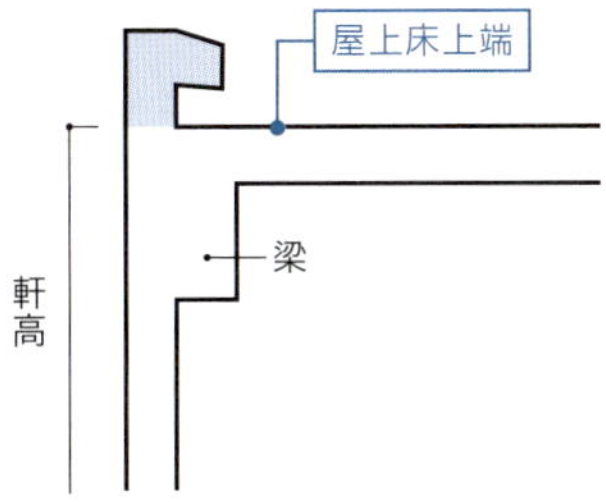

へ）鉄骨造

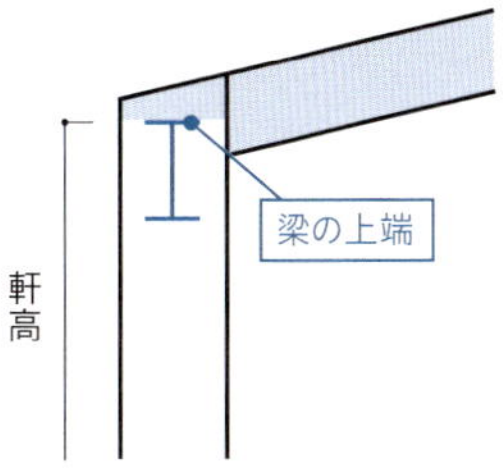

②片流れ屋根のケース

イ）小屋組がないケース

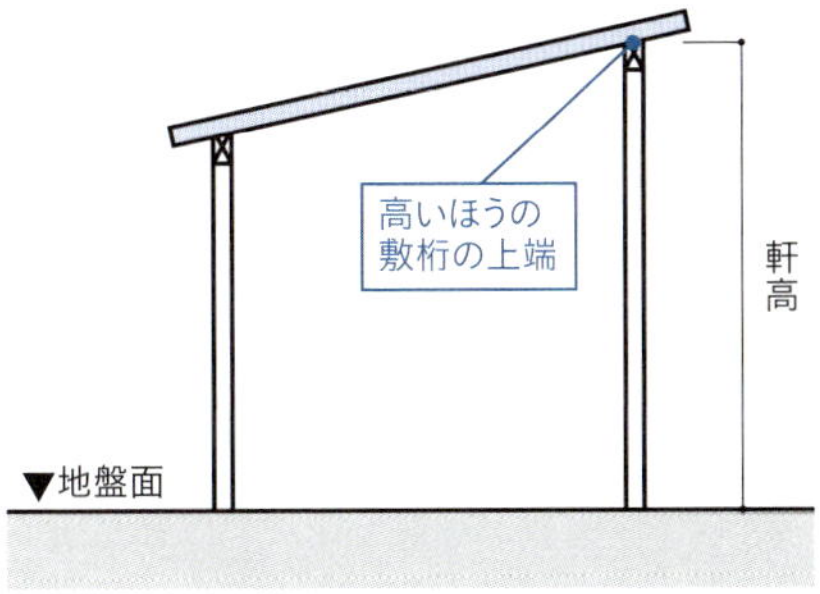

ロ）小屋組があるケース

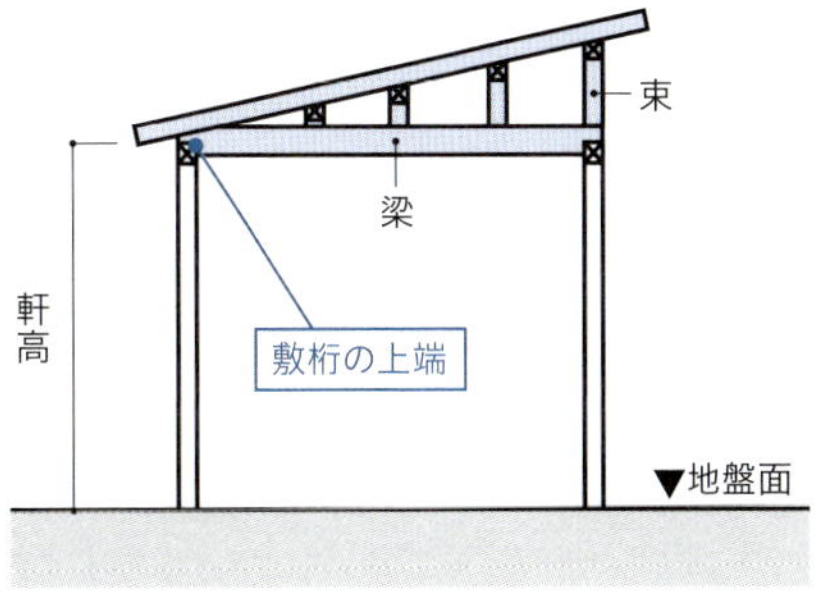

064

天空率の仕組み

Point

天空率は斜線制限の緩和規定ではなく性能規定である

天空率という制度

法56条による建築物の高さ制限の手法としての斜線制限が、現行の制度になったのは、昭和62年の法改正によるものである。斜線制限は、建築物の高さ制限の仕様規定であるため、平成12年の法改正の目的である性能規定化として、天空率を平成15年から施行した。

天空率は、それ以前から総合設計制度の審査基準として存在したが、法改正をするにあたって定型化したものが、法56条7項に規定された。

なお、天空率で検討できるものは、法56条1項に定める、道路斜線制限、隣地斜線制限、北側斜線制限に限られ、高度地区などによる高さ制限については適用することができない。

天空率の仕組み

天空率とは、定められた算定点から、道路、隣地、北側それぞれの斜線制限に適合する建築物（斜線制限適合建築物）の天空率と、計画建築物の天空率を算定・比較し、すべての算定点において計画建築物の天空率が、斜線制限適合建築物の天空率を上回ってなければならない。なお、天空率とは、算定点における、建築物に阻まれずに天空が見える範囲の割合（図1・2）のことであり、数値が大きいほど、建築物の影響が少ないといえる。

天空率の特徴・注意点

天空率は、斜線制限の性能規定化であり、緩和規定ではないため、図3のようなケースでは、天空率が有効に利用できるが、敷地等の条件により、不利になることがある。

実際に、斜線制限をぎりぎりで適合している計画建築物について、天空率で検討すると不適合となる場合がある。これは、算定上の端数処理などで不利側に処理していることや、ペントハウ

図1 正射影の概念

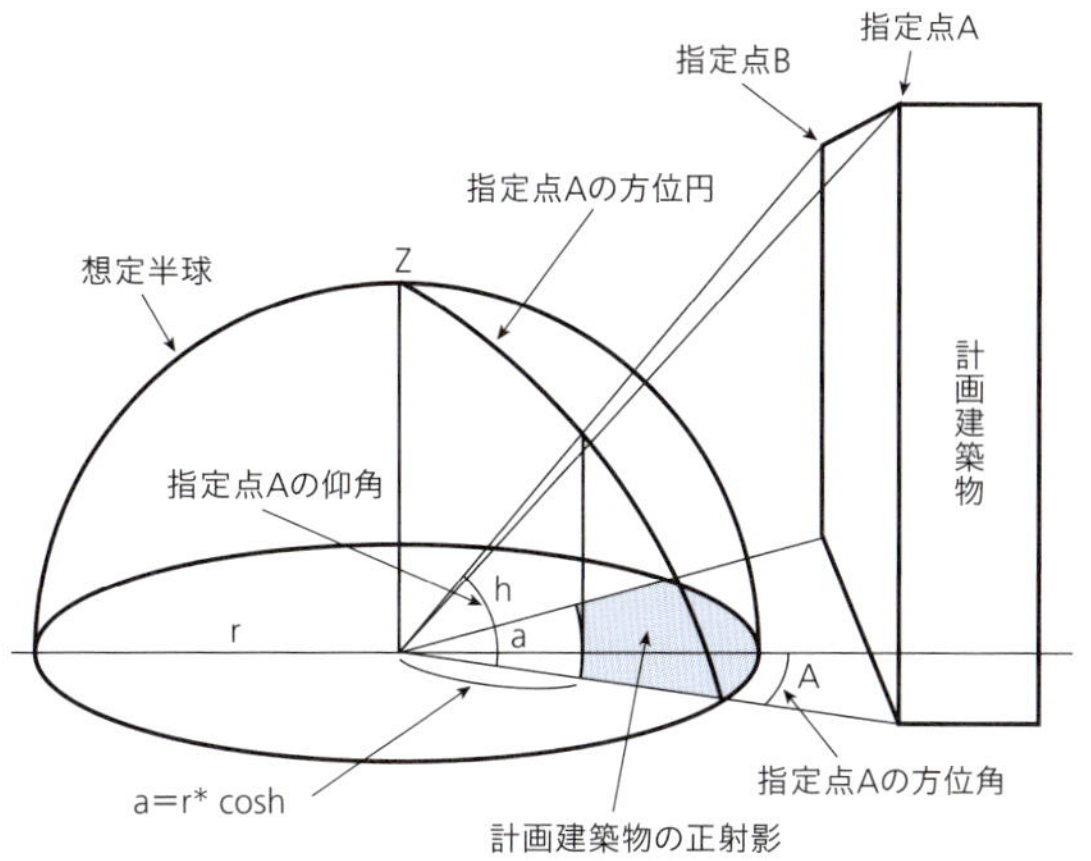

図2 三斜求積による天空率の求め方

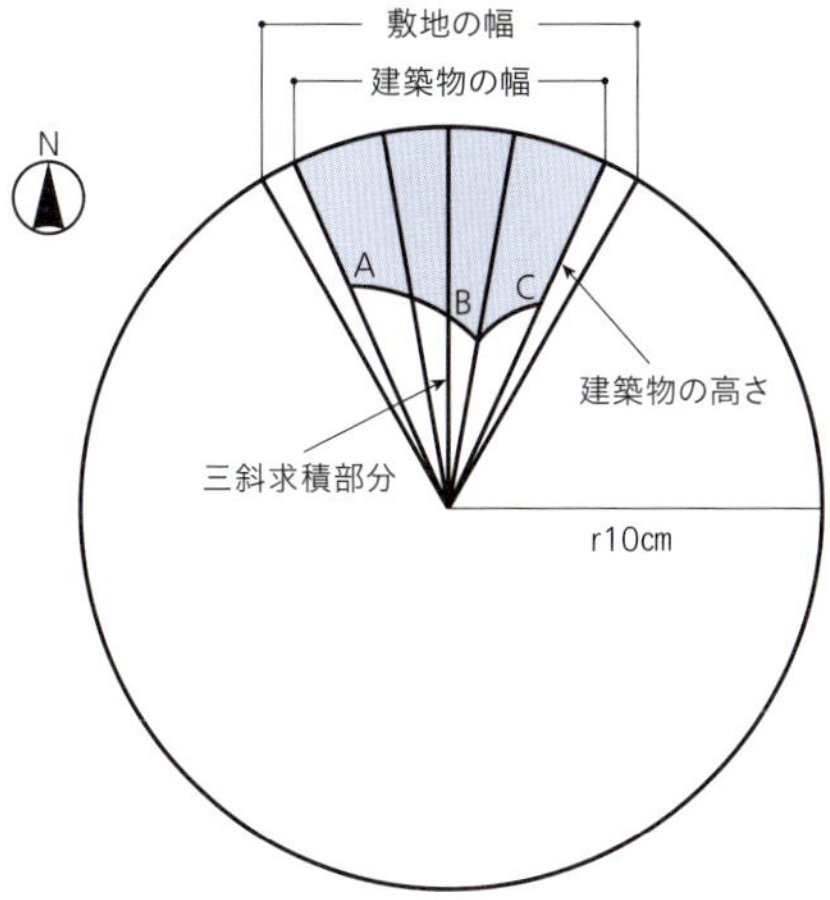

$$天空率 = \frac{\pi r^2 \times \frac{360^\circ - 建築物の方位角}{360^\circ} + 三斜求積部分の面積}{円の面積}$$

図3 道路斜線制限と天空率の比較

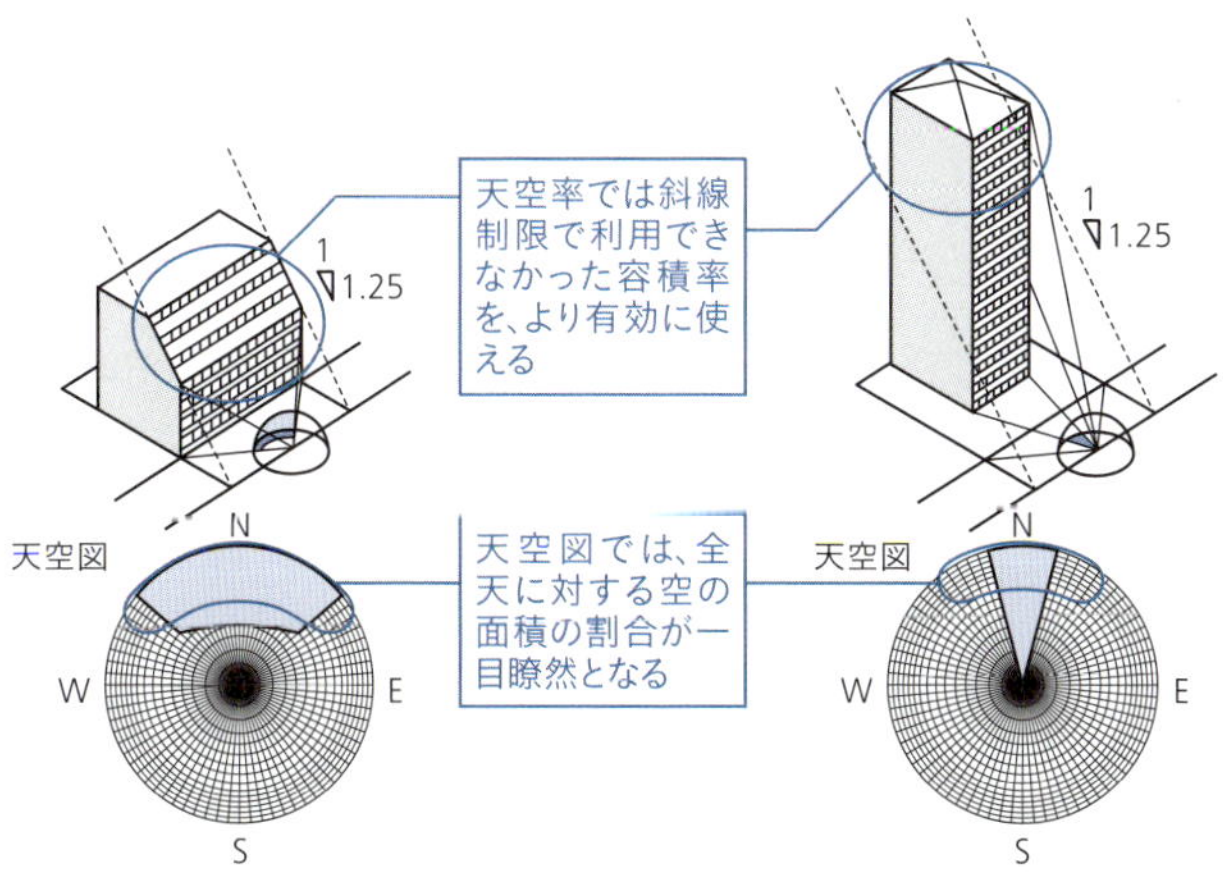

ス等の適用の違いによるものである。また、敷地の条件（道路斜線制限における2A緩和や後退距離による緩和等による領域分け）によっては、天空率で検討することが不利になる部分が生じることがある。このような場合であっても、部分的な天空率と斜線制限の混用は認められていない。

065

日影規制

Point

日影規制の歴史はそれほど古くない

日影規制の目的

日照阻害対策としての日影規制の目的は、市街地の居住環境の悪化を防止することである。昭和51年以前の制度としては、最低限の基準としての用途規制として用途地域を定め、さらに容積率、建蔽率などを定めている。また、それまで日照阻害の問題を考慮して行われていた北側斜線制限や高度地区制限も、用途地域と結びついている。よって、日影規制も同様に用途地域等の都市計画の一環として行われるべきものとして、客観的に制限を定めたものである。

なお、日影規制における規制対象日影時間の設定根拠［※］について、南側低層住宅による日照阻害を1時間と見込み、敷地外距離5ｍ以遠では「冬至の有効日照時間－1時間」、さらに事業者の異なる2棟の中高層建築物による複合日影を考慮し、敷地外距離10ｍ以遠では「冬至の有効日照時間（目標とする日照時間）－2時間」としている。敷地外距離5ｍの数値は隣接宅地が確保し得ると考えられる庭の幅が、敷地外距離10ｍの数値は隣接1宅地の幅が、それぞれ想定されている。

なお、規制対象日影の測定水平面が地表面でなく、地上1.5ｍ、4ｍまたは6.5ｍとしているのは、それぞれ1階の窓の中央部または2階の窓の中央部の高さが想定されていることによる。

測定線の設定方法

日影規制において、建築物の敷地が「道路、水面、線路敷その他これらに類するもの」に接する場合、その道路等に接する敷地境界線は、道路等の幅に応じて一定の幅だけ外側にあるものとみなされる、と規定されている。

この日影規制の運用では、「閉鎖方式」と「発散方式」が用いられている（図1・2）。

※ ㈳全国市街地再開発協会「住宅地の日照実態と日照に関する基準　調査報告書」（昭和48年）による

図1 閉鎖方式

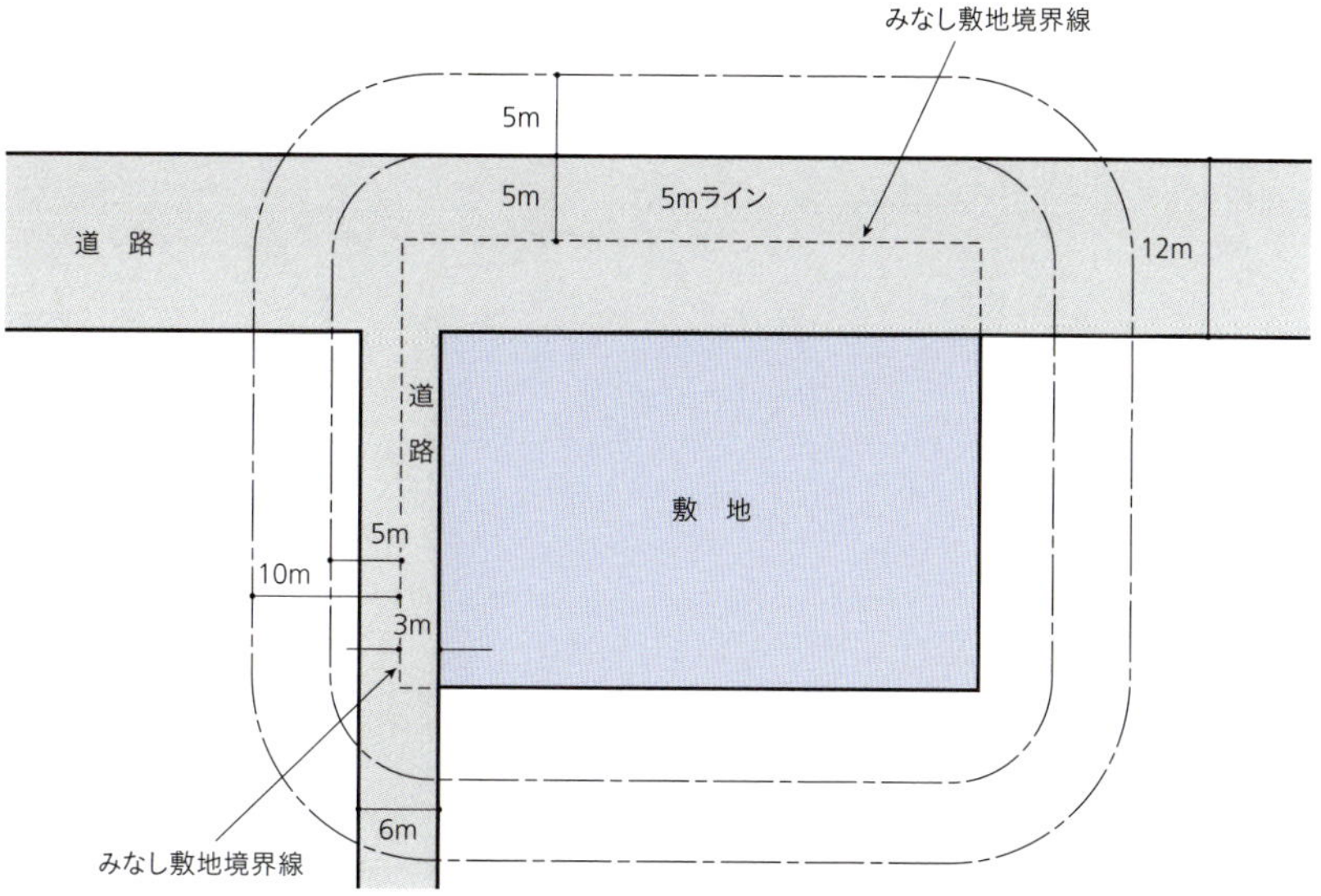

図2 発散方式

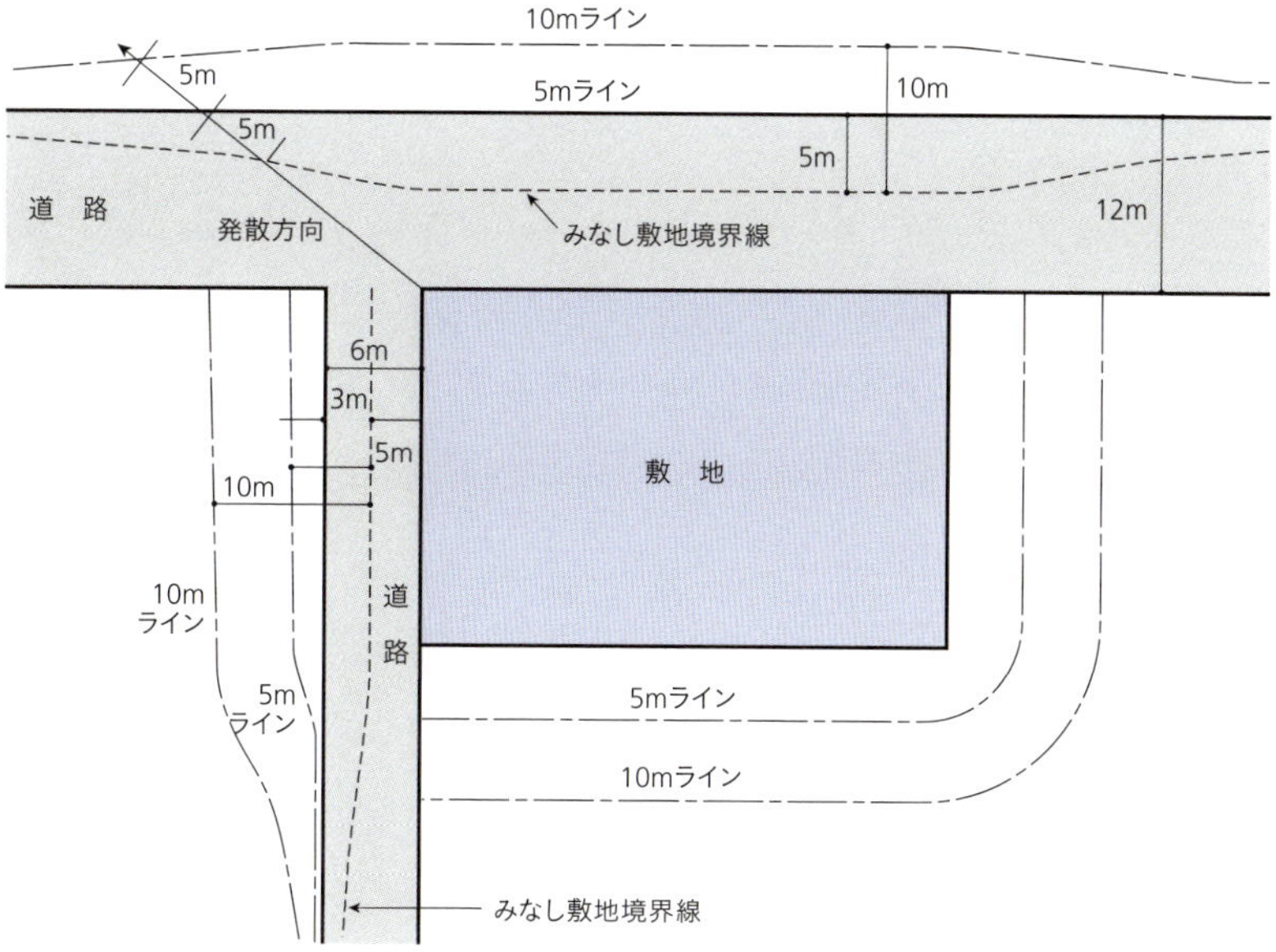

066

防火地域・準防火地域

Point

防火地域では、基本的に耐火建築物であることが求められる

防火・準防火地域の建築制限

防火地域または準防火地域は、都計法により、市街地火災防止のため、建築物の不燃化を図る地域として定められる。なかでも防火地域は、その地域内の建築物をほぼすべて不燃化することにより火災の拡大を防止しようとするものである。また、準防火地域は、市街地の建築物について全体的に防火性能を高めることによって、火災の際の延焼を防ぎ、もしくは延焼速度を遅くして消火活動を助け、大火となることを防止しようとするものである。

そのため、防火地域内では図1の、準防火地域内では図2の構造制限を受ける。両地域共通は図3のとおり。

22条区域内の建築制限

防火・準防火地域以外の市街地であっても、通常の火災により、火の粉による火災の発生を防止するために、屋根に必要とされる性能を求められる区域として特定行政庁が指定する区域（22条区域）がある［※1］。

この区域内では屋根を不燃材料でつくるか葺くかなどの構造方法とするか大臣認定を受けたものとしなければならないが、茶屋、あずまや、延べ面積が10㎡以内の物置、納屋などの屋根は延焼のおそれのある部分以外の部分には適用されない。

一戸建ての住宅にかかわる制限

本書で例示している住宅は、法22条により指定された区域であるため、屋根を不燃材料とし、法23条の規定により、外壁で延焼のおそれのある部分の構造を、防火構造（準防火性能）としている。もしこの敷地が防火地域内であれば、耐火建築物等、準防火地域であれば、耐火建築物または準耐火建築物等としなければならない［※2］。

※1 この必要とされる性能は、不燃材料よりも下位の性能となるため、同区域内の屋根に使用できる建築材料として大臣認定を受けた材料であっても、不燃材料としての性能があることにはならない
※2 一般に、住居系の用途地域に防火地域が定められることはまれであるが、主要な幹線道路に沿って、路線式の防火地域が設定されることがある

図1　防火地域内の構造制限(法61条)[*]

①耐火建築物としなければならない建築物

(1)階数≧3(地階を含む)

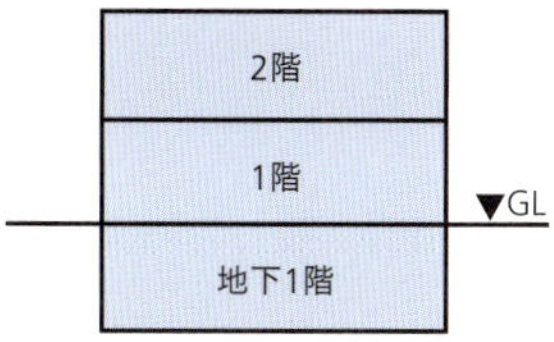

(2)延べ面積：S>100㎡

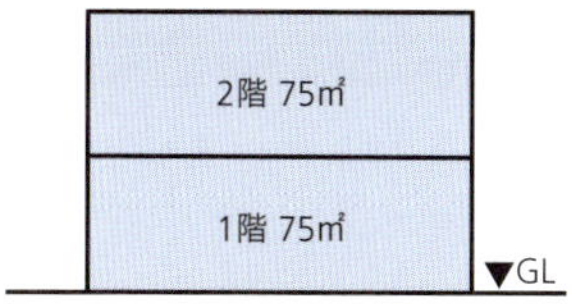

②耐火建築物、または準耐火建築物としなければならない建築物

階数≦2、かつ延べ面積：S≦100㎡

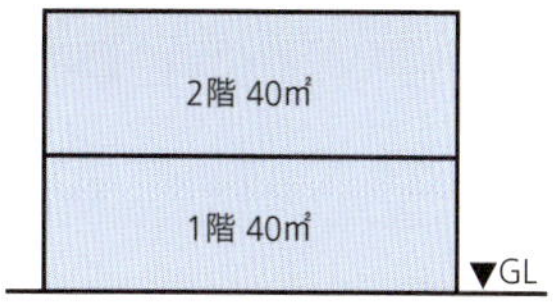

③適用除外となる建築物

(1)平屋の附属建築物(延べ面積：S≦50㎡)

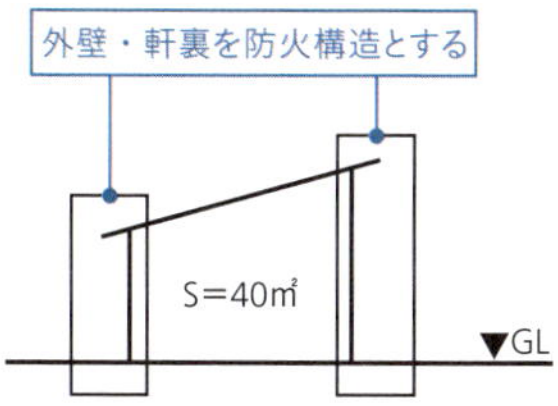

(2)門・塀

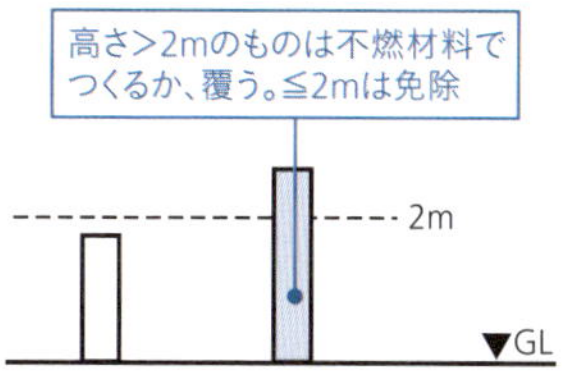

＊防火地域内にある看板、広告塔、装飾塔、その他これらに類する工作物で、建築部の屋上に設けるもの、または高さ>3mのものは主要な部分を不燃材料でつくり、または覆う(法64条)

図2　準防火地域内の構造制限(法61条)

①耐火建築物としなければならない建築物

(1)地上階数≧4

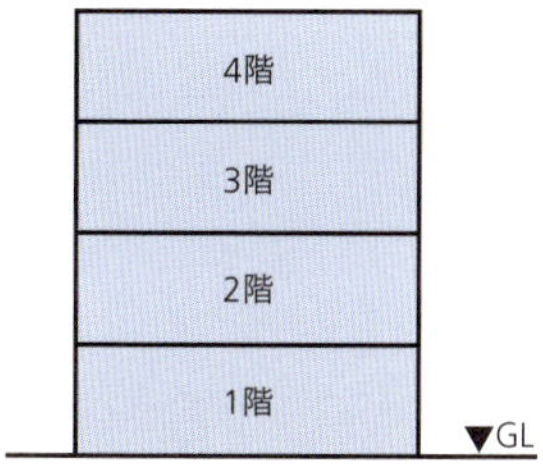

(2)延べ面積：S>1,500㎡

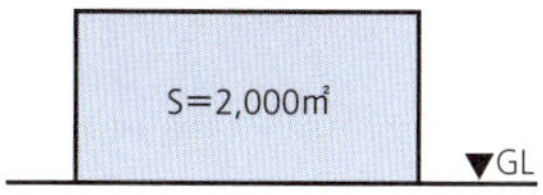

②耐火建築物、または準耐火建築物としなければならない建築物

(1)地上階数=3、かつ延べ面積：S≦500㎡

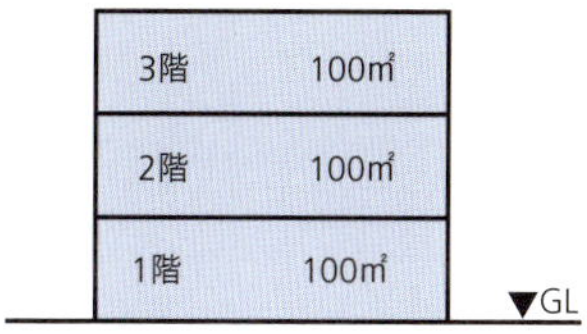

令136条の2に規定する木造3階建て建築物(準防木3)も可

(2)延べ面積：S　500㎡<S≦1,500㎡

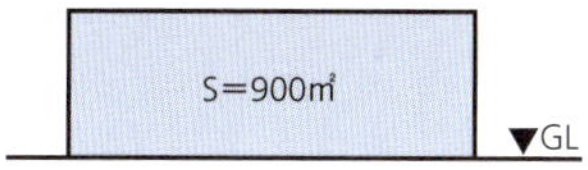

③その他の規制のある建築物

地上階数≦2、かつ延べ床面積：S≦500㎡の木造建築物

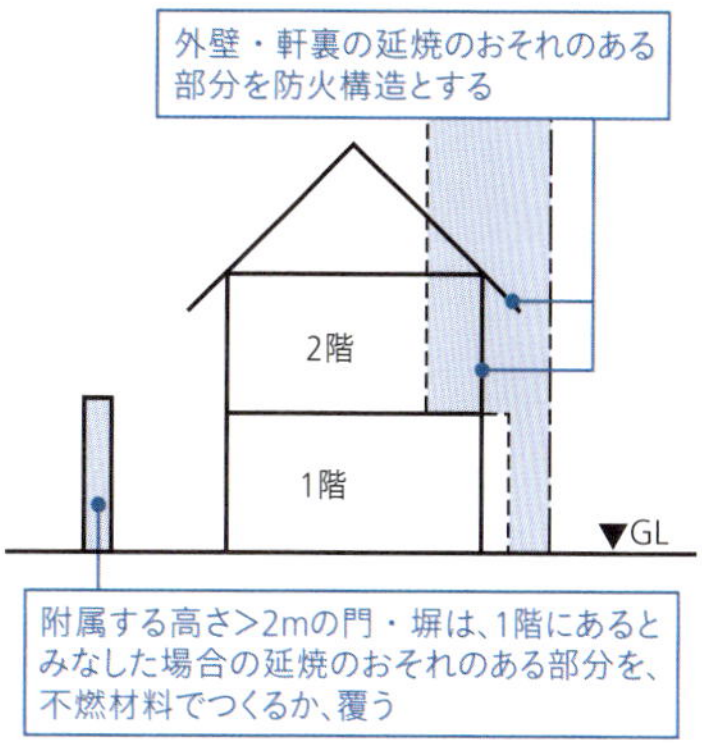

図3　防火・準防火地域共通

①外壁開口部の制限

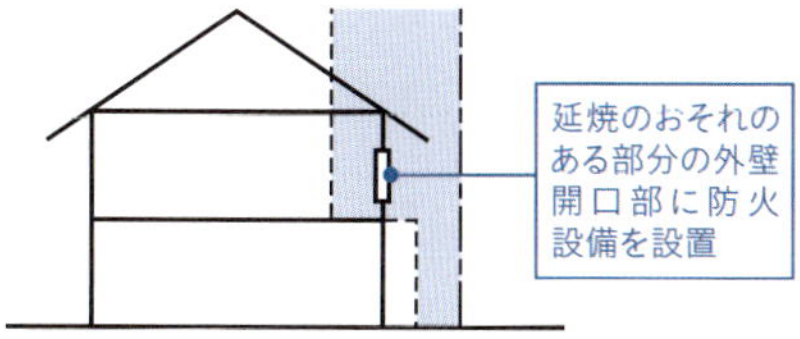

②構造制限の適用除外となる建築物

卸売市場の上家・機械製作工場[*]

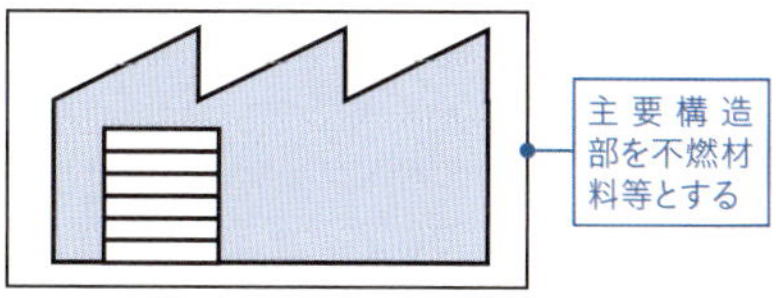

＊これに類する構造で同等以上に火災発生のおそれの少ない用途も免除

067

耐火建築物

Point

階数や規模で特殊建築物は耐火建築物としなければならない

耐火建築物とは、①建築物の主要構造部である壁、柱、床、梁、屋根、階段を耐火構造としたものか、②耐火上の性能が令108条の3で定める技術基準（耐火性能検証法によるもの、または大臣認定を受けたもの）に適合するもののいずれかで、建築物の外壁の開口部で延焼のおそれのある部分に防火戸その他の政令で定める防火設備を有したものである（法2条9号の2）。

耐火構造

基準法では、火災により火熱を加えられた場合の必要な性能を非損傷性、遮熱性、遮炎性に3区分し、建築物の各部位がその性能に耐えられる時間によって、耐火構造、準耐火構造、防火構造等として定めている。耐火構造は令107条に定める技術基準（表1）に適合する鉄筋コンクリート造、レンガ造その他の構造で、告示で定められた仕様を用いるものか、大臣認定を受けたものである。なお、大臣認定を受けて耐火構造とした軸組工法やツーバイフォー工法や告示で定めた木造の部分があり、木造でも耐火構造が可能だ。

耐火性能検証法

主要構造部が、火災（屋内で発生が予測される火災や周囲において発生する通常の火災）による火熱に、火災が終了するまで耐えることを検証する方法を耐火性能検証法という。この方法によれば耐火構造としなくても耐火建築物とすることができる。

耐火建築物としなければならない場合

前項のとおり、原則として防火地域内では小規模な建築物を除き、耐火建築物としなければならない。また法27条で定められているように、法別表第1と令115条の3の特殊建築物は階数や規模により耐火建築物や準耐火建築物等としなければならない（表2・3）。

表1 耐火構造の技術基準（令107条）

部位			非損傷性 最上階から4階以内	非損傷性 最上階から5～9階以内	非損傷性 最上階から10～14階以内	非損傷性 最上階から15～19階以内	非損傷性 最上階から20階以上	遮熱性	遮炎性
壁	間仕切壁	耐力壁	60分間	90分間	120分間	120分間	120分間	60分間	—
		非耐力壁	—	—	—	—	—	60分間	—
	外壁	耐力壁	60分間	90分間	120分間	120分間	120分間	60分間	60分間
		非耐力壁	—	—	—	—	—	60分間（延焼のおそれのない部分は30分間）	60分間（延焼のおそれのない部分は30分間）
柱			60分間	90分間	120分間	150分間	180分間	—	—
床			60分間	90分間	120分間	120分間	120分間	60分間	—
梁			60分間	90分間	120分間	150分間	180分間	—	—
屋根			30分間					—	30分間
階段			30分間					—	—

注 最上階からの階数：階数に算入されない屋上部分がある場合は、当該屋上部分の直下階を最上階とする。地階は、階数に算入されない地階であっても、この表の算定ではすべて階数に算入する

表2 防火地域と準防火地域内の制限

	適用建築物・工作物	制限内容
防火地域	階数が3以上（地階を含む）または延べ面積＞100㎡	耐火建築物等とする
	上記以外の建築物	耐火または準耐火建築物等とする
	看板、広告塔、装飾塔などの工作物で建築物の屋上に設けるものまたは高さ3mを超えるもの	主要な部分を不燃材料でつくるか、覆われたものとする
	除外規定　次の建築物は耐火・準耐火建築物等としなくてよい ①延べ面積≦50㎡の平屋建て付属建築物で、外壁・軒裏を防火構造としたもの ②卸売市場の上屋・機械製作工場で主要構造部が不燃材料でつくられたもの、その他これらに類するもの ③高さ2mを超える門またはへいで、不燃材料でつくり、または覆われたものなど ④高さ2m以下の門またはへい	
準防火地域	階数が4以上（地階を除く）または延べ面積＞1,500㎡	耐火建築物等とする
	階数が3以下（地階を除く）で延べ面積≦1,500㎡	耐火または準耐火建築物等とする
	階数が3（地階を除く）で延べ面積≦500㎡	耐火または準耐火建築物等とするか、技術基準（令136条の2）に適合する建築物とする
	階数が2以下（地階を除く）で延べ面積≦500㎡	木造建築物等の場合は、外壁・軒裏の延焼のおそれのある部分を防火構造とし、付属する高さ2mを超える門またはへいは延焼のおそれのある部分を不燃材料でつくるか覆わねばならない
	除外規定　次の建築物は耐火・準耐火建築物等としなくてよい ①卸売市場の上屋・機械製作工場で主要構造部が不燃材料でつくられたもの、その他これらに類するもの	

表3 耐火建築物または準耐火建築物としなければならない特殊建築物

		耐火建築物としなければならない場合 用途に供する階（地上階数）	耐火建築物としなければならない場合 用途に供する床面積	耐火建築物または準耐火建築物としなければならない場合 用途に供する床面積
(1)	劇場、映画館、演芸場、観覧場、公会堂、集会など	①主階が1階にないもの および ②3階以上の階[*]	客席床面積200㎡（屋外観覧席の場合は1,000㎡）以上	—
(2)	病院、診療所（患者の収容施設のあるもの）、ホテル、旅館、児童福祉施設、下宿、共同住宅、寄宿舎など	3階以上の階[*]	—	2階部分が300㎡以上
(3)	学校、体育館、博物館、美術館、図書館、ボーリング場、スキー場、スケート場、水泳場、スポーツの練習場など	3階以上の階[*]	—	2,000㎡以上
(4)	百貨店、マーケット、展示場、キャバレー、カフェー、ナイトクラブ、バー、ダンスホール、遊技場、公衆浴場、待合、料理店、飲食店、物品販売店（床面積10㎡超え）など	3階以上の階[*]	3,000㎡以上	2階部分が500㎡以上
(5)	倉庫など	—	3階以上の部分が200㎡以上	1,500㎡以上
(6)	自動車車庫、自動車修理工場、映画スタジオ、テレビスタジオなど	3階以上の階	—	150㎡以上
(7)	危険物の貯蔵場または処理場	—	—	令116条の数量を超えるもの

＊ 階数が3で延べ面積が200㎡未満のもの（法別表第1(ろ)欄に掲げる階を同表(い)欄（2）項に掲げる用途で政令で定めるものに供するものにあっては、政令で定める技術的基準に従って警報設備を設けたものに限る）を除く

068

準耐火建築物

Point

ロ準耐は主要構造部が準耐火構造ではない

準耐火建築物には、主要構造部を準耐火構造とした「イ準耐火建築物」と、主要構造部の防火の措置により「イ準耐火建築物」と同等の性能を有するものとされる「ロ準耐火建築物」がある（図）［※1］。

イ－1　準耐火建築物

　耐火建築物とすることを要しない特殊建築物（防火地域以外の区域に建つ木造3階建共同住宅、下宿、寄宿舎など）に使用される構造。主要構造部を準耐火構造とするということはイ－2準耐火建築物と同じだが、より長い耐火時間（60分）が必要とされている。準耐火構造は、平12建告1380号に定められた構造方法、または大臣認定を受けた構造方法とする必要がある。

イ－2　準耐火建築物

　主要構造部を準耐火構造とするもので、建築物の部分の種類ごとに通常の火災時の加熱に一定時間（45分）以上耐えるものとしなければならない。準耐火構造は、平12建告1358号に定められた構造方法、または大臣認定を受けた構造方法とする必要がある。

　木造でつくるには、一定の厚さ以上の石膏ボード等により被覆するほか、木材の表面が燃えても構造耐力上支障のないことを確かめる「燃えしろ設計」により、木の部材を露しで使用することも可能となっている。

ロ－1　準耐火建築物

　外壁を耐火構造、屋根を不燃材料とするものであり、屋内についての規定はない。そのため、外壁を鉄筋コンクリート造でつくれば、屋内の壁、柱、床、梁、階段等については木造でつくることが可能となる。

ロ－2　準耐火建築物

　外壁の延焼のおそれのある部分を防火構造、屋根を不燃材料、その他の主要構造部を準不燃材料とする。耐火被覆をしない鉄骨造等を想定したものである［※2］。

※1 したがって、「ロ準耐火建築物」は「主要構造部を準耐火構造とした建築物」には該当しない。いずれの場合も、延焼のおそれのある部分にある外壁の開口部には、防火設備を設置しなければならない

※2 必ずしも柱を準耐火構造等としなくとも準耐火建築物にはなるが、3階以上の鉄骨造の建築物の柱は令70条により防火被覆の制限を受けるので、注意が必要

図　準耐火建築物の種類

主要構造部準耐火構造(イ準耐)【法2条9号の3のイ】・【令107条の2】

イー2　準耐火
(イー1は、耐力壁、柱、床、梁が60分)

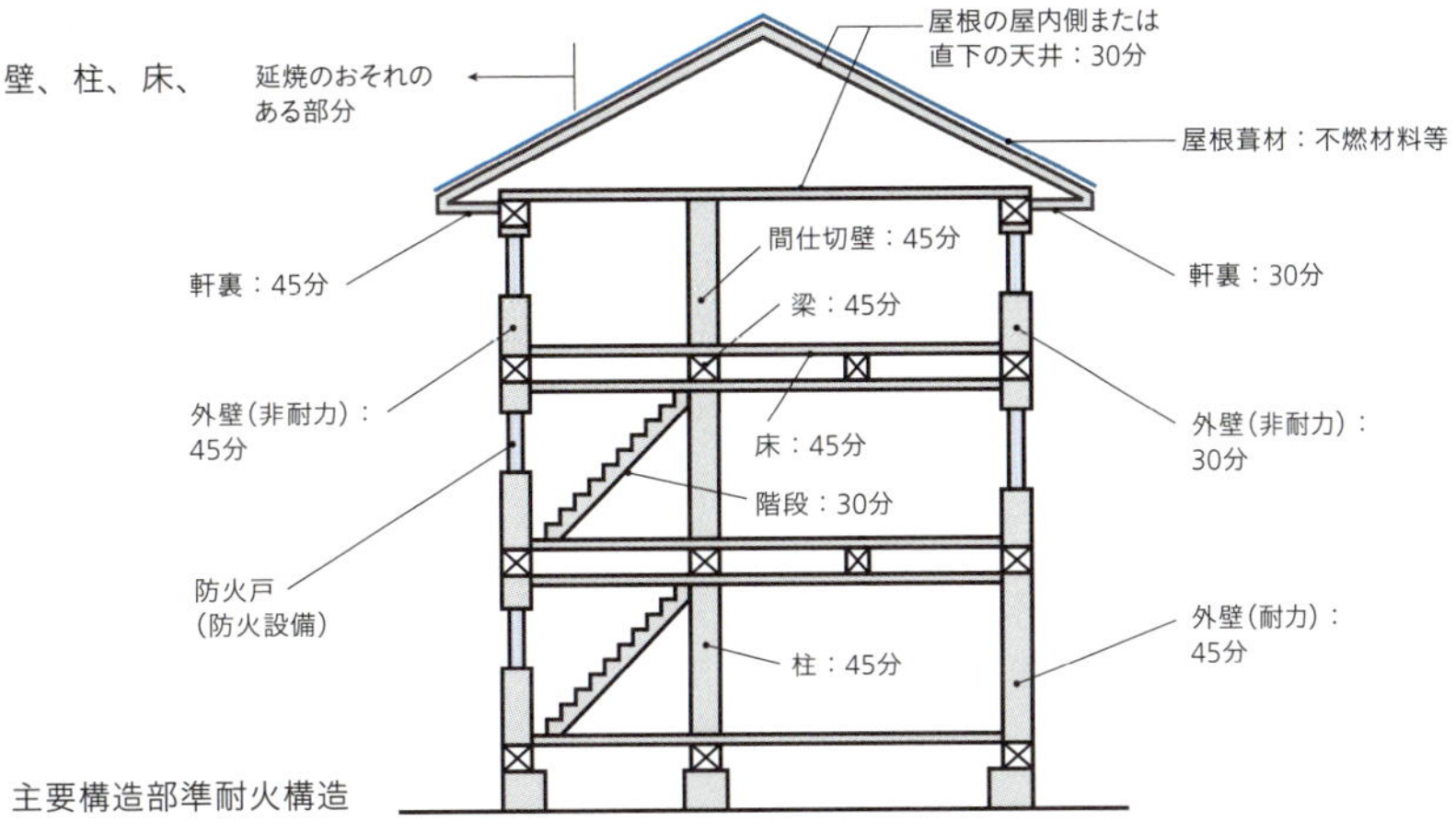

外壁耐火構造(ロー1準耐)【法2条9号の3のロ】・【令109条の3第1号】

ロー1　準耐火

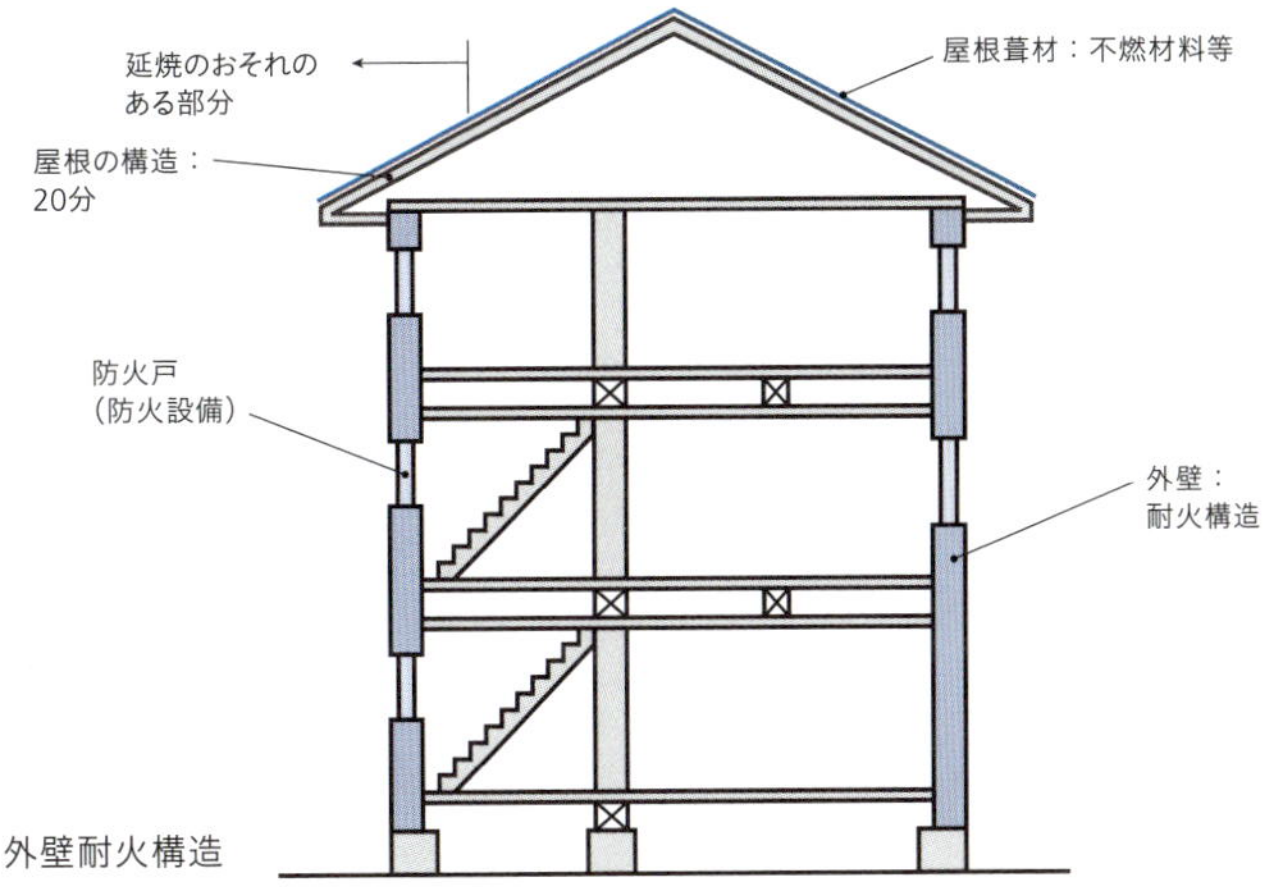

主要構造部不燃材料(ロー2準耐)【法2条9号の3のロ】・【令109条の3第2号】

ロー2　準耐火

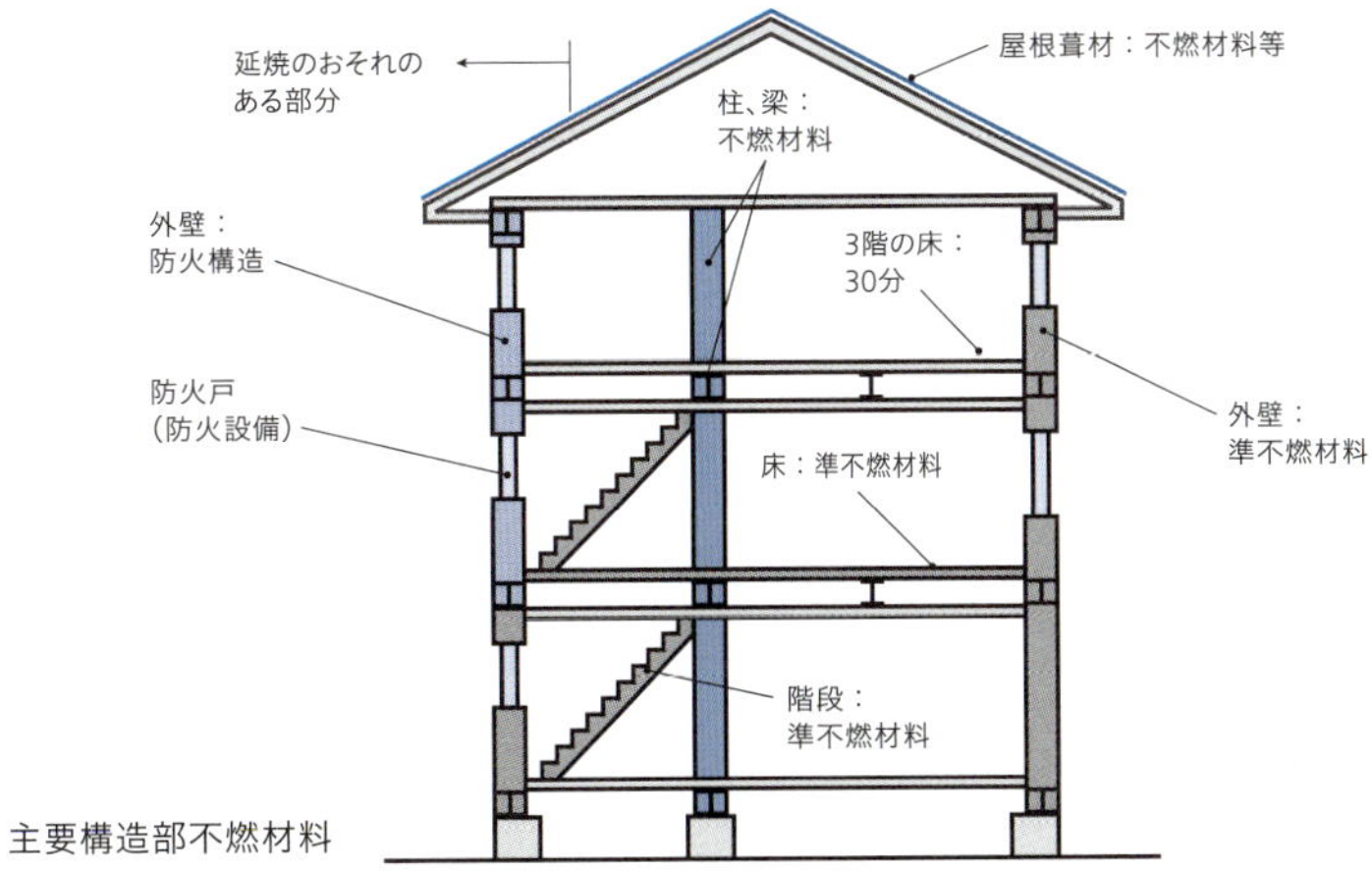

069

準耐火構造の層間変形角

Point

準耐火構造の層間変形角は1／150以内であることを確認する

主要構造部を準耐火構造とした建築物の層間変形角は令109条の2の2で1／150以内と定められている。

これは、準耐火構造に用いられる防火被覆が、地震時に想定される変形により、防火上有害な変形、破壊、脱落等を生ずるおそれがあり、そうした場合、各構造部分について、所要の耐火性能を確保できなくなることから定められたものである。

この条文には、ただし書があり、主要構造部が防火上有害な変形、き裂その他の損傷を生じないことが計算または実験によって確かめられた場合はこの限りでないとされている。

確認方法

計算で確かめる場合には、

①許容応力度計算を行い、層間変形角が1／150以内であることを確認する方法

②令46条の壁量計算の壁量を1・25倍とする方法

がある（図）。

令46条の壁量計算は、地震時に層間変形角が1／120となることを想定した検討である。そのため、一般的には、壁量を1・25倍（150／120）すれば、1／150以内の層間変形角を確保できると考えられるが、この取り扱いについては特定行政庁や指定確認検査機関に確認すること。

なお、準耐火構造の層間変形角の確認については「地震時」を想定したものであるため、令46条の壁量計算は地震力に対する検討のみで、風圧力の検討は不用となる。地震力用係数は表に示したとおりである。

4号建築物でも「防火地域・準防火地域内の一戸建住宅」や「事務所、店舗、長屋といった一戸建住宅以外の建築物」は審査省略の特例対象とならず、確認申請図書への明示事項となるので注意したい。

図 確認方法

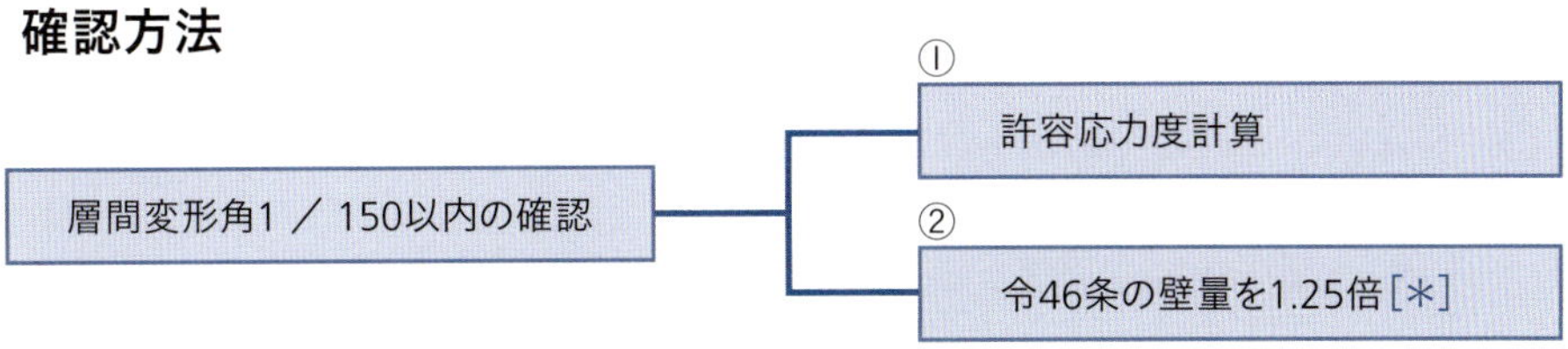

＊ 取り扱いについては特定行政庁や指定確認検査機関に確認すること

①許容応力度計算による場合

許容応力度計算を行い、層間変形角1 ／ 150以内であることを確認する

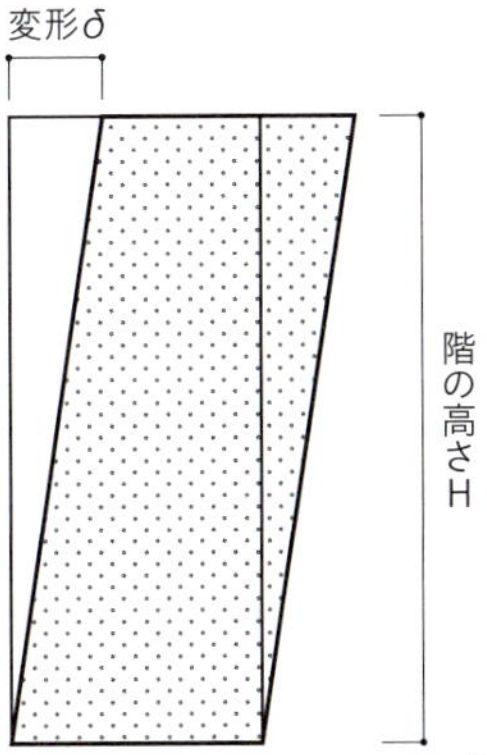

変形角 ＝ $\dfrac{\text{変　形}}{\text{階の高さ}} = \dfrac{\delta}{H}$

図　壁の変形角の考え方

②令46条の壁量を1.25倍する場合

基準法地震力に対する必要壁量（令46条の壁量）　　層間変形角1 ／ 150の確認の場合

地震力用必要壁量 ＝ 床面積 × 地震力用係数 × 1.25

床面積：基準法で用いる各階の床面積
地震力用係数：建物の種類に対応して表から該当する値

表 地震力用係数

建物の種類	地震力用係数（cm/㎡）
軽い屋根 ・金属板 ・スレート葺き 等	 平屋建て：11 2階建て：2階 15、1階 29
重い屋根等 ・土蔵造 ・瓦葺き 等	 平屋建て：15 2階建て：2階 21、1階 33

（層間変形角1 ／ 120となることを想定した地震力用係数）

070

景観地区・地区計画

Point

地域による個性のある街づくりのルール

景観地区とは

景観地区とは、従来、美観地区としていたものが、平成16年に施行された景観法によって景観地区として整備されたもので、緩やかな規制誘導により景観を保全するための景観計画区域内において、より積極的に、良好な景観形成を誘導するために定められる（図1）。

景観地区が定められると、その区域内にある建築物、工作物および開発行為に、一定の形態意匠の制限を受け、適合しなければ、確認、許可がされない。またデザイン・色彩については、認定を受けなければならない。

なお、都市計画区域および準都市計画区域外であっても、景観計画区域が定められていることがあり、さらに準景観地区として、景観地区同様の規制を受けることがあるので、注意が必要である。

地区計画とは

地区計画とは、他の都市計画を前提に、ある一定のまとまりをもった地区を対象に、その地区の実情に合ったよりきめ細かい規制を行う制度である（図2）。

地区計画が定められると、地区整備計画により、一定の制限を設けることになるが、この制限の内容が条例により定められると、適合していない場合は法に基づく建築確認がされない。

条例となっていない地区整備計画についても、都市計画法に基づく届出が必要となり、適合していない場合は、勧告等がなされることがある。

従来は、建築協定がその地区の実情に合ったよりきめ細かい規制の役割を担っていたが、協定締結の際の煩雑さや、実効性が担保されにくいことから、最近では地区計画制度の活用が広まっている。

図1 景観地区

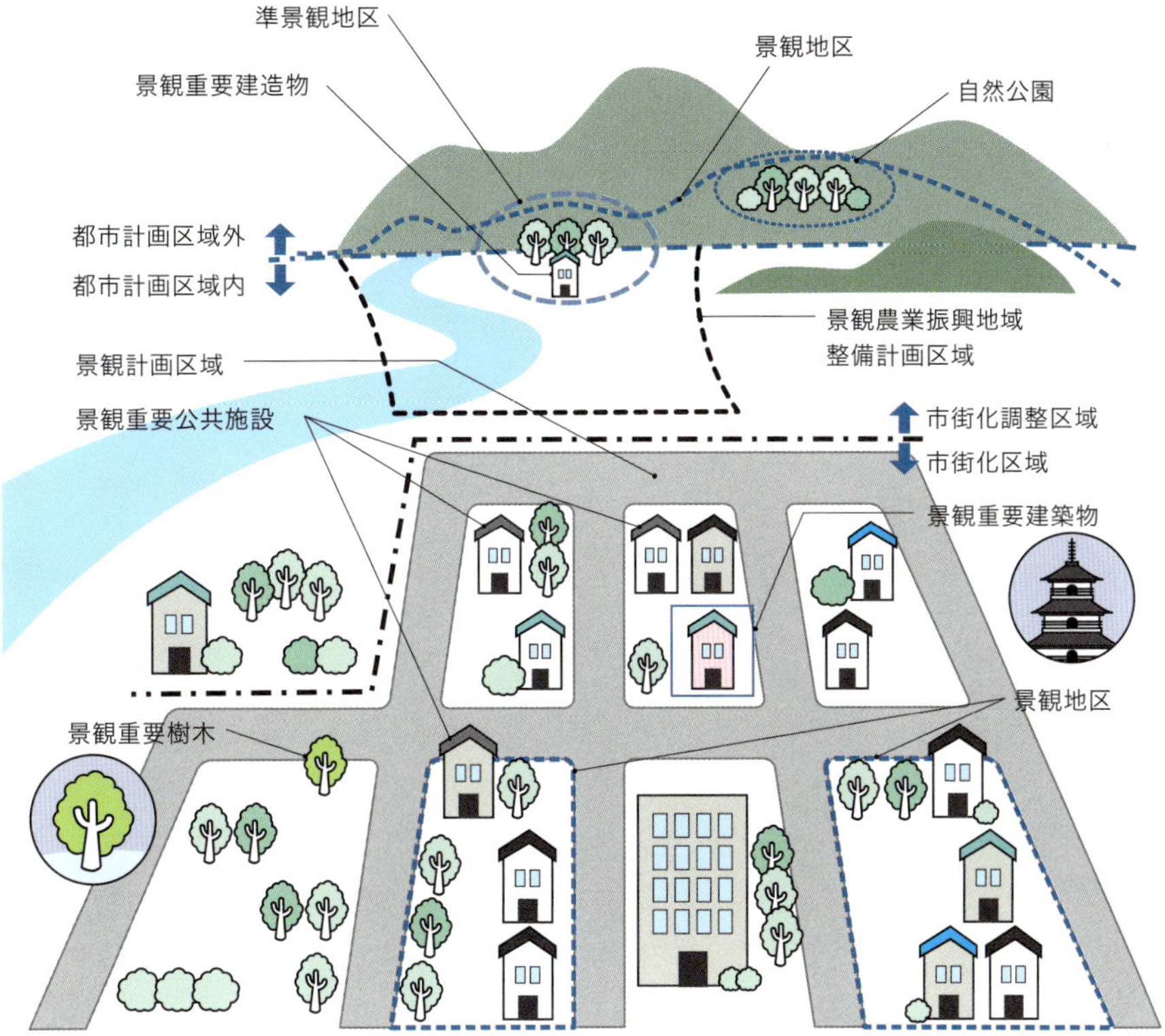

図2 地区計画

・きめ細かな土地利用に関する計画と、小規模な公共施設に関する計画を一体的に定める詳細計画

地域の実情に応じたきめ細かな街づくりを進めるため、詳細計画である地区計画の策定を積極的に推進

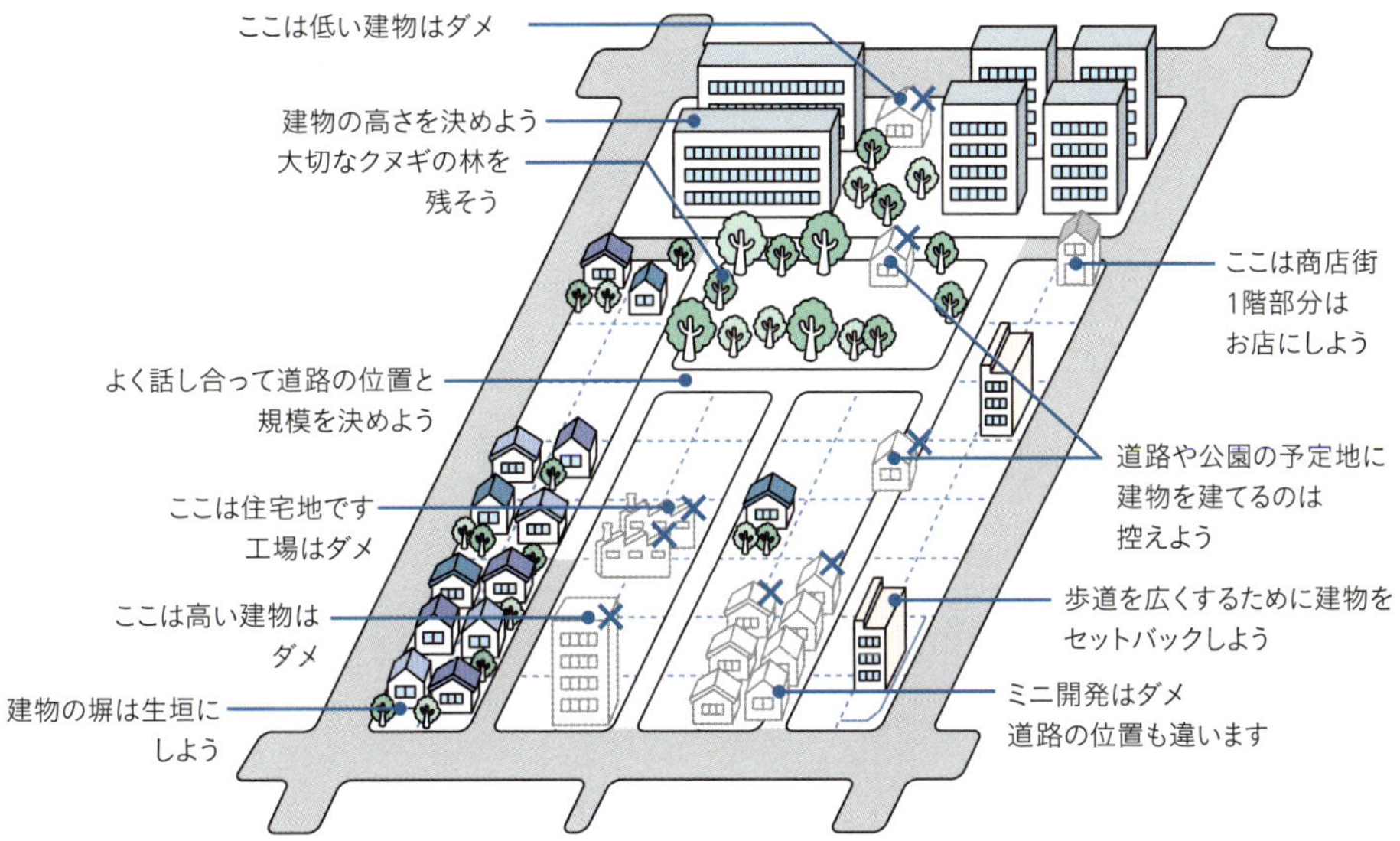

071

消防法

Point

感知器の設置が必要な室は自治体条例を確認

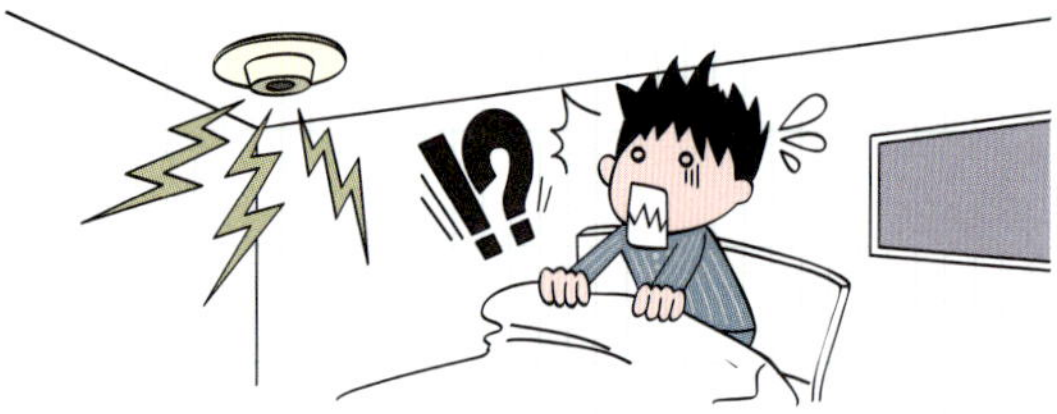

住宅用防災機器の設置

建築基準関係規定である消防法の規定により、住宅用途の建築物には住宅用防災機器を設置しなければならない（消防法9条の2）。

住宅用防災機器には、住宅用防災警報器と住宅用防災報知設備がある［※1］。住宅用防災警報器は、天井または壁（天井付近）に設置し、火災による煙を自動的に感知し、警報音により住宅の内部にいる者に火災発生を報知する。住宅用防災報知設備は、火災による煙を自動的に感知し、火災信号を直接または中継器を介して防災センターや管理室の受信機に送信し火災発生場所の表示および警報を発する［※2］。

感知器を設置すべき部分

煙感知器は、寝室のほかに、条件によって、階段、廊下に設置しなければならない。自治体の条例により、設置基準が定められているので、事前に所轄の消防署に確認する。

申請図書に明示すべき事項

住宅用防災警報器の場合、警報器の設置場所と感知部の種別、取り付け位置が基準に適合していることを明示する。住宅用防災報知設備の場合、感知器の設置場所・種別などのほかに、中継器、受信機、補助警報装置の設置場所と仕様を明示する（図1）。

火災予防条例による規制

消防法では、火災の発生のおそれのある設備の位置、構造などの基準は、市町村が定める火災予防条例で規定するとされており、IHクッキングヒーターを含む厨房設備のレンジフードや排気ダクト、給湯設備に関する基準が定められているので、確認申請に添付する図書で、これらの基準に適合していることを明示する（図2）。

※1 共同住宅で、消防法の規定により住宅用スプリンクラー設備、または自動火災報知設備を設置している場合、その設備の有効範囲内には、住宅用防災機器は設置しなくてもよい

※2 住宅用防災警報器とは、一般的に感知部と警報部が一体となっている。また住宅用防災報知設備とは、一般的に感知器、中継器、受信機および補助警報装置で構成される

図1　住宅用火災警報器の取り付け

〈天井に設置する場合の設置位置〉

・壁または梁から0.6m以上離れた位置に設置する

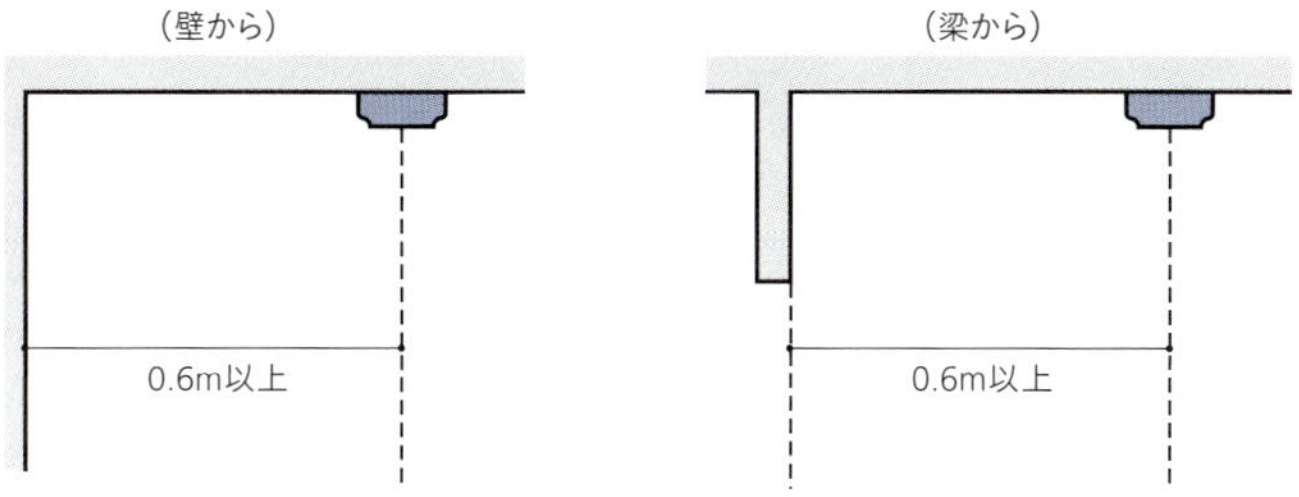

〈壁に設置する場合の設置位置〉

・天井から15cm以上50cm以内の位置に設置する

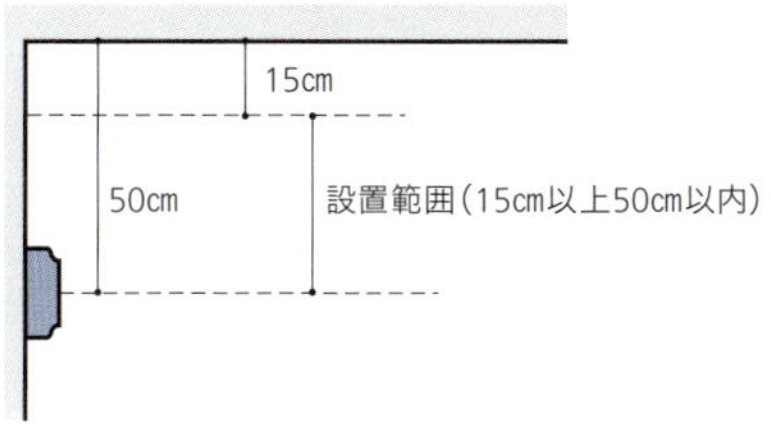

〈換気口やエアコン等の空気吹出し口がある場合の設置位置〉

・1.5m以上離れた位置に設置する

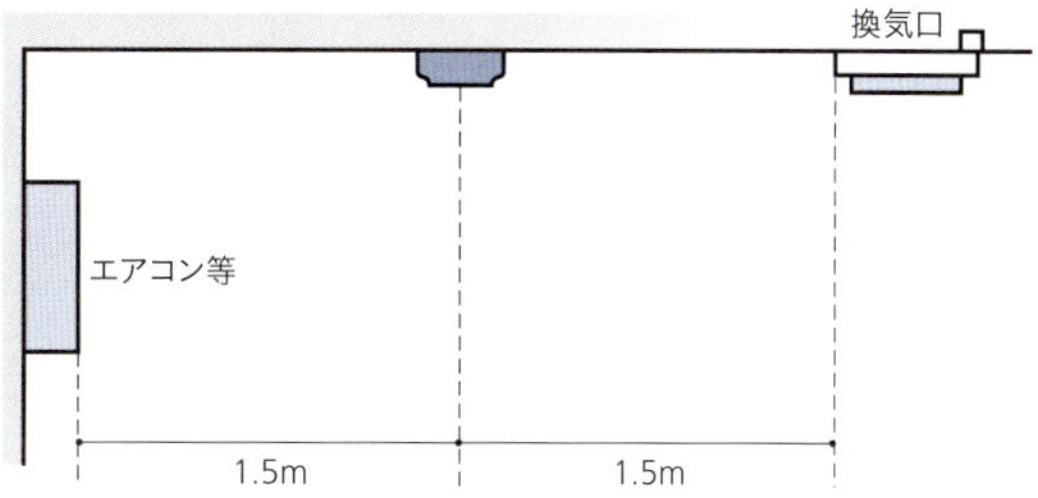

図2　火災の発生のおそれのある設備の設置基準例(IHクッキングヒーターの場合)

・周囲に可燃性の壁・棚等がある場合や、可燃性の壁にステンレス板を張り付けて使用する場合は、下図に準じる

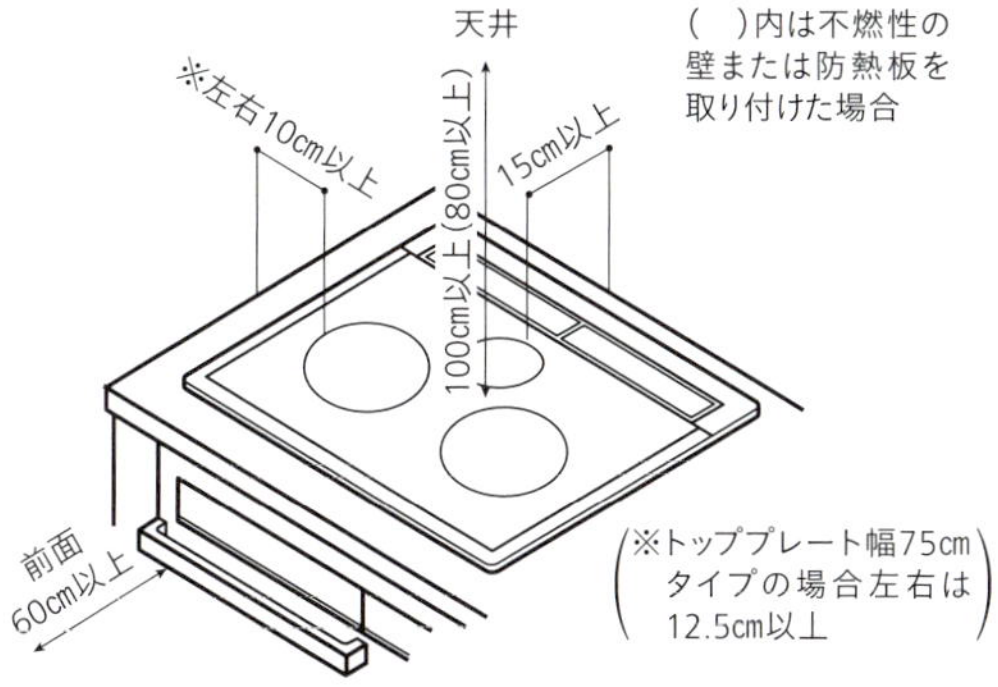

(消防法基準適合組込形)

・可燃性の壁より、左記の距離を離して据付けできない場合は、防火上有効な防熱処理をする

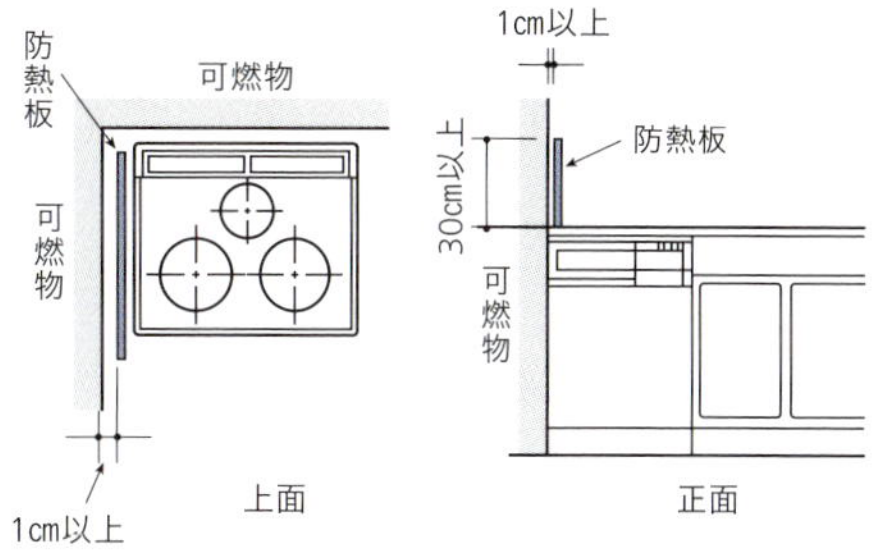

072

水道法・ガス事業法

Point

ガス機器の仕様やガス漏れ警報の位置を明示

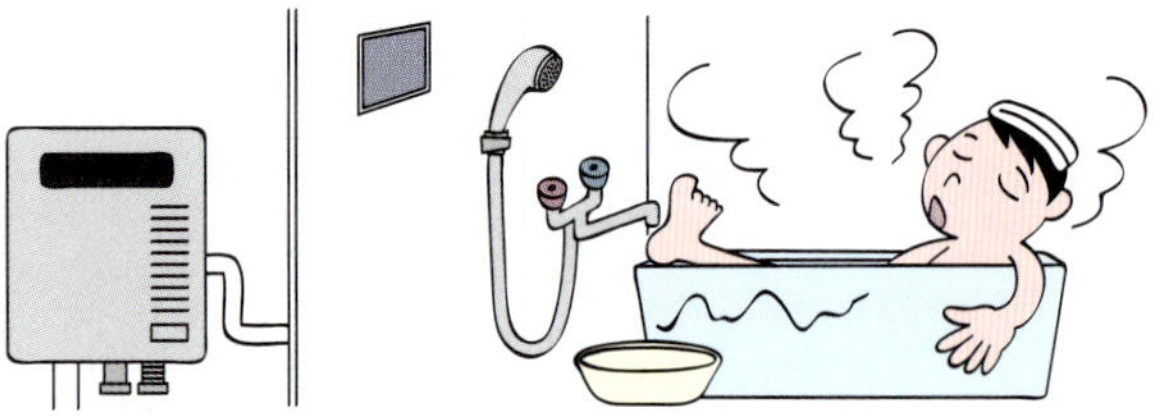

建築確認申請とガス設備

ガス設備の技術上の基準は、建築基準法で、3階以上の階を共同住宅に供する建築物の住戸に設けるガス配管設備について規定されているほか、建築基準関係規定であるガス事業法などにより規定されている。

都市ガス設備は、ガス事業法に、また、LPガス設備を家庭用に使用する場合は液化石油ガスの保安の確保および取引の適正化に関する法律（液石法）に技術上の基準が定められており、ガス設備がこれらの建築基準関係規定に適合していることを、確認申請の図書に明示する。

ガス設備と消費機器の技術上の基準

ガス事業法の建築基準関係規定の該当条項では、主にガス燃焼機器の排気筒の構造などが定められている。

液石法の該当条項では、家庭用の50kgボンベの火気との離隔措置と消費機器との間の配管の構造や、ガス消費機器回りの配管の構造、ガス燃焼機器の排気筒の構造が定められている［※］（図2）。

なお、基準法施行令では、3階以上の階を共同住宅に供する建築物の住戸のガス配管設備について、ガス漏れ警報設備の構造と、警報設備を設置しない場合のガス栓の構造が定められており、これらに適合していることを明示する（令129条の2の4）（図1）。

建築確認申請と水道法・下水道法

水道法の建築基準関係規定では、給水装置（水道本管に直結した給水管・給水器具）の構造と材質について、下水道法の規定では、公共下水道に接続される敷地内の排水設備の構造について定められており、これらに適合していることを明示する。

※ 図書の作成にあたっては、（財）日本ガス機器検査協会発行「ガス機器の設置基準及び実務指針」が、ガス燃焼機器の設置に関する技術上の基準について、建築基準関係規定も含め関係法令を網羅して図解で解説されており、参考にしてほしい

図1 ガス漏れ警報器の設置例

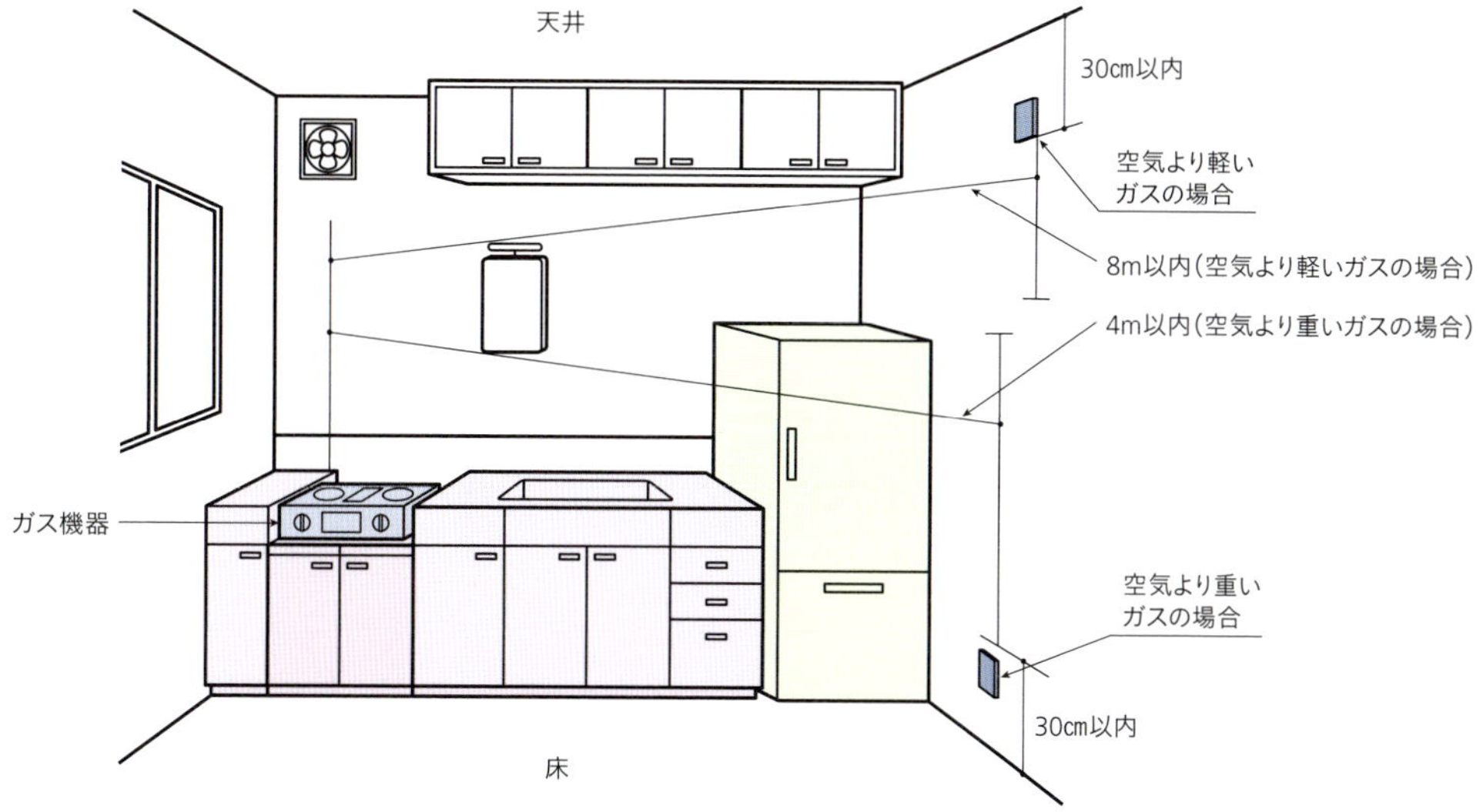

図2 ガス機器設置状況の確認ポイント例

給排気方式	設置のポイント
屋外式（RF） （屋外の軒下等に据え置く場合の例） 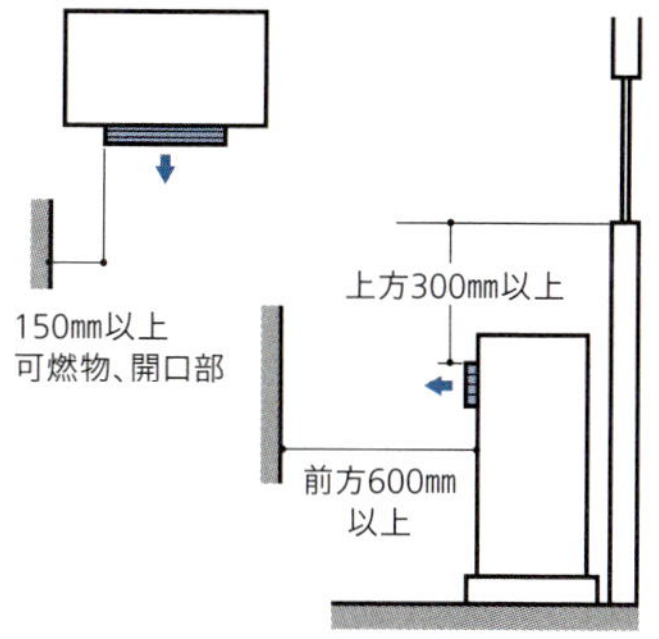 	①排気延長する場合は排気筒は屋内を通さない ②ガス機器は十分開放された排気の滞留しない屋外空間に設置する ③ガス機器・排気吹出し口と可燃物との離隔距離をとる ④燃焼排ガスが室内に流入しないよう建築物開口部（窓・隙間等）と排気吹出し口は離隔距離をとる ⑤バルコニー等へ設置する場合は幅600mm以上の避難通路を確保する ⑥廊下床面から排気吹出し口下端まで1,800mm程度とする
開放式（小型湯沸器） 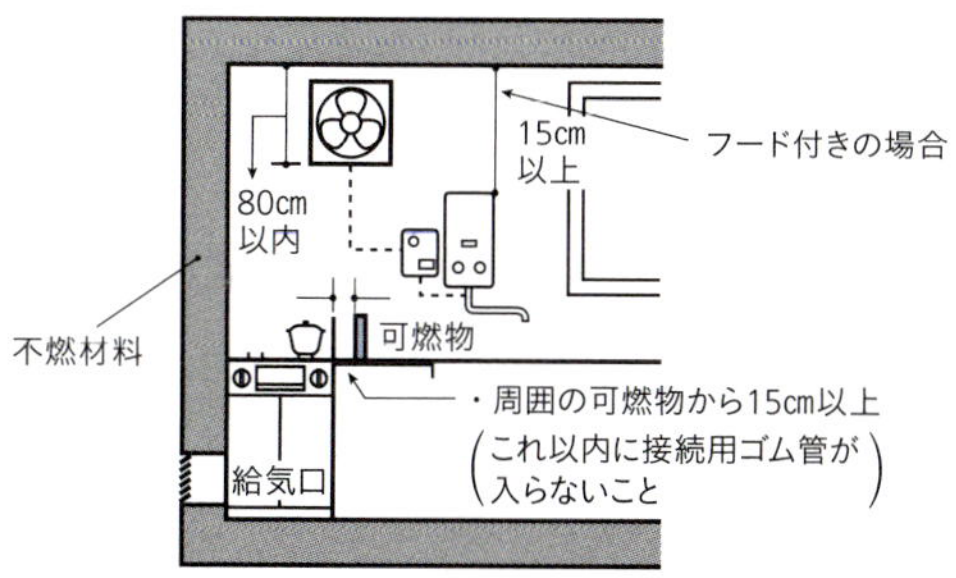 	①ガス機器設置室に換気扇またはレンジフードを設ける ②換気扇はガス消費量に応じた適正風量のものを選定する ③ガス機器と可燃物との離隔距離をとる ④湯沸器をコンロの真上には設置しない ⑤湯沸器を浴室内へは設置しない ⑥湯沸器を理美容院等腐食性のガスの発生する場所には設置しない

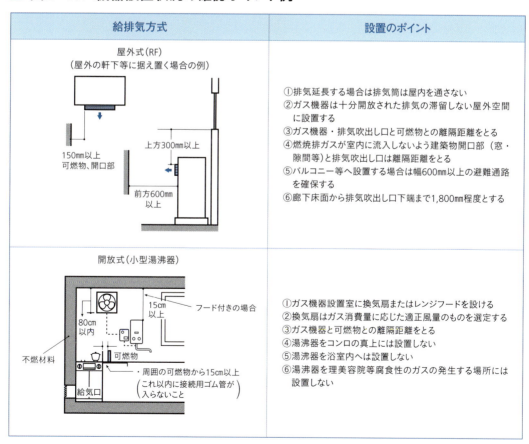

073

バリアフリー法・都市緑地法

Point

建築基準関係規定であることに注意

バリアフリー法について

平成6年に制定された「高齢者、身体障害者等が円滑に利用できる特定建築物の建築の促進に関する法律（ハートビル法）」は、建築物のバリアフリー化に関して努力義務を課していた。それが、平成14年改正により、一定規模以上の建築物についてバリアフリー化を義務付け、建築基準関係規定として、建築確認の審査対象とした（図1）。

さらに、平成18年に、「高齢者、身体障害者等の公共交通機関を利用した移動の円滑化の促進に関する法律（交通バリアフリー法）」と、ハートビル法を再編し、「高齢者、障害者等の移動等の円滑化の促進に関する法律（バリアフリー法）」として施行した。

バリアフリー化が義務となるのは、一定規模以上の特別特定建築物であるが、地方公共団体の条例により、その対象規模を引き下げたり、特別特定建築物に特定建築物の一部が追加されたりしていることがあるため、注意が必要となる。

都市緑地法について

都市緑地法による緑化地域制度とは、市街地などにおいて効果的に緑を創出していくために、一定規模以上の敷地を有する建築物の新築や増築を行う場合に、定められた面積以上の緑化を義務付ける制度である（図2）。

緑化地域が指定された場所での建築確認の際には、市町村長が交付する適合証明通知書（適合証明にかかわる申請書およびその添付図書の写しを含む）が添付されていることを確認し、完了検査では、その適合証明通知書に記載されている緑化施設が整備されているか、確認検査員が目視により確認する。なお、完了検査前に完了届の提出が必要な地域もあるため、注意が必要だ。

図1　バリアフリー化とは

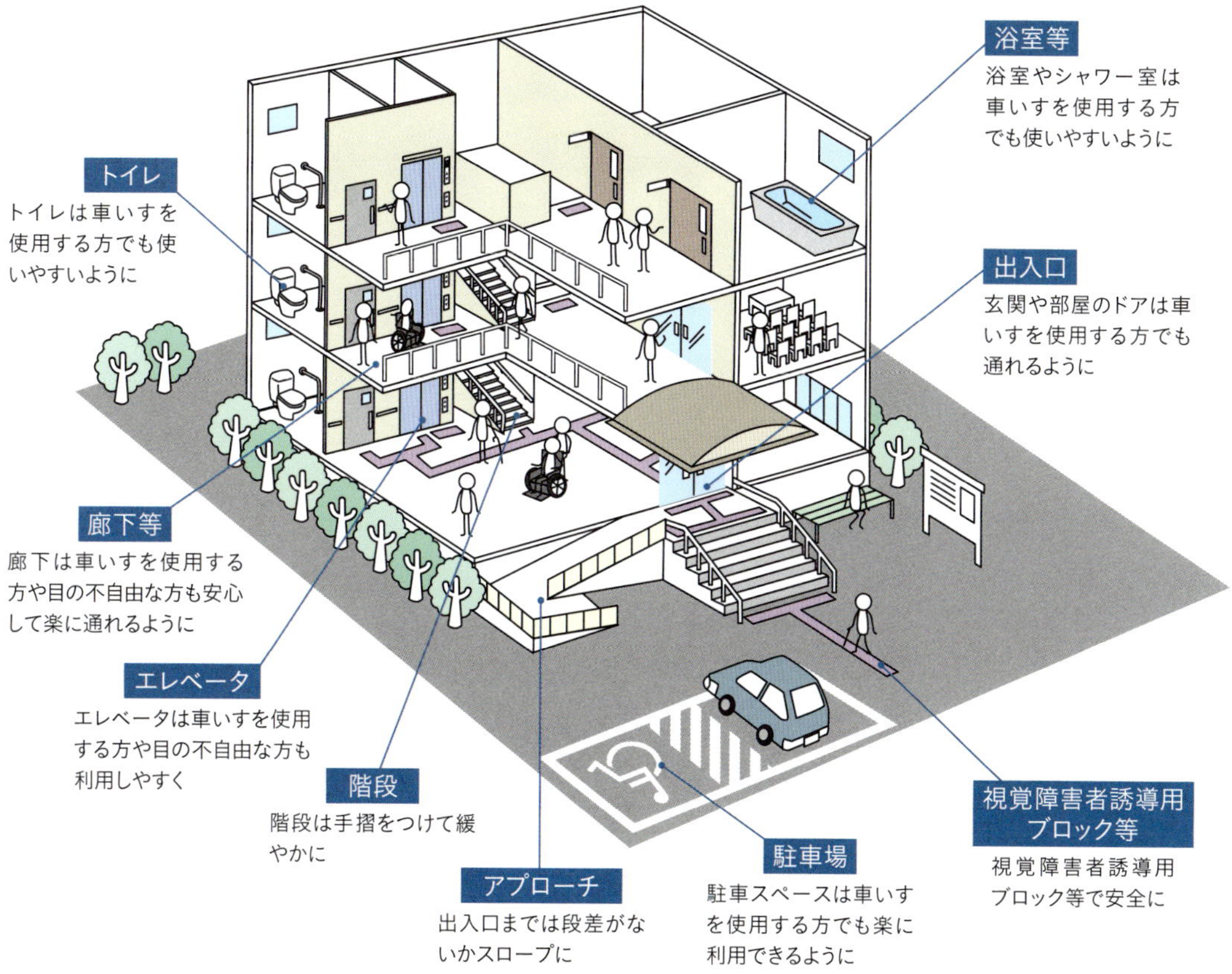

図2　「緑化地域」制度

都市中心部などでは、都市公園の整備等の公的空間による緑の確保には限界

↓

市街地の大半を占める建築敷地の緑化を強力に推進することが必要

↓

緑化地域制度の創設

対象区域　「用途地域が指定されている区域内」で「良好な都市環境の形成に必要な緑地が不足している地域」において、緑化地域として都市計画決定

規制の対象　敷地面積が政令で定める規模（ただし条例により対象規模を一定の範囲で引き下げることができる）以上の建築物の新築・増築（従前の床面積の2割程度以上の増築を想定）

規制の内容　建築敷地の緑化率を、都市計画に定める緑化率の最低限度以上とすることを義務付け（建築基準関係規定とみなす＝建築確認の要件となる）

＊緑化率の最低限度の上限＝「敷地面積の25%」または「1－（建蔽率＋10%）」のうち小さい数値
＊地区計画により同等の緑化率規制が行える制度も創設

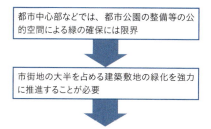

074

面積算定における区画の中心線

Point

構造により区画の中心線のとり方は異なる

面積算定の基本

「床面積」および「建築面積」の算定方法については、法92条に基づき、令2条1項2号および3号に規定されている。それぞれ「外壁又はこれに代わる柱の中心線」、「壁その他の区画の中心線」で囲まれた部分としている（図1）。

「床面積」と「建築面積」とでは、それぞれの制定趣旨から、算定について相関関係はないが、壁がある場合の算定については共通点も多いため、ここでは、具体例を挙げて解説する。

地域により異なっていた取り扱い

従来、面積算定について、前述した定義だけでは算入部分を判断しにくい部位が多かった。そのため、「昭和32年11月12日建設省住指発第1132号新潟県土木部長あて」および「昭和39年2月24日建設省住指発第26号各特定行政庁主務部長あて」例規が発出された。しかしそれでも個々の具体的な事例についての判断が分かれたり、自然条件や市街地の状況などによって独自の判断基準を定めたりすることが多かった。そのため、建設省では「昭和61年4月30日住指発115号」にて、ピロティ、吹きさらしの廊下、屋外階段等の床面積の算定および壁その他の区画の中心線の設定について、各特定行政庁主務部長あてに通知した［※］。

特殊なケースの算定方法

たとえば、垂直でない外壁面を有する建築物の建築面積の算定については、最も外側となる部分の水平投影面積による（日本建築行政会議）との判断が出されているが、床面積については言及されていない。床面積については、その制定趣旨から、床として利用可能な部分を算定することとなろう。

※ なお、平成12年4月の「地方分権の推進を図るための関係法律の整備等に関する法律」の施行により、前述した建設省による通達は法的な拘束力を失ったが、地方自治法245条の4第1項に基づく技術的な助言として、現在も運用されている

図1　区画の中心線の設定方法（166頁に続く）

＊特定行政庁により異なる扱いを示す場合もある

①木造の建築物

木造建築物では原則として主要な構造部材の中心線でとる

凡例 ■:床面積に算入する部分　□:床面積に算入しない部分

イ）在来軸組工法（真壁構造）

軸組工法の場合は柱の中心線でとる

ロ）在来軸組工法（大壁構造）

軸組工法の場合は柱の中心線でとる

ハ）枠組壁工法

枠組壁工法の場合は壁を構成する枠組材の中心線でとる

ニ）丸太組工法

丸太組工法の場合は、丸太材等の中心線でとる

ホ）仕上材についての考え方

壁のみの中心線であり、仕上材を含む壁体全体の中心線ではない

中心線は、主要な構造部材の中心でとる

②RC造、SRC造等の建築物

RC造やSRC造の建築物では、主要な構造躯体（RC造、PC造の壁体）の中心線でとる

イ）一般的な壁の場合

外側に打増しした場合も躯体部分の中心線でとる

内外装の仕上材により壁全体の厚みが変化するが、壁全体の中心ではなく、構造躯体の中心でとる

ロ）地下室の2重壁の場合

地下室等で外部からの漏水を防ぐために設けられた2重壁における区画の中心線の考え方は、主要な構造躯体であるRC壁の中心とするのが妥当であろう。内側のCB壁は構造躯体ではなく、構造躯体と一体となっているとも考えにくいためである（CB壁がない場合もある）。ただし排煙や採光を考える際に内部空間の面積として、内側のCB壁の中心で室の有効面積を算出するのは、差し支えないと考えられる

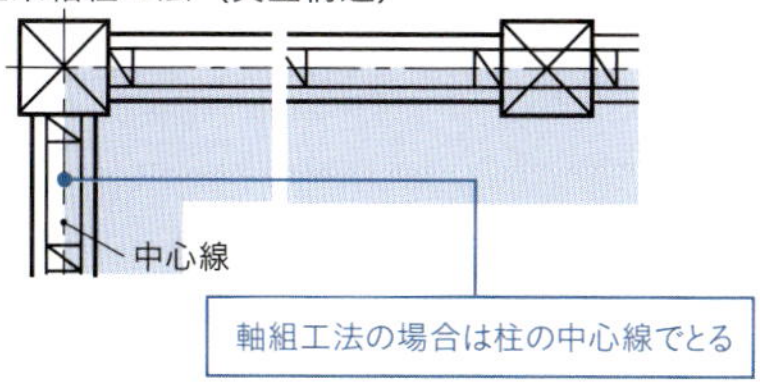

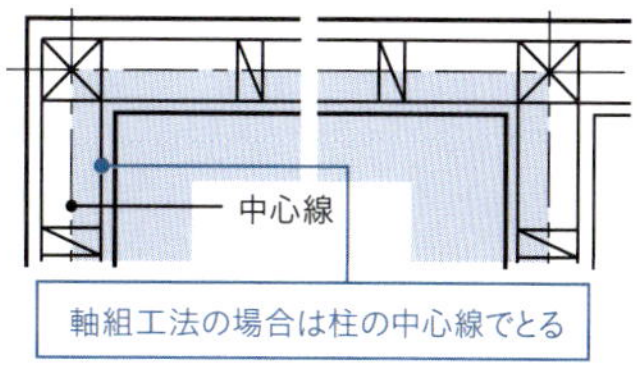

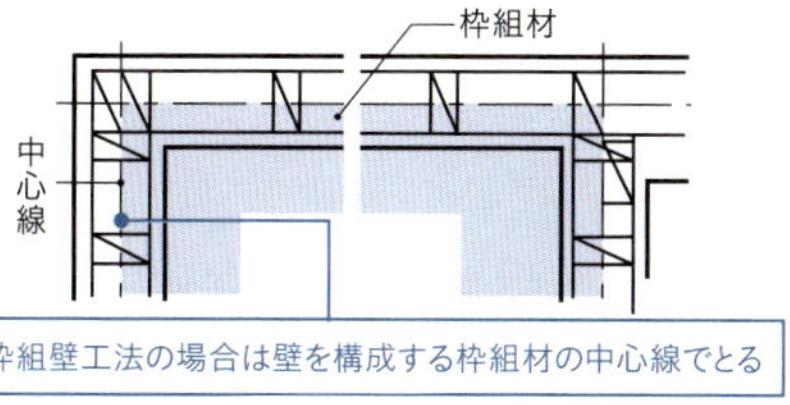

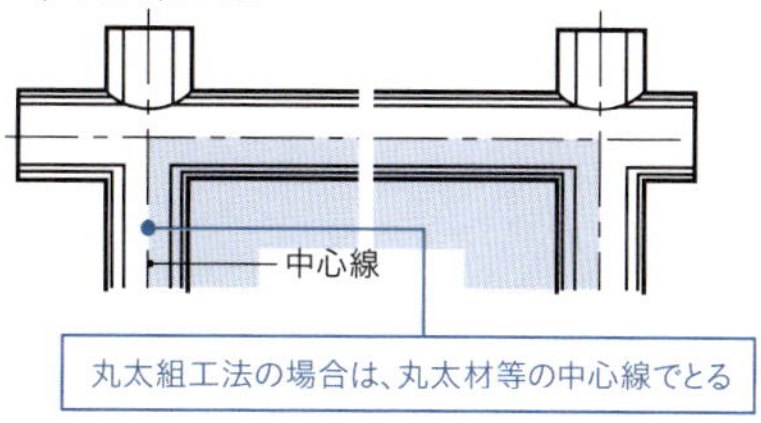

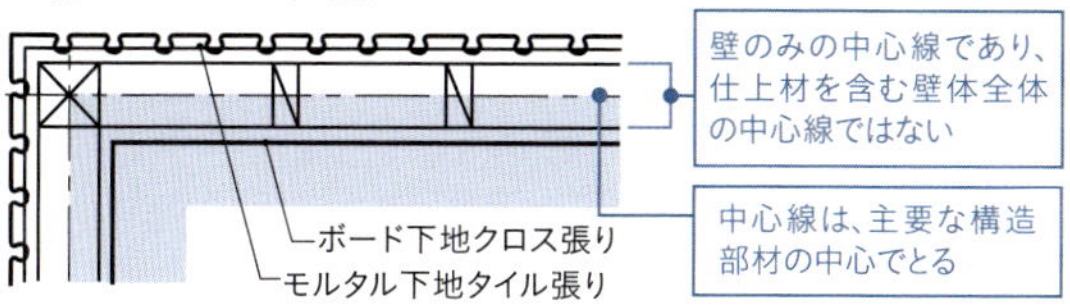

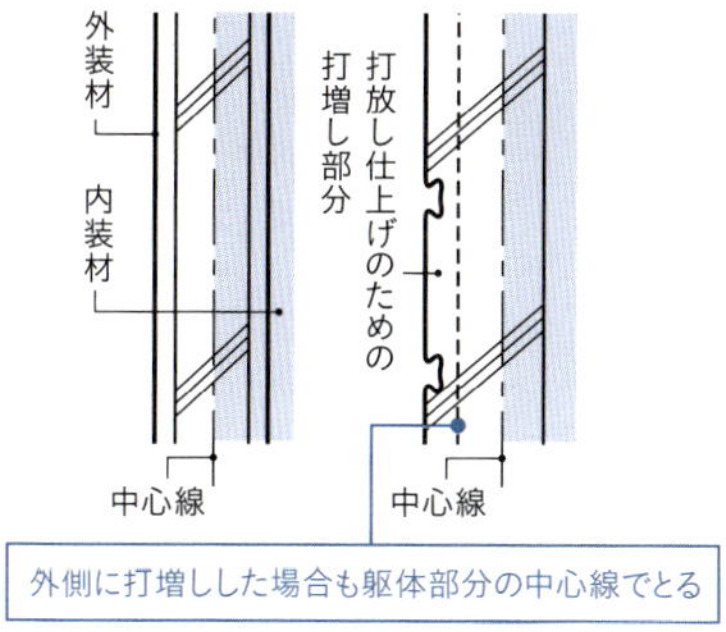

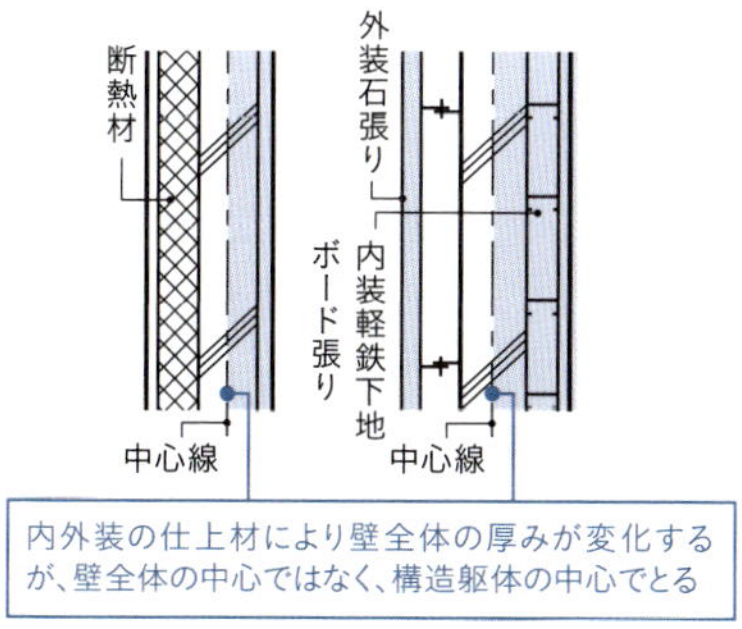

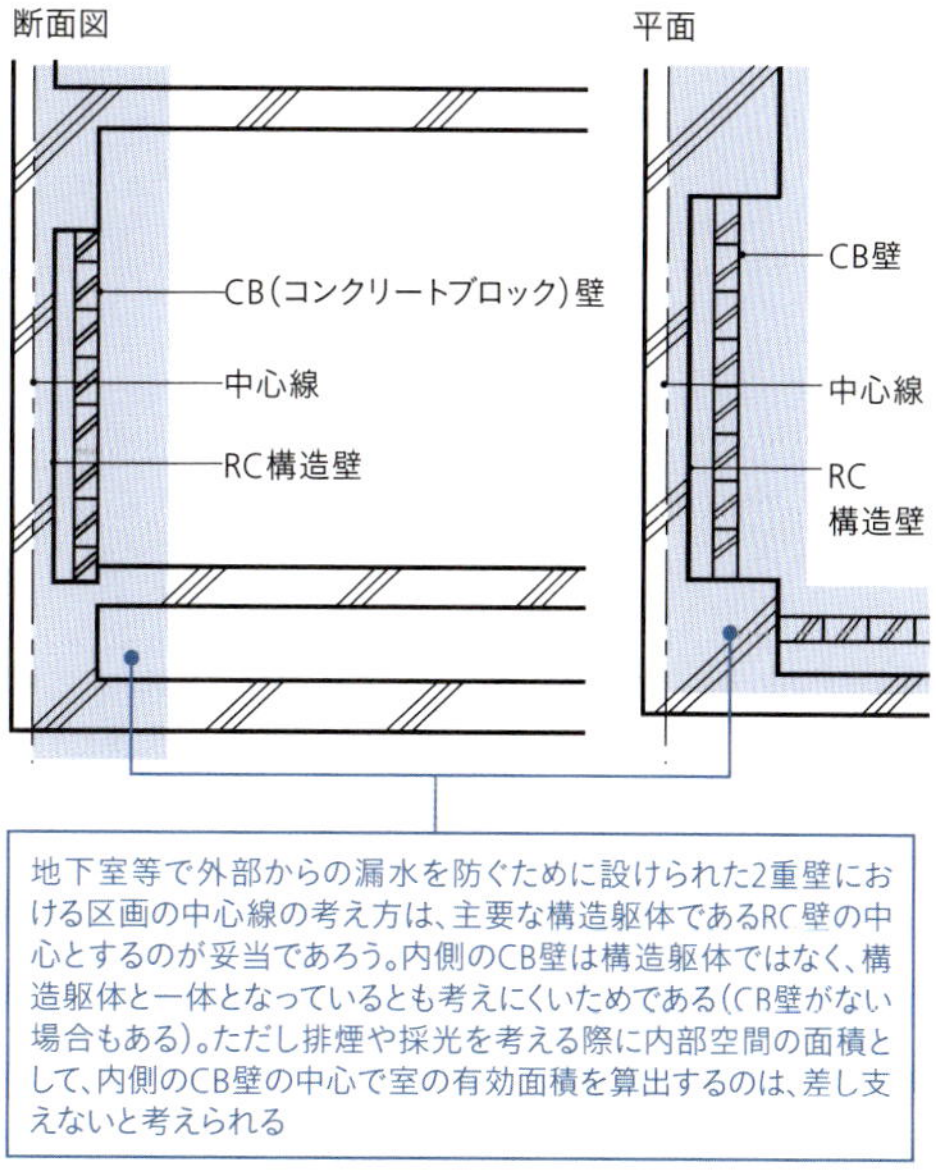

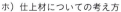

図1　区画の中心線の設定方法(165頁の続き)

③鉄骨造の建築物

鉄骨造の場合は、柱等の軸組にパネルを取り付ける工法が一般的なので、外壁部分を構成するこれらのパネルの中心線でとる。薄いパネルの場合にはそれを取り付ける胴縁の中心線でとる

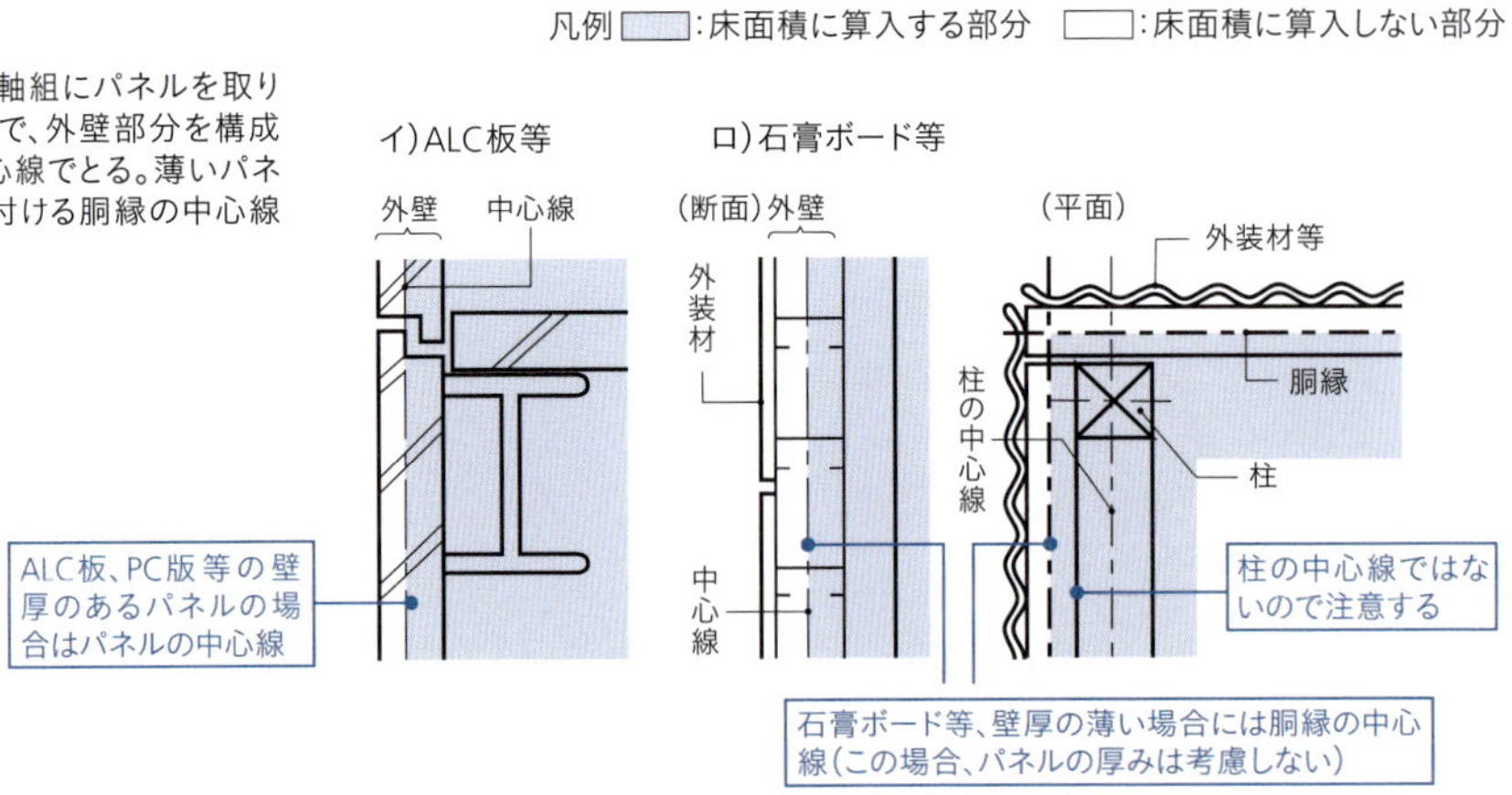

④CB造、組積造の建築物での中心線のとり方

CB造、組積造の場合には、外壁等の主要な構造躯体の中心線でとる

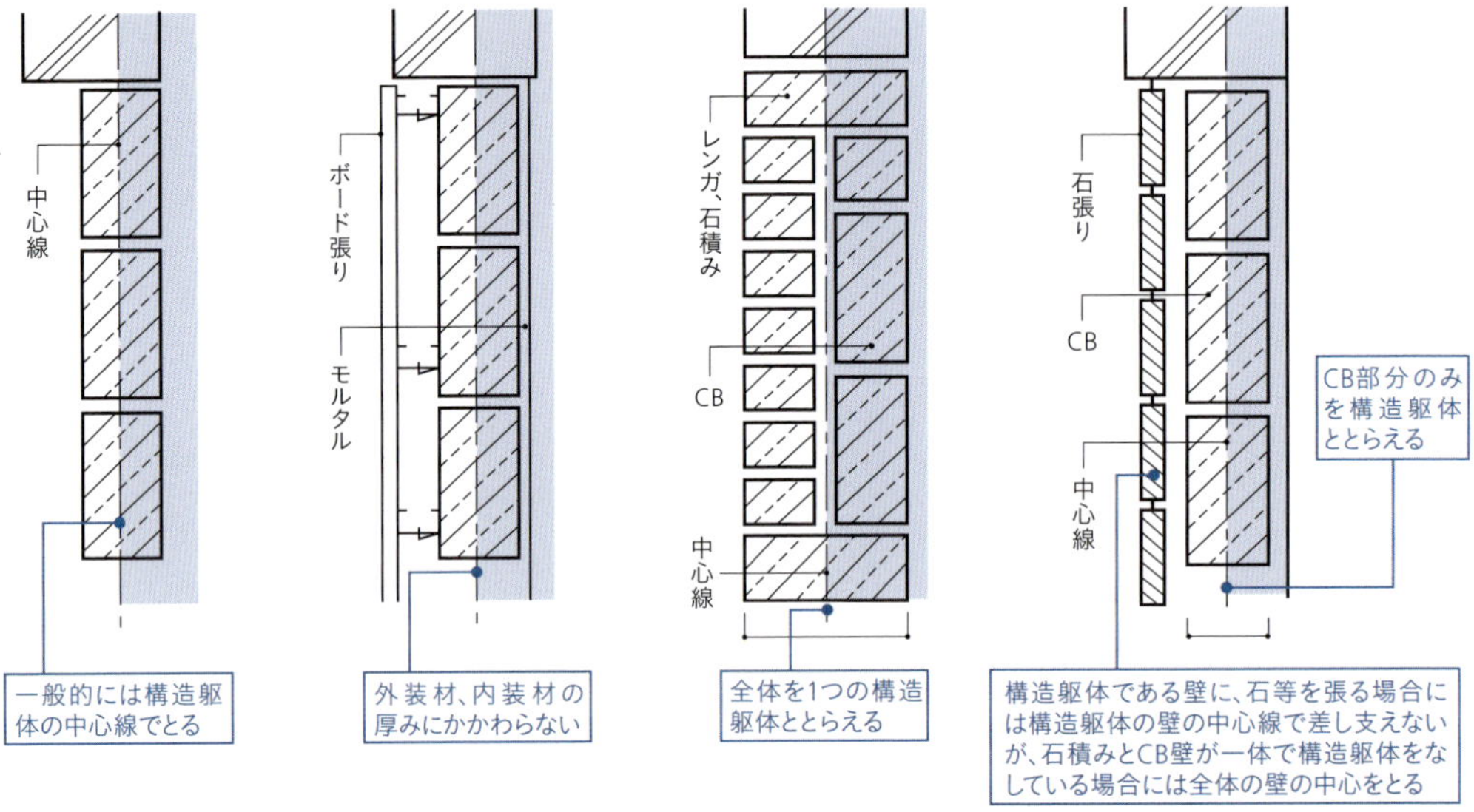

⑤エキスパンションジョイントがある場合

エキスパンションジョイントにより双方の壁が接している場合は、エキスパンションジョイントと接続部分の壁とを合わせた部分を1つの区画とみなすものとする。したがって、各階において当該区画の中心で囲まれた部分を、床面積の対象として算入する

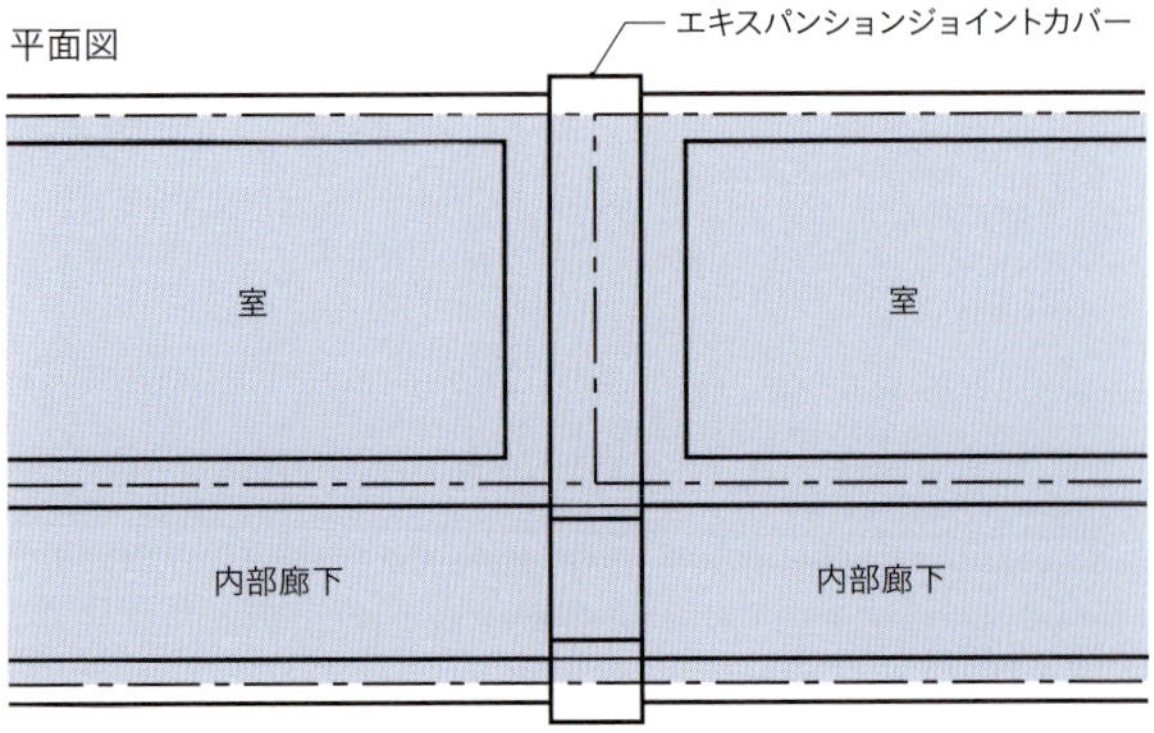

075

路地状敷地

Point

特殊建築物は、さらに制限されていることが多い

路地状敷地

路地状敷地とは細い通路状の路地のみで道路に接する敷地のことである（図1）。敷地の形状から旗ざお地とも呼ばれるが、条例では路地状敷地と規定されている。また、路地部分を敷地延長と呼ぶこともある。

路地部分の幅員は最も狭い部分の幅員で測定する（図2）。法43条により建築物の敷地は道路に2m以上接しなければならないが、路地状敷地の場合は道路に2m以上接するとともに、この路地部分の幅員が2m以上なければ接道しているとみなされない。

路地状敷地は敷地全体に比べて道路に接する長さが短いため、路地の長さが長いほど日常的に不便なだけでなく、災害時などでの消防活動や避難の確保が容易ではなく、支障をきたすおそれが大きくなる。このため、条例で路地状敷地の制限が定められている場合は、路地の長さが長くなるほど、路地の幅員を広くするよう規制されている。

都市ごとに異なる取り扱い

参考として、路地状敷地の制限を定めている主要な都市の条例内容を紹介する（表）。

関西や九州など比較的敷地条件に恵まれている西日本では、路地状敷地の制限をしているところは少ない。また、東京や京都など敷地が込み入っている都市は、路地幅員に対して路地長さがほかの都市より長めでもよいことになっている。

このように都市ごとに条例を比較して見ていくと、その都市の条件に合った内容で設定されているのが分かる。

さらに厳しい特殊建築物

どの地域でも、大型物販店舗など特殊建築物は、接する道路幅員や接道長さを長くするよう規定されている。

図1　路地状敷地の一般的な形状

路地長さが長いほど、災害時における避難や消防活動に支障をきたすことが想定される。路地長さが長くなるほど路地幅員を広げるよう、条例で定めている特定行政庁が数多くある

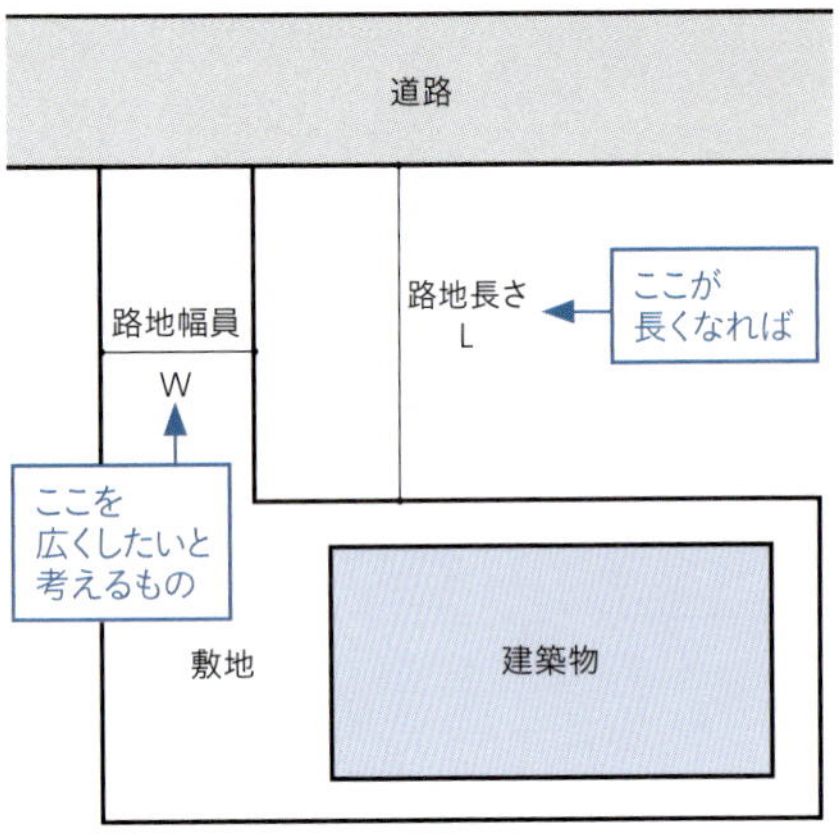

図2　路地部分の幅員のとり方

最も狭い部分が、路地部分の幅員となる

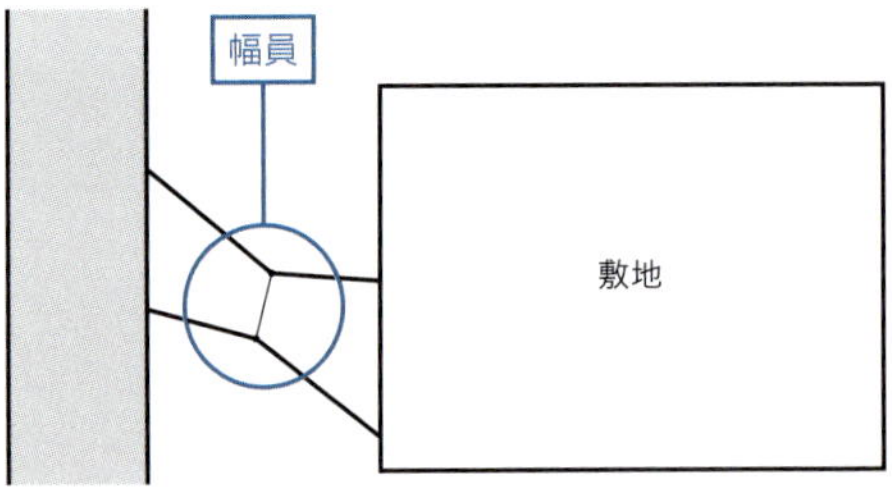

図3　不整形な敷地の扱い例

横浜市では路地状部分の長さの算定方法が複数考えられる場合については、図AからCで算出した路地状部分の長さのうち、最小の長さを路地状部分の長さとする

図A

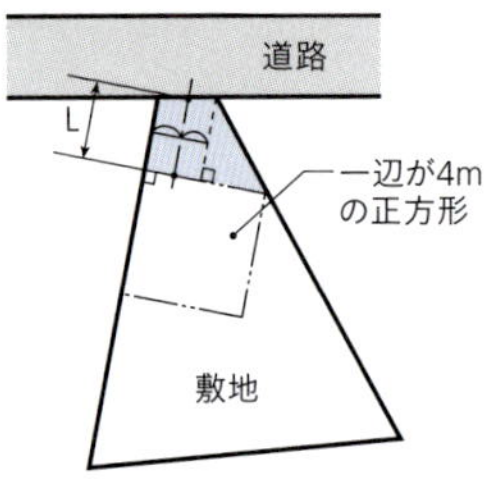

図B

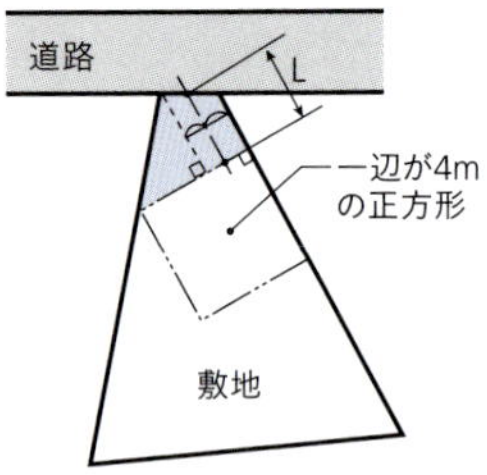

図C

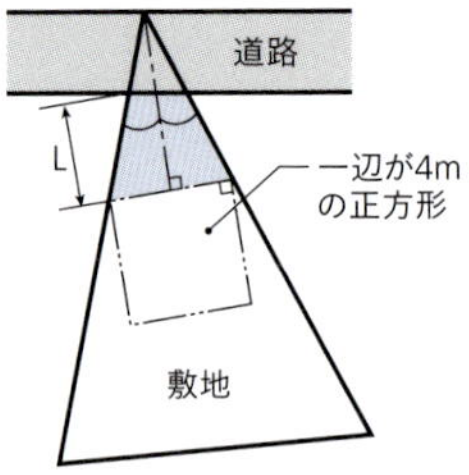

出典：横浜市建築基準条例および同解説

図4　袋路状道路について

法43条3項が改正され、条例で別の制限を付加することができる対象の建築物が追加された。

- その敷地が袋路状道路（その一端のみが他の道路に接続したものをいう。）にのみ接する建築物で、延べ面積が150㎡を超えるもの（一戸建ての住宅を除く。）

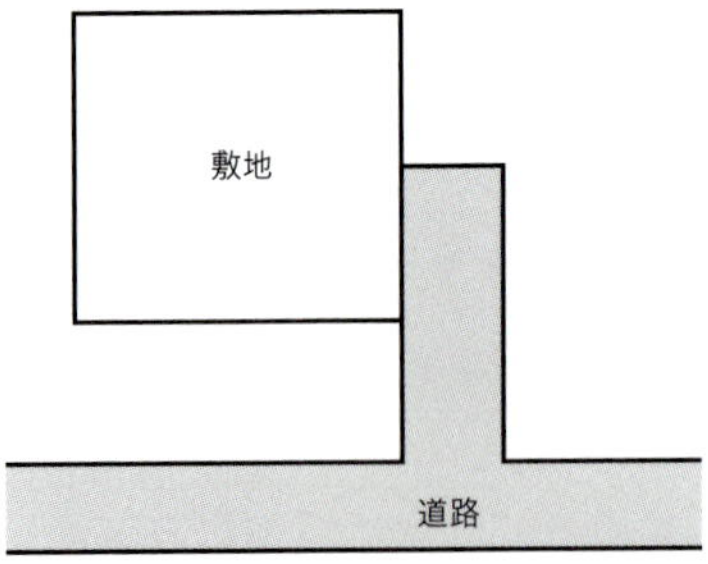

さらに2面以上の道路への接道義務や、敷地の外周長さに対する接道長さの割合などの接道要件が設けられていることが多い。路地状敷地ではこれらの接道要件を満たすことが難しいため、条例に路地状敷地の制限がない地域であっても、特殊建築物等の建築は前述の規定によって制限されていることになる（条例では規制すべき特殊建築物等を定めており、建築基準法で定める特殊建築物等がすべて規制対象となるわけではない）。

また、地上3階建て以上の建築物や特殊建築物、大規模建築物の路地状敷地での建築は不可だったり、路地の幅員や長さの規制が一般の建築物より強化されていたりする。

そのほか、一般的な路地状敷地以外でも接道部分が少ない不整形な敷地は路地状敷地として扱われることがある（図3）。

表 主要都市における路地状敷地の取り扱い内容[*1]

	L：路地長さ	W：路地幅員	S>200㎡のとき[*2]	備考
北海道	L≦15m	W≧2m	W≧3m	–
	15m<L≦25m	W≧3m	W≧4m	
	L>25m	W≧4m		
札幌市	北海道と同内容の条例のため、北海道と同じ制限			
宮城県	指定建築物、階数が3以上である建築物または法43条3項3号に規定する建築物で、都市計画区域または準都市計画区域内にあるものの敷地が路地状部分によってのみ道路に接する場合においては、道路にその路地状部分の長さの1／10（建築物の延べ面積の合計が200㎡を超えるときは1／7）以上接しなければならない。ただし、路地状部分の幅員が4m以上の場合においては、この限りではない			
埼玉県	L<10m	W≧2m	W≧3m	–
	10m≦L<15m	W≧2.5m	W≧3.5m	
	15m≦L<20m	W≧3m	W≧4m	
	L≧20m	W≧4m		
東京都	–	–	耐火建築物、準耐火建築物以外の建築物でS>200㎡のとき	W<4mの場合、階数（主要構造部が耐火構造の地階を除く）が3（耐火建築物、準耐火建築物、令136条の2に定める技術基準に適合する建築物の場合は4）以上の建築物は不可
	L≦20m	W≧2m	W≧3m	
	L>20m	W≧3m	W≧4m	
神奈川県	規模や建物用途により接道長さや道路幅員、敷地内通路幅員などの制限はあるが、路地状敷地に関する制限はない			
横浜市	L≦15m	W<3m	–	
	L≦25m	3m≦W<4m		
川崎市	地階を除く階数が3以上の建築物の敷地は、道路に4m以上接しなければならない			
千葉県	条例で定める特殊建築物の場合のみ路地状敷地についての制限がある			
愛知県	L<15m	W≧2m	–	
	15m≦L<25m	W≧2.5m		
	L≧25m	W≧3m		
京都府	L≦20m	W≧2m	①増築、改築、大規模の修繕、大規模の模様替をする場合は適用除外 ②路地部分に建築することは不可	
	20m<L≦35m	W≧3m		
	L>35m	W≧4m		
大阪府	規模や建物用途により接道長さや道路幅員、敷地内通路幅員などの制限はあるが、路地状敷地に関する制限はない			
大阪市				
兵庫県				
神戸市				
広島県	規模や建物用途により接道長さや道路幅員、敷地内通路幅員などの制限はあるが、路地状敷地に関する制限はない			
福岡県	条例で定める特殊建築物にのみ、路地状敷地の制限がある			
福岡市				

*1 仙台市、さいたま市、千葉市、名古屋市：各都道府県建築基準条例が適用される
*2 Sは床面積の合計、2以上の建築物のときはその合計

076

がけ付近の建築物

Point

建設地で、対象となる
がけの高さや
影響範囲が異なる

特定行政庁ごとの「がけ条例」

傾斜地や、傾斜地を造成した敷地の擁壁などで、梅雨時や台風の季節、最近では局所的に強く降るゲリラ豪雨時に、がけ崩れによる建築物の被害が数多く報告されている。

各特定行政庁（以下、特庁）では、特殊建築物の制限などとともに、傾斜地における建築物の建設や敷地を造成する際の基準を建築基準条例で定めていることが多く、がけの制限の部分は「がけ条例」と呼ばれている［※1］。がけ条例は、がけの崩壊に伴う建築物の被害を最小限にとどめ、各地域における住民の生命や財産の保護のために設けられている。

がけ上やがけ下に建築物を建築したり造成する際に、がけの崩壊やそれに伴う建築物の倒壊を防止するための措置を定めた条例である。

がけに定義がある？

最初に、がけの定義について説明する。この、がけの考え方は地域で異なり、東京都や埼玉県などでは、がけ下端から1／2勾配の斜線を超える部分をがけと呼ぶ（図1①）。その他の地域では、宅地造成等規制法の定めと同様、がけ下端から30°を超える斜面の部分をがけと呼ぶ（図1②）。

影響範囲は各地域で異なる

次に、建築物ががけ上、がけ下にある場合の建築物によるがけの影響範囲について、具体的にみてみよう。

考え方は図2に示すように、特庁によって異なる。特に、がけ下の範囲の取り方はさまざまで、北海道、神奈川県、愛知県や福岡県など、がけ上から取る特庁や、宮城県、東京都、横浜市など、がけ下から取る特庁、兵庫県や神戸市のようにがけの表面の中心線か

※1 建築基準法19条4項に、がけについて規定があり、第3章の規定について目的が達しがたい場合は法40条により条例でその制限を付加することができる、とある

図1 「がけの定義」は地域によって異なる

①がけ下端から1/2勾配の斜線を超える場合
（東京都、埼玉県など）

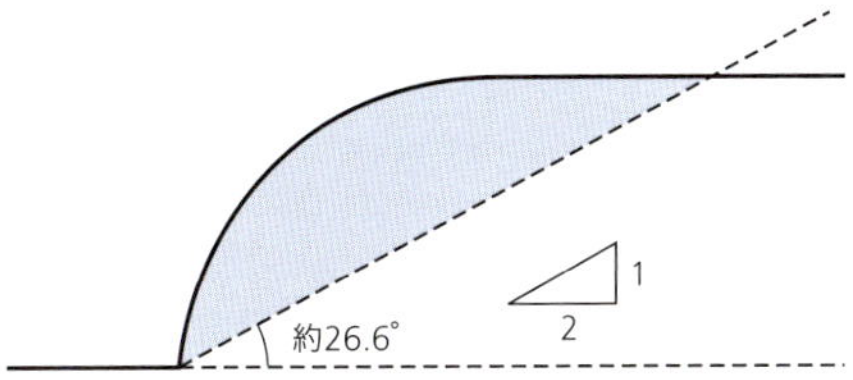

②がけ下端から30°の斜線を超える場合（北海道、宮城県、神奈川県、千葉県、兵庫県、愛知県、福岡県など）

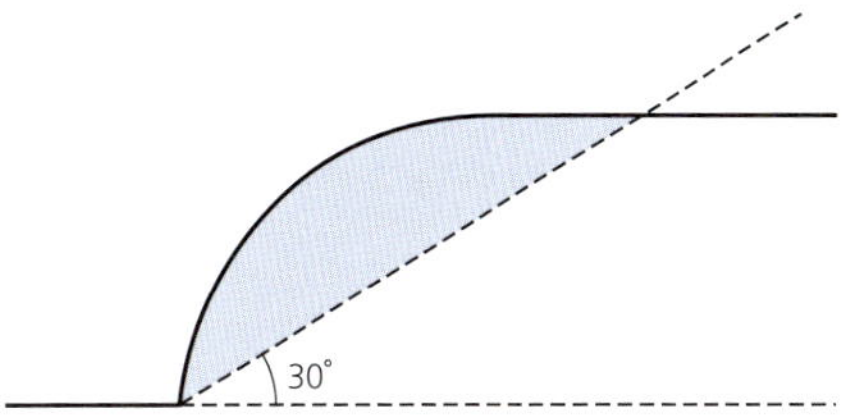

図2 建築物による「がけの影響範囲の考え方」の例（172頁表参照）

がけ上・がけ下における影響範囲の考え方

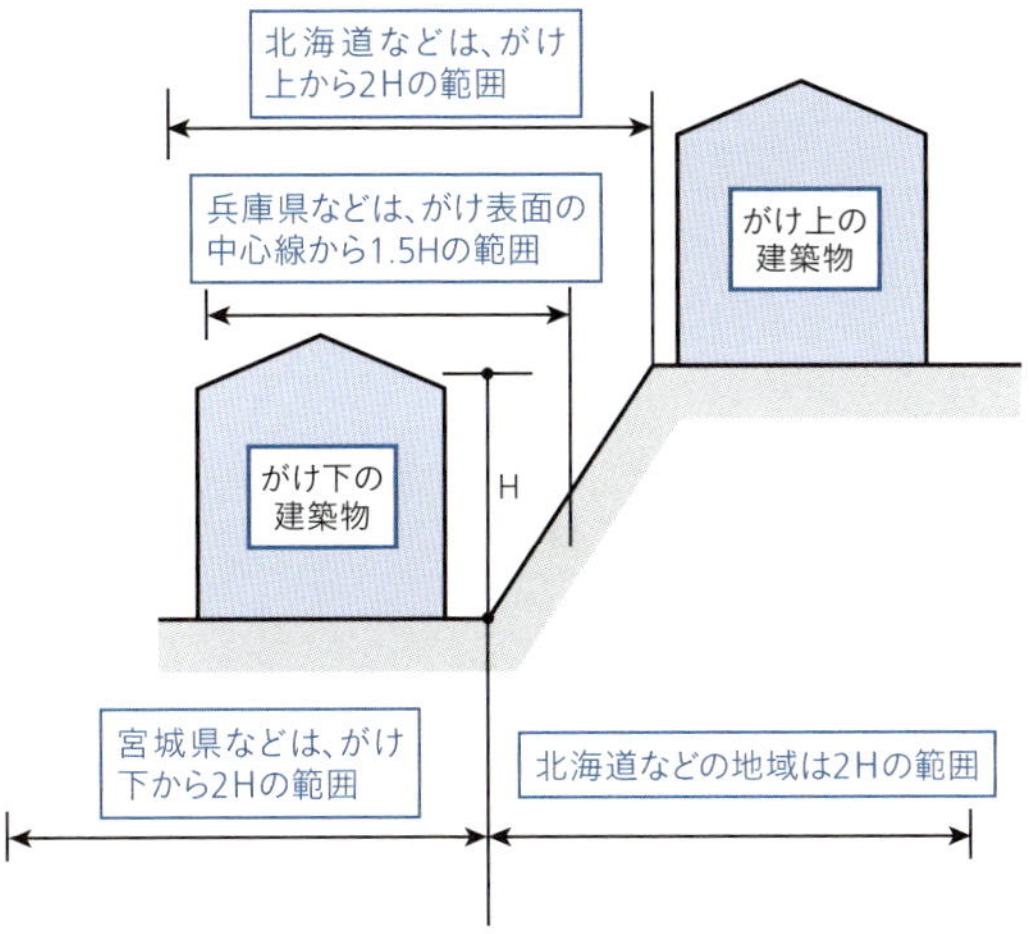

ら測定するところもある。

また、がけとみなされる高さの多くは2mを超える場合としているが、神奈川県や福岡県のように高さが3mを超える場合としている特庁や、神戸市のように1mを超える場合を対象としているところもある。

がけ部分の安全性については、がけ部分がRC造擁壁や間知石積などで、開発許可、宅造許可または工作物の検査済証［※2］があれば、がけそのものの構造の安全性は確認できる。ただし、年数が経っている場合は、劣化や亀裂・はらみなどがなく現状が安全であるかを調査する必要がある。

172頁表から、地震の被害地や傾斜地の多い地域はほかの地域より厳しい条例となり、各行政庁でかなり基準に違いがあることが分かる。

建築物の計画時の事前相談では、これらを頭に入れて相談を行っていただきたい。

※2 高さ2mを超える擁壁は工作物として確認申請が必要で、完了検査を受けなければならない

表　主要都市における「がけ」の考え方

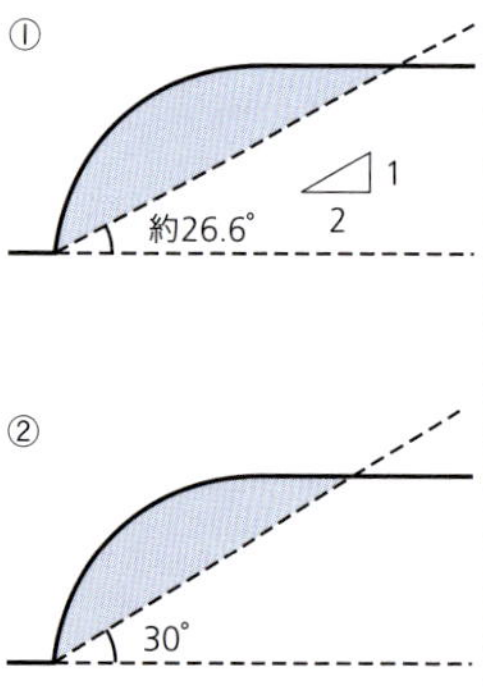

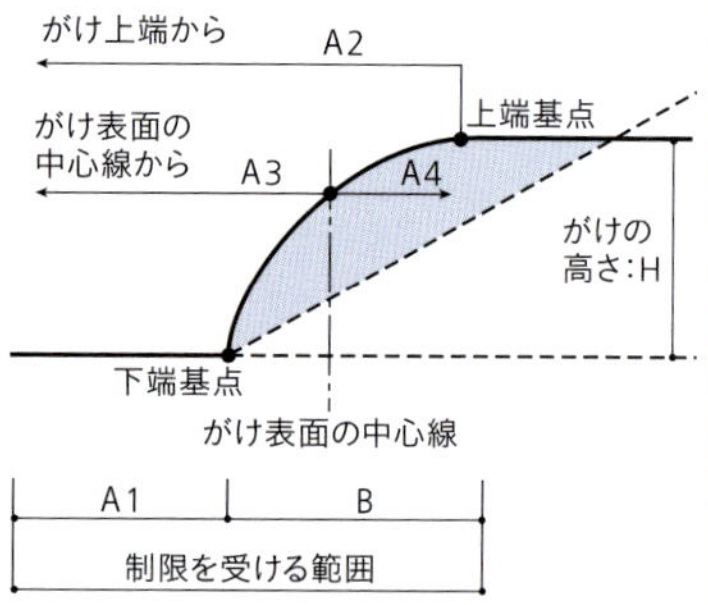

	定義	がけ高さ	制限を受ける範囲					備考
			A1	A2	A3	A4	B	
北海道	②	2m	−	2H	−	−	2H	[※1]
宮城県	②	2m	2H	−	−	−	2H	居室を有する建築物
埼玉県	①	2m	2H	−	−	−	2H	
東京都	①	2m	2H	−	−	−	2H	
神奈川県	②	3m	−	2H	−	−	2H	
横浜市	②	3m	2H	−	−	−	2H	
川崎市	②	3m	2H	−	−	−	2H	
千葉県	②	2m	−	2H	−	−	1.5H	居室を有する建築物
愛知県	②	2m	−	2H	−	−	2H	
京都府	−	2m	−	2H	−	−	2H	
大阪府	条例による制限なし							
兵庫県	②	2m	−	−	1.5H	1.5H	−	[※2]
神戸市	②	−	−	−	1.5H	1.5H	−	①水平面に対して30度を超える面より上にある土地の建築物 ②片側土圧の高さ>2m ③周囲の地面と接する位置の高低差>10m
広島県	②	2mを越える高さのがけの上にあるとき	−	−	−	−	1.7H	
		5m以上の高さのがけの下にあるとき	−	1.7H	−	−	−	
福岡県	②	3m	−	2H	−	−	2H	居室を有する建築物

※1 延べ面積10㎡以内の物置、納屋、畜舎などは規制対象外
※2 がけの高さが2m以下の場合またはがけの地質により安全上支障がない場合においては、A3、A4とも1H

Memo

077

法22条区域

Point

法22条区域は建物集団で火災に備える

法22条区域とは、防火・準防火地域以外の市街地に指定される区域であり、耐火建築物等の「単体での建物防火」ではなく、「集団での都市防火」を目指す区域として、特定行政庁が指定するもので「屋根不燃化区域」とも呼ばれる。

この区域内の建築物の「屋根」は、通常の火災［※1］の火の粉により、建築物が火災を発生しない構造として「飛び火」の防止性能が求められる。ただし、茶室、あずまや等や、延べ面積が10㎡以内の物置等の屋根で、延焼のおそれのある部分以外の部分は免除される（法22条1項ただし書）。

法22条区域内の屋根の構造

屋根に求められる性能や構造は、令109条の6、平12建告1361号に規定されており、火災の拡大防止のために、「防火上有害な発炎をしないもの」および、火災の内部進入防止のために、「屋内に達する防火上有害な溶融、き裂その他の損傷を生じないもの」として、告示の構造とするか、国土交通大臣の個別認定を受けたものとする（図1）。

法22条区域内の外壁の構造

法22条区域内の建築物で、「木造建築物等」［※2］の延焼のおそれのある部分の外壁の構造は、「準防火性能」をもつものとしなければならない（法23条）。

延焼のおそれのある部分の外壁に求められる性能や構造は、令109条の7、平12建告1362号に規定されており、建築物の周囲の火災による延焼の抑制に一定の効果を発揮するために、耐力壁の外壁は20分間の非損傷性能［※3］とし、外壁は20分間の遮熱性能［※4］として、告示の構造とするか、国土交通大臣の個別認定を受けたものとする（図2）。

これらの制限は、「外壁」のみであり、開口部についての制限はない。

※1 隣家の火災等の単発の火災
※2 主要構造部のうち自重または積載荷重（積雪荷重）を支える部分が、木材、プラスチックその他の可燃材料でつくられたもの（令109条の4）
※3「20分間構造耐力上支障のある変形、溶融、破壊その他の損傷を生じないもの」
※4「20分間当該加熱面以外の面（屋内に面するものに限る）の温度が可燃物燃焼温度以上に上昇しないもの」

図1 法22条区域の建築物(法22条、法23条)

(1)すべての建築物[*1]の屋根

①不燃材料でつくるか、ふく
②準耐火構造(屋外面を準不燃材料)
③耐火構造の屋外面(勾配30°以内)を準不燃材料とし、断熱材、防水材を張ったもの
④屋根以外の主要構造部が準不燃材料の不燃性物品の保管庫等[*2]の場合、上記①〜③に加え、難燃材料でつくるか、ふく

(2)木造建築物等の外壁で延焼のおそれのある部分

防火構造、または準防火性能をもつ土塗壁、もしくは同等以上の有効な構造とする(平12建告1326号)

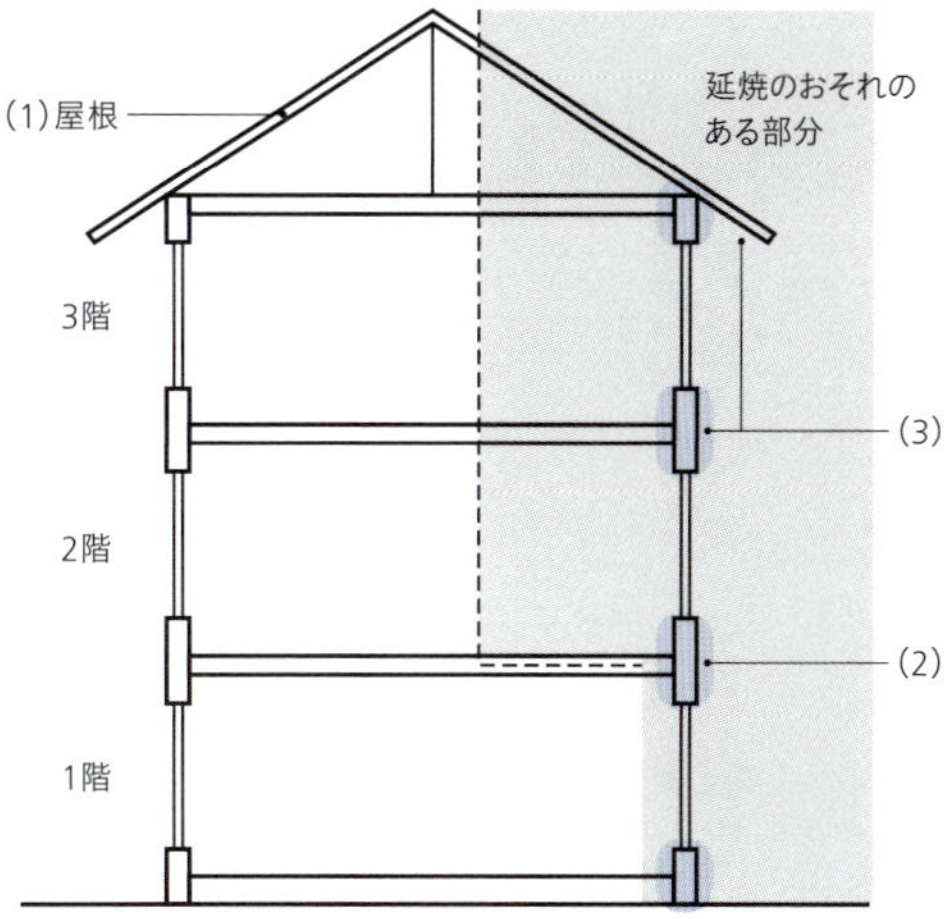

*1 茶室、あずまや等、または延べ面積≦10㎡の物置、納屋等の屋根は、延焼のおそれのある部分のみが適用対象
*2 スポーツの練習場、不燃性の物品を扱う荷さばき場、畜舎など(平28国告693号)

図2 法22条区域内の木造建築物で延焼のおそれのある部分の外壁の例(平12建告1362号)

①土塗り壁(裏塗りをしないもの、下見板を張ったものを含む)

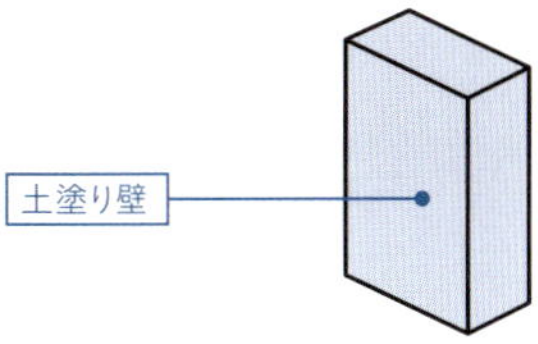

②下地:準不燃材料、表面:亜鉛鉄板

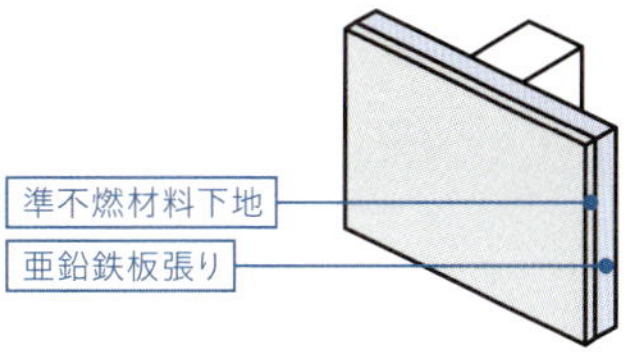

③石膏ボード、または木毛セメント板(準不燃材料で、表面を防水処理したもの)を表面に張ったもの

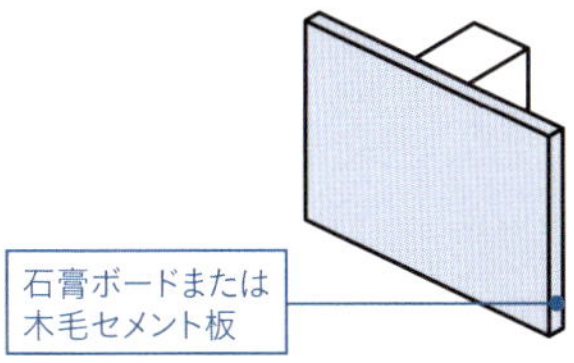

④アルミニウム板張りペーパーハニカム芯(パネルハブ)パネル

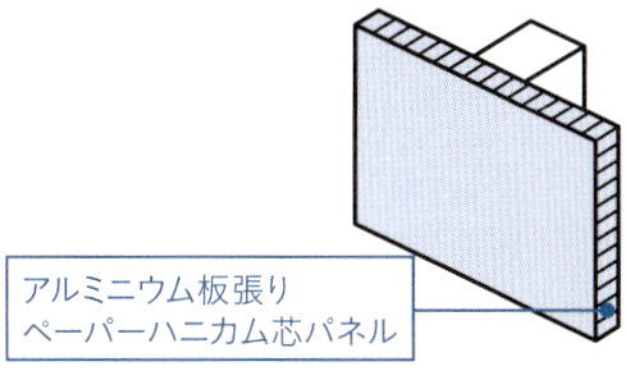

上図のそれぞれの室内側は、厚さ9.5㎜以上の石膏ボード張り、または厚さ75㎜以上のグラスウール、もしくはロックウールを充填した上に厚さ4㎜以上の合板等を張ったものとする

078

敷地に複数の防火指定がある場合

Point

建物の位置により防火制限が決まる

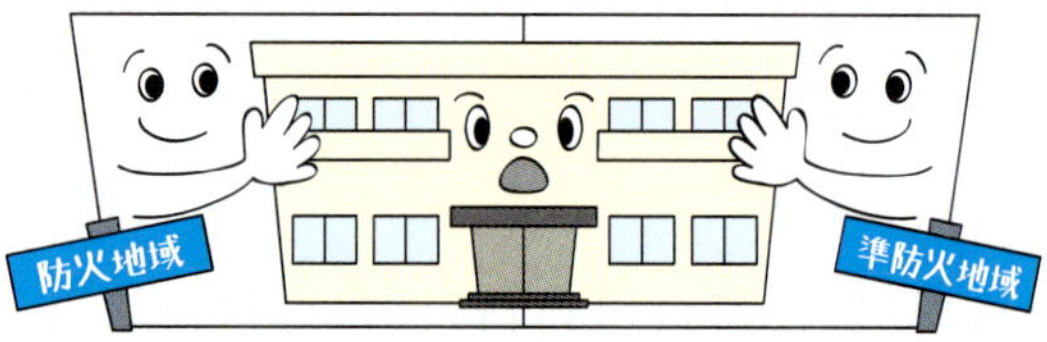

敷地が複数の防火指定にわたる場合に適用されるのは……

建築物の敷地が防火地域、準防火地域等の複数の防火指定にわたる場合や、その他の地域の内外にわたる場合は、敷地の過半が属する地域ではなく、「建築物の位置」が属する地域のうち、防火規制の厳しいほうの制限が適用されるので注意が必要となる。

これは、法22条区域の内外にわたる場合も同様である（法65条、法24条）（図1）。

建築物の位置で決まる防火制限

たとえば、建築物が防火地域と準防火地域の内外にわたる場合は、建築物全体が防火地域の制限を受けることになる。

逆に考えれば、敷地の過半が防火地域に属していても、「建築物の位置」がその他の地域に属していれば、防火地域の制限は適用されない。

また、敷地内に複数の建築物がある場合は、建築物ごとの「位置」により防火地域等の制限が適用される（図2）。

防火壁での区画

建築物が令113条の構造による防火壁で区画されている場合は（図3・4）、1の建築物でも防火壁を境界として別の建築物としてみなし、各々の建築物が属している地域の制限が適用される（法65条ただし書）（図1）。

これらの防火地域等による制限は、建築物単体での延焼の防止という規制であるため、敷地内の「建築物の位置」がどの地域に属するのかで制限が異なる。

なお、建築敷地が2以上の異なる用途地域にわたる場合は、敷地内の建築物の位置にかかわりなく、敷地の過半が属する地域の用途規制が適用される（法91条）。

図1　防火・準防火地域の内外にわたる場合（法65条、法91条）

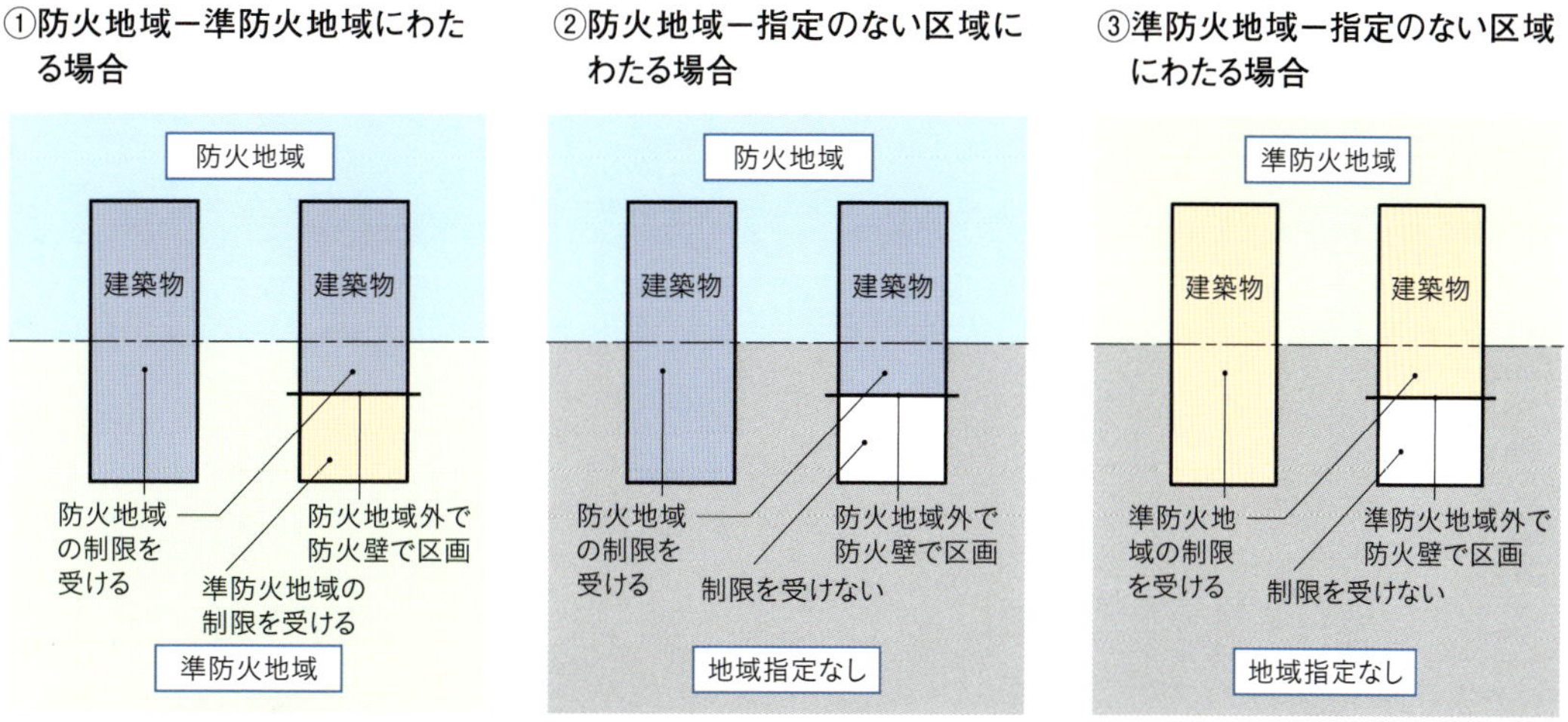

図2　防火地域・準防火地域の制限の適用

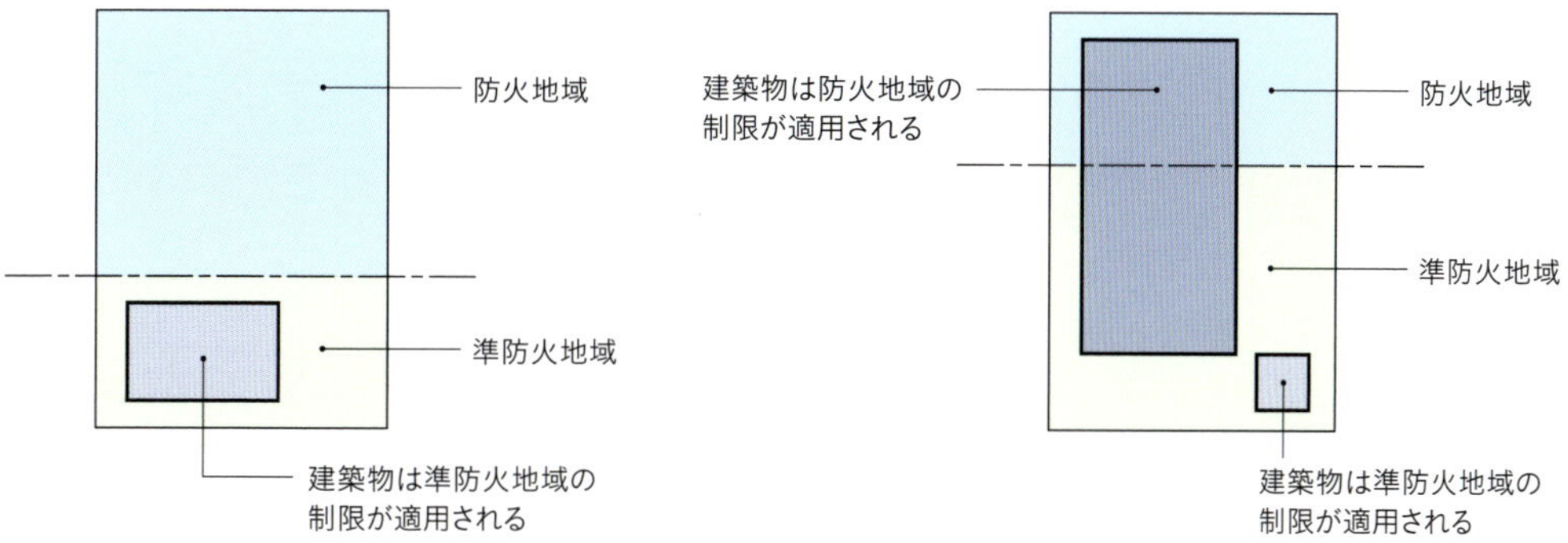

図3　防火壁（壁や屋根から突出した構造）

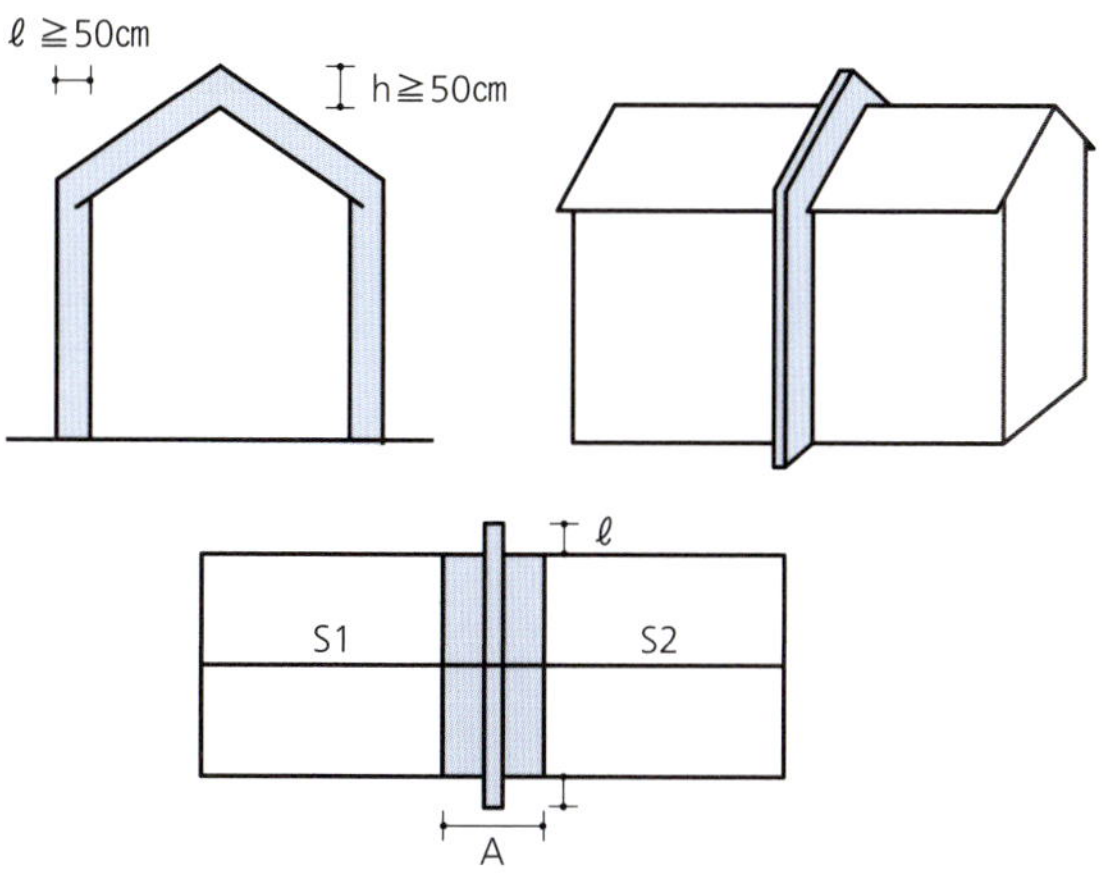

床面積1,000㎡≧S1＋S2　h、ℓ≧50cm以上
（ただし、A≧3.6mが、耐火構造のときはh、ℓは必要がない）

図4　特定防火設備

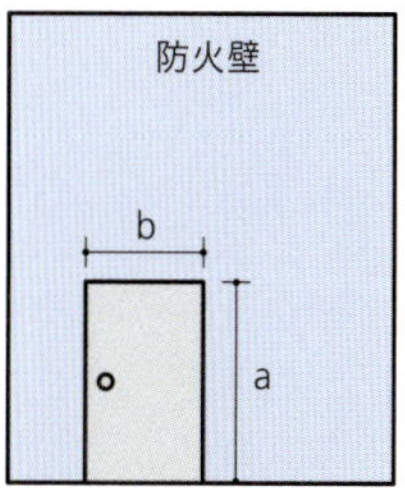

a、b≧2.5m
耐火壁に設ける開口部は常時閉鎖式防火戸などの特定防火設備

079

150㎡以上の自動車車庫（異種用途区画）の防火

Point

住宅の車庫でも150㎡以上だと区画がいる

法27条の「耐火建築物等としなければならない特殊建築物」がある場合の異種用途区画

異種用途区画とは、建築物の一部に「耐火建築物等としなければならない特殊建築物」に該当する部分がある場合には火災時の危険性が高くなるため、その部分とその他の部分とを防火区画することにより、火災が建物内部で拡大するのを防止して避難を容易にするためのものである。

その防火区画が必要となる用途や規模は、法27条1項各号、2項各号、3項各号のいずれかに該当する場合であり、自動車車庫では、150㎡以上のものがこれに該当する（図）。一般的に、自動車車庫の面積には、駐車部分と一体的な車路部分も含まれるので、注意が必要である。

異種用途区画の構造

防火区画は、1時間準耐火構造（耐火建築物の場合は、耐火構造）の床または壁で行う。令112条16項のスパンドレルは、必要とされない（表）。

防火区画の開口部は、特定防火設備［※1］とし、その構造は、令112条19項2号（昭48建告2564号）に規定されており、遮煙性能が必要となる。

区画を貫通する配管等は、令112条20項に規定されている［※2］。また、区画を貫通する風道は、令112条21項に規定されており、遮煙性能が必要となる。

※1 令109条に規定する防火設備であつて、これに通常の火災による火熱が加えられた場合に、加熱開始後1時間当該加熱面以外の面に火炎を出さないものとして、国土交通大臣が定めた構造方法を用いるもの又は国土交通大臣の認定を受けたものをいう
※2「耐火2層管」は、管自体では「不燃材料」とならないので「認定工法」が必要となる

図　異種用途区画(令112条18項)

建築物の一部が、法27条1項各号、2項各号、3項各号のいずれかに該当する場合

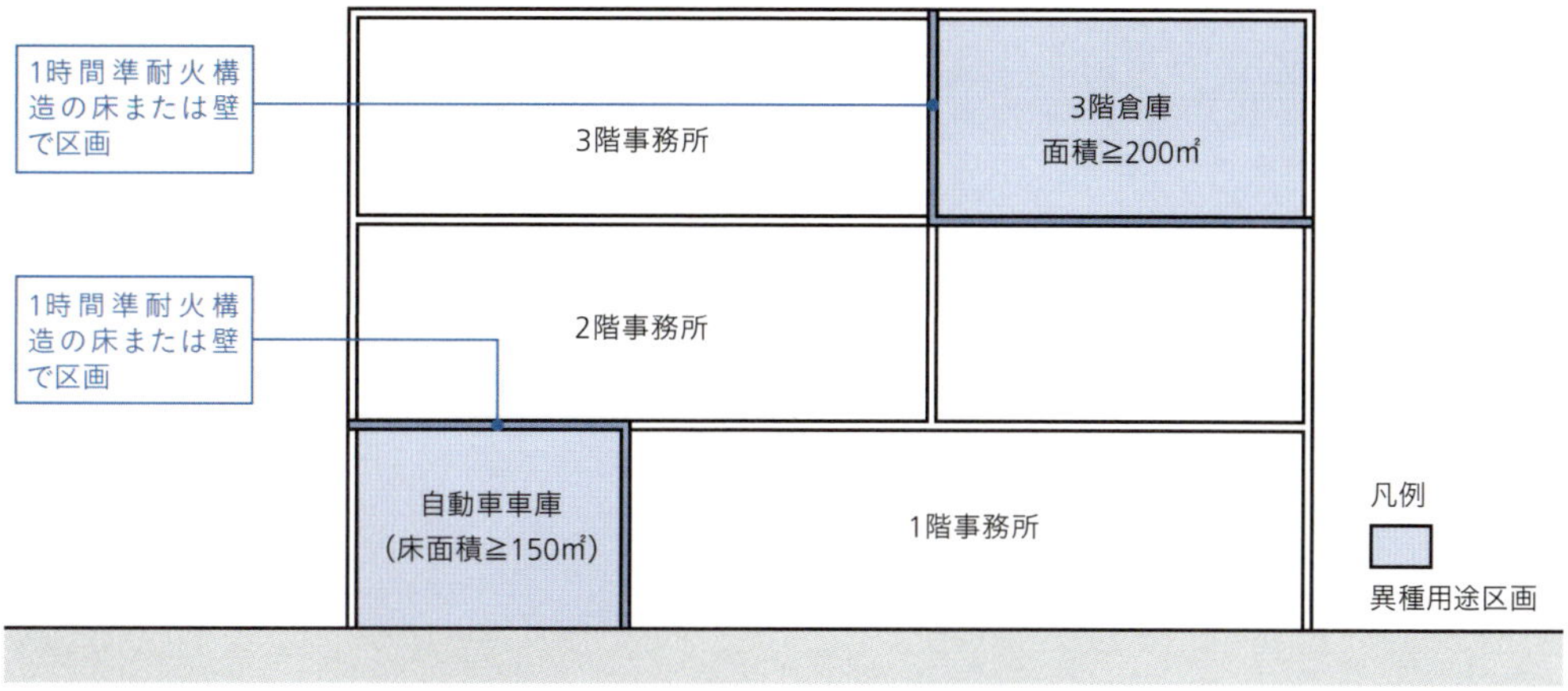

表　異種用途区画の種別(令112条)

	対象建築物など	区画部分	区画方法		適用除外・緩和	適用条項(令112条)
			床・壁	防火設備		
異種用途区画	耐火要求のある特殊建築物(法27条)	該当する用途の部分とその他の部分を区画	準耐火構造(1時間耐火)	特定防火設備[＊](遮煙性能)	デパートの一角にある喫茶店などで、一定の要件を満たす場合は、区画を免除される場合もある『建築物の防火避難規定の解説』日本建築行政会議)	18項

＊常時閉鎖式以外の場合は、煙感知器に連動する

080

配管・ダクト等の防火区画貫通部

Point

配管・ダクト等は防火区画の弱点となる

配管・ダクト等の防火区画貫通部

防火区画とは、建築物を一定の大きさに区画して火災や煙を局所的に抑制して、他の部分への火災の延焼や煙の伝搬の防止を目的としている。防火区画を形成する壁や床を貫通する配管・ダクト等は区画の弱点となるため、火災の延焼や煙の伝搬を防止するための措置が必要となる。

給水管、配電管等の区画貫通部の構造

区画貫通部の構造は、令112条20項、令129条の2の4、平12建告1422号に規定されており、それらの配管と防火区画との隙間をモルタルその他の不燃材で埋め、配管は次のいずれかの構造とすること（図①）。

①その貫通部分からそれぞれ両側1m以内の距離にある部分を不燃材料でつくる［※1］（図①イ）。

②配管の外径を、当該管の用途、材質、その他の事項により、告示で定める数値未満とする（図①ロ）。

③貫通する区画の種類により、一定時間の遮炎性能［※2］があるものとして、国土交通大臣の個別認定を受けたものとする（図①ハ）。

風道（ダクト）等の区画貫通部の構造

区画貫通部の構造は、令112条21項、昭48建告2565号、平12建告1376号に規定されており、貫通する部分またはこれに近接する部分に防火設備（防火ダンパー）を設置することが定められ、貫通する防火区画の種類（面積区画、高層区画、竪穴区画、異種用途区画等）により、煙や熱に対する閉鎖機能が求められる［※3］。

竪穴区画、異種用途区画を貫通する風道に設置する防火ダンパーには、遮煙性能が必要となる（図②）。

※1「耐火2層管」は、管自体では「不燃材料」とならないので「認定工法」が必要となる
※2「加熱側の反対側に火炎を出す原因となるき裂その他の損傷を生じないもの」
※3 防火ダンパーを設けるときの構造方法は、告示に定められている

図 防火区画等を貫通する配管・ダクトの構造の例

①給水管等の貫通部分の構造の例（令112条20項、113条2項、114条5項、129条の2の4第1項7号）
次のイロハのいずれかとする。

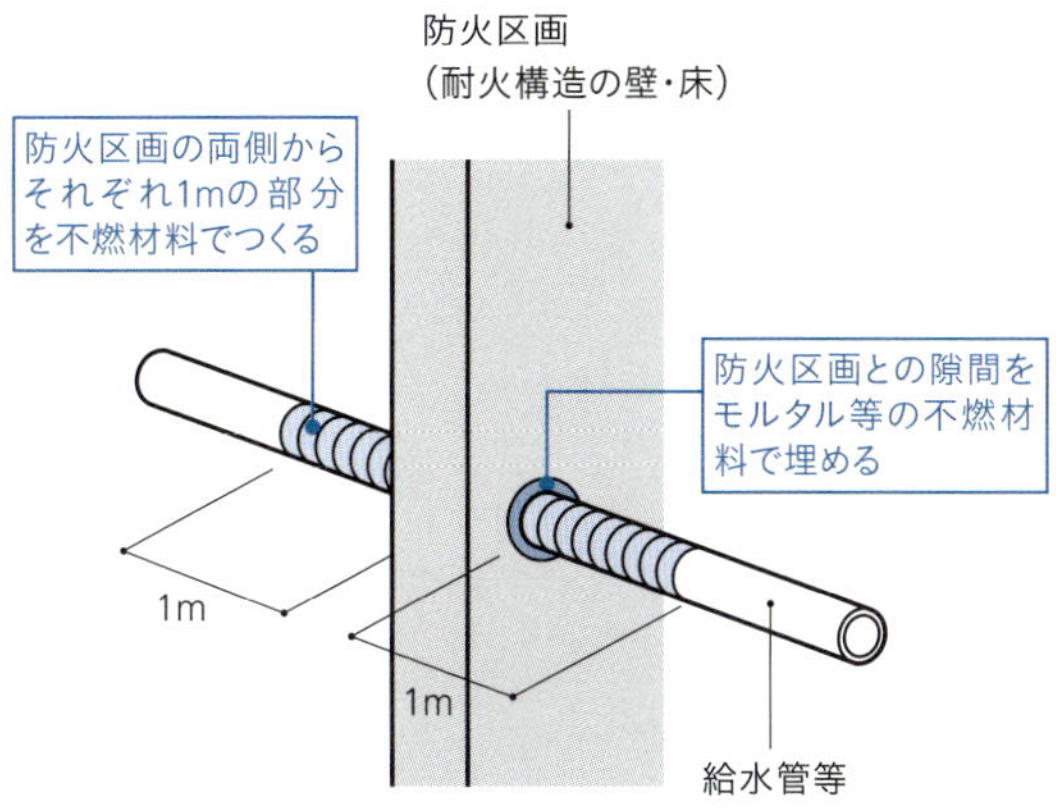

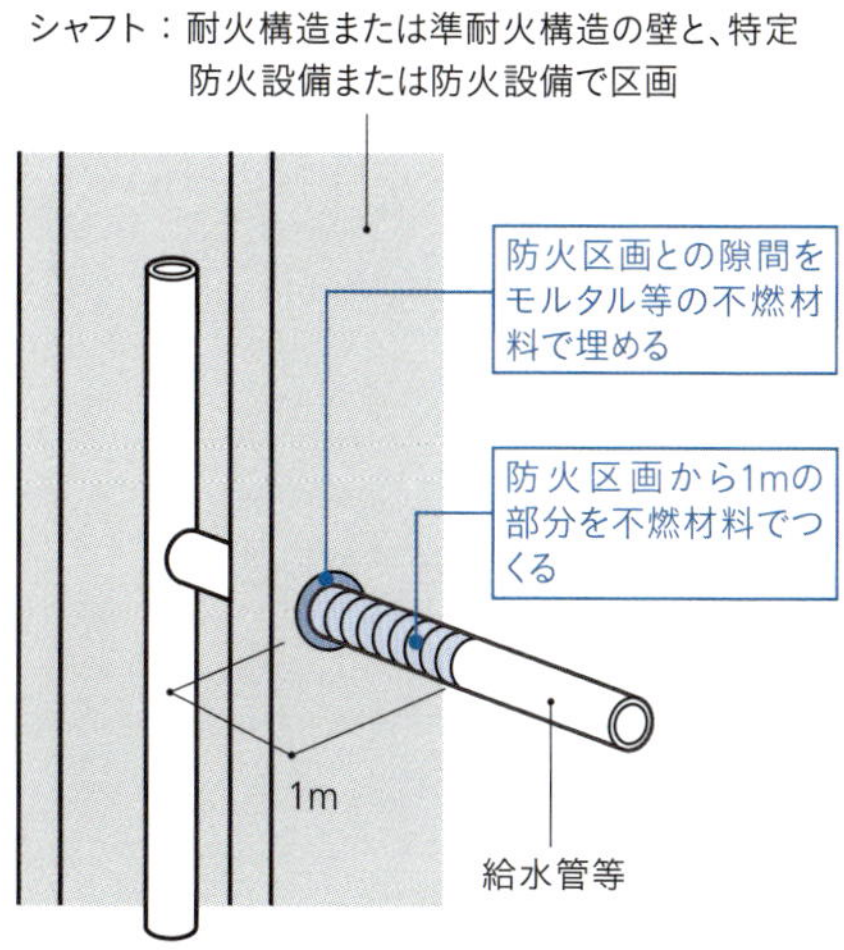

イ. 区画から1m以内を不燃材料とする。
（1）防火区画の壁を貫通する場合
（2）パイプシャフト等へつながる場合
ロ. 配管の用途、材質等に応じて平12建告1422号に定める外径以下で貫通する（塩ビ管等）
ハ. 大臣認定工法とする

②ダクト貫通部分の構造の例（令112条21項、113条2項、114条5項）
次の（1）および（2）による。

（1）防火ダンパーの構造
（昭48建告2565号）

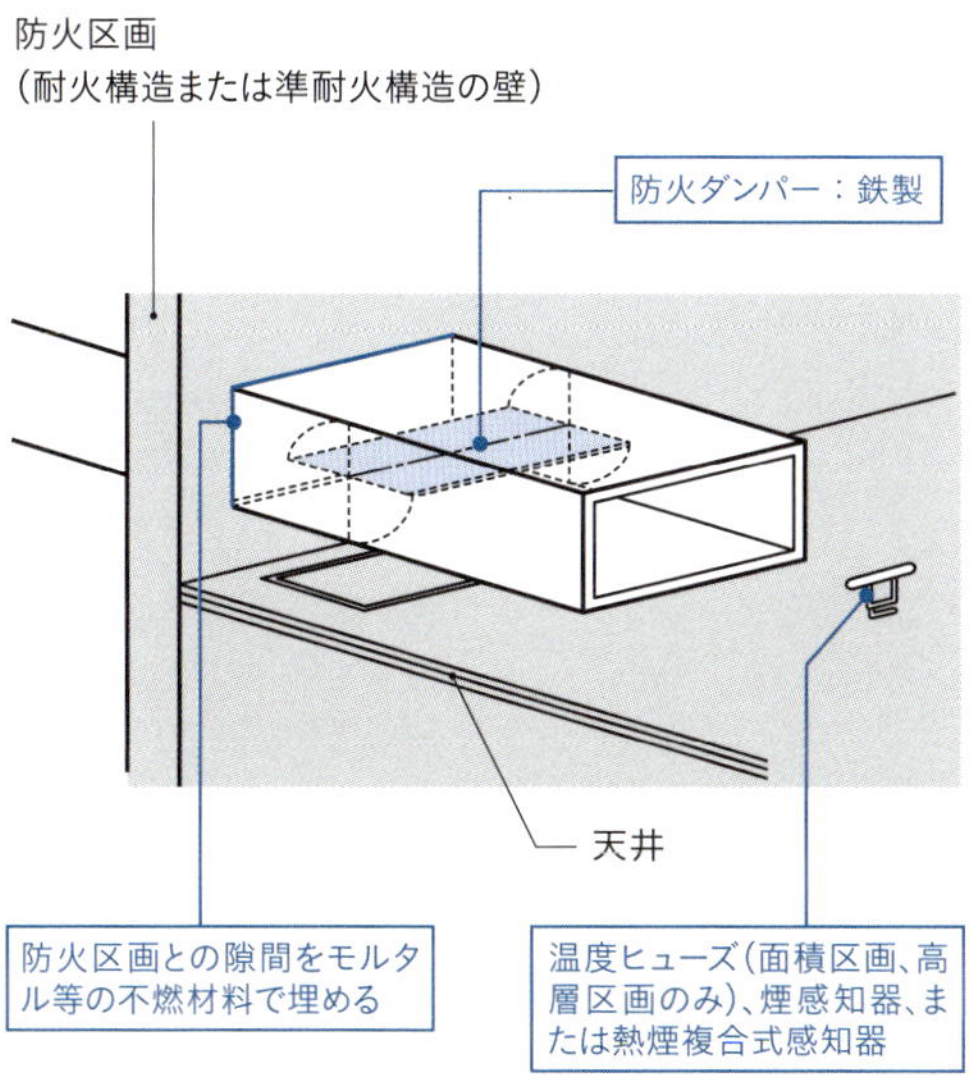

（2）防火ダンパーの設置方法
（平12建告1376号）

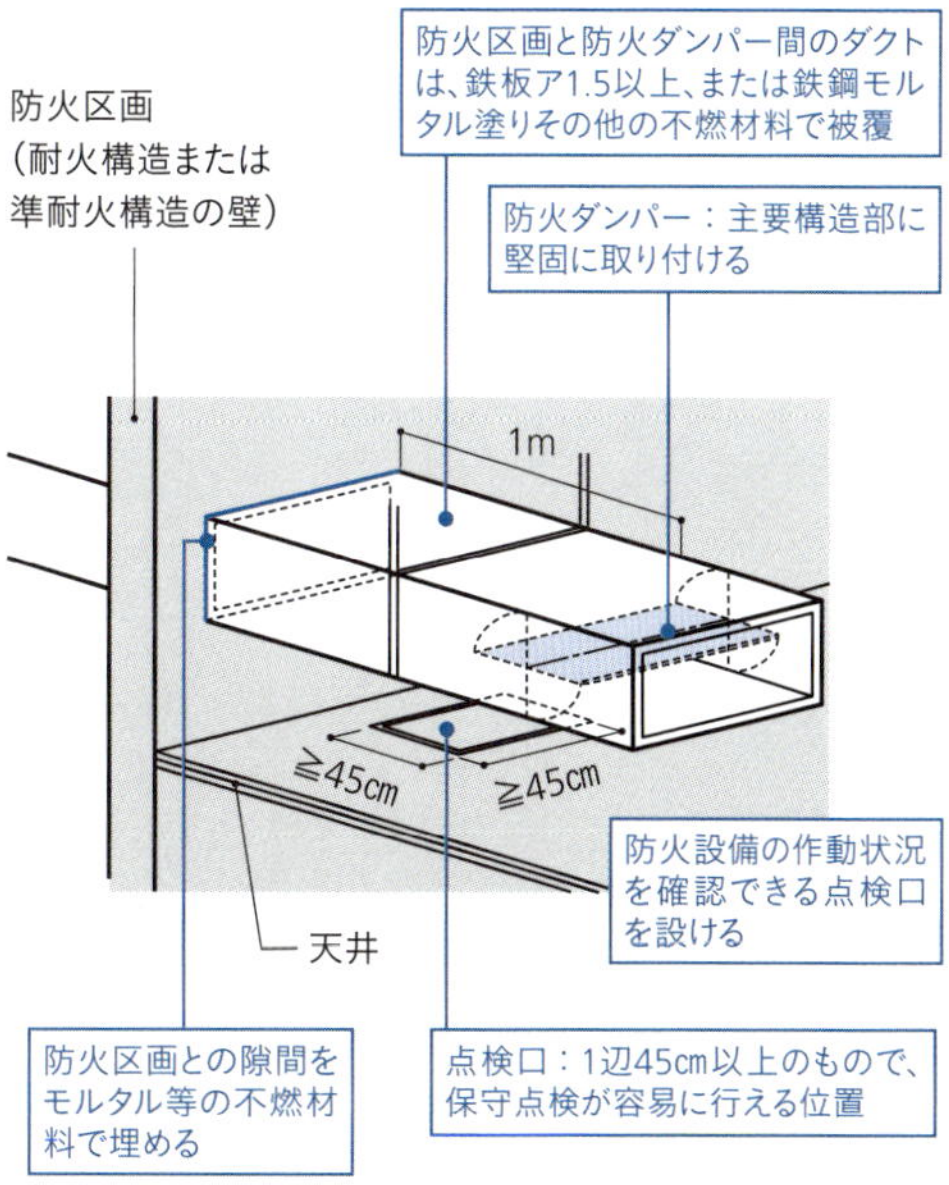

081

無窓居室の不燃区画

Point

無窓居室は
防火性能を高める

無窓の居室等の主要構造部

建築基準法は、建築物の居室の開口部について、採光、換気、排煙、避難等の機能を果たすように基準を設けている。

それらの基準を満たさない開口部のみが設けられた居室は、「無窓の居室」となる。「無窓」の条件により、建築基準法は防火・避難についての代替措置を要求している。

法35条の3は、「採光無窓」と「避難無窓」の居室について規定しており、採光が不足している居室や避難ができない居室を、可燃材料でつくることを制限している（図1）。

ただし、法別表第1のい欄の特殊建築物は緩和される（法35条の3ただし書）。

住居系の建築物は、法28条1項により1／7以上等の採光が義務付けられているために、一般的には該当することは少ないが、「採光が免除される地下の居室」が該当することがある。

また、木造建築物は居室を区画する主要構造部の耐火構造化や、不燃材料でつくることが困難な場合があるので注意が必要となる。

法35条の3で定める無窓の居室

対象となる居室は、令111条各号のいずれかに該当する窓その他の開口部を有しない無窓居室である（図2、表）。

耐火構造でつくる、不燃材料でつくる

法35条の3で定める「無窓の居室」となると、その居室［※］を区画する主要構造部（床・壁・天井）を耐火構造とし、または不燃材料でつくらなければならない。

この措置により、火災時の延焼を遅らせ、火災や煙の発生を抑制して避難時の安全性を高めることになる。

※ 避難階または避難階の直上階もしくは直下階の居室その他の居室であって、当該居室の床面積、当該居室からの避難の用に供する廊下その他の通路の構造ならびに消火設備、排煙設備、非常用の照明装置および警報設備の設置の状況および構造に関し避難上支障がないものとして国土交通大臣が定める基準に適合するものを除く

図1 無窓の居室の種類

①窓が小さい居室

内装不燃化、非常照明装置
歩行距離の短縮、主要構造
部の耐火・不燃化
条例による接道義務強化

**②窓から避難・救助が
できない居室**

主要構造部の耐火・不燃化
非常用の進入口の設置

図2 無窓の居室の開口部

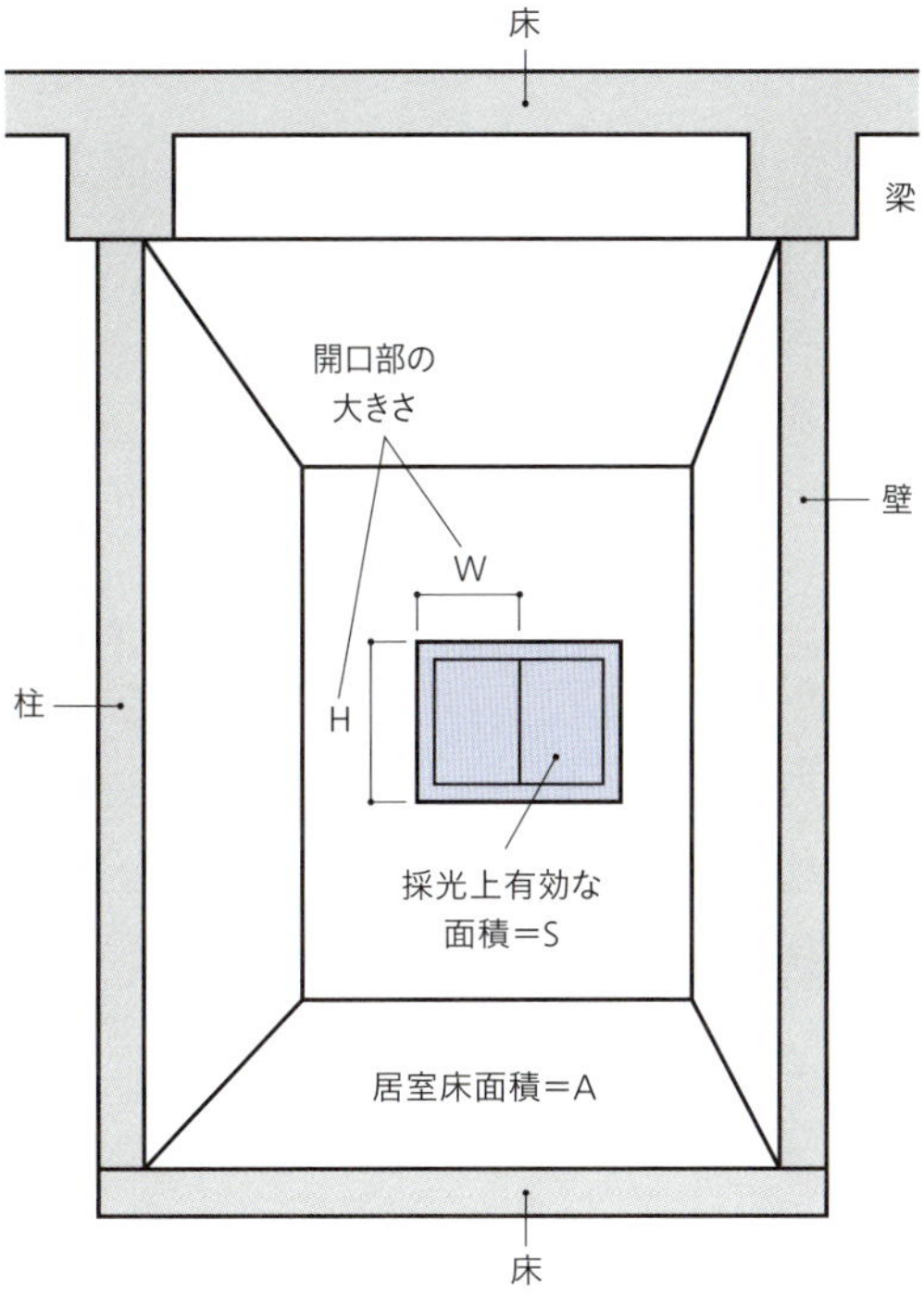

開口部の大きさ

イ：$S<\frac{1}{20}A$

ロ：W≧750㎜、H≧1,200㎜、
　　または直径1mの円が内接できる
　　開口部がない場合

表 無窓の居室の定義

採光無窓の居室（令111条1項1号）	避難無窓の居室（令111条1項2号）
有効採光面積が当該居室の床面積の1／20未満の居室（有効採光面積の算定方法は、令20条により採光補正係数を算定したものに限られている）	直接外気に接する避難上有効な開口部が設けられていない居室（開口部の大きさが、直径1m以上の円が内接することができるもの、または幅750㎜以上、高さ1,200㎜以上のもの）
ふすま、障子その他随時開放することができるもので仕切られた2室は、1室とみなされる（令111条2項）	

082

無窓居室の避難規定

Point

無窓居室を有する建物は避難性能を高める

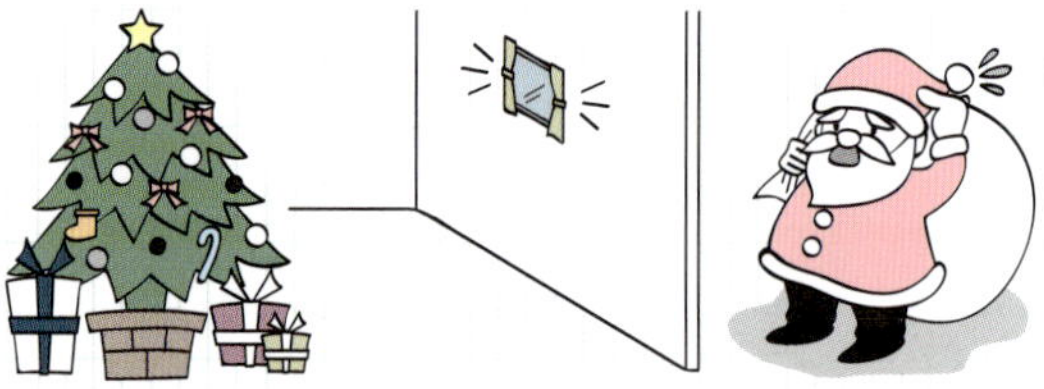

「無窓居室」の種類

建築基準法には、3種類の避難上の「無窓居室」が規定されている。

・「採光上の無窓居室」
(法35条、法35条の3、法43条3項)

・「排煙上の無窓居室」
(法35条、法35条の2、法43条3項)

・「避難上の無窓居室」
(法35条の3)

「無窓居室」の基準

「無窓」となる基準は、各条文内に「政令で定める窓その他の開口部を有しない居室」として規定されており、居室面積に対して一定の有効開口面積が不足するものが該当する。「無窓居室」を有する建築物は、その「無窓」の種類により適用される避難規定が定められている。

これらの規定は、居室を有する建築物すべてに適用される。そのため、住宅でも階数が3以上の場合は、法35条、法35条の2の適用の有無を確認するために、「排煙上の無窓居室」の検討が必要となる[※]。

「排煙上の無窓居室」となる場合は、「排煙設備」の設置や「内装制限」の適用等がある。

避難規定のほかには「換気上の無窓居室」があり、居室面積の1／20以上の換気上有効な開口部が不足するものは、換気設備（自然換気設備、機械換気設備、中央管理方式の空気調和設備）を設ける必要がある（法28条2項ただし書、令20条の2）。

「無窓居室」の避難規定

「無窓居室」を有する建築物は、災害時の危険性が高くなるため、建築基準法では防火・避難の規制が強化される（表）。

※ 住宅等の居室は、法28条により1／7以上の採光が確保されるので、「採光上の無窓居室」には該当しない

表　無窓居室の避難規定

規制対象	無窓居室の検討方法	規制内容
避難施設・消火の技術基準 （法35条）	・採光上有効な開口部　1/20 未満　かつ ・排煙上有効な開口部　1/50 未満 （令116条の2）	①非常用照明設置の規定 無窓居室および避難経路に設置 ②直通階段の規定 無窓居室[＊1]から直通階段への歩行距離 ③排煙設備の規定 無窓居室に排煙設備を設置
内装の制限 （法35条の2）	・排煙上有効な開口部　1/50 未満 ・温湿度調整を必要とする作業室など採光緩和を受けたもの（法28条1項ただし書） （令128条の3の2）	無窓の居室と、そこから地上に通じる廊下や階段、その他通路の壁、天井の室内に面する部分の仕上を準不燃材料以上にしなければならない （令128条の5第5項）
主要構造部の耐火構造・不燃化 （法35条の3）	・採光上有効な開口部　1/20 未満　または ・非常用の代用進入口（令126条の6第2号）と同等の開口部 （令111条）	無窓の居室［＊2］を区画する主要構造部を耐火構造か、不燃材とする。木造建築物の場合、注意を要する
敷地と道路の関係 （法43条3項）	・採光上有効な開口部　1/20 未満　かつ ・排煙上有効な開口部　1/50 未満 （令116条の2） （令144条の6（令116条の2））	無窓居室として、地方公共団体の条例で、前面道路の幅員、接道長さと道路の関係について、制限の対象となる場合がある

＊1 当該居室の床面積、当該居室からの避難の用に供する廊下その他の通路の構造ならびに消火設備、排煙設備、非常用の照明装置および警報設備の設置の状況および構造に関し避難上支障がないものとして国土交通大臣が定める基準に適合するものを除く
＊2 避難階または避難階の直上階もしくは直下階の居室その他の居室であって、当該居室の床面積、当該居室からの避難の用に供する廊下その他の通路の構造ならびに消火設備、排煙設備、非常用の照明装置および警報設備の設置の状況および構造に関し避難上支障がないものとして国土交通大臣が定める基準に適合するものを除く

083

主要構造部と構造耐力上主要な部分

Point

防火上と構造上の主要な部分は異なる

主要構造部

建築物を構成する部分のうち、災害時の安全性を確保するために、「防火」上の見地から主要な役割を果たす部分を「主要構造部」としている（図1）。

「主要構造部」は、壁、柱、床、梁、屋根、階段、防火区画等を形成する間仕切壁が該当し、建築物の構造上［※1］重要でない間仕切壁、間柱、付け柱、揚げ床、最下階の床、廻り舞台の床、小梁、庇、局部的な小階段、屋外階段その他を除くものとされる（法2条1項5号）。そのため、構造耐力的な面から主要な部分と指定される「構造耐力上主要な部分」とは一致しない。基礎と最下階の床等は、防火的に主要な部分ではないので除かれている（表1・2）。

耐火建築物等の主要構造部に一定時間の耐火性能を求める理由は、火災の熱により建築物の防火上主要な部分が、定められた時間損傷を受けずに耐えられる非損傷性能［※2］が必要なためである。

また、屋外階段は主要構造部に該当しないが、直通階段である屋外階段は、木造でつくることが禁止されている（令121条の2）。

構造耐力上主要な部分

「構造耐力上主要な部分」とは、建築物を構成する部分のうち、荷重および地震や台風その他建築物に作用するさまざまな外力に対して、構造耐力上の安全確保を目的として指定された部分とされ、基礎、基礎杭、壁、柱、小屋組、土台、斜材、床版、屋根版、横架材が該当し、建築物の自重もしくは積載荷重、積雪荷重、風圧、土圧、水圧または地震その他の震動もしくは衝撃を支える部分である（令1条1項3号）（図2）。

※1 構造とは、「構造耐力上の構造」の意味ではなく、「防火上の構造」の意味
※2「通常の火災による火熱がある時間加えられた場合に、構造耐力上支障のある変形、溶融、破壊その他の損傷を生じないもの」

表1 主要構造部と構造耐力上主要な部分は別物

主要構造部[*]	建築基準法のなかで、建築物に耐火建築物の規定や防火上の制限に使われる用語である。損傷すると構造的に影響が大きく、建築物の変形、溶融、破壊につながると考えられる部分を指す
構造耐力上主要な部分	建築基準法の構造規定の条文で主に使われる用語。令1条3号に定義されている。建物自体を支え、台風や地震などの外力による振動や衝撃に耐える部分を指す

＊ 令和6年改正により、耐火建築物として耐火構造とすべき部分は、主要構造部のうち、防火上および避難上支障がないものとして政令で定める部分以外の部分（特定主要構造部）となる

表2 主要構造部の対象と対象外の部分

用語	対象	対象外	適用条項
主要構造部	壁・柱・床・梁・屋根・階段	・左記以外 ・構造上重要でない最下階の床、間仕切壁、間柱、付け柱、揚げ床、最下階の床、廻り舞台の床、小梁、庇、局所的な小階段、屋外階段その他これらに類する建築物の部分なども対象外	法2条5号
構造耐力上主要な部分	・基礎、基礎杭、壁、柱、小屋組み、土台、斜材（筋かい、方杖、火打材その他これらに類するもの）、床版、屋根版または横架材（梁、桁その他これらに類するもの）で、建築物の自重や積載荷重、積雪荷重、風圧、土圧、水圧、地震力、その他の振動・衝撃に対して建築物を支える重要な構造部分 ・上記の部材の接合部（継手・仕口）	左記以外	令1条3号

図1 主要構造部

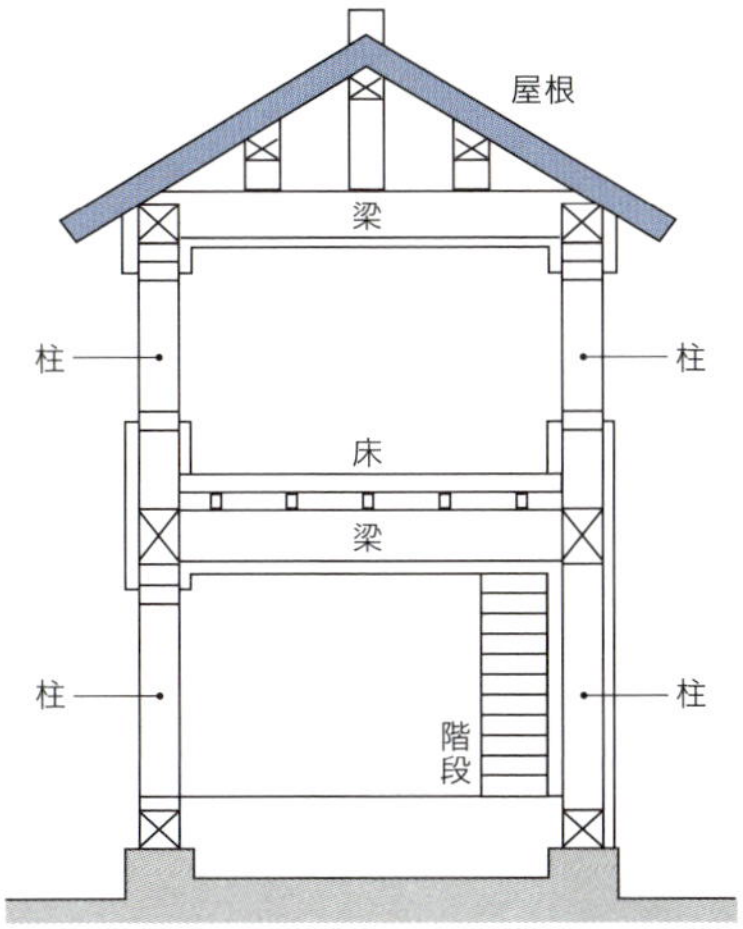

「主要構造部」とは、上図のような部分である

図2 構造耐力上主要な部分

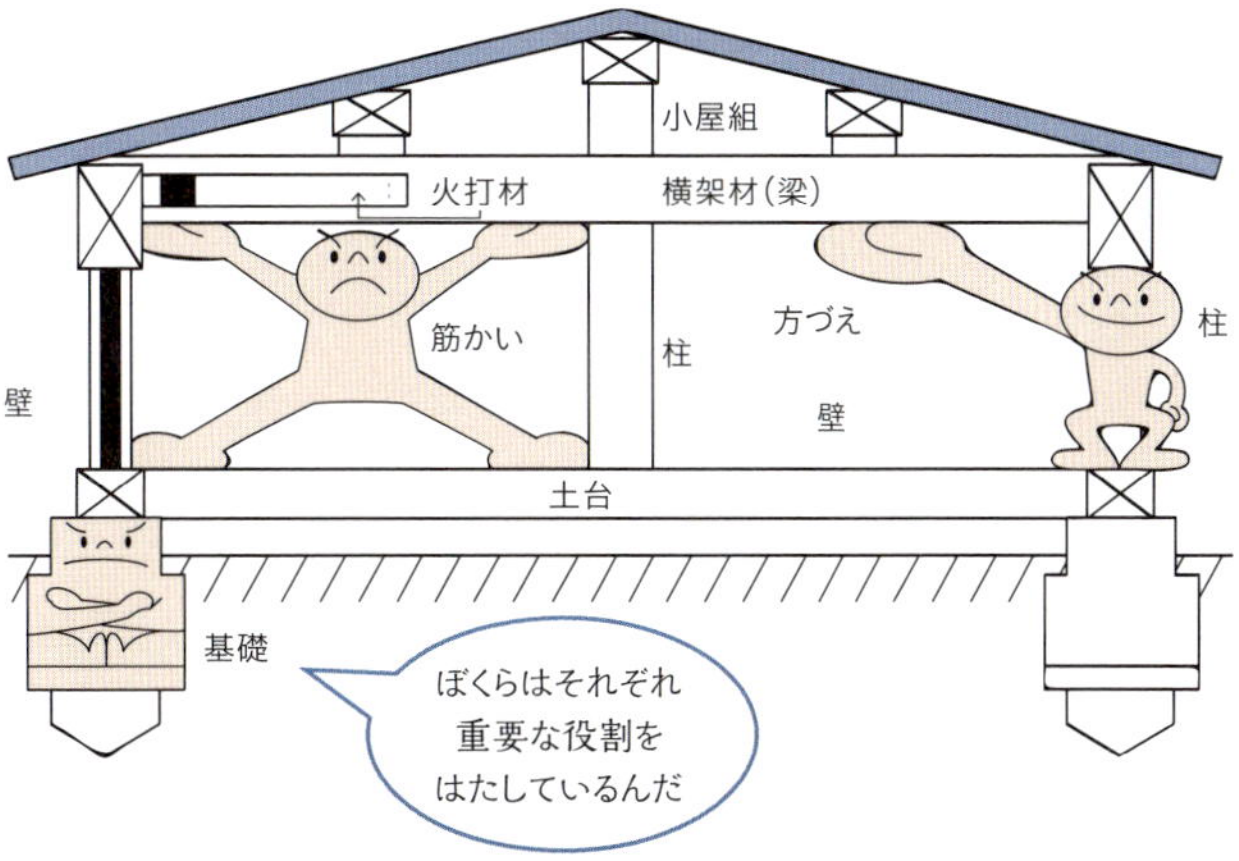

「構造耐力上主要な部分」は、構造規定（法20条）の対象となる部分であり、建築物は荷重および外力に対して壊れたり傾いたりすることなく、安全である構造でなければならない

084

兼用住宅の定義

Point

兼用住宅には用途と規模の制限がある

用途地域

都市計画区域内では、都市計画法により用途地域が13種類定められている。準都市計画区域内でも用途地域が定められることがある。用途地域内で建築可能な建物用途は、法48条および法別表第2に規定されている。

兼用住宅の用途制限

第1種低層住居専用地域内で、住宅の一部が店舗等の建物を計画する場合に注意するものに「兼用住宅」がある。その用途と規模は政令で定められており、「延べ面積の1／2以上を居住の用に供し、かつ住宅以外の用途に供する部分の床面積の合計が50㎡以下」である（令130条の3）。また、住宅と店舗等の部分は、機能的・構造的に一体として内部で連絡されており、住宅居住者が使用することが条件とされる（図）。

「住宅以外の用途」は政令で定められている（令130条の3）（表）。

①事務所
②日用品販売を主たる目的とする店舗または食堂、喫茶店
③理髪店、美容院、クリーニング取次店、質屋、貸衣装屋
④洋服店、建具屋、畳屋、自転車店、家庭電気器具店
⑤自家販売のために食品製造（加工）業を営むパン屋、米屋、豆腐屋、菓子屋等（原動機出力合計0・75kw以下）
⑥学習塾、華道教室、囲碁教室等の施設
⑦美術品、工芸品を製作するためのアトリエ・工房（原動機出力合計0・75kw以下）

右記以外の用途・規模の複合建物は、「兼用住宅」ではなく「複合用途の建築物」として、用途ごとに制限が適用される。さらに、「兼用住宅」とならない場合は、「消防同意」の対象となる（法93条　令147条の3）。

図 「兼用住宅」の平面・断面

「サービス店舗」その他これらに類する用途の判断

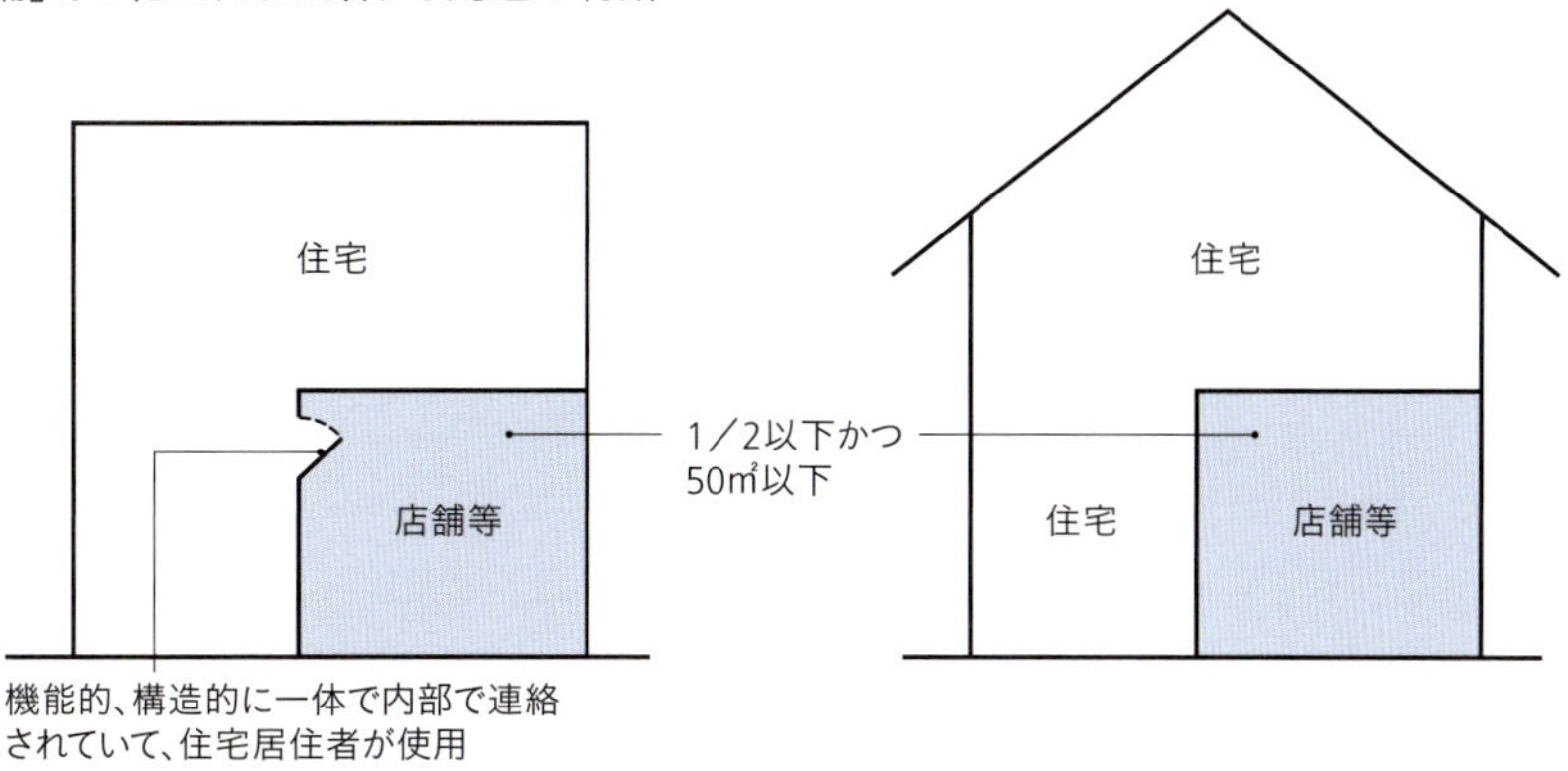

表 用途規制―事務所・物販・飲食・サービス―

○：建てられる用途 ×：原則として建てられない用途（法別表第2） ①、②、③、④、▲、△、■：面積、階数などの制限あり

分類	用途地域内の建築物の用途制限	1低	2低	1中	2中	1住	2住	準住	田住	近商	商業	準工	工業	工専	無指定
	住宅、共同住宅、寄宿舎、下宿、兼用住宅で非住宅部分の床面積が、50㎡以下かつ建築物の延べ面積の2分の1未満のもの	○	○	○	○	○	○	○	○	○	○	○	○	×	○
店舗等	店舗等の床面積が150㎡以下のもの	×	①	②	③	○	○	○	①	○	○	○	○	④	○
店舗等	店舗等の床面積が150㎡を超え、500㎡以下のもの	×	×	②	③	○	○	○	■	○	○	○	○	④	○
店舗等	店舗等の床面積が500㎡を超え、1,500㎡以下のもの	×	×	×	③	○	○	○	×	○	○	○	○	④	○
店舗等	店舗等の床面積が1,500㎡を超え、3,000㎡以下のもの	×	×	×	×	○	○	○	×	○	○	○	○	④	○
店舗等	店舗等の床面積が3,000㎡を超えるもの	×	×	×	×	×	○	○	×	○	○	○	○	④	○
店舗等	店舗等の床面積が10,000㎡を超えるもの	×	×	×	×	×	×	×	×	○	○	○	×	×	×
事務所等	1,500㎡以下のもの	×	×	×	▲	○	○	○	×	○	○	○	○	○	○
事務所等	事務所等の床面積が150㎡を超え、3,000㎡以下のもの	×	×	×	×	○	○	○	×	○	○	○	○	○	○
事務所等	事務所等の床面積が3,000㎡を超えるもの	×	×	×	×	×	○	○	×	○	○	○	○	○	○

注 第2種住居地域、準住居地域、工業地域、および無指定区域内では、大規模集客施設（床面積>1万㎡の店舗・映画館・アミューズメント施設・展示場等）は、原則、建築不可。ただし、開発整備促進区で地区整備計画が定められた区域内で、地区整備計画の内容に適合し、特定行政庁が認めたものは立地可能

①：日用品販売店、食堂、喫茶店、理髪店及び建具屋等のサービス業用店舗のみ。2階以下

②：①に加えて、物品販売店舗、飲食店、損保代理店・銀行の支店・宅地建物取引業者等のサービス業用店舗のみ。2階以下

③：2階以下

④：物品販売店舗、飲食店を除く

■：農産物直売所、農家レストラン等のみ。2階以下

▲：2階以下

085

用途規制

Point

多様な用途に対する制限に注意する

	内　容	解　説	参　考
ソーホー（SOHO）	住宅部分と事務所（非住宅）部分の空間ボリュームなどの形態や、主たる用途が何かなどの機能に着目し、実態に応じて、「住宅」「共同住宅」「事務所」のいずれかに該当するかを判断	・Small Office Home Office（スモールオフィス・ホームオフィス）の略。従業員10名以下程度の規模の事務所やテレワークのためのサテライトオフィス、自宅を利用した事務所兼用住宅、ソーホー利用に配慮したマンションなど、多様な機能や建築形態 ・形態上、トイレ、流し台（台所）、浴室のいわゆる住宅要件の「3点セット」を備えている場合は、「共同住宅」と判断し、それ以外は「事務所」と判断	
調剤薬局	一般薬局と同様に「日用品の販売を主たる目的とする店舗」に該当	・薬剤師が販売または授与の目的で調剤を行う調剤薬局については、その定義が法令等に明記されていないことから、用途判断が難しい ・店舗兼用住宅や、診療所に併設して用途不可分の関係にあるとして建築確認申請される場合がある ・厚生労働省の薬局の開設許可基準には、「店舗の総面積は19.8㎡以上で、医薬品等の販売場所と6.6㎡以上の調剤室を有し（以下略）」とされていることや実態等から、一般薬局と同様に「日用品の販売を主たる目的とする店舗」に該当すると判断するほうが妥当 ・診療所と機能上の関連がある「附属関係」にあるとして、用途上不可分の建築物として扱うとの見方もあるが、独立した営業も可能であることから、附属関係にはないと考えられ、間取り等の建築物個別の条件により、慎重な判断を要する ・機能上、高齢社会の中で近隣住民の必要不可欠な施設であり、かつ、近隣の住環境を阻害しない建築物と考えられる	・薬事法2条（薬局の定義） ・薬事法5条、省令（薬局開設許可基準）

	内　容	解　説	参　考
コインランドリー	近隣住民に対するサービスを目的とする場合は、「洋服店、畳屋、建具屋、自転車店、家庭電気器具店その他これらに類するサービス業を営む店舗」に該当	・第1種低層住居専用地域、第2種低層住居専用地域および第1種中高層住居専用地域内に建築する場合は、床面積や原動機の出力が制限される ・継続的な騒音が発生し、近隣の居住環境を害するおそれがある場合などは、「工場」に該当する場合もある	・都市計画法及び建築基準法の一部を改正する法律等の施行について（平成5年6月25日住指発225号、住街発94号）
学習塾、華道教室、囲碁教室その他これらに類する施設	当該施設の規模や広範囲の地域から利用される施設かどうかなどの利用形態や、近隣の居住環境を害するおそれの有無など、実態に応じて判断	・専用住宅を中心として、住宅の近隣に不可欠な社会・文化施設や、公益上必要な施設であり、かつ住宅地の静穏を害するおそれのない用途に供されるものに限って建築できる ・令130条の3では非住宅部分について規模制限が設けられており、当該住宅地における近隣住民に対するサービスを目的としたもので、かつ、近隣の住環境を阻害しない事務所、店舗等に限られている ・教室と呼ばれるものであっても遊興的性格の強い施設（不特定多数を対象とするダンス教室等）はこれに含まれない	・住宅兼用エレクトーン教室（昭和49年6月4日住街発982号） ・住宅兼用武道塾等について（昭和60年2月9日住街発9号）
陶磁器の製造・作品展示施設	販売を行うことを目的としない場合は、「美術品又は工芸品を製作するためのアトリエ又は工房」に該当	・工場であっても、床面積や原動機の出力が一定以下であれば、良好な住環境を阻害するおそれがないので、建築が可能 ・近隣住民の日常生活に必要な店舗、サービス施設で、住環境を阻害しないものを限定 ・第1種低層住居専用地域内に販売を行うことを目的としない陶磁器の製造・作品展示場を建築する場合は、床面積や原動機の出力が制限されるが、「美術品又は工芸品を製作するためのアトリエ又は工房」に該当。ただし、継続的な騒音等が発生し、近隣の居住環境を害するおそれのある場合は、該当しない	・工場の解釈（昭和14年6月29日例規） ・陶磁器の製造を営む工場（昭和33年11月18日住指発149号）

	内　容	解　説	参　考
中古自動車買取専門店	・中古自動車を展示するなどの店の構えがなく、当該建築物で直接販売しない場合は、「事務所」に該当 ・店の構えはないものの、当該建築物で買い取った中古自動車を同一敷地内に保管し、ディーラー等に販売（卸売り）する場合は、「物品販売業を営む店舗」に該当	・中古自動車を査定し、買い取るだけの施設であり、店頭での中古自動車の展示・販売はせず、買取り後に自動車メーカーの直列・特約販売店(ディーラー)、中古自動車販売店等に売却(卸売り)する ・形態上、中古自動車を展示するなどの店の構えがなく、他の場所等に保管、または買取り先から直接中古自動車をディーラー等に販売（卸売り）するケースと、店の構えはないものの、買い取った中古自動車を同一敷地内に保管し、ディーラー等に販売(卸売り)するケースがある ・前者は、店の構えがなく、当該建築物において直接販売しないため「事務所」に該当し、後者は、当該建築物において直接販売するため、販売先が一般消費者か自動車販売店かの違いだけで、広い意味での「物品販売業を営む店舗」に該当 ・当該建築物で直接ディーラー等に販売する場合は、必ずしも住宅地周辺にある必要がないことから、第2低層住居専用地域で許容される近隣住民の生活に必要不可欠な店舗には該当しない	・都市計画法及び建築基準法の一部を改正する法律等の施行について（平成5年6月25日住指発225号、住街発94号）
工場等において制限を受ける原動機等	・原動機を使用する工場等において、その使用または出力の合計について制限を受ける原動機（以下「原動機」という）の取り扱いは、以下のとおり ①工場の敷地内において建築物の内外および事業種別を問わず使用される原動機の出力の合計 ②「原動機を使用する場合」とは、ドリル、グラインダー等の小型電動工具等を使用する場合を含むもの。ただし、業態と関係ないものを使用する場合を除く ③冷蔵庫等により単に「貯蔵」目的のためのもの等で作業に直接関係のないものは、工場の原動機には含まない。ただし、製品を「製造」する過程において必要な冷凍装置等に使用するものは、工場の原動機に該当	・第1種低層住居専用地域から第1種中高層住居専用地域では「良好な住居の環境を保護するため」、作業に使用する原動機の出力についても厳しく制限されているため、すべての出力の合計で規制を行う	

	内容	解説	参考
動物病院、犬猫診療所、ペット美容室	・動物病院、犬猫診療所、ペット（犬、猫等、以下同じ。）美容室は、近隣周辺に住む人の日常生活において必要不可欠なサービス業を営む店舗には該当しない	・建築基準法上の病院、診療所、美容院は、それぞれの根拠法令において、人を対象とした施設であることが明らかであり、ペットを対象とした動物病院、犬猫診療所、ペット美容室はこれらに該当しない ・住宅地の近隣周辺の住民にとって、必ずしも日常的に利用するサービス業種とはいえないことや、近隣に悪臭、騒音等の悪影響を及ぼすおそれのある用途であることから、令130条の3第3号および令130条の5の2第2号に規定する近隣周辺に住む人の日常生活において必要不可欠なサービス業を営む店舗である「理髪店、美容院、クリーニング取次店、質屋、貸衣裳屋、貸本屋その他これらに類するサービス業を営む店舗」には該当しない	
ペットの通信販売業（ネットショッピング等）を営む施設	・ペットの陳列などの店の構えもなく、当該建築物においてペットを直接販売しない場合は、「事務所」に該当 ・ペットを直接販売する場合は、「物品販売業を営む店舗」に該当する ・ペットを飼育・収容施設を複合する場合で、当該施設が15㎡を超えるものは「畜舎」に該当	・インターネット等によりペットの販売を行うものの、形態としては、ペットの収容・飼育施設やペット陳列などの店の構えがないうえに、直接、一般の人に販売を行わず（不特定多数の人の出入りがない）、他の場所に収容されているペットを注文者に直接宅配する場合は、「事務所」に該当するものと考えられる	都市計画法及び建築基準法の一部を改正する法律等の施行について（平成5年6月25日住指発225号、住街発94号）
ペットの繁殖・飼育施設	・ペットの繁殖・飼育施設は、趣味や生業にかかわらず、「畜舎」に該当する ・伝書鳩などの繁殖・飼育施設の場合も、その利用目的および形態が同じであれば、「畜舎」に該当	・ペットの鳴き声等の騒音や臭気を発生するなど、近隣の居住環境に影響を与えるおそれがあることから、良好な住居の環境の保護を目的とする第1種低層住居専用地域、第2種低層住居専用地域および第1種中高層住居専用地域内に建築することはできない ・飼育・収容目的にかかわらずペットを飼育する建築物であって、近隣の居住環境に影響を与えるおそれのある15㎡を超える建築物は、「畜舎」として規制対象になると考えられる	

086

用途規制（自動車車庫）

Point

車庫の制限は住居系になるほど厳しくなる

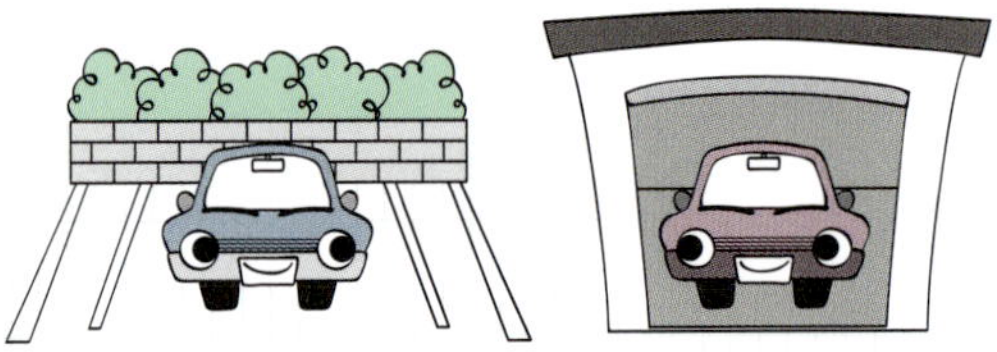

「建築物である自動車車庫」と「工作物である自動車車庫」

「建築物」とは、「土地に定着する工作物のうち、屋根及び柱若しくは壁を有するもの（これに類するものを含む）」（法2条1号）とあり、「自動車車庫」も屋根の有無により「建築物」か「工作物」に分かれる。

「建築物である自動車車庫」には、建築物内の車庫、建築物の屋上車庫、自走式車庫、タワーパーキング、屋根がなく設置面からの高さが8m超の機械式車庫等がある。建築物である場合は、単体規定、集団規定、条例による制限等が適用されるので注意が必要である。

「工作物である自動車車庫」には、屋根のない機械式車庫がある。工作物である場合は、法88条2項により指定工作物となり、手続き規定と用途地域制限が準用される（令138条3項）。

「独立車庫」と「附属車庫」

「独立車庫」とは、他の建築物に従属しないで敷地内に単独で設置されるものであり、「附属車庫」とは、同一敷地内の他の建築物の使用者のために設置されるものである。

自動車車庫の用途地域制限

自動車車庫の用途地域制限で注意を要するのは、「住居系の用途地域」である（表）。第1・2種低層住居専用地域および田園住居地域内では、「独立車庫」は建築できない。「附属車庫」は、車庫面積が600㎡以下で1階以下[※1]は建築できる。ただし、自動車車庫の用途に供する部分を除く建築物の延べ面積が600㎡未満の場合はそれ以下となる[※2]（令130条の5）。

準住居地域および住居系以外の用途地域においては自動車車庫の制限はない。

※1 1階建ての屋上部分は、1階となる
※2 車庫の面積には、建築物と工作物の面積を合計する。築造面積が50㎡以下の工作物の車庫は不算入

表　用途規制－車庫－

○ 建築可　× 禁止(法別表第2)

分類	建築物の用途	規模制限 階	規模制限 床面積合計	1低	2低	1中	2中	1住	2住	準住	田住	近商	商業	準工	工業	工専	無指定
建築物車庫	独立車庫	≦2階	A≦300㎡	×	×	○	○	○	○	○	×	○	○	○	○	○	○
			300㎡<A	×	×	×	×	×	×	○	×	○	○	○	○	○	○
		≧3階		×	×	×	×	×	×	○	×	○	○	○	○	○	○
	付属車庫(主たる用途：1低～1中許容建築物)[例：共同住宅]	地階1階	A≦300㎡	△1	△1	○	○	○	○	○	△1	○	○	○	○	○	○
			300㎡<A≦600㎡	△1	△1	△2	△2	△3	△3	○	△1	○	○	○	○	○	○
			600㎡<A≦3,000㎡	×	×	△2	△2	△3	△3	○	×	○	○	○	○	○	○
			3,000㎡<A	×	×	×	×	△3	△3	○	×	○	○	○	○	○	○
		2階	A≦300㎡	×	×	○	○	○	○	○	×	○	○	○	○	○	○
			300㎡<A≦3,000㎡	×	×	△2	△2	△3	△3	○	×	○	○	○	○	○	○
			3,000㎡<A	×	×	×	×	△3	△3	○	×	○	○	○	○	○	○
		≧3階		×	×	×	×	×	×	○	×	○	○	○	○	○	○
	付属車庫(主たる用途：1中禁止建築物)[例：事務所]	≦2階	A≦300㎡	×	×	○	○	○	○	○	×	○	○	○	○	○	○
			300㎡<A≦1,500㎡	×	×	×	△2	△3	△3	○	×	○	○	○	○	○	○
			1,500㎡<A≦3,000㎡	×	×	×	×	△3	△3	○	×	○	○	○	○	○	○
			3,000㎡<A	×	×	×	×	×	△3	○	×	○	○	○	○	○	○
		≧3階		×	×	×	×	×	×	○	×	○	○	○	○	○	○
工作物車庫	独立車庫		B≦50㎡	○	○	○	○	○	○	○	○	○	○	○	○	○	○
			50㎡<B≦300㎡	×	×	○	○	○	○	○	×	○	○	○	○	○	○
			300㎡<B	×	×	×	×	×	×	○	×	○	○	○	○	○	○
	付属車庫(主たる用途：1低～1中許容建築物)[例：共同住宅]		B≦50㎡	○	○	○	○	○	○	○	○	○	○	○	○	○	○
			50㎡<B≦300㎡	△1	△1	○	○	○	○	○	△1	○	○	○	○	○	○
			300㎡<B≦600㎡	△1	△1	△2	△2	△3	△3	○	△1	○	○	○	○	○	○
			600㎡<B≦3,000㎡	×	×	△2	△2	△3	△3	○	×	○	○	○	○	○	○
			3,000㎡<B	×	×	×	×	△3	△3	○	×	○	○	○	○	○	○
	付属車庫(主たる用途：1中禁止建築物)[例：事務所]		B≦300㎡	×	×	×	○	○	○	○	×	○	○	○	○	○	○
			300㎡<B≦1,500㎡	×	×	×	△2	△3	△3	○	×	○	○	○	○	○	○
			1,500㎡<B≦3,000㎡	×	×	×	×	△3	△3	○	×	○	○	○	○	○	○
			3,000㎡<B	×	×	×	×	×	△3	○	×	○	○	○	○	○	○

A：建築物車庫の床面積　B：工作物車庫の築造面積
△1：床面積に工作物である自動車車庫の築造面積が50㎡以下である場合は、その部分の築造面積を不算入
△2、△3：床面積に工作物である自動車車庫の築造面積が300㎡以下である場合は、その部分の築造面積を不算入

087

有効採光面積の算定

Point

有効採光面積は、窓面積に用途地域ごとの採光補正係数を乗じて算定する

有効採光面積の算定

建築物の開口部があっても、隣地や敷地内の別の建築物の影響で光が入らないこともある。

そのため、開口部の有効採光面積の算定では、隣地境界線や敷地内の建築物の部分から、当該建築物の庇や窓までの水平距離Dを、当該建物直上部にある庇などから窓の中心までの垂直距離Hで除した比率（D／H）を用途地域により異なる算式による「採光補正係数」を開口部面積に乗じて有効採光面積を算定する。

ただし、採光補正係数の最大値は3である（表、図）。

なお、採光補正係数が1未満であっても、開口部が道路に面していたり、水平距離が一定以上ある場合は、採光補正係数を1とすることができる。

敷地が2つの異なる用途地域にわたる場合の「採光補正係数」は、敷地の過半の属する用途地域に敷地全体があるものとみなし、その用途地域の「採光補正係数」で有効採光面積を算定する。

たとえば、敷地が商業地域と住居地域にわたる場合で、住居地域の部分が過半である場合は、敷地全体が住居地域内にあるものとして、有効面積の算定をしなければならない。

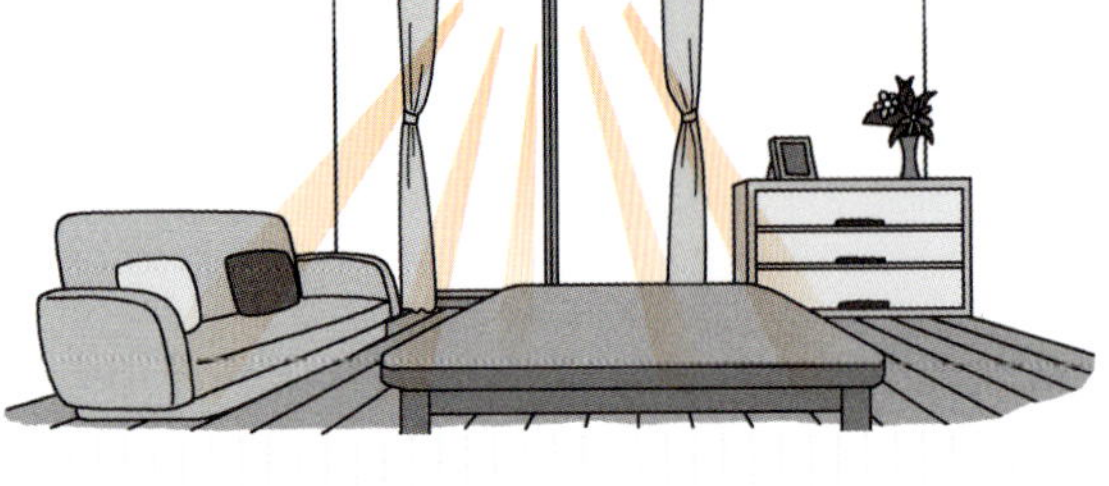

表　採光補正係数(令20条)

有効採光面積の算定式		有効採光面積＝開口部の面積×採光補正係数(K)			
採光補正係数(K)の算定式		K＝(d/h)×a−b	d：開口部の直上の庇等の先端から敷地境界線までの水平距離 h：開口部の直上の庇等の先端から開口部の中心までの垂直距離		
算定式内の数値	用途地域	係数 a [*]	係数 b [*]	D [算定式の例外で使用]	適用条項(令20条)
	住居系地域	6	1.4	7m	2項1号
	工業系地域	8	1	5m	2項2号
	商業系地域	10	1	4m	2項3号
算定式内の数値	要件			Kの値	適用条項(令20条)
	算定式の例外	開口部が道に面する場合	K<1	K＝1	2項各号イ〜ハ
		開口部が道に面しない場合	d≧D かつ K<1	K＝1	
			d<D かつ K<0	K＝0	
	算定方式の例外(天窓がある場合)			K×3	2項本文かっこ書
	外側に幅90cm以上の縁側(濡れ縁を除く)等がある開口部の場合			K×0.7	
	K>3の場合			K＝3	2項本文ただし書

緩和1 開口部が、道（都市計画区域内では法42条に規定する道路）に面する場合、道路境界線はその道の反対側の境界線とする（令20条2項1号本文かっこ書）
緩和2 公園等の空地または水面に面する場合、隣地境界線はその空地または水面の幅の1／2だけ隣地境界線の外側にある線とする（同）
＊ 特定行政庁が区域を指定し、土地利用の現況に応じた補正係数を採用することも可能

図　採光関係比率(D/H)の算定例

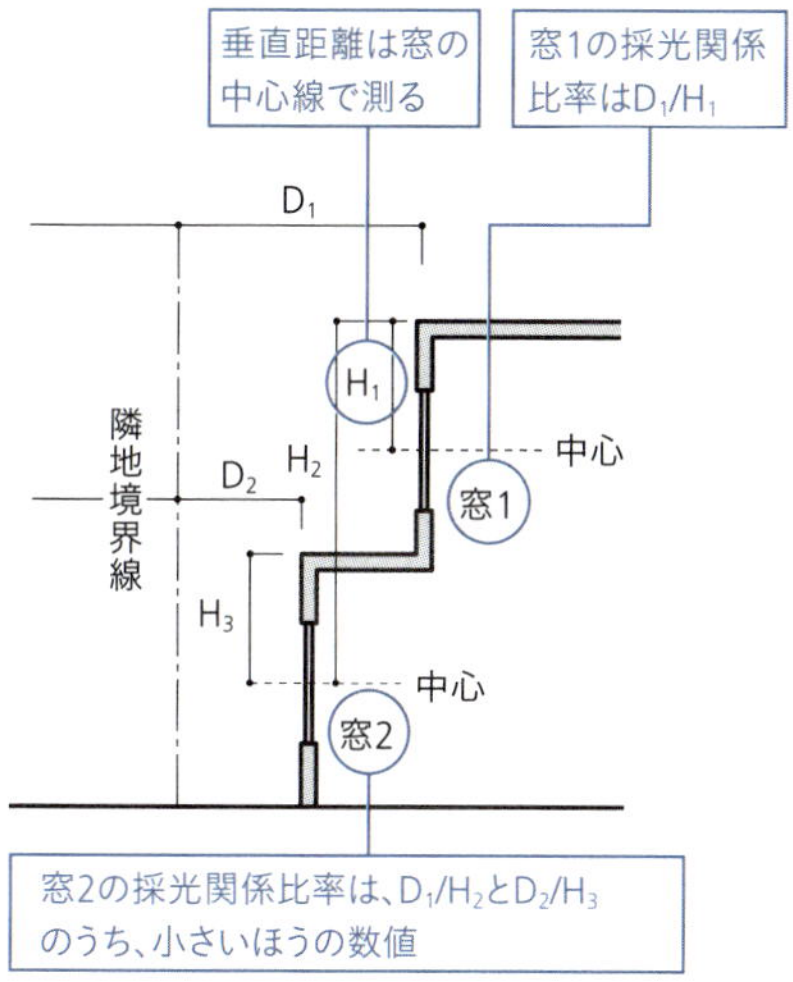

設定条件
- 用途地域＝住居系地域
- 採光補正係数算定式 $\frac{6\times D}{H}-1.4$
- 窓1、窓2の面積＝3㎡

D_1＝4m　H_1＝2m
D_2＝2m　H_2＝6m
　　　　　H_3＝2.5m

算定の手順

(1)採光関係比率(D/H)を求める

窓1：$\frac{D_1}{H_1}=\frac{4}{2}=2$

窓2：$\frac{D_1}{H_2}=\frac{4}{6}\fallingdotseq 0.66$（最上部から）

$\frac{D_2}{H_3}=\frac{2}{2.5}=0.8$（真上部から）

∴ 小さいほうの0.66を採用

(2)採光補正係数(K＝［D/H］× a − b)を求める

窓1：2×6 − 1.4 ＝ 10.6 ⇒ 3
窓2：0.66 × 6 − 1.4 ＝ 2.56

(3)有効採光面積を求める

窓1：3㎡ × 3 ＝ 9㎡
窓2：3㎡ × 2.56 ＝ 7.68㎡

088

居室の有効採光面積の緩和

Point

窓が道などに面していれば、採光補正係数は1以上とできる

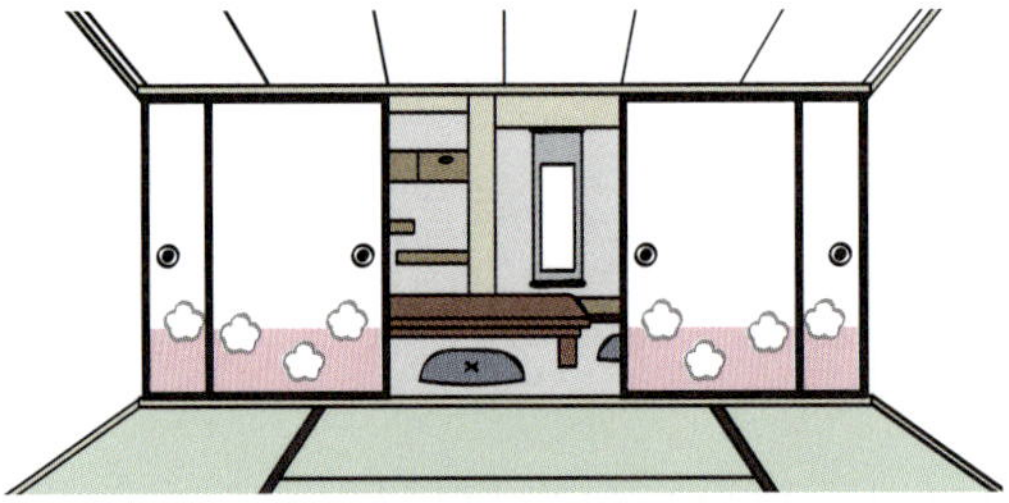

採光の算定の緩和

居室や開口部の位置により次のような緩和を受けることができる。

ふすまや障子、縁側がある（図1）

①ふすまや障子で仕切られた2つの居室の場合は、1つの居室とみなして算定できる。

②居室の外側に幅90cm以上の縁側がある場合、採光補正係数に0.7を乗じ、縁側の開口部を有効採光窓とできる。

窓が道路や水面、広場に面している

③窓が道路に面する場合は反対側の道路境界線、広場や川などの場合はその中心線までの水平距離で採光補正係数を算出できる（図2）。

庇や天窓がある

④開口部の上部の庇が半透明である場合、庇はないものとして水平距離を算定できる。

⑤天窓の場合は、採光補正係数（上限値3）に3倍することができる。

その他の例

⑥幼稚園や学校の教室、保育室などで一定以上の照度や換気設備がある場合は、採光窓の割合は低減できる（昭55建告1800号）。

⑦次の条件に合う住宅、共同住宅で、外壁に面する開口部がなく、直接採光が確保できない奥居室でも、外壁の開口部を有した隣接する別居室がある場合は、その奥居室も採光上も有効とみなせる（平15国交告303号）（図3）。

・近隣商業地域または商業地域内の住宅の居室であること。

・外壁の開口部を有する居室と奥居室の区画された2室間の壁に採光上有効な開口部があり、その面積が奥居室の床面積の1／7以上であること。

・外壁の開口部を有する居室に採光上有効な開口部があり、その有効な開口部の面積が2室合計の床面積の1／7以上であること。

図1　有効採光開口部の算定方法の特例

◆2室1室の扱い

・ふすま、障子等で随時開放できる2室の場合は1室とすることができる

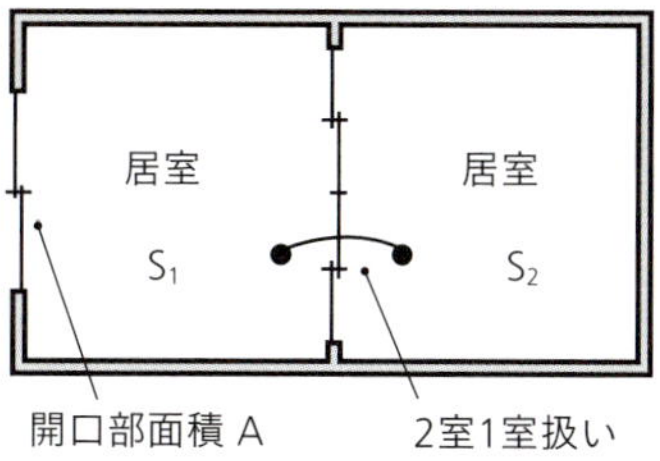

採光（住宅の場合）

A×採光補正係数≧1/7（S_1+S_2）

換気

A×1/2≧1/20（S_1+S_2）

◆採光補正係数の例外2

・天窓の場合→算定値×3

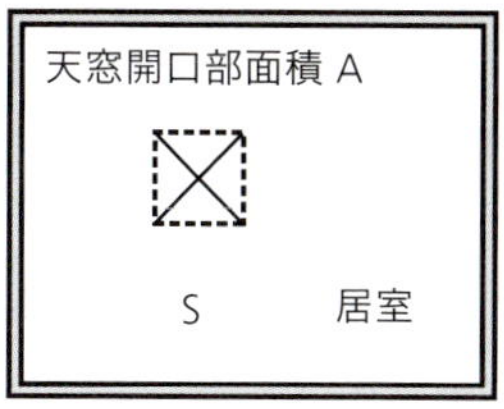

＊住宅の場合

A×採光補正係数×3≧S×1/7

・居室の外側に幅90cm以上の縁側等がある開口部の場合→算定値×0.7

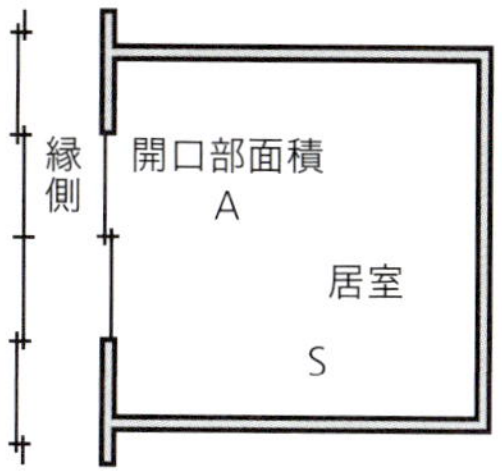

＊住宅の場合

A×補正係数×0.7≧S×1/7

・採光補正係数が3.0を超える場合→3.0とする

・採光補正係数が負数の場合→0とする

図2　採光を検討する開口部前面に道路・水面等がある場合

①道路に面する場合

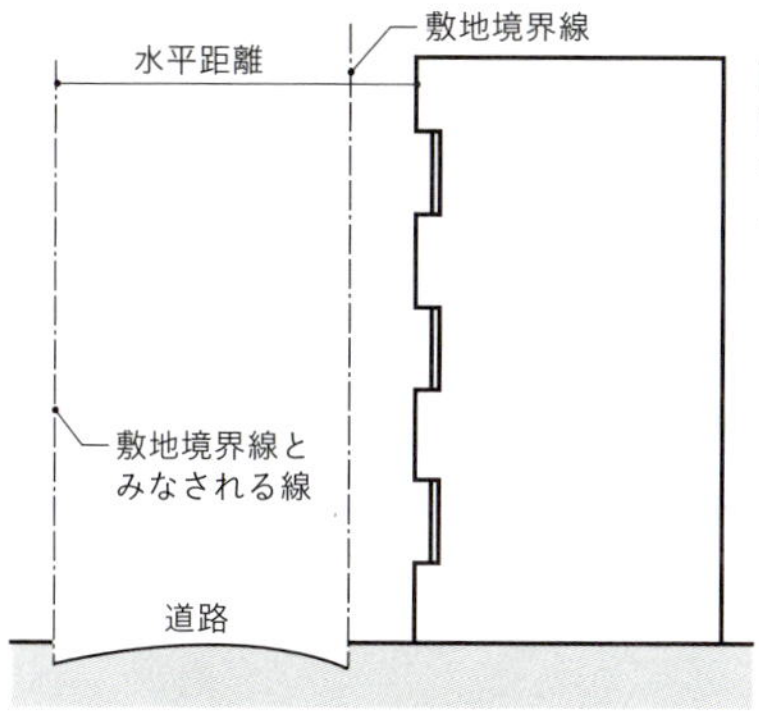

開口部が道路に面する場合、敷地境界線は道の反対側になる

②水面・公園・広場等に面する場合

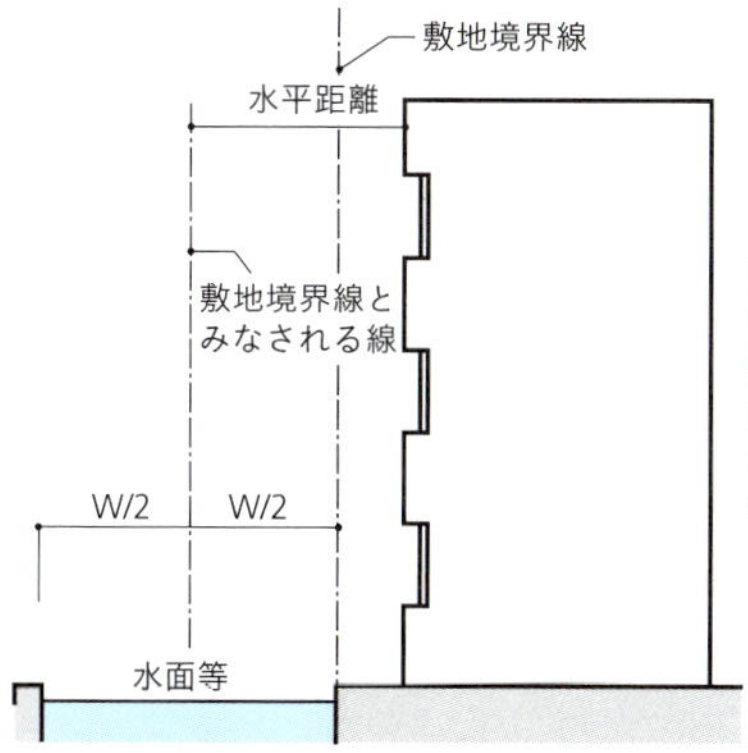

開口部が水面等に面する場合は、敷地境界線が水面等の幅員Wの半分（W/2）だけ外側にあるとみなされる

図3　外部に開口部のない住宅居室の採光特例（平15国交告303号）

平面図

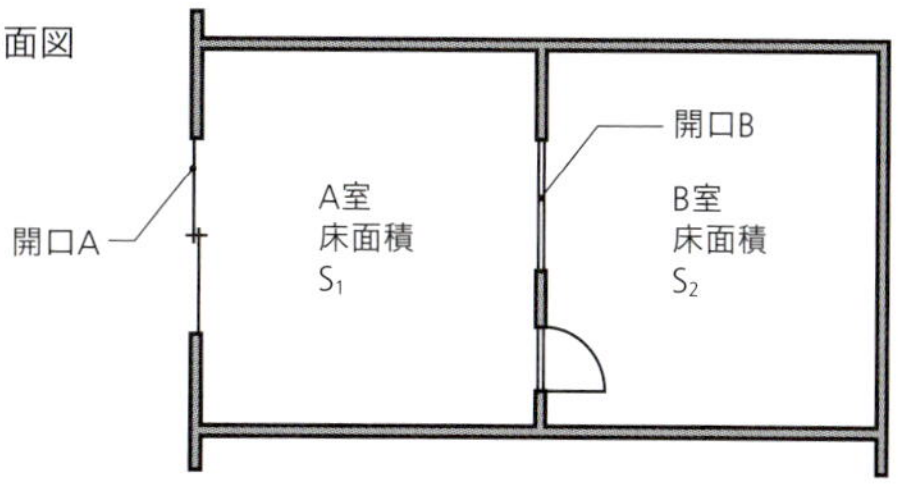

断面図

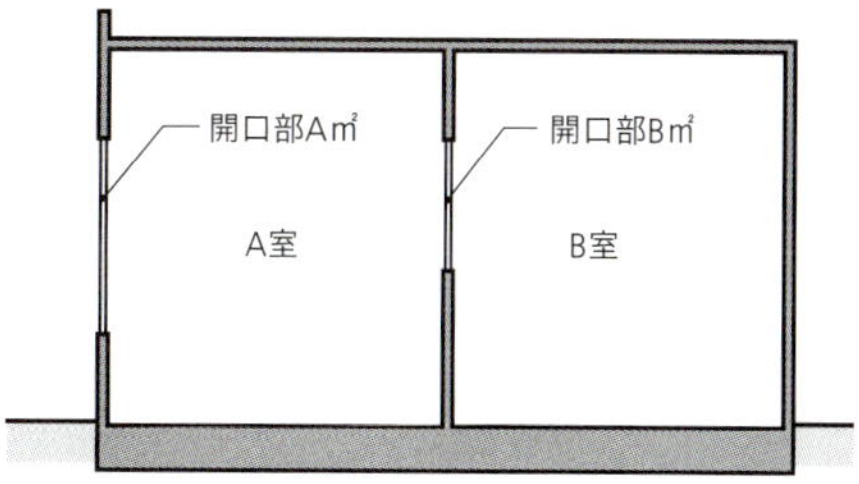

B室が採光上有効になる条件

①商業地域か近隣商業地域

②住宅の居室

③開口部A×採光補正係数 $\geqq \frac{S_1+S_2}{7}$

かつ

開口部B $\geqq \frac{S_2}{7}$

089

居室の採光・換気

Point

必要な採光窓面積は、建物の用途により異なる

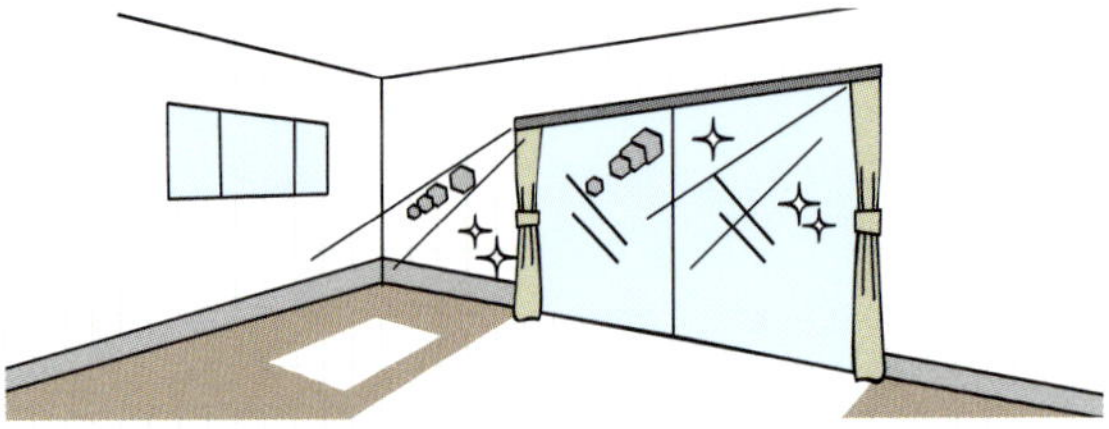

用途で異なる採光窓の割合

建築基準法では、居室に採光上必要な開口部面積を定めている。開口部面積を算出する際に床面積に乗じる割合は、居室の用途で異なる。

住宅の居室、寄宿舎や下宿、児童福祉施設等の寝室、病院や診療所の病室、児童福祉施設の保育、訓練、日常生活に必要な居室では、その割合が1／7以上である。病院や診療所、児童福祉施設でも患者や入所者の談話、娯楽などの居室の割合は1／10以上でよい。また、幼稚園、学校の教室や保育所の保育室では、その割合が1／5以上と最も大きい。ただし、大学や専修学校の教室については1／10以上となっている（図1）。

これらの用途の場合、各居室の床面積に規定の割合を乗じ、必要採光面積を求め、それに応じて採光に有効な開口部の位置や形状を検討する。ただし、地階の居室や用途上やむを得ない居室（平7年5月25日住指発153号）については開口部は不要となる（表1）。

居室の換気

採光と異なりすべての居室において、原則居室の床面積の1／20以上の換気に有効な開口部を設けなければならない。換気に有効な開口部面積を確保できない居室は、自然換気設備や機械換気設備、中央管理方式による空調設備などの換気設備が必要となる（202頁表2・3、図2）。

自然換気設備とは、給気口と排気筒の気圧差で換気する設備のことで、給気口の位置や排気筒の断面積や位置、高さなどが限定されている。

機械換気設備とは、換気扇等で給排気を行う設備のことである。

中央管理方式の空調設備とは建物全体の空調を一カ所で行い、衛生上有効な換気を確保するものである。

図1 有効採光・換気の基本

採光：A+B≧S×1/7（住宅の場合）

換気
A×1/2+B×1/2≧S×1/20

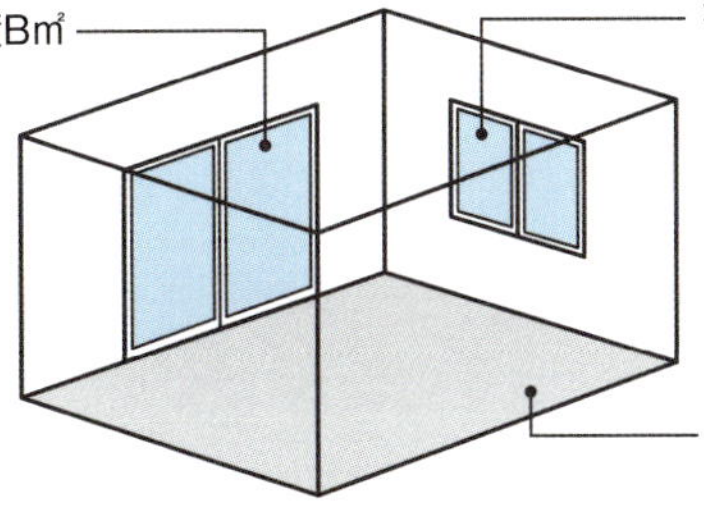

表1 有効採光率（法28条、令19条、昭55建告1800号）

建築物の用途	居室の用途	割合	備考
住宅・共同住宅の居室	居室	1/7	居住のために使用されるもの
		1/10	床面において50ルクス以上の照度を確保することができるように照明設備を設置した場合（昭55建告1800号）
寄宿舎	寝室	1/7	—
下宿	宿泊室	1/7	—
児童福祉施設等	寝室	1/7	入所者が使用するものに限る
	保育室・訓練室	1/7	入所・通所者の保育、訓練、日常生活に必要な便宜の供与、その他これらに類する目的のために使用される居室も含む
	談話室・娯楽室	1/10	入所者の談話、娯楽、その他これらに類する目的のために使用される居室も含む
病院・診療所	病室	1/7	—
	談話室・診察室	1/10	入院患者の談話、娯楽、その他これらに類する目的のために使用される居室も含む
小学校・中学校・高等学校・中等教育学校	教室	1/5	—
		1/7	①床面からの高さが50cmの水平面において200ルクス以上の照明設備を設置した場合（昭55建告1800号） ②窓その他の開口部で採光に有効な部分のうち、床面からの高さが50cm以上の部分の面積が、その教室の床面積の1/7以上あること（昭55建告1800号）
		1/10	上記①に加え、音楽教室、または視聴覚教室で令20条の2に適合する換気設備が設けられたもの（昭55建告1800号）（幼稚園は除く）
	事務室・職員室	1/10	—
上記以外の学校	教室	1/10	—
幼稚園・保育所	保育室	1/5	昭55建告1800号により1/7まで緩和あり
		1/7	①床面において200ルクス以上の照度を確保することができる照明設備を設置した場合（昭55建告1800号） ②窓その他の開口部で採光に有効な部分の面積が、その保育室の床面積の1/7以上であること（昭55建告1800号）

特殊条件1	地階もしくは地下工作物（地下街）に設ける居室、または温湿度調整を必要とする作業室[*1]、用途上やむを得ない居室[*2]は除く（法28条本文ただし書）
特殊条件2	ふすま、障子等の随時開放できるもので仕切られた2室は、1室とみなす（法28条4項）
特殊条件3	国土交通大臣が別に算定方法を定めた建築物の開口部については、その算定方法による（令20条1項ただし書、平15国交告303号）

*1 大学、病院等の実験室、研究室、調剤室等（平7年5月25日住指発153号）
*2 住宅の音楽練習室・リスニングルーム等（平7年5月25日住指発153号）

表2　開口部の形状による有効換気面積の考え方例

	はめ殺し	引違い	片引き	上げ下げ	ガラリ	回転	内倒し
窓の形式（例）		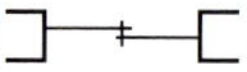			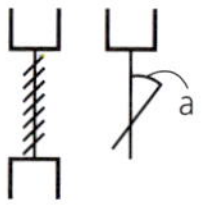	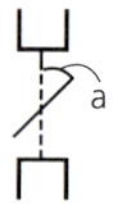	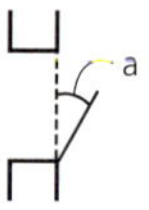
倍数	0	1/2	1/2	1/2	45°≦a≦90° のとき　So=S 0°＜a＜45°　のとき　So=a/45°×S		

表3　換気設備の設置基準
（令20条の2・20条の3・129条の2の5、昭45建告1826号）

	適用基準	換気設備の設置	適用条項
換気設備の設置が必要となる要件	換気上の無窓居室 （有効換気面積＜居室の床面積×1/20）	自然換気設備	令20条の2 令129条の2の5 昭45建 告1826号・1832号
		機械換気設備	
		中央管理方式の空調設備	
	火気使用室 ・燃焼器具の換気量 V≧40KQ V：換気量（m³/h） K：理論ガス量（m³） Q：燃焼消費量 （kw・kg/時）	自然換気設備 ①排気筒方式 ②煙突方式 ③換気フード付排気筒方式	令20条の3 昭45建告1826号
		機械換気設備 ①換気扇等方式 ②排気フード付換気扇等方式 ③煙突＋換気扇等方式	
	劇場、映画館、演芸場、観覧場、公会堂、集会場、その他これらに類する建築物の居室	機械換気設備	令20条の2 令129条の2の5 昭45建 告1826号・1832号
		中央管理方式の空調設備	
	緩和対象	換気設備の設置	適用条項
換気設備の設置が不要となる要件	住宅、または共同住宅の調理室	次の条件をすべて満たす場合は設置免除 ①床面積合計≦100㎡ ②発熱量合計≦12kW ③換気上有効な開口部の面積≧調理室床面積×1/10　かつ　≧0.8㎡	令20条の3第1項2号
	上記以外のその他の室	次のいずれかを満たす場合は設置免除 ①密閉式燃焼器具等[＊]だけを設けている火気使用室 ②発熱量合計≦6kW　かつ　換気上有効な開口部を設置した室	令20条の3第1項1号・3号

＊ 外気の取り入れと廃ガスの排出を直接屋外で行う器具

図2　自然換気設備の構造の例（換気設備による自然換気）

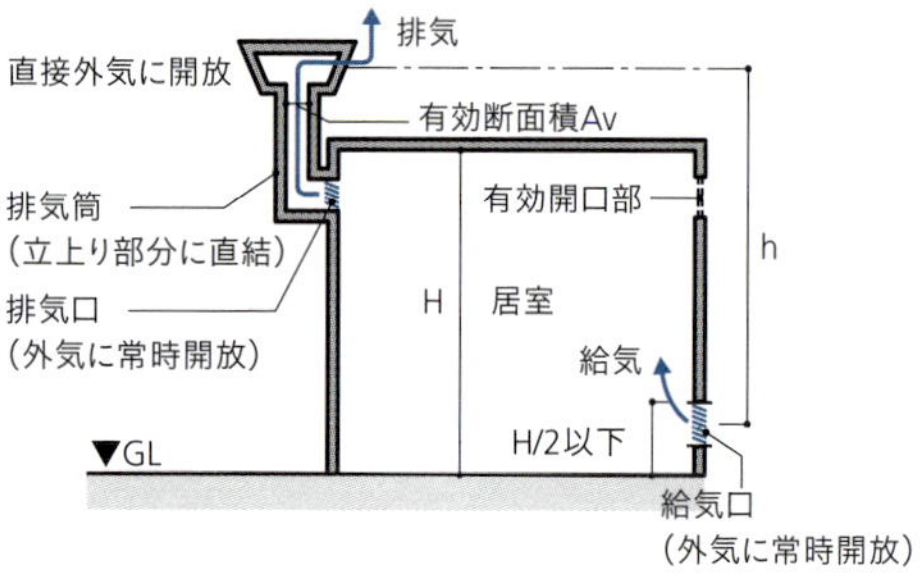

$$Av \geqq \frac{Af}{250\sqrt{h}} \quad かつ \quad \geqq 0.00785$$

Av（㎡）：排気筒の有効断面積（㎡）
Af（㎡）：居室の床面積（当該居室が換気上有効な窓などを有する場合、当該開口部の換気上有効な面積Avに20を乗じて得た面積を、当該居室床面積から減じた面積）
h（m）：給気口の中心から排気筒の頂部（外気に開放された部分）の中心の高さ

注 給気口、および排気口ならびに排気筒の頂部には、雨水、ネズミ、虫、ホコリ、その他衛生上有害なものの侵入を防ぐための設備を設ける

090

界壁・間仕切壁・隔壁

Point

界壁・防火上主要な間仕切壁・隔壁は、準耐火構造の壁を小屋裏または天井裏まで設ける

火災時において延焼拡大を防止し、人が安全に避難できるよう就寝用途を有する長屋や病院など多数の人々が出入りする場所では、通常の内壁よりも厳しい安全性が要求される（204頁表）。

界壁（法30条）［※］

長屋や共同住宅の各住戸を区画する間仕切壁を界壁といい、耐火建築物ならば耐火構造、準耐火建築物やその他の建築物ならば準耐火構造か耐火構造とし、原則、小屋裏または天井裏まで達するようにする。なお、住戸と廊下などの境壁や住戸間の床は該当しない（204頁図1）。

防火上主要な間仕切壁

学校や病院、ホテル、児童福祉施設等、寄宿舎などの建築物は多数の人々が出入りするので、避難経路の安全性を高めるためにも必要である（204頁表）。

学校の教室相互間や教室と廊下などの避難経路とを防火上主要な間仕切壁とし、病院やホテル、寄宿舎の病室や就寝室は3室以下かつ100㎡以下及び避難経路を防火上主要な間仕切壁で囲む。厨房などの火気使用室がある場合は、その部分と他を区画する壁も対象となる。防火上主要な間仕切壁は界壁と同様に耐火建築物ならば耐火構造、準耐火建築物やその他の建築物ならば準耐火構造か耐火構造とし、原則、小屋裏または天井裏まで達するようにする。

隔壁

隔壁とは、木造組部分の区画である。建築面積が300㎡を超える大規模木造建築物の小屋組は、基本的には、桁行間隔12m以内ごとに小屋裏に準耐火構造の隔壁を設けなければならない。

ただし、建築物が耐火建築物であったり、自動消火設備を設けることなどの一定の条件を満たせば免除される（205頁図2）。

※ 天井の構造を、遮音性能に関して政令で定める技術的基準に適合するもので、国土交通大臣が定めた構造方法を用いるもの等とする場合には、当該各戸の界壁を小屋裏または天井裏に達するものとしなくてもよい

表　界壁・間仕切壁・隔壁（令114条）

適用建築物・部分	対象部分	構造制限	防火措置
長屋・共同住宅	各戸の界壁	準耐火構造以上	小屋裏・天井裏に達せしめる［＊1］。遮音性能［＊2］が必要［法30条］
学校［＊3］・病院・診療所（有床）・児童福祉施設等・ホテル・旅館・下宿・寄宿舎［＊4］・マーケット（連続式店舗）［＊5］	防火上主要な間仕切壁［＊6］		小屋裏・天井裏に達せしめる（強化天井［＊7］の部分を除く）
建築面積＞300㎡、かつ小屋組が木造の建築物	小屋裏隔壁		小屋組の桁行間隔≦12mごとに設ける
それぞれの延べ面積＞200㎡の建築物（耐火建築物以外）をつなぐ渡り廊下（小屋組が木造）	渡り廊下の小屋裏隔壁		小屋組の桁行間隔＞4mの場合に設ける
小屋裏隔壁の免除	下記のいずれかに該当する建築物 ①主要構造部が耐火構造であるか、または耐火性能に関する技術的基準に適合するもの ②各室、および各通路の壁（＞床から1.2m）・天井（屋根）の内装を難燃材料としたもの ③自動消火設備［＊8］、および排煙設備を設けたもの ④畜舎等で避難上・延焼防止上支障ないものとして、平6建告1882号に適合するもの		

＊1 天井の構造を、遮音性能に関して政令で定める技術的基準に適合するもので、国土交通大臣が定めた構造方法を用いるもの等とする場合には、当該各戸の界壁を小屋裏または天井裏に達するものとしなくてもよい｜＊2 音の振動数125〜2,000Hzに対して、透過損失25〜50dB｜＊3 教室等相互を区画する壁、および教室等と避難経路（廊下、階段等）を区画する壁、および火気使用室を区画する壁が該当｜＊4 就寝に利用する室等の相互間の壁で3室以下、かつ100㎡以下に区画する壁、および当該室と避難経路を区画する壁、火気使用室とその他を区画する壁が該当｜＊5 店舗相互間の壁のうち重要なもの、および火気使用室とその他の部分を区画する壁が該当｜＊6 自動スプリンクラー設備等設置部分（床面積が200㎡以下の階または床面積200㎡以内ごとに準耐火構造の壁若しくは法第2条第9号の2ロに規定する防火設備で区画されている部分で、スプリンクラー設備、水噴霧消火設備、泡消火設備その他これらに類するもので自動式のものを設けたものをいう。）その他防火上支障がないものとして国土交通大臣が定める部分の間仕切壁を除く｜＊7 天井のうち、その下方からの通常の火災時の加熱に対してその上方への延焼を有効に防止することができるものとして、国土交通大臣が定めた構造方法を用いるもの、または国土交通大臣の認定を受けたもの｜＊8 スプリンクラー設備・水噴霧消火設備・泡消火設備等

図1　共同住宅長屋に求められる界壁（令114条1項）

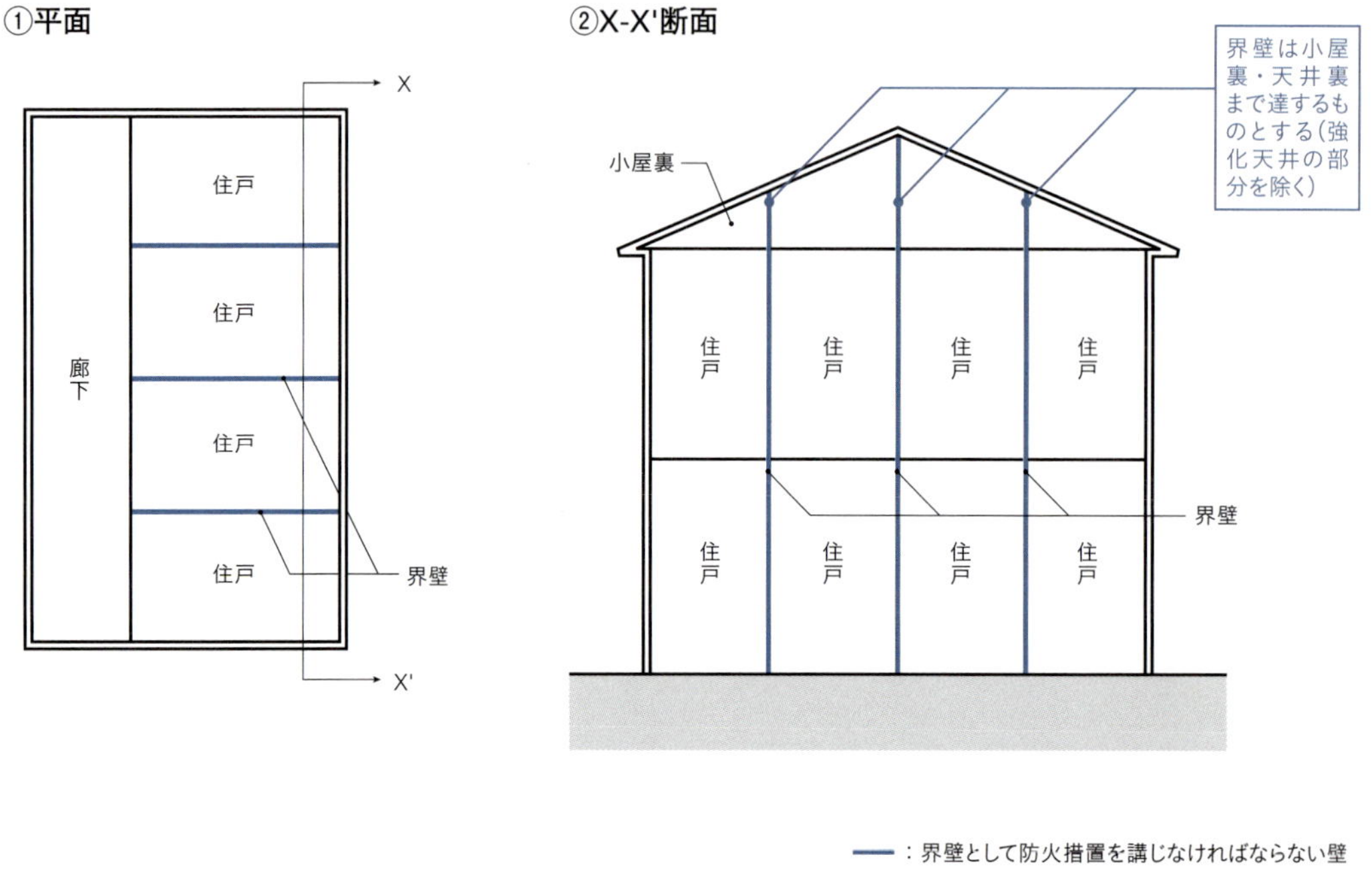

図2 小屋裏隔壁（令114条3項、4項）

①木造の小屋裏隔壁

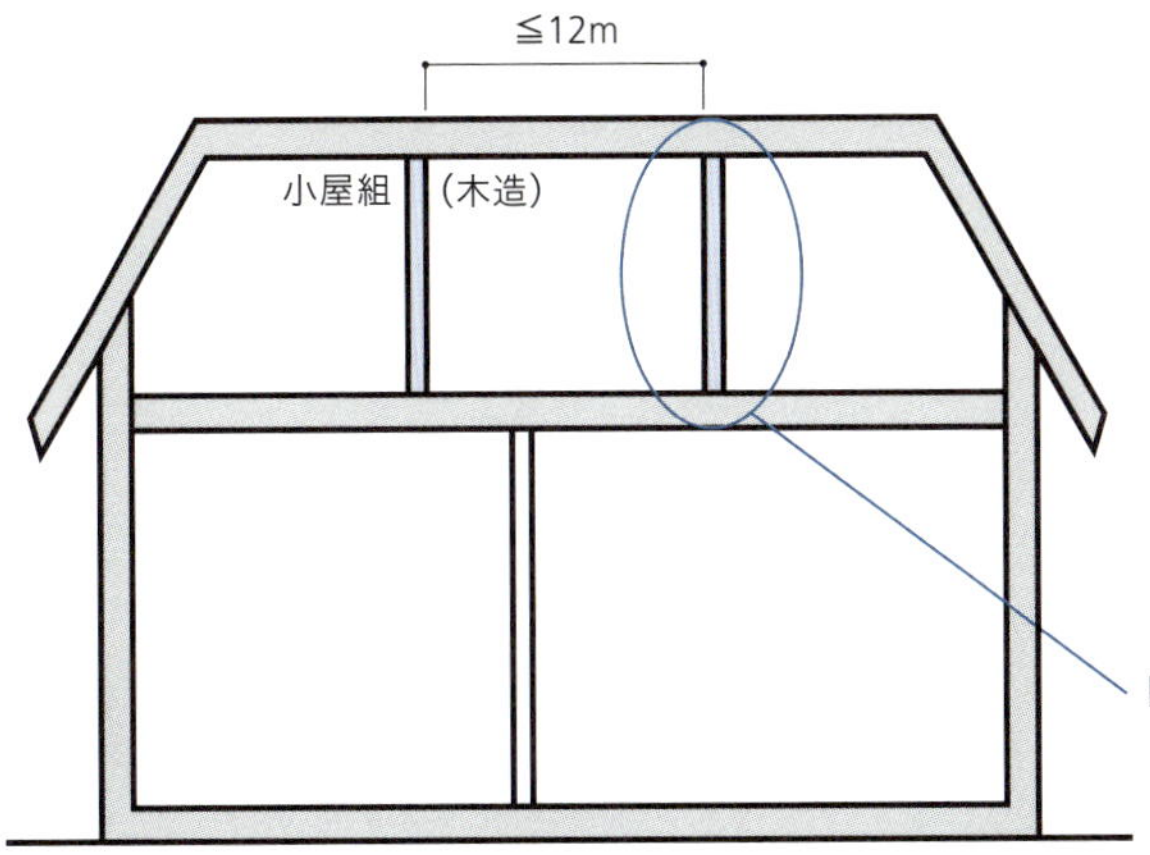

建築物が耐火構造の場合、界壁や間仕切壁は主要構造部であることから、界壁、間仕切壁について準耐火構造ではなく耐火構造としなければならない

次のいずれかに該当する建築物は免除
①主要構造部が耐火構造
②各室、通路の壁（>1.2m）・天井（屋根）の内装を難燃材料としたもの
③各室、各通路に自動消火設備［＊］、および排煙設備を設けたもの
④畜舎等で避難上・延焼防止上支障ないものとして、平6建告1882号に適合するもの

＊ スプリンクラー設備・水噴霧消火設備・泡消火設備

②渡り廊下の小屋裏隔壁

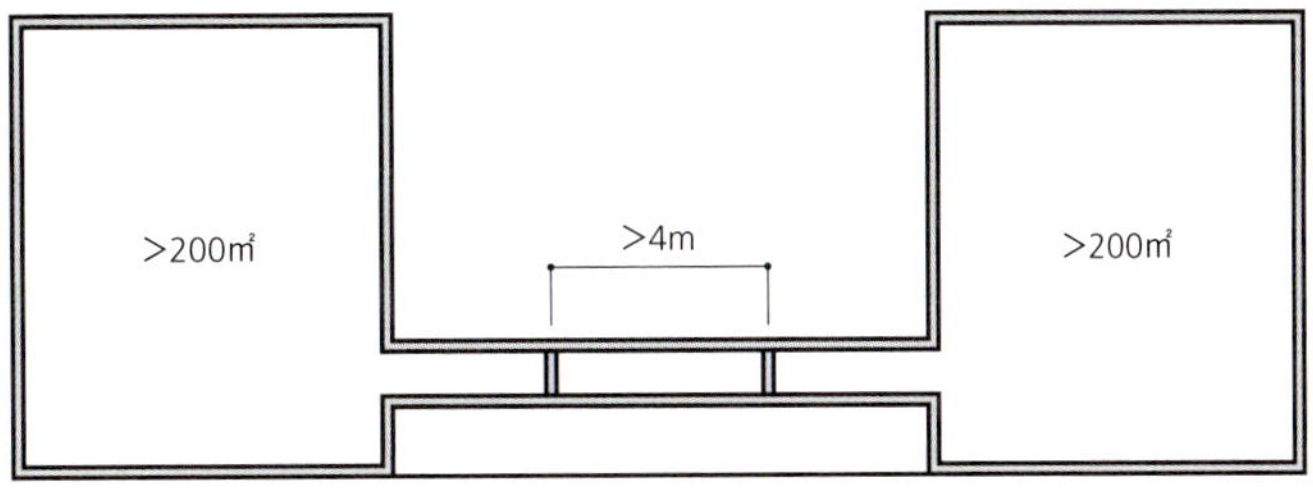

それぞれ延べ面積>200㎡の建築物（耐火建築物を除く）をつなぐ渡り廊下（小屋組が木造）で、小屋組の桁行>4mの場合、小屋裏に耐火構造または準耐火構造の隔壁を設ける

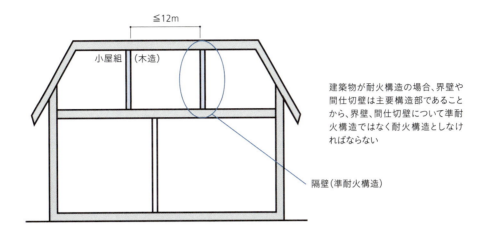

091

界壁の遮音

Point

共同住宅と長屋の界壁は、遮音性能が必要

界壁の遮音

共同住宅や長屋では、隣家からの話し声やピアノの音などのように各戸の界壁（住戸間を区切る壁）を通じて侵入する生活騒音を防止するため、基準法で界壁は一定以上の遮音性能をもち、遮音上有害な空隙のない構造とし、小屋裏または天井裏へ達しなければならないと定めている（法30条）[※]。

遮音性能と構造方法

界壁の遮音性能は、技術基準（令22条の3）で、低音、中音、高音のそれぞれの音の振動数（ヘルツ）に対する透過損失（デシベル）を規定の数値以上とするよう定めている。つまり、共同住宅や長屋の界壁は防火性能と遮音性能の両方が要求されることとなる。

遮音性能を満たす具体的な界壁の構造方法は告示で示されており、これらを整理すると次のような表となる。

表　界壁の遮音性能の例（法30条、令22条の3、昭45建告1827号）

構造		厚さ（cm）	仕上げの仕様（cm）	適用条項
下地を有しない構造	土蔵造	≧15	―	昭45建告1827号
	気泡コンクリート	≧10	両面モルタルまたはプラスターまたはしっくい塗り仕上げ≧1.5	
	木片セメント板（かさ比重≧0.6）	≧8		
	鉄筋コンクリート製パネル（重さ≧110kg/㎡）	≧4	木製パネル仕上げ≧5kg/㎡	
	土塗真壁造（4周に空隙のないもの）	≧7	―	
下地を有する構造	堅固な構造の下地等	下地＋仕上げ≧13の大壁	両面セメント板張りまたは瓦張りの上にモルタル塗り≧2.5	

※ 天井の構造を、遮音性能に関して政令で定める技術的基準に適合するもので、国土交通大臣が定めた構造方法を用いるもの等とする場合には、当該各戸の界壁を小屋裏または天井裏に達するものとしなくてもよい

表 界壁の遮音性能の例（法30条、令22条の3、昭45建告1827号）（前頁の続き）

適用基準	制限内容	適用条項
住戸の界壁（共同住宅・長屋）	遮音上有効な構造とし、小屋裏または天井裏まで達せしめる	法30条、令22条の3

<table>
<tr><th colspan="4">構造</th><th>厚さ（cm）</th><th>仕上げの仕様（cm）</th><th>適用条項</th></tr>
<tr><td rowspan="10">界壁の遮音構造</td><td rowspan="3">下地等を有しない構造</td><td>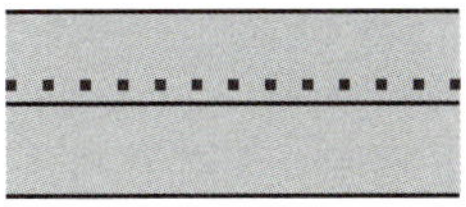</td><td>鉄筋コンクリート造
鉄骨鉄筋コンクリート造
鉄骨コンクリート造</td><td>≧10</td><td>—</td><td rowspan="10">昭45建告1827号</td></tr>
<tr><td>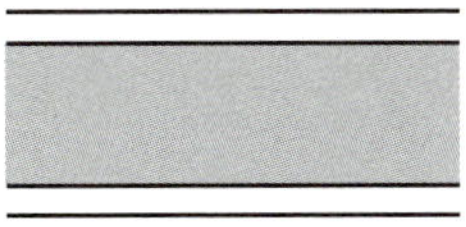</td><td>無筋コンクリート造
れんが造・石造
コンクリートブロック造</td><td>肉厚＋
仕上げ≧10</td><td>—</td></tr>
<tr><td>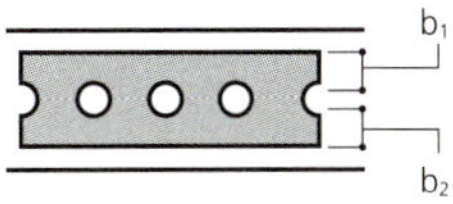</td><td>軽量コンクリートブロック</td><td>b_1+b_2
≧5</td><td>両面にモルタル≧1.5 または
プラスター≧1.5
または
しっくい塗り≧1.5</td></tr>
<tr><td rowspan="7">下地等を有する構造</td><td>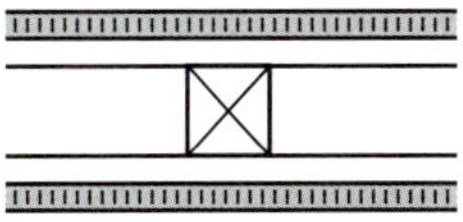</td><td>堅固な構造の下地等</td><td>下地＋
仕上げ≧13
の大壁</td><td>両面鉄網モルタル塗り≧2.0
または
両面木ずりしっくい塗り≧2.0</td></tr>
<tr><td>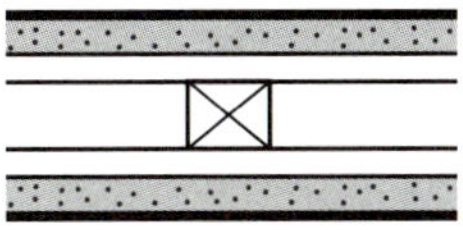</td><td>堅固な構造の下地等</td><td>下地＋
仕上げ≧13
の大壁</td><td>両面モルタル塗りの上に
タイル張り≧2.5</td></tr>
<tr><td>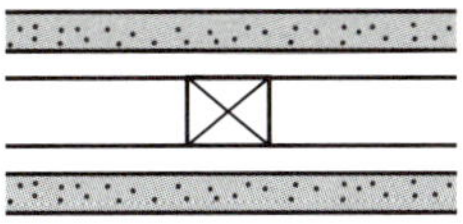</td><td>堅固な構造の下地等</td><td>下地＋
仕上げ≧13
の大壁</td><td>両面木毛セメント板張り
または
石膏ボード張りの上に
両面モルタルまたはしっくい塗り≧1.5</td></tr>
<tr><td>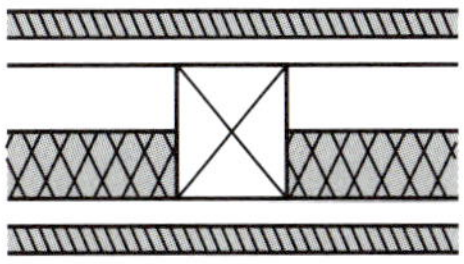</td><td rowspan="2">内部に次の材料を張る
厚さ≧2.5cmのグラスウール
（かさ比重≧0.02）
または
厚さ≧2.5cmのロックウール
（かさ比重≧0.04）</td><td rowspan="2">厚さ≧10
（仕上材の厚さは含まない）</td><td>石膏ボード≧1.2
または岩綿保温板≧2.5
または木毛セメント板≧1.8の上に、亜鉛めっき鋼板≧0.09を張る</td></tr>
<tr><td>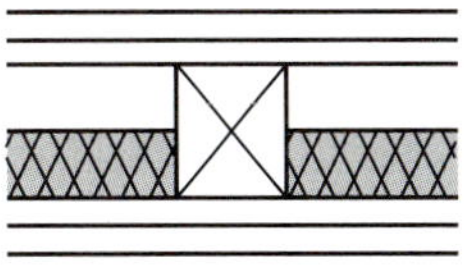</td><td>石膏ボード（厚さ≧1.2）
2枚張り</td></tr>
</table>

092

便所・電気設備

Point

4号特例でも非常用照明設置の場合は明示が必要

建築設備の規定

建築基準法では、給排水の配管や電気の配電管の設置や構造方法（令129条の2の4）、換気設備の構造方法（令129条の2の5）などが規定されている。また、便所（法31条1項）、電気設備（法32条）についても規定がある。建築確認特例対象の4号建築物の場合、これらの規定は確認を要しないが、規定は遵守しなければならない［※1］。

便所は、採光・換気の確保と汲取り便所の構造方法が規定されている。電気設備は、安全および防火のため、電気事業法等の関連規定の遵守が求められている。

飲料水の配管設備は、安全衛生のため独立配管とすることや水栓での吐水口空間の確保が規定され、また、排水設備は、排水トラップや通気管の設置、グリーストラップの設置などが規定されている。

非常用照明設備

一定の用途・規模の建築物では、災害時の停電でも照度を確保して避難ができるよう、非常用照明［※2］の設置が義務付けられている（令126条の4）。

設置の対象は、不特定多数が利用する用途、階数が3以上で延べ面積500㎡超、延べ面積1千㎡超の建築物の居室、床面積の1／20以上の採光上有効な窓面積を有しない居室などである。

なお、一戸建ての住宅、長屋は建築物ごとに、また、共同住宅では住戸ごとに設置が免除されている。そのほかに設置が免除されているものには、学校や病院の病室などがある。

建築確認特例対象の4号建築物の場合でも、避難関係規定は確認を要するので、採光無窓の事務室や工場作業場などで非常用照明の設置を要する場合は、照明器具の構造と配置を明示しなければならない。

※1「防火区画の貫通処理の規定」など、確認の特例の対象外となる規定があるので注意されたい（令10条）
※2 非常用照明とは、常用電源が断たれても予備電源で30分以上点灯して規定の床面照度を確保するもので、設置箇所は、居室と居室から地上まで通じる廊下・階段などの経路である

非常用照明設備図(S＝1:150、元図S＝1:100)

1階非常用照明設備図

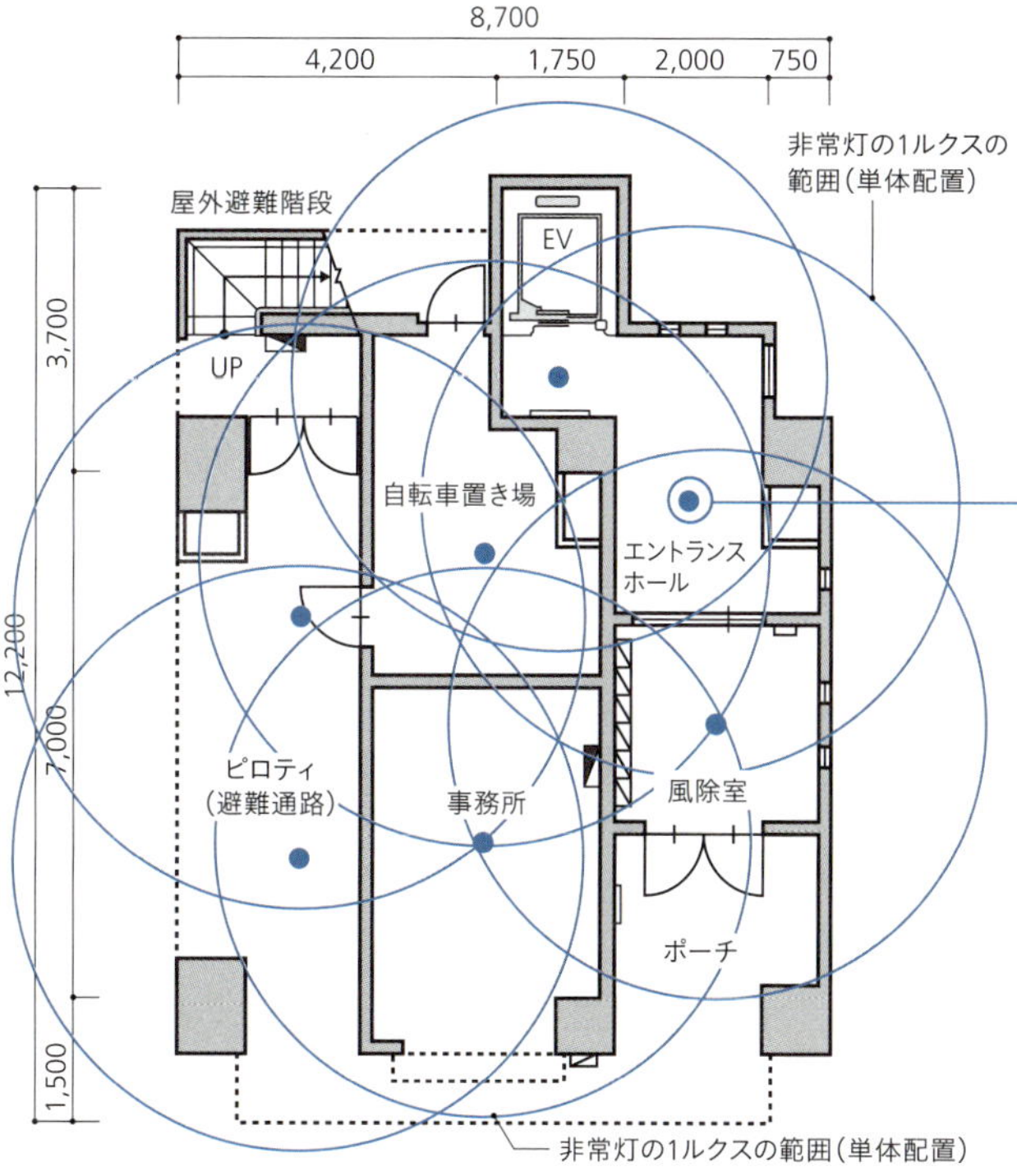

非常用の照明装置の器具の配置を明示する(法32条、令5章4節、令126条の5第1号イ、昭45建告1830号第4第1号)

1ルクス(蛍光灯の場合は2ルクス)以上の照度を確保できる範囲を円などで表示、もしくは最大取り付け間隔表で示す(令5章4節、令126条の5第1号イ、昭45建告1830号第4第1号)

基準階非常用照明設備図

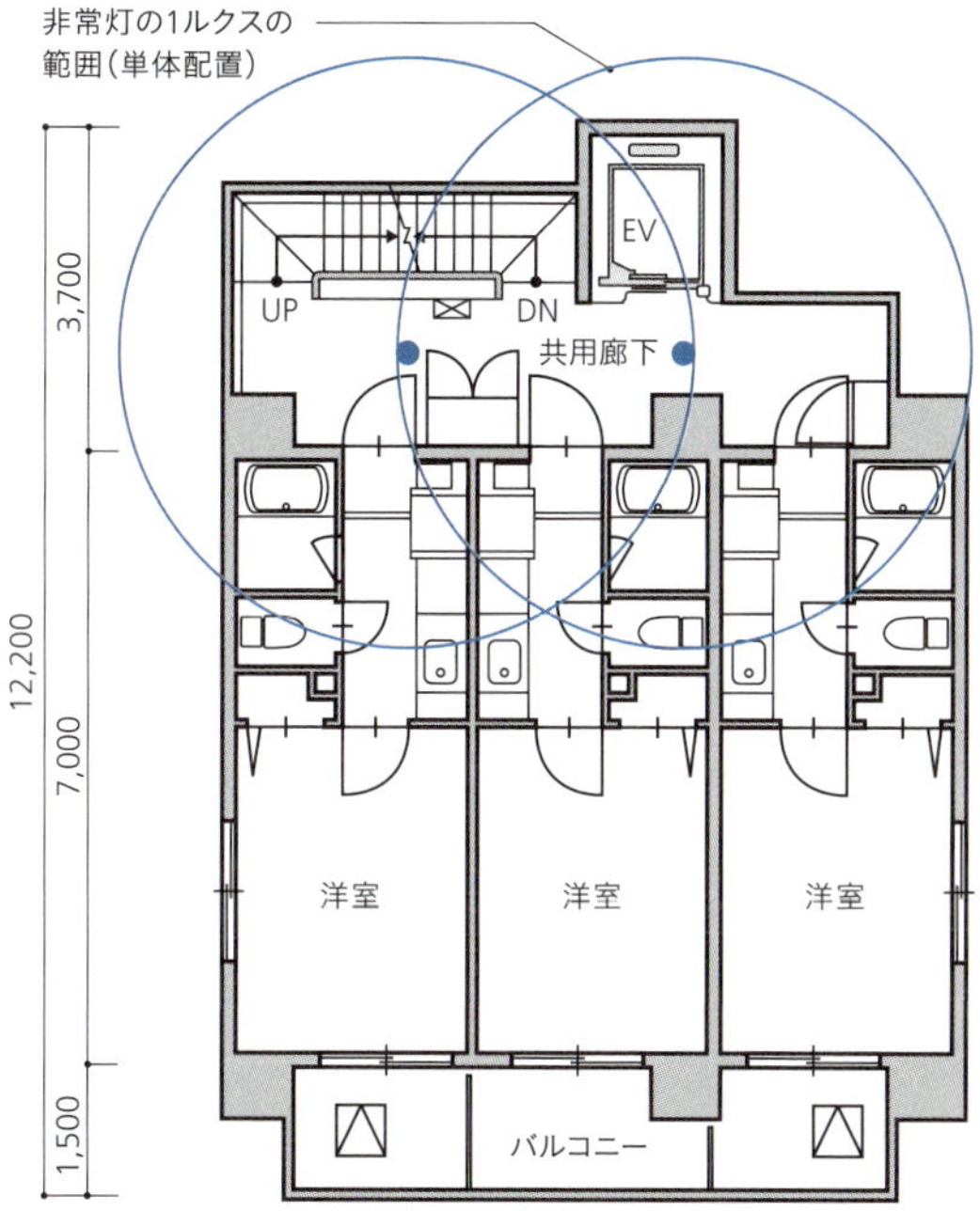

㈳日本照明器具工業会(JIL)では、非常用照明器具の法令規定への適合について自主的に評定を行っている(令5章4節、昭45建告1830号第1)。ただし、LEDの場合は大臣認定番号(LAE-○○○○)の明示が必要(告示で例示仕様として定められたLEDはJIL番号で可)

予備電源内蔵か別置型かの別を示す。別置型の場合は予備電源(蓄電池設備または蓄電池設備＋発電機設備)の位置を明示する(令5章4節、令126条の5第1号ハ、昭45建告1830号第3)

●	ハロゲン電球13W	ダウンライト型非常用照明

JIL評定品

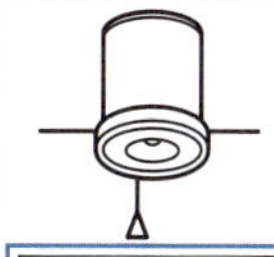

30分点灯後の床面水平面照度
1ルクス以上の最大取り付け間隔(m)

器具取り付け高さ	2.1m	2.4m	2.6m	3.0m
単体配置	4.0	4.4	4.6	4.2
直線配置	8.6	9.6	10.2	11.2
四角配置	6.9	7.7	8.2	9.0
壁からの最大距離	3.0	3.2	3.3	3.6

台数		備考
1階	7	電池内蔵型 常時消灯・非常時点灯
2〜6階	10	

注 非常用照明の開閉器には、非常用照明である旨の表示を行うこと

093

居室の天井高・床高

Point

すべての居室で天井高は、2.1m以上が必要！ 部分的に異なる場合は、平均天井高

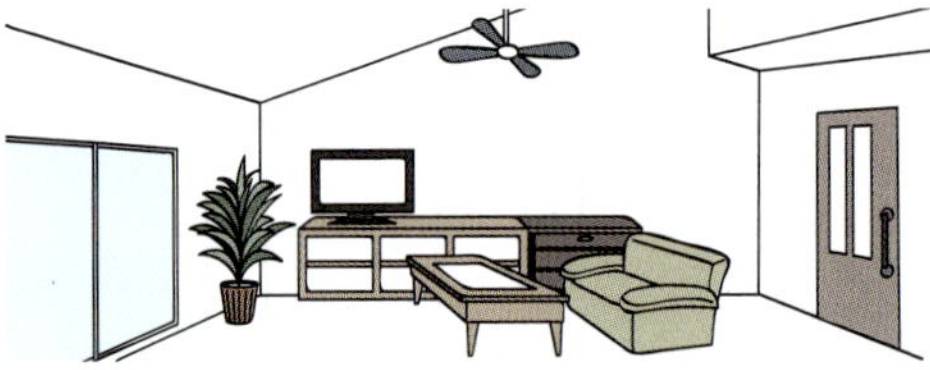

居室の天井高さの規定

部屋が広くても天井が低いと精神的に圧迫感を感じたり、人が大勢入っていると息苦しさを感じることもある。採光窓の確保と同様、居室の環境を維持するうえで天井の高さは、重要な規定である。

建築基準法では、すべての居室の天井の高さを2.1m以上確保するよう定めている。勾配天井のように1つの居室で天井の高さが部分的に異なる場合は、平均の天井高さを天井高とする。なお、これらは居室についての規定であるから、便所や納戸のような非居室には適用しない（図1・2）。

木造建築物の床の高さ・防湿方法

1階の床組が木造の場合、床下の換気が十分でないと地面からの湿気によって根太や大引などが腐って弱くなると考えられる。そこで、建築基準法では木造の床材料や居室への防湿対策のために、居室の床の高さを直下の地面から45cm以上とるよう定めている（図3）。

このほか木造建築物の居室には、床下に湿気が溜まるのを防ぐために、床下部分には壁（基礎）の長さ5m以内ごとに有効300㎠以上の換気孔を設けなければならない。換気孔は同等の効果がある土台と基礎の間に敷くパッキン部材などでも代用可能である（図4）。

また、床下に防湿コンクリートなどがある場合は、居室の床高や換気孔の制限は適用しない。

図1　平均天井高

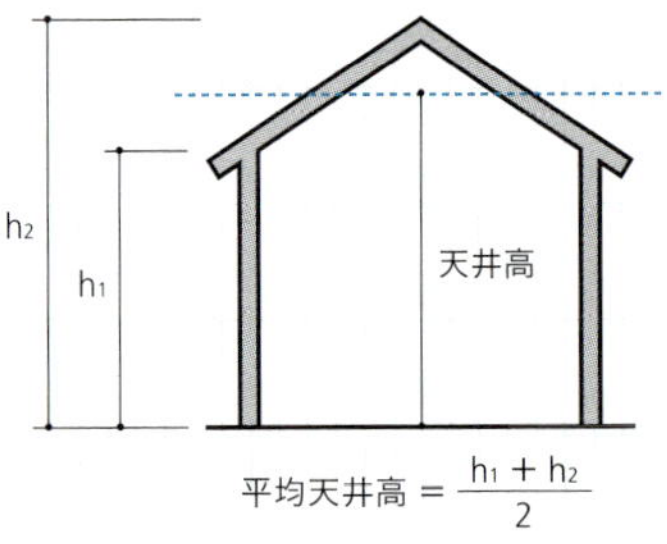

図2 天井高の測り方

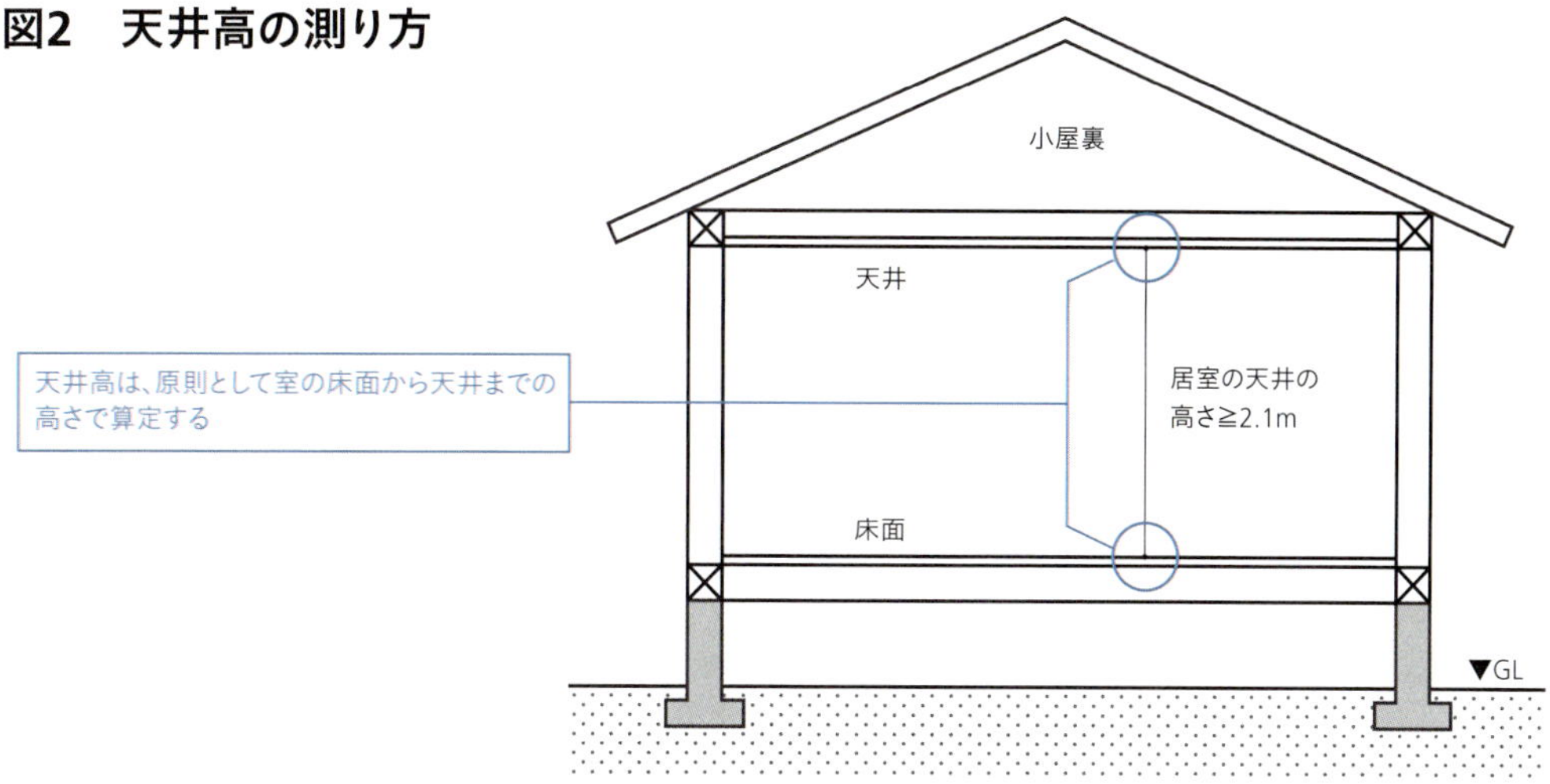

図3 居室の床高の測り方と免除条件(木造住宅)

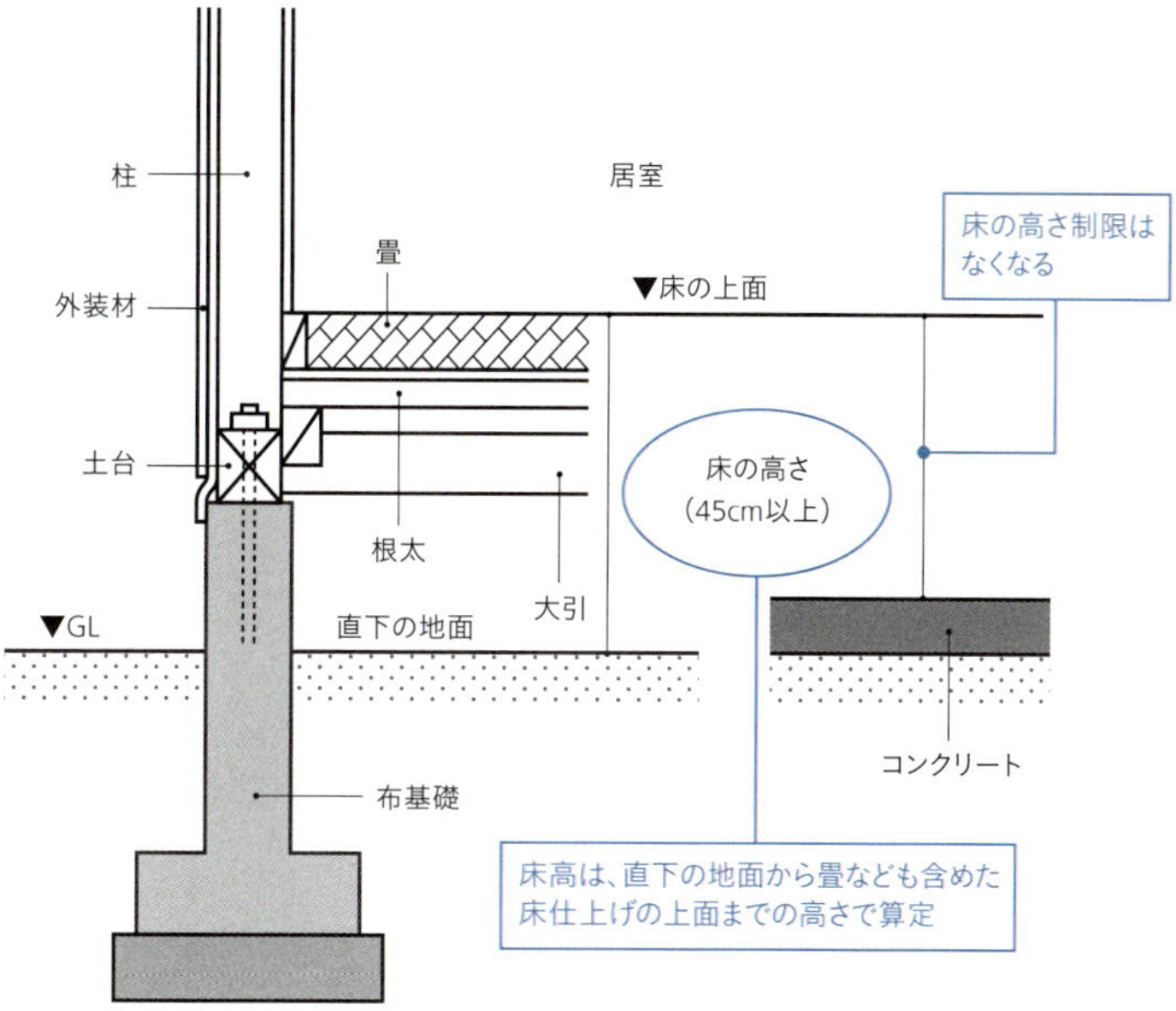

図4 床下換気孔の仕様

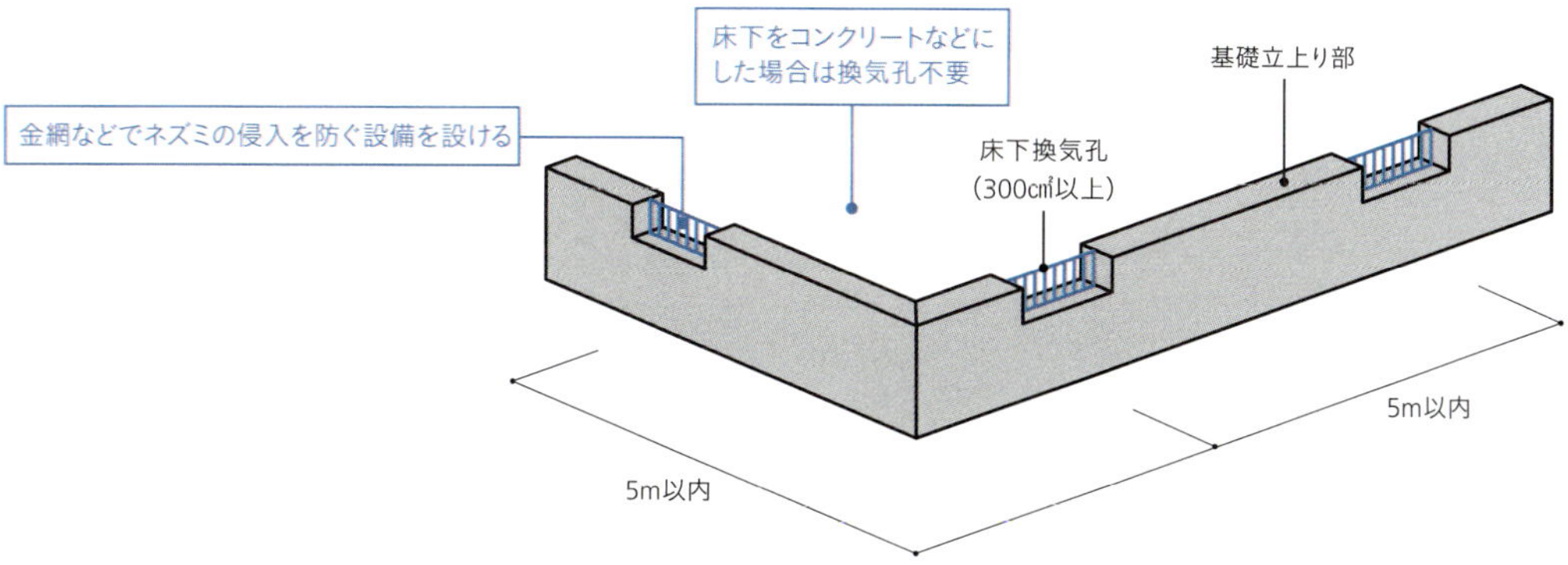

094

階段の構造

Point

階段・踊場・けあげ・踏面の寸法は、建物用途・床面積で決まる！

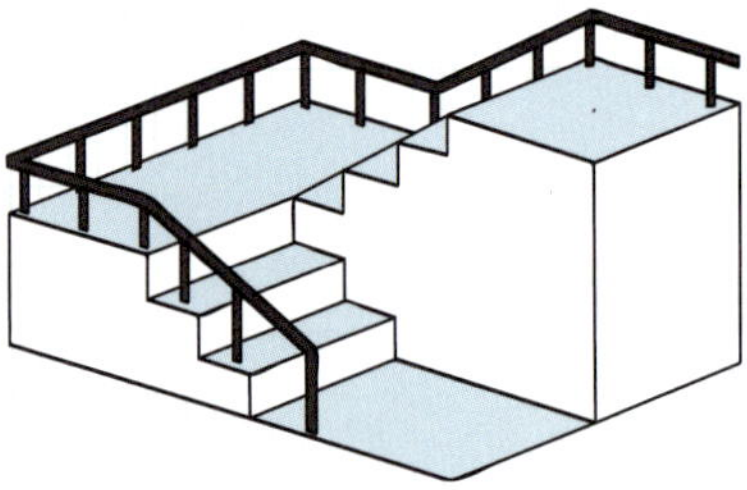

寸法規制される階段の部分

建築物での上下の移動を安全に行えるよう、階段の幅や踏面、けあげ、踊場の各寸法が、建築基準法で定められている［※1］。一般住宅の階段の基準は、幅75cm以上、けあげ23cm以下、踏面15cm以上であるが、学校や劇場などの不特定多数の人が使用する階段は、幅員は広く勾配は緩やかになるように規定されている（表）。

階段を直線状の直階段とする場合、階高が学校、劇場などでは3m超、その他の建築物では4m超であれば、踏幅1.2m以上の踊場を設けなければならない。一方、折返し階段とする場合の折返し部分は階段の幅が求められる（図1）。

手摺の設置

階段での転落事故が増えるなか、階段の安全性を確保するためには、階段の幅や踏面、けあげの寸法を守るだけでなく、昇降の補助のための手摺の設置も必要となる。階段や踊場の両側には側壁がある場合でも、少なくても片側には実際に手で握れる手摺を設けなくてはならない。側壁や手摺の転落防止は両側に必要で、片側だけに設置しもう一方になにもつくらないとすることはできない。なお、手摺部分の出寸法は、10cm以内ならば階段の幅に含まない（図2）。

階段の幅が3mを超える場合は、けあげ15cm以下、踏面が30cm以上の場合を除き階段の中央に手摺が必要となる［※2］（図1・2）。

傾斜路

階段の代わりに傾斜路（スロープ）を設ける場合は、床面を滑りにくくして、その勾配を1／8以下にしなければならない。なお、傾斜路の幅や手摺の規定は階段に準じる。

※1 各寸法は建築物の用途、直上階の床面積、屋外の直通階段かどうかなどによって異なる
※2 ただし、高さ1m以下の階段の部分にはこれらの手摺の規定は適用しない

表　階段の一般的形態(令23条)

	階段の種類	階段・踊場の幅	けあげ	踏面	踊場位置	直階段の踊場の踏み幅
①	小学校・義務教育学校(前期)の児童用	≧140cm	≦16cm(≦18cm)	≧26cm	高さ≦3mごと	≧120cm
②	中学校・義務教育学校(後期)・高等学校・中等教育学校の生徒用、物品販売店((物品加工修理業を含む)床面積>1,500㎡)、劇場・映画館・公会堂・集会場などの客用	≧140cm	≦18cm(≦20cm)	≧26cm(≧24cm)		
③	地上階用(直上階の居室の床面積合計>200㎡) 地階・地下工作物内用(居室の床面積合計>100㎡)	≧120cm	≦20cm	≧24cm	高さ≦4mごと	
④	住宅(共同住宅の共用階段を除き、メゾネット内専用は含む)	≧75cm[*1]	≦23cm	≧15cm		
⑤	①～④以外の階段	≧75cm	≦22cm(≦23cm)	≧21cm(≧19cm)		
⑥	階数≦2、延べ面積<200㎡[*2]	(≧75cm)	(≦23cm)	(≧15cm)		
⑦	昇降機の機械室用	—	≦23cm	≧15cm	—	—
⑧	屋外階段:避難用直通階段(令120、121号)[*3]	≧90cm ≧75cm[*4]	上記①～⑤による			
⑨	屋外階段:その他の階段	≧60cm				

注1 踏面はその水平投影距離で測る｜注2 直階段(まっすぐに昇降する階段)の踊場の踏幅は120cm以上必要｜注3 階段(高さ>1mのものに限る)には手すりを設ける｜注4 階段、踊場の両側には側壁等を設ける(手すりがある側を除く)｜注5 階段幅>3mの場合、中間に手すりを設置する(けあげ≦15cm、かつ踏面≧30cmの場合は不要)｜注6 階段に代わる傾斜路の場合、勾配≦1/8、かつ粗面仕上げとする｜注7 カッコ内は、同等以上に昇降を安全に行うことができる階段の寸法。階段の両側に手摺を設け、踏面を粗面など滑りにくい材料で仕上げることでこの緩和を適用できる(平26国交告709号)｜*1 居室の床面積によって③の数値の場合がある｜*2 階段またはその近くに見やすい方法で、十分に注意して昇降を行う必要がある旨を表示すること。ただし、①、②および⑤のいずれかの階段で、それぞれ当該各項に定める寸法(注7を満たす)に適合するものを除く｜*3 木造は不可。ただし防腐措置を講じた準耐火構造は可(令121条の2)｜*4 ①～③以外の階段

図1　階段の算定方法

①けあげ・踏面の算定の原則

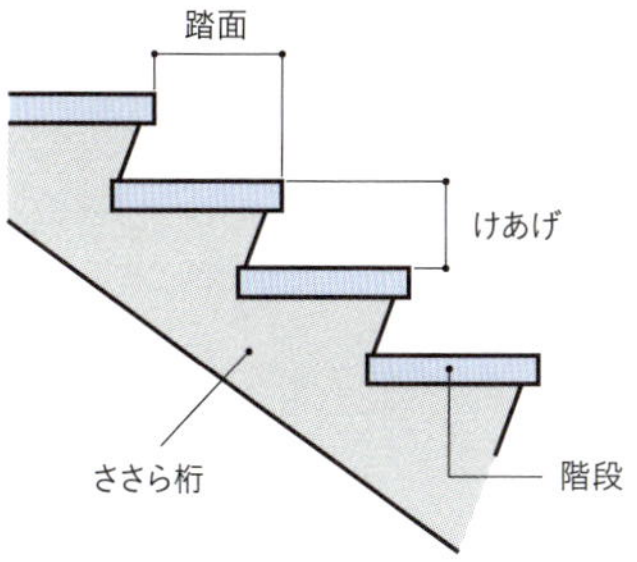

②踊場の設置の原則

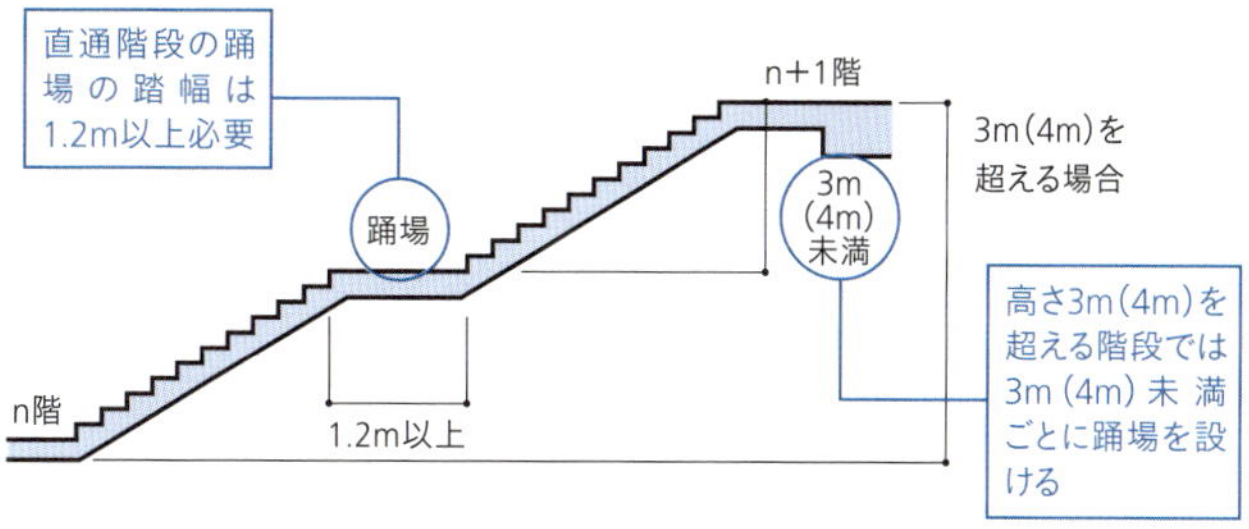

注 カッコ内の数値は上表①～⑥の階段の場合

図2　階段幅の算定方法(令23条2・3項)

①回り階段の取り扱い

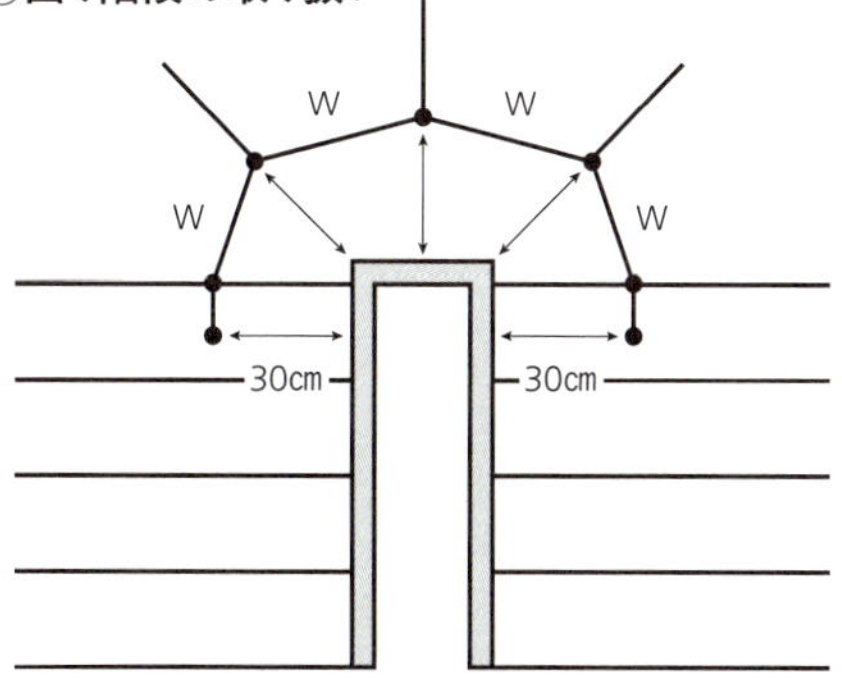

回り階段の踏面は内側から30cmの位置で測る

②手摺等の突出部分と昇降設備の取り扱い

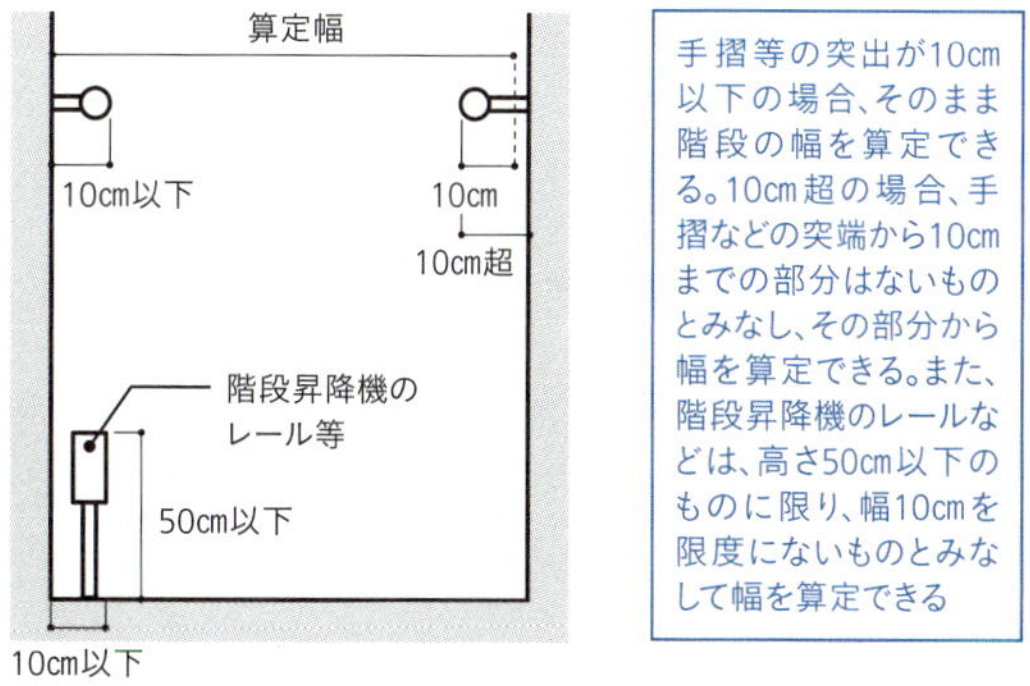

095

指定建築材料

Point

建築材料の品質確保により
建築物の安全性も確保される

品質の確保

建築物の安全性を確保するためには、設計や施工が重要な要素となるが、これと両輪の関係になってくるのが、建築材料の品質を確保することである。いかに適切な設計や施工がなされていようとも、使用される建築材料が粗悪なものであれば、建築物の安全性は確保できない。

建築基準法では、建築物の基礎、主要構造部、その他安全上、防火上、または衛生上重要な部分に使用する鋼材、コンクリートその他の建築材料（指定建築材料）の品質は、大臣の指定する日本産業規格（ＪＩＳ）または日本農林規格（ＪＡＳ）に適合するか、または大臣の認定を受けたものでなければならない（平12建告１４４６号）。

なお、ＪＩＳ、ＪＡＳが指定された場合でも、その規格に実質的に適合する品質の材料でよく、ＪＩＳまたはＪＡＳの規格表示品を使用しなければならないわけではない（表1）。また、一部の建築材料は指定建築材料としなくてもよい（表2）。

制限を受ける建築物の部分

大臣が品質を指定できる建築物の主要部分とは次のような部分で、事実上ほとんどすべての部分となる（図）。

- 基礎、主要構造部、構造耐力上主要な部分
- 耐火構造・準耐火構造・防火構造の構造部分
- 防火戸などの防火設備、内装または外装の部分で竪穴区画などの防火区画の制限の緩和を受けるための仕上げの部分
- 間仕切壁・揚げ床・最下階の床・小ばり・庇・局部的な小階段・屋外階段・バルコニーなどで防火区画上重要となっている部分
- 建築設備またはその部分

表1　JIS規格適合品の使用が義務付けられている品目

建築材料名	JIS
構造用鋼材・鋳鋼	G3101(一般構造用圧延鋼材)–1995 G3466(一般構造用角形鋼管)–1998　ほか
高力ボルト・ボルト	B1051(ボルト、ねじ、植込みボルト)–2000　ほか
構造用ケーブル	G3525(ワイヤロープ)–1998　ほか
鉄筋	G3112(鉄筋コンクリート用棒鋼)–1987　ほか
溶接材料(炭素鋼・ステンレス鋼・アルミニウム合金材の溶接)	Z3214(耐候性鋼用被覆アーク溶接棒)–1999　ほか
ターンバックル	A5540(建築用ターンバックル)–2003　ほか
コンクリート	A5308(レディーミクストコンクリート)–2014
コンクリートブロック	A5406(建築用コンクリートブロック)–1994
免震材料	JISまたはJASは未制定のため、大臣認定を受けたものでなければならない
木質接着成形軸材料	単板積層材のJAS
木質複合軸材料	JISまたはJASは未制定のため、大臣認定を受けたものでなければならない
木質断熱複合パネル	JISまたはJASは未制定のため、大臣認定を受けたものでなければならない
木質接着複合パネル	JISまたはJASは未制定のため、大臣認定を受けたものでなければならない
タッピンねじなど	B1055(タッピンねじ)–1995　B1059(タッピンねじのねじ山を持つドリルねじ)–2001
打込み鋲	JISは未制定のため、大臣認定を受けたものでなければならない
アルミニウム合金材	H4000(アルミニウムおよびアルミニウム合金の板・条)–1999 H4040(アルミニウムおよびアルミニウム合金の棒・線)–1999　など
トラス用機械式継手	JISまたはJASは未制定のため、大臣認定を受けたものでなければならない
膜材料・テント倉庫用膜材料	JISまたはJASは未制定のため、大臣認定を受けたものでなければならない
セラミックメーソンリーユニット	A5210(建築用セラミックメーソンリーユニット)–1994
石綿飛散防止剤	JISまたはJASは未制定のため、大臣認定を受けたものでなければならない
緊張材	G3536(PC鋼線およびPC鋼より線)–1999　ほか
軽量気泡コンクリートパネル	A5416(軽量気泡コンクリートパネル)–1997
直交集成板	直交集成板のJAS

表2　平成28年6月および平成30年9月の改正により、以下の建築材料は指定建築材料としなくてもよいことになった

①	法第20条第1項第1号の規定による、国土交通大臣の認定を受けた構造方法を用いる建築物に使用される建築材料で、平成12年建設省告示第1461号第9号ハの規定に適合するもの
②	法第85条第5項の規定による特定行政庁の許可を受けた仮設建築物に使用される建築材料
③	現に存する建築物または建築物の部分(法第37条の規定または法第40条の規定に基づく条例の建築材料の品質に関する制限を定めた規定に違反した建築物または建築物の部分を除く)に使用されている建築材料
④	令第138条第1項に規定する工作物で、その存続期間が2年以内のものに使用される建築材料

図　木造(在来軸組工法)の戸建住宅の例

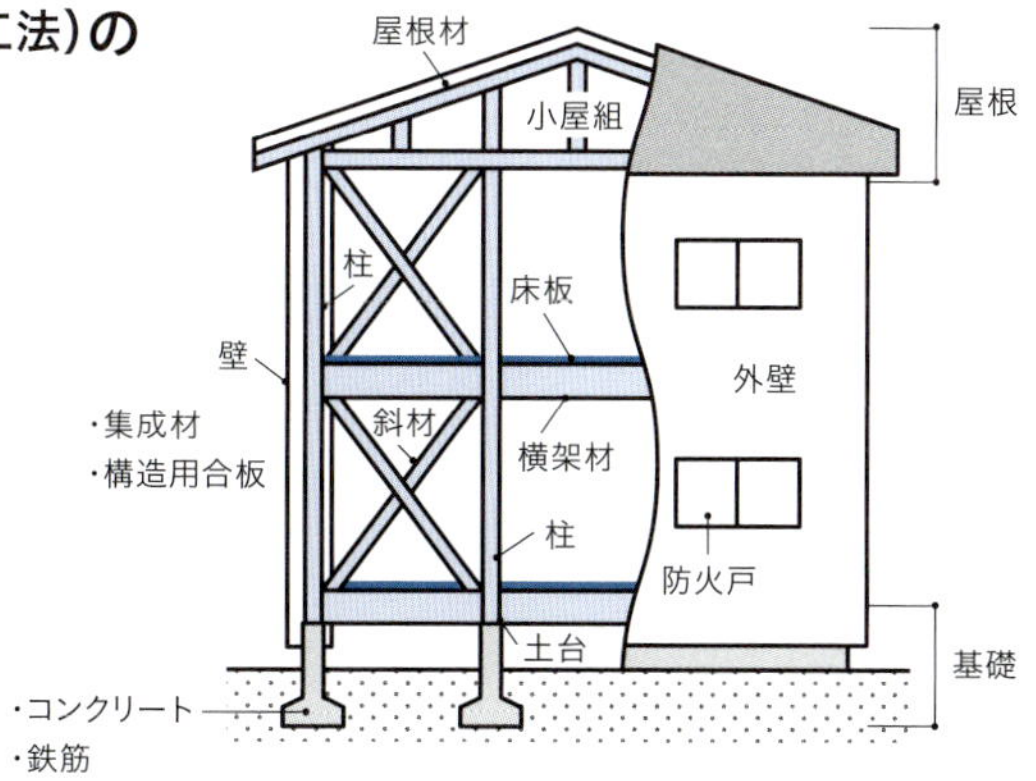

Memo

第5章

増築の申請と押さえておきたい基準法知識

096

既存不適格建築物の増築・改築

Point

既存不適格建築物の増築・改築では、緩和規定を除き、現行法規への適合が必要

既存不適格建築物の増築や改築時の遡及適用

建築基準法やその関係規定は、これまでもたびたび改正されており、また、都市計画区域が拡大されるなどして新たに建築基準法の規定が適用されることになることもあり、もともと適法に建築された建物でも、その後の改正法令によって法令に適合しなくなることは珍しくない。しかし、建築基準法では、法令が改正されたときすでに出来上がっていたり、工事中であったりした建築物に対しては、改正された部分の規定は適用されない（法3条2項）ので、これらの建築物は、法令に違反している違反建築ではない。そこで、このように、もともと適法であった建築物で、その後の改正法令によって法令に適合しなくなった建築物のことを既存不適格建築物という［※1］。

ところが、既存不適格建築物でも増築や改築を行う場合には、現行法令を適用させない（不遡及）という扱いがなくなり、原則として、これまで法令に適合していなかった部分も現行法令に適合するように改修しなくてはならなくなってしまう（法3条3項3号）。

遡及適用の緩和規定

しかし、増築や改築の際に改正後の法令のすべてを適用させると、既存建物の増築や改築が困難となり、既存建物の利用が著しく制約されてしまうこととなる。そこで、政令で定める範囲に限り、改正後の法令が一部適用されないとする緩和規定が設けられている（法86条の7）。

確認申請において、これら遡及適用の緩和規定を用いて現行法令に適合しない部分（既存不適格部分）を残す場合には、これらの規定が適用できることを示す図書（既存不適格調書）の添付が必要となる［※2］。

※1 もともと法に適合していなかった建築物（違法建築物）には、常に現行法令が適用（遡及適用）されることとなり（法3条3項1号）、扱いが異なる
※2 既存不適格調書が添付されていない場合は、原則どおり、確認申請図書において、建築物のすべての部分が現行法令に適合していることを明示する必要がある

表　増築に関する遡及緩和規定（抜粋）

緩和対象条文			法86条の7	緩和根拠条文	条件
法20条		構造耐力	1項	令第137条の2第1号	床面積1/2超えかつ耐震診断
				令第137条の2第2号	床面積1/2以下かつ耐震診断または木造建築物の基礎補強など
				令第137条の2第3号	床面積1/20以下かつ50㎡以内
			2項	令137条の14第1項1号	EXP.Jで接続されている独立部分
法26条		防火壁の設置・構造	1項	令137条の3	50㎡以内
法27条		耐火・準耐火建築物等としなければならない建築物	1項	令137条の4	劇場、病院、学校等を除き、50㎡以下
法28条1項		採光			
	令19条	採光の必要な居室・採光の割合	3項		増築部分のみ
	令20条	採光有効面積の算定方法			
法28条2項	令20条の2	換気設備基準	3項		増築部分のみ
法28条3項	令20条の3	火気使用室の換気設備	3項		増築部分のみ
法28条の2第1号、2号		石綿または石綿を使用した建築材料の使用禁止	1項	令137条の4の2、4の3	床面積1/2以下、増築部分は適法、増築部分以外は固着または囲い込み措置
法28条の2第3号		ホルムアルデヒド等の建材使用および換気の基準	3項		
	令20条の7	居室を有する建築物の建築材料についてのホルムアルデヒドに関する技術的基準	3項		増築部分のみ
	令20条の8	居室を有する建築物の換気設備についてのホルムアルデヒドに関する技術的基準			
	令20条の9	居室を有する建築物のホルムアルデヒドに関する技術的基準の特			
法29条		地階の居室の基準			増築部分のみ
法30条		長屋・共同住宅の界壁の構造	1項	令137条の5	床面積1.5倍以内
			3項		増築部分のみ
法31条		便所・浄化槽	3項		増築部分のみ
法32条		電気設備	3項		増築部分のみ
法34条1項		昇降機の基準	3項		増築部分のみ
法34条2項		非常用エレベータの設置義務	1項	令137条の6	床面積1/2以下、高さ31m以下
法35条		特殊建築物等の避難および消火に関する技術的基準			
	令117条～126条（令117条2項を除く）	第5章第2節　廊下、避難階段および出入口	2項	令137条の13 令137条の14第1項第2号	・開口部のない耐火構造の床または壁で区画 ・告示（H28国交告第695号）で規定する渡り廊下で2以上の部分を区画
	令126条の2、3	第5章第3節　排煙設備		令137条の13 令137条の14第1項第3号	・開口部のない準耐火構造の床または壁 ・常閉または随閉の遮煙防火設備
	令126条の4、5	第5章第4節　非常用の照明装置		令137条の13 令137条の14第1項第2号	開口部のない耐火構造の床または壁で区画
法35条の3		無窓の居室等の主要構造部	3項		増築部分のみ
法36条		（防火壁、防火区画、消火設備および避雷設備の設置および構造に係る部分を除く）	3項		増築部分のみ
	令21条	居室の天井の高さ			
	令22条	居室の床の高さおよび防湿方法			
	令23条	階段およびその踊場の幅ならびに階段のけあげおよび踏面の寸法			
	令24条	踊場の位置および踏幅			
	令25条	階段等の手摺等			
	令26条	階段に代わる傾斜路			
	令115条	建築物に設ける煙突			
	令129条の2の4	給水、排水その他の配管設備の設置および構造			
	令129条の2の5	換気設備			
	令129条の2の6	冷却塔設備			
法48条1項		第1種低層住宅専用地域内の建築物用途制限	1項	令137条の7	・基準時の敷地内 ・建蔽率・容積率・地区計画区域内の建築制限は適合 ・床面積1.2倍以下 ・適合しない部分の床面積1.2倍以下 ・用途規制に適合しない原動機の出力、機械の台数または容器等の容量は1.2倍以下 ・用途変更なし
法48条2項		第2種低層住宅専用地域内の建築物用途制限			
法48条3項		第1種中高層住宅専用地域内の建築物用途制限			
法48条4項		第2種中高層住宅専用地域内の建築物用途制限			
法48条5項		第1種住居地域内の建築物用途制限			
法48条6項		第2種住居地域内の建築物用途制限			
法48条7項		準住居地域内の建築物用途制限			
法48条8項		田園住居地域内の建築物の用途制限			
法48条9項		近隣商業地域内の建築物用途制限			
法48条10項		商業地域内の建築物用途制限			
法48条11項		準工業地域内の建築物用途制限			
法48条12項		工業地域内の建築物用途制限			
法48条13項		工業専用地域内の建築物用途制限			
法52条1項		指定容積率（都市計画によって定められた容積率）	1項	令137条の8	・増築後に、自動車車庫等の部分となること ・それ以外の部分の面積は基準時以下 ・増築後の自動車車庫等の面積は、令2条3項各号に定める割合を乗じて得た面積以下（自動車車庫等の場合は、1/5）
法52条2項		基準容積率（前面道路の幅員による低減）			
法52条7項		加重平均による容積率			
法59条1項		高度利用地区の容積率・建築面積の制限	1項	令137条の9	・建築面積、床面積は1.5倍以下 ・建築面積、床面積は、現規制の最低面積の2/3以下
法60条1項		特定街区の容積率・高さの制限	1項	令137条の8	・増築後に、自動車車庫等の部分となること ・それ以外の部分の面積は基準時以下 ・増築後の自動車車庫等の面積は、令2条3項各号に定める割合を乗じて得た面積以下（自動車車庫等の場合は、1/5）
法60条の2第1項		都市再生特別地区の容積率・建蔽率・建築面積・高さの制限	1項	令137条の9	・建築面積、床面積は1.5倍以下 ・建築面積、床面積は、現規制の最低面積の2/3以下
法61条		防火地域内の建築物制限	1項	令137条の10	・既存が木造の場合、外壁、軒裏は防火構造 ・床面積50㎡かつ基準時の面積以下 ・階数2、床面積500㎡以下 ・外壁、軒裏は防火構造
法61条		準防火地域内の建築物制限	1項	令137条の11	・既存が木造の場合、外壁、軒裏は防火構造 ・床面積50㎡以下 ・階数2以下 ・外壁、軒裏は防火構造
法67条の3第1項		特定防災街区整備地区の耐火・準耐火建築物の制限	1項	令137条の10	・既存が木造の場合、外壁、軒裏は防火構造 ・床面積50㎡かつ基準時の面積以下 ・階数2、床面積500㎡以下 ・外壁、軒裏は防火構造

097

基準時

Point

既存不適格建築物の基準時は、遡及緩和規定ごとに1つのみ

基準時とは

既存不適格建築物の増築や改築を行う場合、政令（令137条の2〜15）で定める範囲内であれば、現行法規を適用しないが、同じ建築物に繰り返し増築を行った場合、そのたびに、その増築前の状態を基準に政令の範囲を考えてよいことにすると、結果として現行法規に適合させなくてよい増築が繰り返されることになりかねない。

そこで、遡及緩和が認められている条文ごとにその規定に初めて適合しなくなった時点を「基準時」（令137条）とし、遡及緩和できる範囲は、何度増築を繰り返したとしてもこの「基準時」から政令の定める範囲で遡及緩和できることとし、増築の範囲の上限が設定されている。

基準時は、規定ごと

基準時は、建築物に1つしかないのではなく、遡及緩和が認められている条文ごとにある。たとえば、防火地域の指定がされてなかった敷地に、準防火地域の指定がされたために法61条に適合しなくなった場合と、またその後、構造規定が改正され法20条に適合しなくなった場合、基準時は法61条に適合しなくなった時点と法20条に適合しなくなった時点の2つの基準時が存在することになる。

ただし、用途規制については、用途地域ごとに個別には考えない。たとえば、用途地域指定のなかったときに建設されたマージャン屋のある地域が第1種住居地域になり法48条5項に適合しなくなったあと、さらに第1種中高層住居専用地域に指定され法48条3項に適合しなくなった場合、基準時は第1種中高層住居専用地域に適合しなくなった時点ではなく、第1種住居地域に適合しなくなった時点が基準時となる（図）。

図　基準時の事例

木造2階建て80㎡

○耐火・準耐火建築物でない

○容積率120%

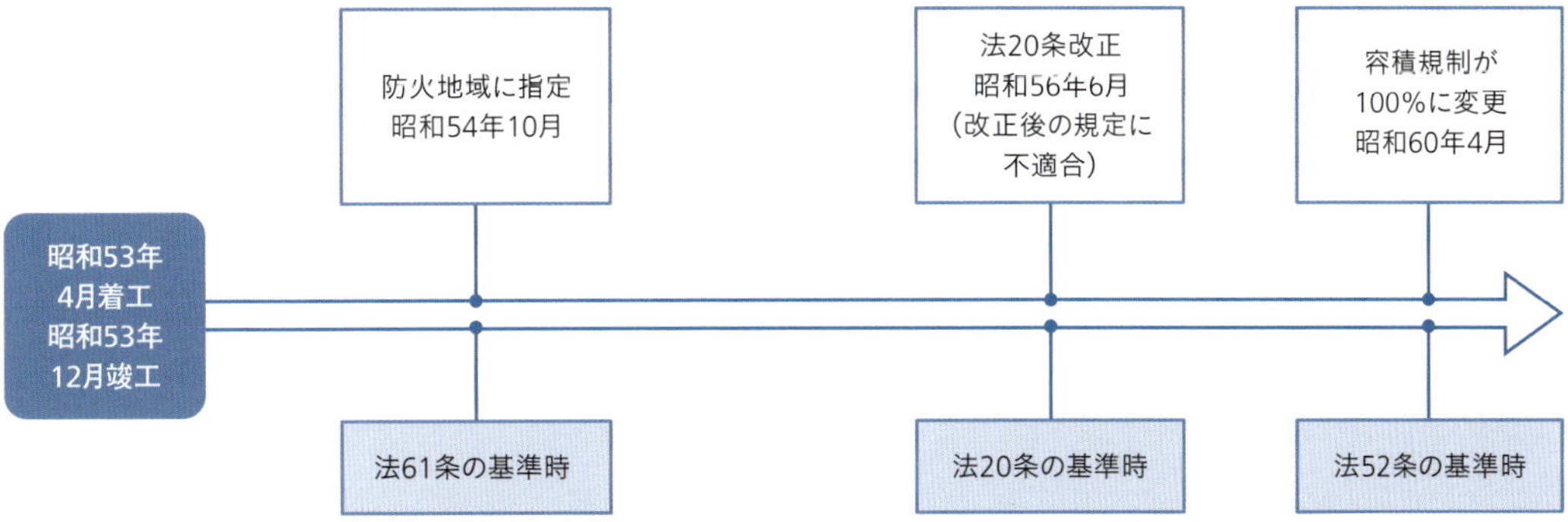

マージャン屋

○用途指定なし

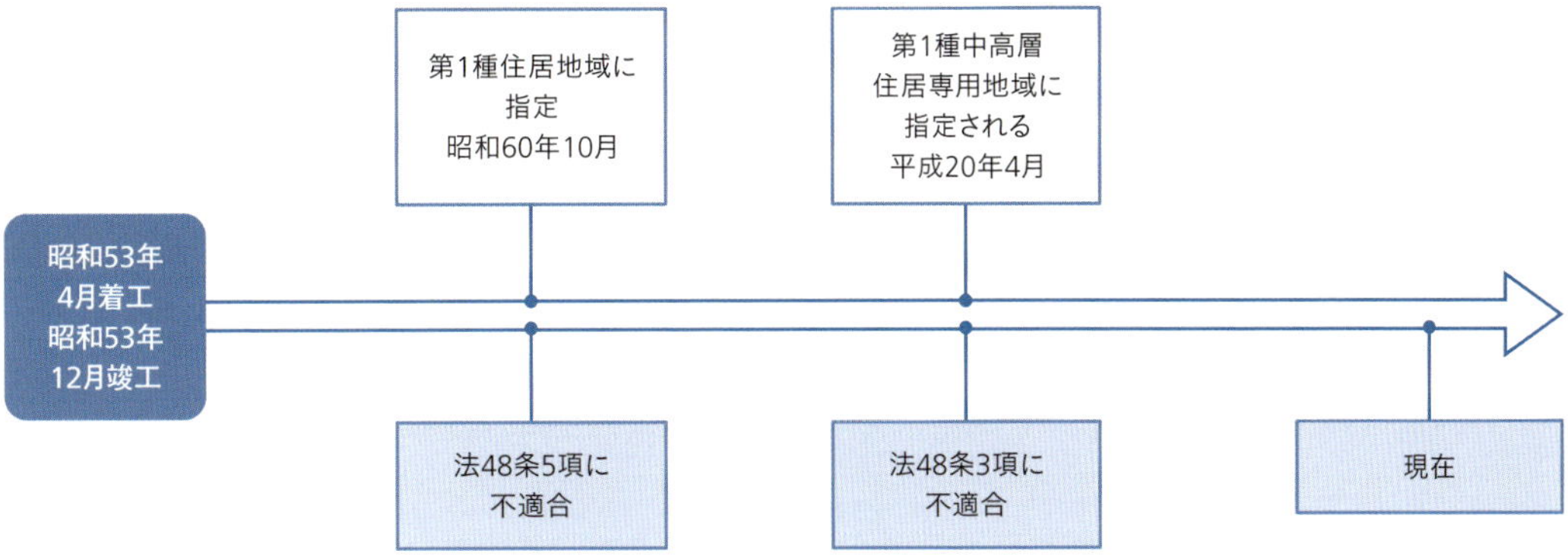

用途規制について、現在は法48条3項に適合していないが、法48条の基準時は、法48条3項に適合しなくなった時点（平成20年4月）ではなく、法48条について、最初に適合しなくなった時点(昭和61年10月)である。

098

木造住宅増築フロー

Point

既存建築物が「既存適格建築物」か「既存不適格建築物」かで、緩和条件が異なる

建築物全体を現行基準に適合させる必要がある
（制限緩和を受けることはできない）

対象	条件	増築部分	ケース	参照
建築物全体	構造計算によって、構造耐力上安全であることを確認する場合	構造計算によって、構造耐力上安全であることを確認する場合	ケース０Ａ	
既存部分	耐震診断基準に適合させる場合（新耐震基準に適合させる場合も含む）	構造計算によって、構造耐力上安全であることを確認する場合	ケース０Ｂ	
建築物全体	耐力壁を釣り合いよく配置する等［*3］の規定に適合することを確かめることによって、構造耐力上安全であることを確かめたものとみなす場合		ケースⅠＡ	No.100（226頁）
建築物全体	構造計算によって、構造耐力上安全であることを確認する場合		ケースⅠＢ	No.100（226頁）
建築物全体	既存部分の基礎を補強し、既存部分の基礎以外の部分は、現行の仕様規定［*4］に適合させる場合		ケースⅠＣ	No.100（226頁）
建築物全体	架構を構成する部材（間柱、小梁その他これらに類するものを除く）が増築または改築前の建築物の架構を構成する部材から追加および変更（当該部材の強度および耐力が上昇する変更を除く）がないこと		ケースⅠＤ	No.100（226頁）
既存部分	耐力壁を釣り合いよく配置する等［*3］の規定に適合することを確かめることによって、構造耐力上安全であることを確かめたものとみなす場合	現行の仕様規定［*4］に適合させる場合	ケースⅡＡ	No.101（227頁）
既存部分	耐震診断基準に適合させる場合（新耐震基準に適合させる場合も含む）	現行の仕様規定［*4］に適合させる場合	ケースⅡＢ	No.101（227頁）
既存部分	構造計算によって、構造耐力上安全であることを確認する場合	構造計算によって、構造耐力上安全であることを確認する場合	ケースⅡＣ	No.101（227頁）
既存部分	耐震診断基準に適合させる場合（新耐震基準に適合させる場合も含む）	構造計算によって、構造耐力上安全であることを確認する場合	ケースⅡＤ	No.101（227頁）
既存部分	既存部分の基礎を補強し、既存部分の基礎以外の部分は、現行の仕様規定［*4］に適合させる場合	現行の仕様規定［*4］に適合させる場合	ケースⅡＥ	No.101（227頁）
建築物全体	既存部分の危険性を増大させずに、増築を行う場合		ケースⅢ	No.102（229頁）

*3 耐力壁を釣り合いよく配置する等とは、令42条、令43条ならびに令46条の規定に適合させることをいう
*4 仕様規定とは、令第3章（第8節を除く）の規定および法40条の規定に基づく条例の構造耐力に関する制限を定めた規定のことをいう
注 上記の四角囲い内の説明は、構造耐力関係規定を緩和するための代表的な条件を示したものである。正確な緩和条件は、それぞれのケースの解説ページを参考にしていただきたい

図 緩和条件適合図書の詳細な解説 ―構造耐力関係規定に関する既存不適格建築物の場合―

増築は、増築部分における床面積の規模と、増築部分と既存部分が構造上一体か否かにより、緩和条件が異なる。既存適格建築物を増築する場合は、構造上一体、構造上分離にかかわらず、建築物全体を現行基準に適合させる必要がある。既存不適格建築物を増築する場合は、増築部の規模や、構造上一体／構造上分離増築などに応じて緩和を受けることができる条件が異なる。以下は木造住宅（4号建築物）を増築する場合のフローチャート。こちらを参考に、計画している増築がどのケースに該当するか、またはどのケースを選択するかを判断し、矢印の示す項目番号の解説ページで具体的な条件や確認申請に必要な図書を確認していただきたい。

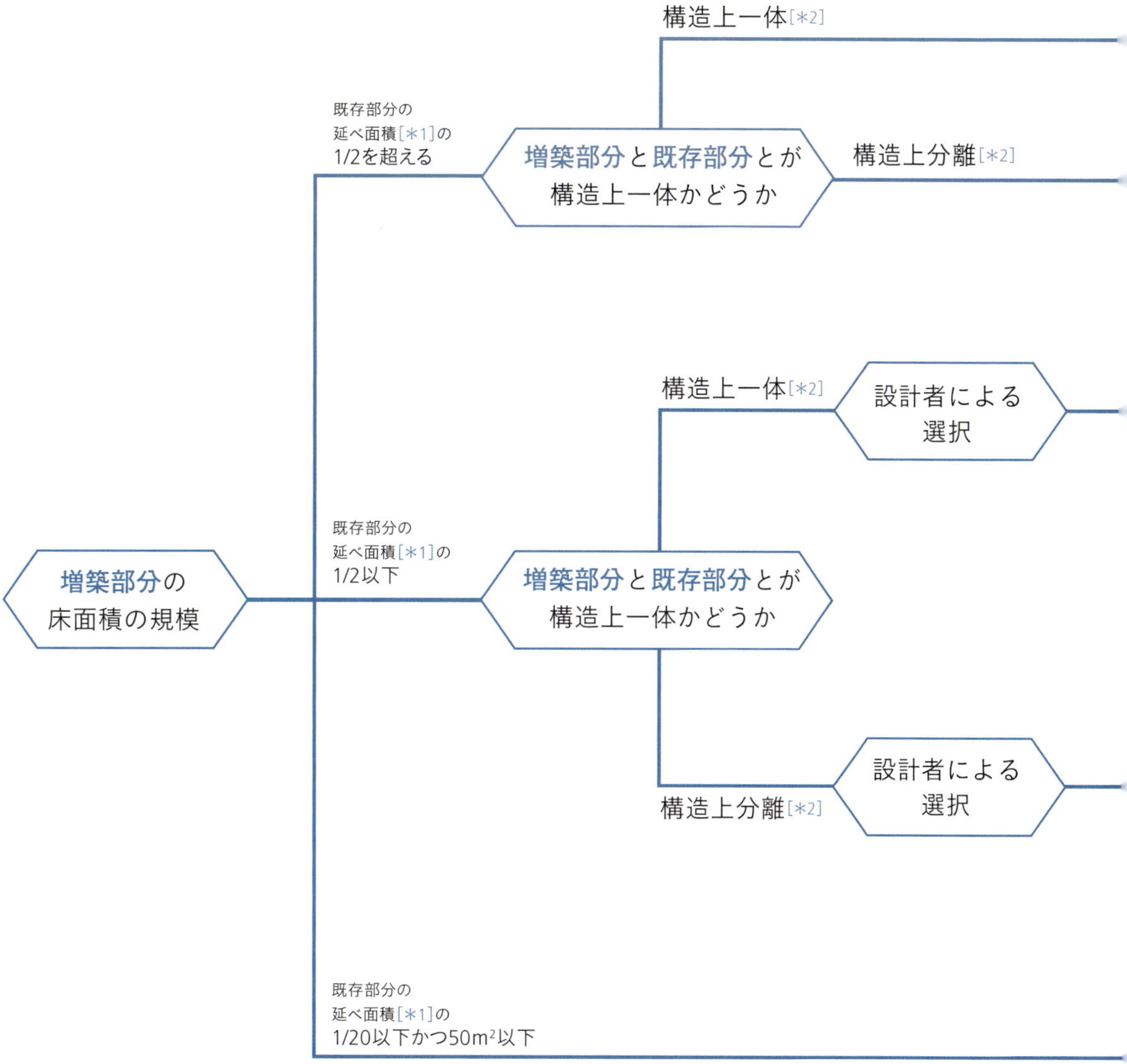

*1 既存部分の延べ面積とは、基準時における延べ面積。基準時とは構造耐力関係規定が改正されたことにより、改正前は適法であった建築物が、改正後の同規定に適合しなくなった時点を指す（取り扱いについては審査機関に確認すること）

*2 構造上一体とは、増築部分と既存部分を構造上分離せずに増築部分を行うものをいい、構造上分離とは、新たにエキスパンションジョイントその他の相互に応力を伝えない構造方法を設けることにより、建築物を構造上2以上の部分に分けて増築を行うものをいう。なお、基礎、土台、柱や横架材など増築部分の構造上主要な部分が独立して施工されており、外装材等の影響を考慮し、相互に応力が伝わらないことが明らかな場合には、構造上分離されていると扱うことができる

099

法改正の履歴と既存不適格リスト（木造）（構造耐力関係規定）

Point

構造耐力関係規定は、法改正の履歴に応じて条文ごとに不適格条項をチェックする

既存不適格建築物とは

表に法改正の履歴と既存不適格リストを示している。構造耐力関係規定については、この表の規定に適合していない場合、「既存不適格建築物」として扱われる。「既存不適格建築物」（法86条の7）とは、建設当時は建築基準法令の規定に適法に建てられた建築物が、その後改正された法令の規定に抵触する場合をいい、違法な建築物（不適合建築物）とは区別している。

制限の緩和は、「既存不適格建築物」に対するものであり、既存であるが現行法に適合している場合や、違反建築物（不適合建築物）は対象とならないため注意が必要である。

また、「既存不適格建築物」の「基準時」（既存不適格建築物の扱いになる開始時期）については、特定行政庁で取り扱いが異なる場合があるため、事前に確認する必要がある。

表　構造関係改正条文適合チェックリスト

施行令条文	制定・改正年		内　容
第1節　総　則			
令36条	制定	昭.25	建築物の構造、規模等に応じた技術的基準の適用関係を整理
令36条の2	制定	昭.45	構造設計の原則（旧令36条）
第2節　構造部材等			
令37条	制定	昭.25	構造部材の耐久性を要求
令38条	制定	昭.45	基礎に要求される性能を規定
	強化	昭.46	異なる構造方法による基礎の併用と平屋建て木造以外への常水面上の木杭の禁止
	強化	平.12	具体的な構造形式等の技術基準を明確化。平12建告1347号
令39条	制定	昭.25	屋根ふき材等の緊結
	強化	昭.46	内装材、広告塔等を規制対象に追加

注　左ページの表につづく

施行令条文	制定・改正年		内　容
令39条	強化	昭.46、53等	具体的な技術基準を明確化
	強化	平.12	令39条に仕様規定、令82条の5（新設）に風圧力による検証構造方法を定めた平12建告1458号（屋根ふき材等の構造方法を新設）
第3節　木　造			
令40条	制定	昭.25	木造の構造基準の適用範囲を規定
令41条	制定	昭.25	木材の品質確保を図ること
令42条	制定	昭.25	土台および基礎の構造方法を規定
	強化	昭.46	基礎は一体の布基礎とする
	強化	昭.56	軟弱地盤においては布基礎を鉄筋コンクリート造とする
	強化	平.12	基礎構造形式の基準を令38条、平12建告1347号に移動
令43条	制定	昭.25	柱の小柱の必要最小限の寸法を規定
	強化	昭.34	一部の2階建ての最上階および一部の平屋建ての場合の柱の小柱を階高に対し1/35から1/33に強化
令44条	制定	昭.25	梁等の横架材における欠込みの禁止
令45条	制定	昭.25	筋かいの寸法、緊結を規定
令46条	制定	昭.25	必要壁量等を規定
	強化	昭.34、46、56	必要壁量を順次強化。昭56建告1100号（軸組の倍率）
	強化	平.12	耐力壁の配置方法に関する技術基準を明確化。平12建告1351号（小屋裏物置面積）、平12建告1352号（1/4分割バランス）
令47条	制定	昭.25	柱、梁等の緊結
	強化	平.12	継手・柱口の形状、接合部材の種類等の技術基準を明確化。平12建告1460号
令48条	制定	昭.25	木造校舎の構造を規定
令49条	制定	昭.25	外壁内部等の防腐措置等を規定
第6節　鉄筋コンクリート造			
令71条	制定	昭.25	鉄筋コンクリート造の構造基準の適用範囲を規定
令72条	制定	昭.25	コンクリートの骨材の品質確保を図ること
令73条	制定	昭.25	鉄筋の継手および定着方法を規定
	強化	昭.34	軽量骨材を使用する場合の規定を新設
	強化	平.12	重ね継手以外の鉄筋の継手の技術基準を明確化。平12建告1463号
令74条	制定	昭.25	コンクリートの四週圧縮強度を制限
	強化	昭.34	90kg/cm^{2}から120kg/cm^2（12N/mm^2）に強化
令75条	制定	昭.25	コンクリート打込み後の養生方法を規定
令76条	制定	昭.25	型枠および支柱の取り外しができる時期を規定
令77条の2	制定	昭.45	床版の厚さ等を規定
	強化	昭.56	帯筋比の規定を新設
令78条	制定	昭.25	梁は複筋張りとすること等を規定
令78条の2	制定	昭.56	耐力壁の厚さ、開口部周囲に柱12mm以上の補強筋を配置すること、鉄筋の間隔を原則として縦横30cm以下とすること、壁式構造の耐力壁の配筋方法等を規定
令79条	制定	昭.25	鉄筋コンクリート造の鉄筋のかぶり厚さを規定
	緩和	平.12、17	かぶり厚さを緩和
令80条の3	制定	平.13	土砂災害特別警戒区域内における居室を有する建築物の構造方法を規定
令82条	制定	平.12	平12建告1459号（建築物の使用上支障が起きない確認方法）
令86条	改正	平.12	積雪荷重の計算方法の改正。平12建告1455号（多雪区域指定）
令87条	改正	平.12	風圧力の計算方法の改正。平12建告1454号（E、Vo、風力係数の数値）
令89条、令95条、令90条、令96条、令91条、令97条	改正	平.12	許容応力度および材料強度の見直し。平12建告1452号、平12建告1451号、平12建告1450号

100

構造規定例Ⅰ

Point

増築部分と既存不適格建築物が構造上一体の場合、建物全体で検討

ＩＡは、耐力壁を釣り合いよく配置する等の規定に適合させることで、構造耐力上の安全を確かめたものとみなす場合に適用される。ＩＢは、構造計算によって、構造耐力上の安全を確認する場合に適用される。またＩＣは、既存部分の基礎を補強し、既存部分の基礎以外の部分は現行の仕様規定に適合させる場合に適用される。

構造耐力関係規定の緩和を受けるための条件は、表のとおりである。

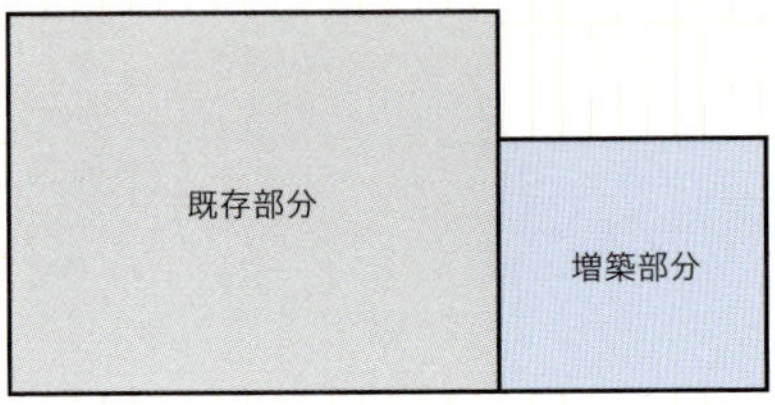

図Ⅰ
規模：増築部分の床面積が既存部分の延べ面積の1/2以下
一体/分離：増築部分と既存部分が構造上一体

表　構造耐力関係規定の緩和を受けるための条件

	構造耐力上主要な部分[*1]	建築設備および屋根ふき材等
ⅠA	①建築物全体について、耐久性等関係規定［*2］に適合させること ②建築物全体が、耐力壁を釣り合いよく配置すること等の基準［*3］に適合することを確かめること ③増築部分について、現行の仕様規定［*4］に適合させること	建築設備および屋根ふき材等について、一定の規定（平17国交告566号第1の1号および2号）に適合させること
ⅠB	①建築物全体について、耐久性等関係規定［*2］に適合させること ②増築部分について、現行の仕様規定［*4］に適合させること ③建築物全体について、構造計算によって構造耐力上安全であることを確認すること	建築設備および屋根ふき材等について、一定の規定（平17国交告566号第1の1号および2号）に適合させること
ⅠC	①既存部分の基礎は耐久性等関係規定［*2］に適合し、その補強方法について、大臣の定める基準［*5］に適合させること ②増築部分と、既存部分の基礎以外の部分について、現行の仕様規定［*4］に適合させること	
ⅠD	①既存部分について、耐久性等関係規定［*2］に適合させること ②増築部分について、現行の仕様規定［*4］に適合させること ③建築物全体について、耐震診断基準［*6］によって地震に対して安全な構造であることを確認すること（新耐震基準［*7］に適合させることで、地震に対して安全な構造であることを確認することもできる） ④建築物全体について、地震以外に対して構造耐力上安全であることを確認すること	建築設備および屋根ふき材等について、一定の規定（平17国交告566号第1の1号および2号）に適合させること

*1 構造耐力上主要な部分とは、令1条3号に掲げる構造耐力上主要な部分のことをいう｜*2 耐久性等関係規定とは、令36条1項に掲げる耐久性等関係規定のことをいう｜*3 耐力壁を釣り合いよく配置する等とは、令42条、令43条ならびに令46条の規定に適合させることをいう｜*4 仕様規定とは、令第3章（第8節を除く）の規定および法40条の規定に基づく条例の、構造耐力に関する制限を定めた規定のことをいう｜*5 大臣が定める基準とは、平17国交告566号第4に定められている、基礎の補強方法に関する基準のことをいう｜*6 耐震診断基準とは、平18国交185号に定められている基準のことをいう｜*7 新耐震基準とは、昭和56年6月1日以降におけるある時点の建築基準法ならびにこれに基づく命令および条例の規定（構造耐力にかかる部分（構造計算にあっては、地震にかかる部分に限る）に限る）のことをいう

101

構造規定例Ⅱ

Point

増築部分と既存不適格建築物が構造上分離の場合は、それぞれの建築物で検討

ⅡA 適用ケース

既存部分 耐力壁を釣り合いよく配置する等の規定に適合することを確かめることによって、構造耐力上安全であることを確かめたものとみなす場合。

増築部分 現行の仕様規定に適合させる場合。

ⅡB 適用ケース

既存部分 耐震基準に適合させる場合（新耐震基準に適合させる場合も含む）。

増築部分 現行の仕様規定に適合させる場合。

ⅡC 適用ケース

既存部分 構造計算によって、構造耐力上安全であることを確認する場合。

増築部分 構造計算によって、構造耐力上安全であることを確認する場合。

ⅡD 適用ケース

既存部分 耐震基準に適合させる場合（新耐震基準に適合させる場合も含む）。

増築部分 構造計算によって、構造耐力上安全であることを確認する場合。

ⅡE 適用ケース

既存部分 既存部分の基礎を補強し、既存部分の基礎以外の上部構造は、現行の仕様規定に適合させる場合。

増築部分 現行の仕様規定に適合させる場合。

各適用ケースとも、構造耐力関係規定の緩和を受けるための条件は、228頁表のとおりである。

図Ⅱ
規模：増築部分の床面積が既存部分の延べ面積の1/2以下
一体/分離：増築部分と既存部分が構造上分離

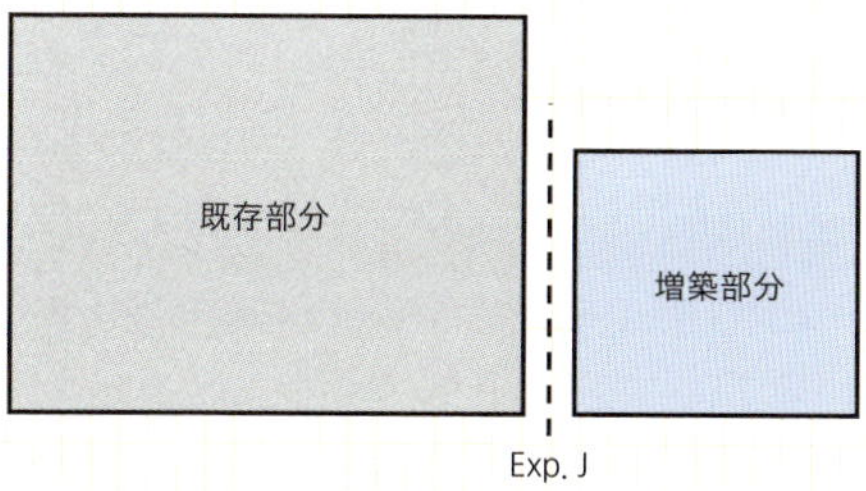

表　構造耐力関係規定の緩和を受けるための条件

	構造耐力上主要な部分[＊1]	建築設備および屋根ふき材等
ⅡA	①構造上分離された既存部分と増築部分のそれぞれについて、耐久性等関係規定[＊2]に適合させること ②構造上分離された既存部分について、耐力壁を釣り合いよく配置すること等の基準[＊3]に適合することを確かめること ③構造上分離された増築部分について、現行の仕様規定［＊4］に適合させること	建築設備および屋根ふき材等について、一定の規定（平17国交告566号第1の1号および2号）に適合させること
ⅡB	①構造上分離された既存部分と増築部分のそれぞれについて、耐久性等関係規定[＊2]に適合させること ②構造上分離された既存部分について、現行の仕様規定［＊4］に適合させること ③構造上分離された既存部分について、耐震診断基準［＊5］によって地震に対して安全な構造であることを確認すること（新耐震基準［＊6］に適合させることで、地震に対して安全な構造であることを確認することもできる） ④構造上分離された既存部分について、地震以外に対し、構造耐力上安全であることを確認すること	建築設備および屋根ふき材等について、一定の規定（平17国交告566号第1の1号および2号）に適合させること
ⅡC	①構造上分離された既存部分と増築部分のそれぞれについて、耐久性等関係規定[＊2]に適合させること ②構造上分離された増築部分について、現行の仕様規定［＊4］に適合させること ③構造上分離された既存部分と増築部分のそれぞれについて、構造計算によって構造耐力上安全であることを確認すること	建築設備および屋根ふき材等について、一定の規定（平17国交告566号第1の1号および2号）に適合させること
ⅡD	①構造上分離された既存部分と増築部分のそれぞれについて、耐久性等関係規定[＊2]に適合させること ②構造上分離された増築部分について、現行の仕様規定［＊4］に適合させ、かつ、構造計算によって構造耐力上安全であることを確認する ③構造上分離された既存部分について、耐震診断基準［＊5］によって地震に対して安全な構造であることを確認すること（新耐震基準［＊6］に適合させることで、地震に対して安全な構造であることを確認することもできる） ④構造上分離された既存部分について、地震以外に対し、構造耐力上安全であることを確認すること	建築設備および屋根ふき材等について、一定の規定（平17国交告566号第1の1号および2号）に適合させること
ⅡE	①構造上分離された既存部分の基礎は耐久性等関係規定[＊2]に適合し、その補強方法について、大臣の定める基準[＊7]に適合させること ②構造上分離された既存部分の基礎以外の部分および、構造上分離された増築部分について、現行の仕様規定[＊4]に適合させること	

＊1 構造耐力上主要な部分とは、令1条3号に掲げる構造耐力上主要な部分のことをいう
＊2 耐久性等関係規定とは、令36条1項に掲げる耐久性等関係規定のことをいう
＊3 耐力壁を釣り合いよく配置する等とは、令42条、令43条ならびに令46条の規定に適合させることをいう
＊4 仕様規定とは、令第3章（第8節を除く）の規定および法40条の規定に基づく条例の、構造耐力に関する制限を定めた規定のことをいう
＊5 耐震診断基準とは、平18国交告185号に定められている基準のことをいう
＊6 新耐震基準とは、昭和56年6月1日以降におけるある時点の建築基準法ならびにこれに基づく命令もしくは条例の規定（構造耐力に係る部分（構造計算にあっては、地震に係る部分に限る）に限る）のことをいう
＊7 大臣が定める基準とは、平17国交告566号第4に定められている、基礎の補強方法に関する基準のことをいう

102

構造規定例Ⅲ

Point

増築部分「面積規定」＋
既存不適格構造物
「危険性を増大させないこと」

Ⅲ 適用ケース

既存部分の危険性を増大させずに、増築を行う場合。

構造耐力関係規定の緩和を受けるための条件は、次のとおりである。

(1) 構造耐力上主要な部分［※1］

①増築部分について、現行の仕様規定［※2］に適合させること。

②既存部分について、構造耐力上の危険性が増大しないこと。

図Ⅲ
規模：増築部分の床面積が既存部分の延べ面積の1/20以下かつ50㎡以下
一体／分離：構造上一体となるか、または独立するかを問わない

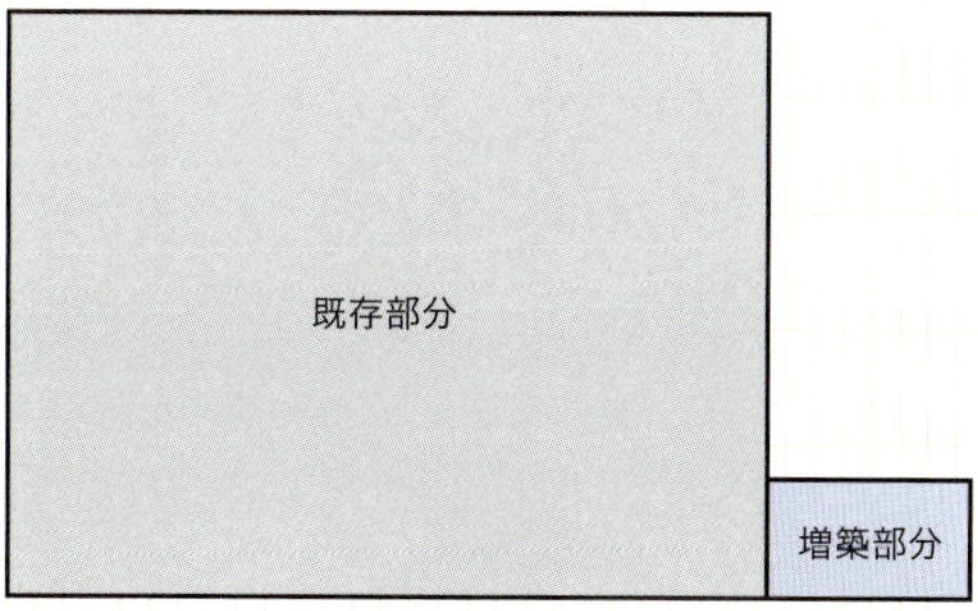

※1 構造耐力上主要な部分とは、令1条3号に掲げる構造耐力上主要な部分のことをいう
※2 仕様規定とは、令第3章（第8節を除く）の規定および法40条の規定に基づく条例の、構造耐力に関する制限を定めた規定のことをいう

103-1

緩和規定の適用条件①（シックハウス対策・採光・建築設備等）

Point

採光・換気や給排水・昇降機等の規定は増築部分のみに適用

増築する部分のみを現行法規に適合させればよい規定

法86条の7第3項に掲げられた「既存の建築物に対する制限の緩和」に関する規定によれば、増築する部分のみを現行法規に適合させればよく、既存部分については既存不適格のままで改修する必要がない。

部分適用を行う場合の各規定の適用については表のとおりである。

該当するのは、

・規制対象が「居室」である採光・換気の規定

・規制対象が「建築設備」である給排水・昇降機の規定

等である。

シックハウス対策（ホルムアルデヒド対策）

ホルムアルデヒド対策についても、増築する部分のみを現行法規に適合させればよいが、考え方に少し注意が必要である。

ホルムアルデヒド対策では、一体的に換気を行う空気を1つの居室とみなして規制を適用するため、建築物の増築する部分と既存部分の間で空気が流通する計画となっていると、建築物全体を現行法規に適合しなければならなくなる（図1）。

これを避けるためには、増築部分と既存部分に建具を設ける場合、一体的な換気計画とみなされない建具（ドアガラリやアンダーカットのない開き戸など）を設ける必要がある（図2）。

一体的な換気計画とみなされる建具の例

図3に示したような引戸、折れ戸、障子、ふすま、アンダーカットのある開き戸、ガラリ戸、などがある。

引戸や折れ戸はガラリ無しでも通気ありとされるので、注意が必要である。

図1 シックハウス対策が建物全体で必要となる場合

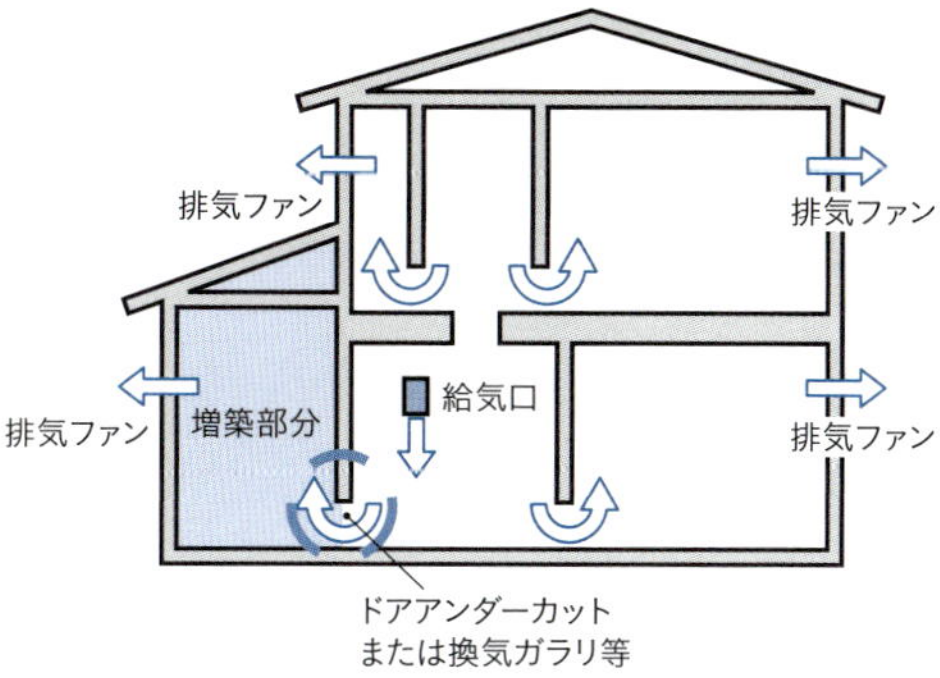

図2 シックハウス対策が増築部分のみでよい場合

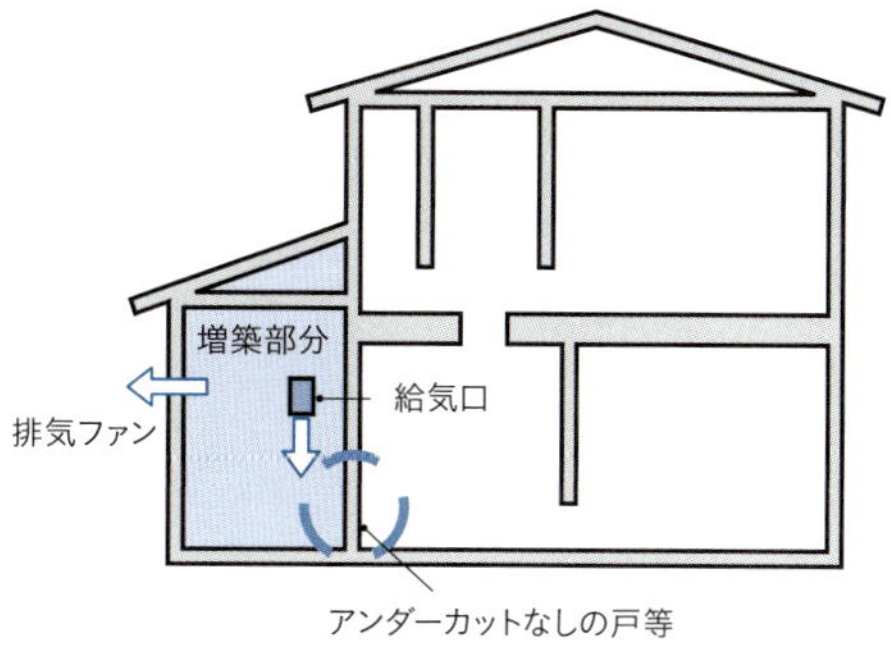

図3 一体的な換気計画とみなされる

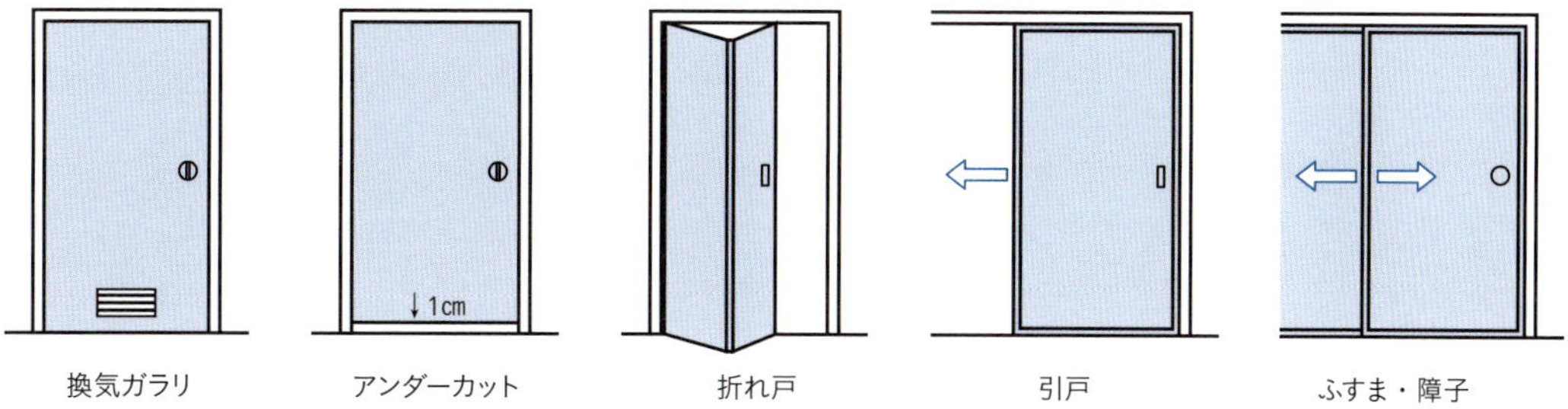

表 部分適用を行う場合の各規定の適用について

関連規定	項目	部分適用を行う場合の規定の適用
法28条1項 法36条	居室の採光	居室単位で適用
法28条2項	居室の換気	
法28条3項	特殊建築物の居室換気、火気使用室換気	居室、火気使用室単位で適用
法28条の2	居室内における化学物質発散に対する衛生上の措置	居室単位で適用（クロルピリホスについては建築物全体に適用）
法29条	地階の居室の防湿等	居室単位で適用
法30条	界壁の防音	界壁単位で適用
法31条 法36条	便所	便所単位で適用
法32条	電気設備	電気設備単位で適用
法34条1項 法36条	昇降機	昇降機単位で適用
法35条	避難施設	増改築等に係る建築物の部分と開口部のない耐火構造の床、壁で区画された建築物の部分については適用しない。：令117条2項の考え方
	排煙設備	増改築等に係る建築物の部分と開口部のない準耐火構造の床、壁、または遮煙性能を有する防火設備で区画された部分については適用しない。：令126条の2第2項の考え方
	非常用の照明装置	増改築等に係る建築物の部分と開口部のない耐火構造の床、壁で区画された建築物の部分については適用しない。：避難施設と同様の考え方
法35条の3	無窓居室等の主要構造部	居室単位で適用
法36条	居室の天井高さ	
	居室の床の高さ	
	床の防湿方法	
	階段	階段単位で適用
	配管設備	配管設備単位で適用
	浄化槽	浄化槽単位で適用
	煙突	煙突単位で適用

103-2

緩和規定の適用条件②
（防火地域・準防火地域、用途地域および耐火・準耐火建築物）

Point

防火地域・準防火地域等の建築物についての既存不適格建築物でも小規模な増改築は可能

遡及緩和適用を受ける場合の条件
（防火地域・準防火地域にかかる規制）

防火地域・準防火地域の規定についての既存不適格建築物の場合は、表に示したように床面積・階数の条件を満たし、増改築部分の外壁および軒裏を防火構造とした場合に、現行法規に適合させなくてよい。

ただし、これらの条件はあくまで防火地域・準防火地域の規制に対するものであり、特殊建築物として耐火建築物等にしなければならない場合（法27条）は、別途その緩和条件を満たす必要がある。

遡及緩和適用を受ける場合の条件
（用途規制）

用途規制についての既存不適格建築物の場合は、次の5つの条件のすべてを満たす場合、用途地域の規制に適合させなくてよい（図）。

①容積率・建蔽率・地区計画区域内における建築制限の規定に適合
②床面積が基準時の1.2倍以内
③既存不適格の用途の床面積が基準時の1.2倍以内
④原動機の出力、機械の台数、容器等の容量が既存不適格の場合は、基準時のそれらの出力、台数、容量の1.2倍以内
⑤用途の変更がない

遡及緩和適用を受けるための条件
（耐火・準耐火建築物としなければならない建築物）

用途や規模から耐火・準耐火建築物としなければならない建築物の既存不適格建築物の場合は、その建築物の主たる用途に供する部分（劇場の客室、病院の病室、学校の教室など）以外の部分の増改築で、基準時以降の増改築の面積が50㎡を超えないものは現行法規に適合させなくてよい。

表 防火地域と準防火地域の規定

緩和条件		防火地域	準防火地域
床面積	増改築部分	50㎡以下かつ 基準時の延べ面積以下	50㎡以下
	全体	500㎡以下	-
階数		2以下	2以下
増改築部分の外壁および軒裏		防火構造	防火構造

図 事例

準住居地域にある用途規制にかかる既存不適格建築物

(敷地面積250㎡・建蔽率60%・容積率200%・地区計画による規制なし)

物販店舗(床面積100㎡)+製粉工場(床面積20㎡、原動機の合計3kW)

床面積の合計120㎡、建築面積120㎡ <それぞれ基準時の床面積、出力>

を増改築する場合は、

①建蔽率制限以内

建築面積 = 250㎡ × 60% = 150㎡以内

②床面積、基準時の1.2倍かつ容積制限以内

床面積の合計(1.2倍)=150㎡ × 1.2 = 180㎡以内<500㎡(容積制限：150㎡ × 200%)

③製粉工場(既存不適格部分)の部分の床面積、基準時の1.2倍以内

= 20㎡ × 1.2 = 24㎡以内

④製粉工場の原動機(既存不適格部分)の出力合計、基準時の1.2倍以内

= 3kW × 1.2 = 3.6kW以内

⑤用途に変更なし

であれば、増改築が可能

104

既存不適格調書

Point

確認申請において現行法規に適合させない部分（遡及緩和）がある場合は既存不適格調書が必要

遡及緩和適用を受ける場合に必要な確認申請図書

遡及緩和適用（法86条の7）を受ける場合、確認申請書には既存不適格調書を添付しなければならない。既存不適格調書には「既存建築物の基準時およびその状況に関する事項」の明示が必要となる。さらに、遡及緩和適用を受ける条文（令137条の2〜15）ごとに定められた条件に適合していることを示す図書の添付が必要となる。

既存不適格調書（図1）

既存不適格調書に記載すべき事項は、技術的助言（平21国住指2153号）において、下記の①〜④の図書［※］において必要な事項が示されていることが確認できるもの、とされている。

①現況の調査書（236頁図2）
②既存建築物の平面図および配置図
③新築または増築等の時期を示す書類
・検査済証または建築確認台帳記載証明書等
④基準時以前の建築基準関係規定への適合を示す図書等

緩和条件適合図書

緩和条件適合図書とは、遡及緩和適用を受ける条文によって、記載すべき内容は変わる。

たとえば、木造2階建ての4号建物において、令137条の2第1号イに基づき、法20条（構造規定）の遡及緩和を受けようとする場合は、表2の内容を明示する必要がある。

※ 特定行政庁が細則で既存不適格調書の書式を定めている場合は、その書式を用いる

図1 既存不適格調書

既存不適格調書 ❶

建築主事または指定確認検査機関 様

平成○○年○○月○○日

建築主 住所 神奈川県横浜市中区山下町○丁目－○－○
氏名 建 築 太 郎

既存建築物について、適切に建築されていることを調査したので報告します。

確認済証番号 ❷	■有り（昭和 51 年△△月△△日 第△△△△△号） □無し
検査済証番号 ❷	■有り（昭和 52 年○○月○○日 第○○○○○号） □無し
建築場所	神奈川県横浜市中区山下町○丁目－○－○
既存建築物を調査した者 氏名・電話番号	（一級）建築士 （大臣）登録 第○○○○号 （一級）建築士事務所 （東京都知事）登録 第○○○○号 氏名 知 識 次 郎 （電話 03-○○○○－○○○○）

状況報告事項 ❸
・既存建築物は、昭和 52 年に建築。既存部分の劣化状況については、現況の調査書のとおり
・既存不適格事項については、現況の調査書のとおり

備考欄	建築主事または確認検査機関記入欄

❶既存不適格建築物を増改築について制限の緩和を受ける場合、申請図書に既存不適格調書が必要となる

❷確認済証、検査済証の交付年月日・番号を記入。計画変更の確認を受けている場合は、直前の計画変更の確認について記入

❸現況の調査書に記載した状況報告内容などを記入

表 必要な明示事項の一例

・増築または改築する延べ面積が、基準時の延べ面積の1/2を超えていないこと
・増改築後の建築物の構造方法が次の基準(平17国交告566号)に適合していること
同上 建築物全体が耐久性等関係規定に適合していること
同上 建物全体が耐力壁を釣り合いよく配置する等の基準に適合していること
同上 増改築部分について現行の仕様規定に適合していること

図2　現況の調査書

現況の調査書

私 建築太郎は、今般下表の「3 計画概要」の計画をしていますが、既存建築物の現況を調査しましたので報告いたします。
この調査書に記載の事項は事実に相違ありません。

建築主事または指定確認検査機関　　様

〇〇年〇〇月〇〇日

❶ 建築主　住　　所　神奈川県横浜市中区山下町〇丁目－〇－〇
氏　　名　建　築　太　郎
電話番号　045-〇〇〇〇－〇〇〇〇

1 代理者	①氏名	知 識 次 郎		
	②住所	東京都新宿区西新宿〇丁目〇－〇		
	③電話番号	03-〇〇〇〇－〇〇〇〇		
2 調査者	①資格	(一級) 建築士 (大臣) 登録 第〇〇〇〇号		
	②氏名	知 識 次 郎		
	③建築士事務所名	(一級) 建築士事務所 (東京都) 知事登録 第〇〇〇〇号		
		㈱ビューロー建築設計事務所		
	④所在地	東京都新宿区西新宿〇丁目〇－〇		
	⑤電話番号	03-〇〇〇〇－〇〇〇〇		
3 計画概要	①敷地位置	神奈川県横浜市中区山下町〇丁目－〇－〇		
	②現況主要用途	専用住宅	③予定建築物用途	専用住宅
	④工事種別	■増築　□改築　□大規模の修繕　□大規模の模様替え　□用途変更		
	⑤予定建築物確認申請予定年月日	〇〇年〇〇月確認申請予定		
4 調査結果概要	①集団規定	■適法　□既存不適格		
	既存不適格条項			
❷	②構造耐力関係規定	□適法　■既存不適格		
	既存不適格条項	法 20 条にもとづく令 46 条 1 項に規定する釣り合いよく軸組を配置することなどの基準に不適合（基準時：平成 12 年） 法 20 条にもとづく令 46 条 4 項に規定する必要壁量が不足（基準時：昭和 56 年） 法 20 条にもとづく令 47 条に規定する継手または仕口の構造方法が不適合（基準時：平成 12 年）		
	③上記以外の規定	□適法　■既存不適格		
	既存不適格条項	法 28 条の 2 にもとづく 20 条の 8 に規定する換気設備（24 時間換気）が不足（基準時：平成 14 年）		
	④増改築などの履歴	平成 10 年に納戸を増築：図示		
	⑤既存部分の劣化状況	目視などにより調査した結果、構造耐力上支障となるような損傷、腐食そのほかの劣化の状況は認められません ❸		

❶設計者が複数の場合は、代表となる設計者の氏名を記入する

❷既存不適格となっている規定およびその建築物の部分、部分ごとの基準時を記入。既存不適格となっている部分は具体的に明記すること

❸構造耐力上主要な部分が新耐震基準に適合するものであることによって耐震診断基準に適合するとする場合には、構造耐力上主要な部分の損傷、腐食その他の劣化の状況が確認できる写真を添付すること

Memo

105

住宅の地階の居室

Point

住宅の地階の居室は防湿措置、直接土に接する外壁・床等は防水措置が必要

一般的に建築物の地階は、健康・衛生上において地上階と比べ不利な点が多く、その影響を考慮して、地階に設けた住宅の居室、学校の教室、病院の病室、寄宿舎の寝室には、防湿措置と土に接する外壁、床、屋根には防水措置が必要である（表）。

防湿の措置

居室は、次のいずれかの防湿措置をしなければならない（図1・2）。

(1)からぼりの設置

居室の開口部は、床面積の1／20以上の換気に有効な面積を確保し、かつ、次頁の図2のからぼりに面するか、または、前面が敷地内で地面がない場所に面する位置に設ける（平12建告1430号）。なお、からぼりの底面は開口部より低い位置にあるため、雨水のための排水設備を設ける。

(2)換気設備の設置

令20条の2に定める自然換気設備や機械換気設備などを設ける。

(3)湿度調節設備の設置

固定型の除湿エアコンや除湿機などを設ける。

防水の措置

居室の直接土に接する外壁、床、屋根は、次のいずれかの防水措置をしなければならない。ただし、常水面以上の部分は耐水材料でつくり、かつ、材料の接合部とコンクリートの打ち継ぎ部分に防水措置があれば不要となる。

①防水層を設ける（平12建告1430号）。

②屋根を除き、耐水材料でつくり水の浸透を防止するための空隙を設ける。

③水が浸透しないものとしての国土交通大臣の認定を受ける。

なお、防水層は工事中や土圧、水圧によって亀裂や破損などの損傷、割れ、隙間などが生じないような措置をする必要がある。

表 地階に居室等を設ける場合の技術的基準(令22条の2)

規制対象となる居室		住宅の居室、学校の教室、病院の病室、寄宿舎の寝室で地階に設けるもの	
居室	からぼりを設ける	①上部を外気に開放させる	
		②開口部を雨水の排水設備を設けたからぼりに面する場所に設ける	・W≧1m かつ W≧4/10D ・L≧2m かつ L≧D
		開口部の有効換気面積A≧居室の床面積B×1/20とする	
	換気設備を設ける	令20条の2(換気設備の技術的基準)に適合する換気設備を設ける	
	湿度を調整する設備を設ける		
	開口部の前面の敷地内にその開口部の下端よりも高い位置に地面がない場所に居室を設ける(傾斜地の場合)		
外壁等の構造	外壁等の構造を令22条の2の基準に適合させる[*1・2]	①直接土に接する外壁、床、屋根、またはこれらの部分	下記の、平12建告1430号の規定に基づく方法で防水層を設ける ・埋戻し工事中などに防水層が損傷を受けるおそれがある場合、亀裂、破断、その他の損傷を防止する保護層を設ける ・下地の種類、土圧、水圧の状況に応じ、割れ、隙間などが生じることのないように、継目などで十分な重ね合わせなどの措置をとる
		②直接土に接する外壁・床	直接土に接する部分を耐水材料でつくり、かつ直接土に接する部分と居室に面する部分の間に居室内への浸水を防止するための空隙を設ける
	大臣の認定を受けたもの		

W:居室外壁からその壁の面するからぼりの周壁までの水平距離
L:居室の壁に沿った水平方向の長さ
D:開口部の下端から地面までの高さ
*1 外壁等のうち、常水面以上の部分を耐水材料でつくり、かつ材料の接合部、コンクリートの打継ぎ部分に防水の措置をした場合は免除
*2 空隙に浸透した水を有効に排出するための設備が設けられているもの

図1 地階居室の防湿措置(平12建告1430号)

①からぼりを設ける場合

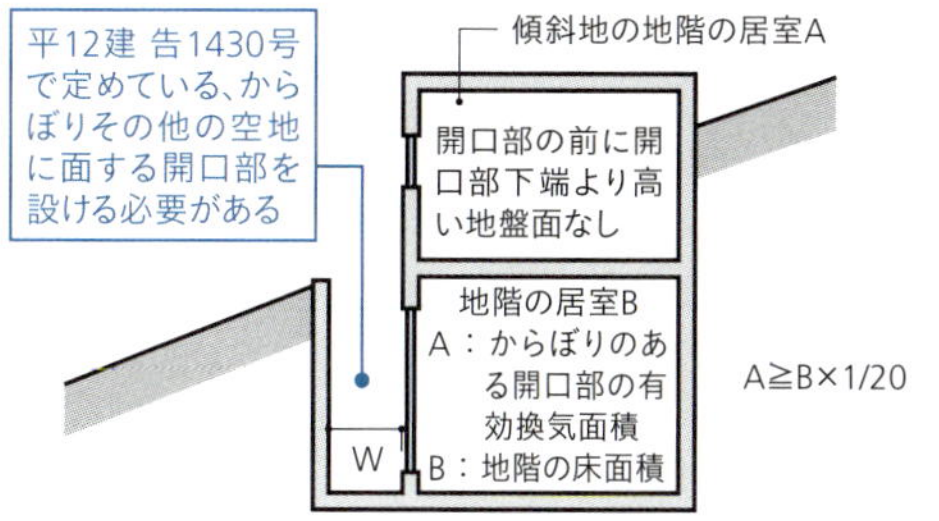

②機械換気設備を設ける場合

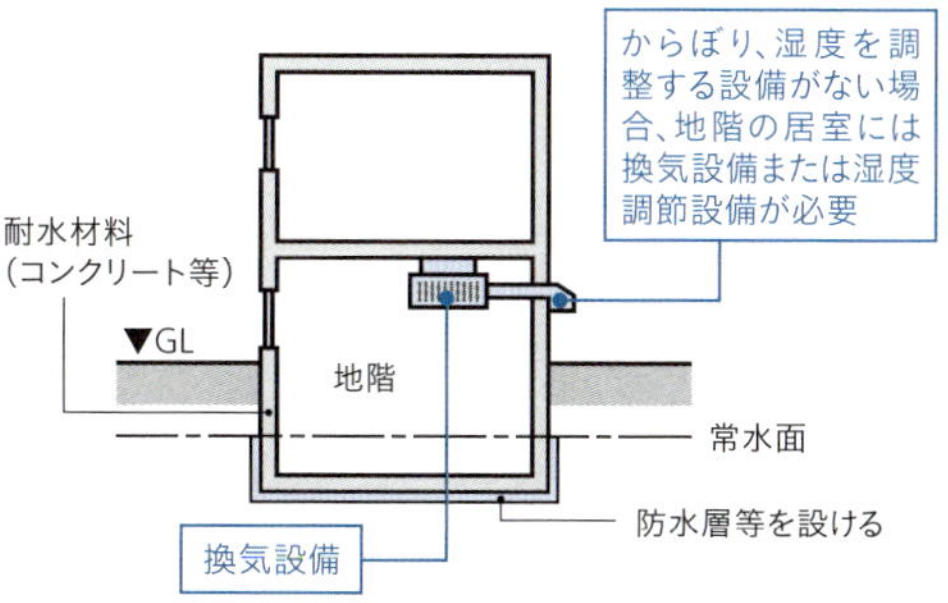

図2 からぼりの構造(平12建告1430号)

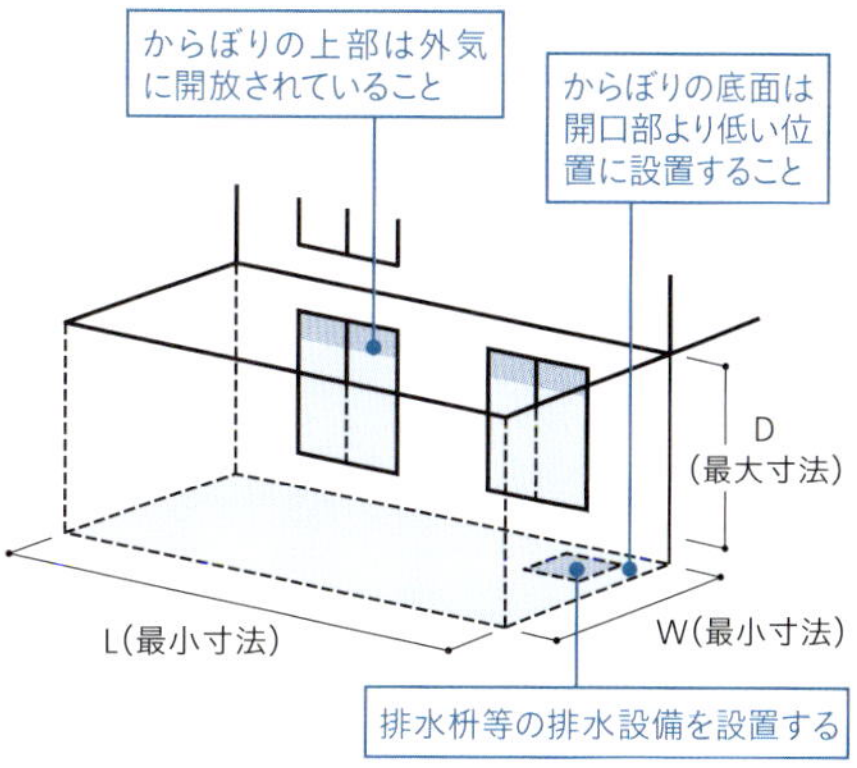

■からぼりの寸法
D:開口部下端からのからぼり上端までの高さ
L:当該居室の壁に沿った水平方向の長さ
W:居室の外壁からからぼりの周壁までの水平距離
W≧1m かつ W≧4/10×D
L≧2m かつ L≧D

■有効換気面積
からぼりに面した開口部の有効換気面積≧居室の床面積×1/20

106

防火区画

Point

堅穴区画と異種用途区画の防火戸には、遮煙性能が必要

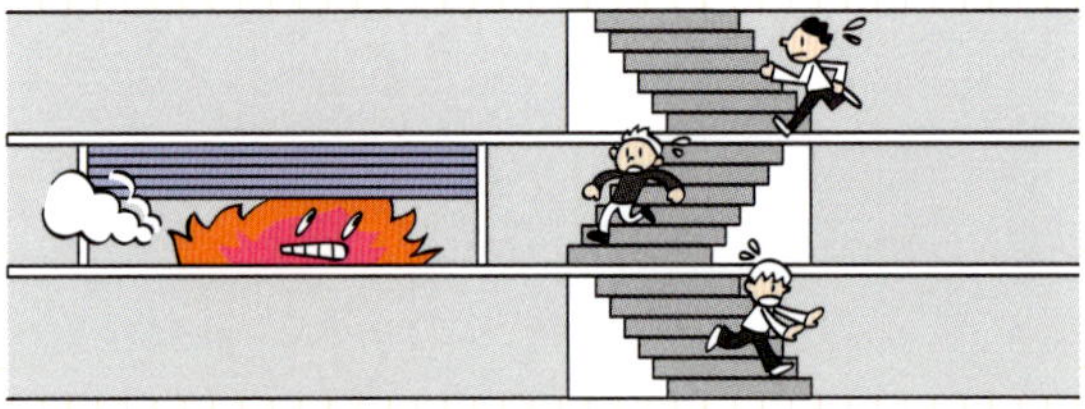

竪穴区画

火災時に吹抜けや階段など、縦につながる部分からの延焼を抑えるための区画を竪穴区画という。対象は、主要構造部が準耐火構造以上で、地階または3階以上の階に居室のある建築物である。区画する部分はメゾネット住戸、吹抜け、階段、エレベータ、ダクトスペースなどである。竪穴区画は、準耐火構造の床や壁、遮煙性能をもつ防火設備で区画するが、主要構造部を耐火構造とする場合は、耐火構造の床、壁で区画しなければならない。

住宅で、竪穴区画が緩和されるのは、階数が3以下で延べ面積200㎡以内の一戸建住宅、共同住宅や長屋の住戸である（図1）。なお、店舗等との兼用住宅で延べ面積が200㎡を超える場合は、竪穴区画が必要となるが、住戸の部分と店舗等とを防火区画し、住戸の床面積が200㎡以下とすれば、竪穴区画は不要と考えられる。また、避難階から直上階か直下階にのみに通じる吹抜け部分で内装の下地、仕上げを不燃材料とした場合も竪穴区画が不要となる。

異種用途区画・面積区画

1つの建築物内に異なった用途があり、その用途が一定規模以上の特殊建築物である場合には、それぞれの防火上の安全を図るために、その特殊建築物の部分とその他の用途の部分とを区画しなければならない。住宅に併設する大きな自動車車庫の場合、床面積が150㎡以上となると住宅の部分とを区画する必要がある。その場合は、1時間準耐火構造の床もしくは壁または遮煙性能をもつ特定防火設備で区画する（図2・3）。

大規模建築物で火災が発生した場合火災の拡大を防止し、局部的なものにとどめるために、500㎡、千㎡、千500㎡ごとに区画の必要がある。

図1 戸建住宅等での竪穴区画免除（令112条11項2号）

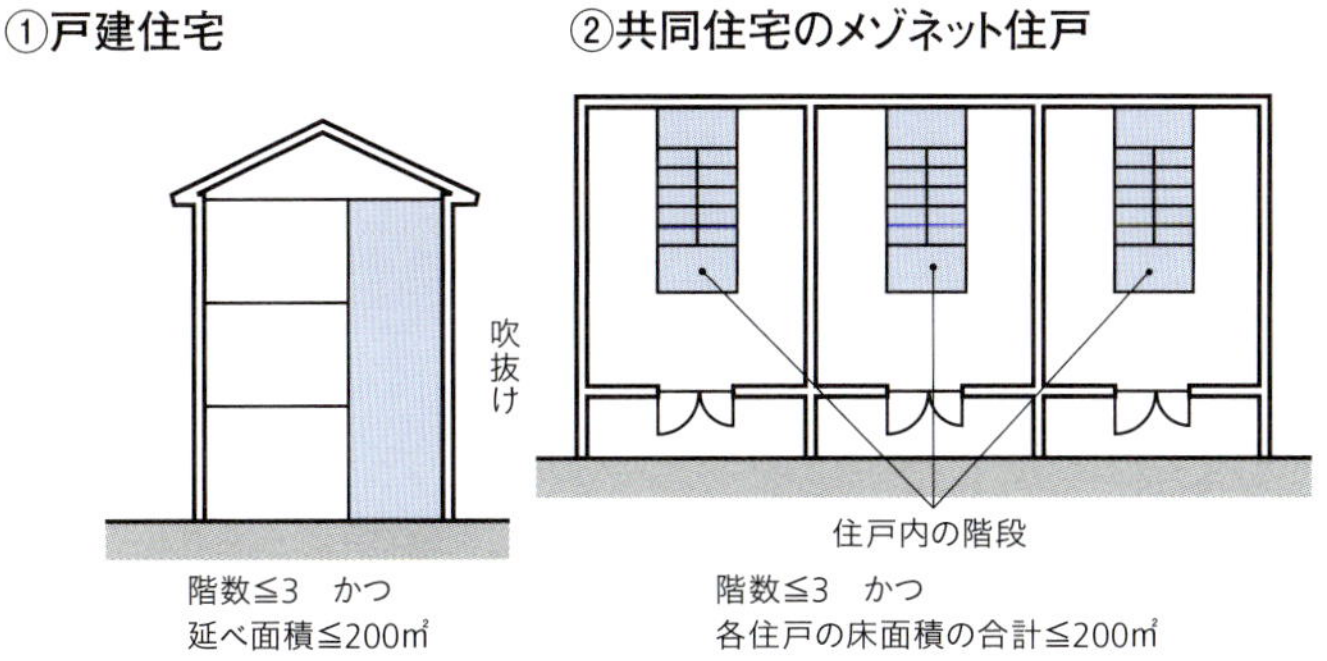

階数≦3、かつ延べ面積≦200㎡の戸建住宅、または階数≦3、かつ各住戸の床面積の合計≦200㎡の長屋、共同住宅の住戸の吹抜け、階段、昇降機の昇降路等は、竪穴区画を免除される

図2 店舗等付3階建住宅の竪穴区画

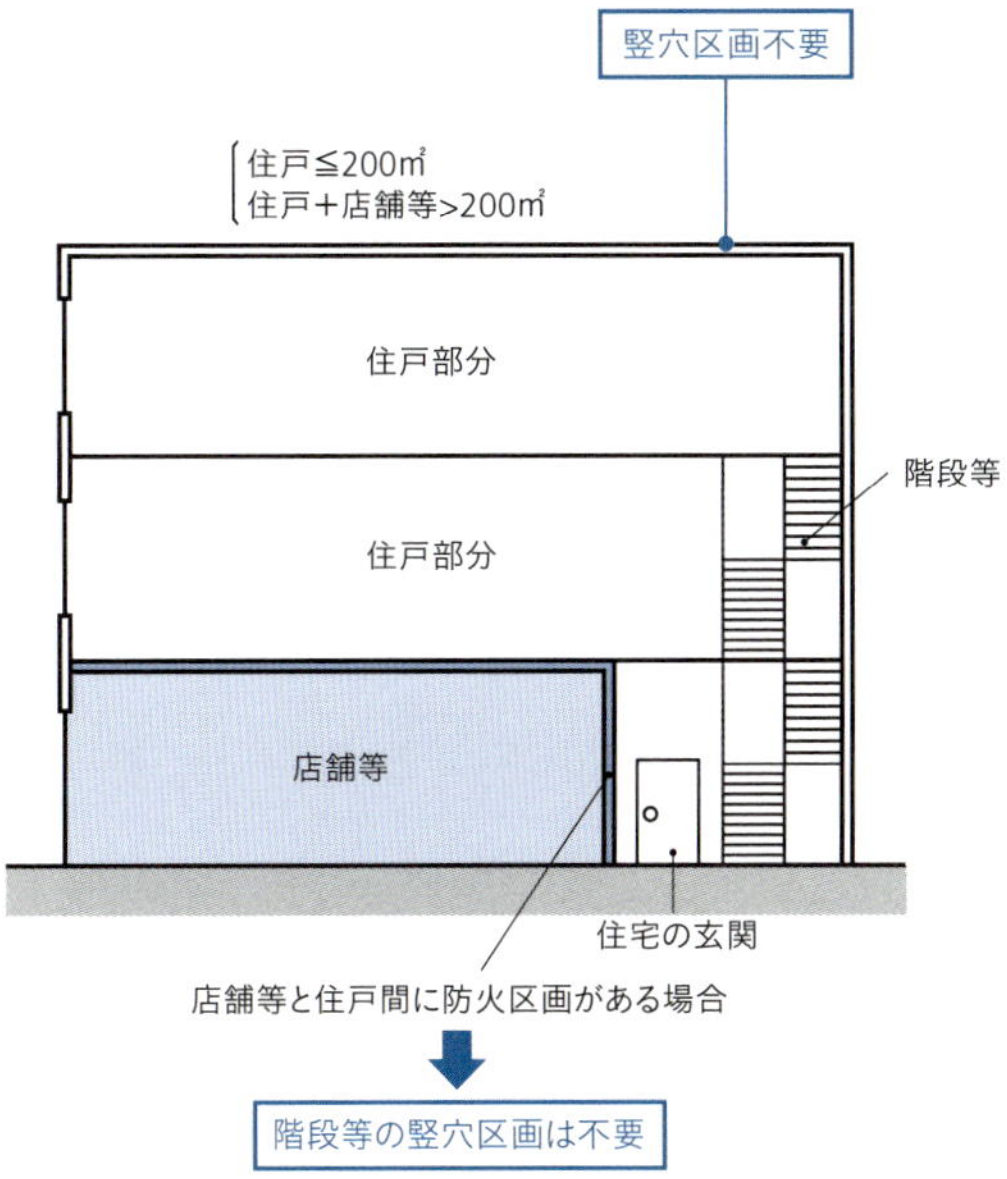

店舗等を有する3階建住宅（主要構造部が耐火構造または準耐火構造のものに限る）で、延べ面積が200㎡を超え、かつ、住戸の部分の床面積が200㎡以下のものについては、当該住戸部分と店舗等の部分との間を防火区画（耐火構造または準耐火構造の床もしくは壁または常時閉鎖式・煙感知器連動等の特定防火設備もしくは両面20分の防火設備で区画）すれば、住戸内の階段等の竪穴の防火区画をしなくとも支障がないと考えられる

図3 異種用途区画（令112条18項）

劇場、映画館、演芸場の場合、主階は1階にあり、3階以上にその用途はないが、客席の床面積の合計が200㎡以上の場合は、耐火性能が要求されその他の部分と異種用途区画をする必要がある

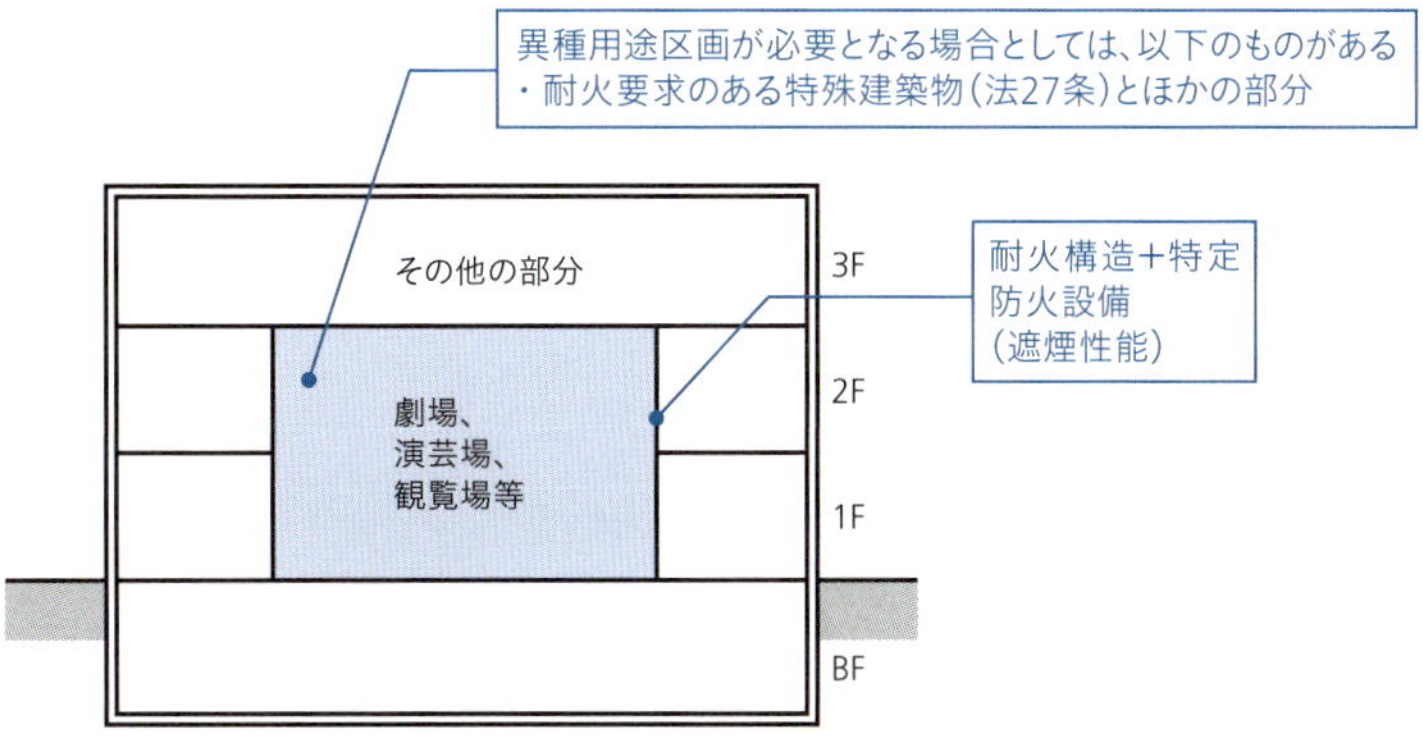

107

構造計算

Point

木造建築物（在来）の構造設計ルートは、『仕様規定』と『構造計算』がある

構造設計ルート

建築基準法における木造建築物（在来軸組工法）の構造設計ルートは、壁量計算に代表される「仕様規定」によるものと、「構造計算」を行うものに分けることができる。しかし、「構造計算」を行う場合でも、「仕様規定」を守らなければならない［※］。

図には、「仕様規定」によるときと、「構造計算」によるときの、建築基準法における木造建築物の構造設計ルートを示している。

構造計算

「構造計算」には、

①許容応力度計算（ルート1）
②許容応力度等計算（ルート2）
③保有水平耐力計算（ルート3）
④限界耐力計算
⑤その他の設計法（時刻歴応答解析等）

がある。

階数が2以下で、延べ床面積500㎡以下、高さ13m以下、軒の高さ9m以下の建物であれば、「仕様規定」（令第3章第3節）に従えばよく、「構造計算」による安全性の確認は特に必要ないこととされている。

また、階数が3以上の場合、延べ床面積が500㎡を超える場合には、「構造計算」が求められる。

さらに、高さが13mまたは軒の高さが9mを超えた場合には、許容応力度等計算（ルート2）またはそれ以上の高度な計算（保有水平耐力計算（ルート3）、限界耐力計算等）が求められる（構造計算適合性判定の対象となる建築物となる）。

また、建築基準法では、枠組壁工法（2×4工法）や丸太組工法（ログハウス）は、個別の技術基準（告示）に規定されており、規模により必要とされる計算内容は、木造軸組工法と異なるため注意が必要である。

※④限界耐力計算、⑤その他の設計法の場合は除外

図　建築基準法における木造建築物の構造設計ルート

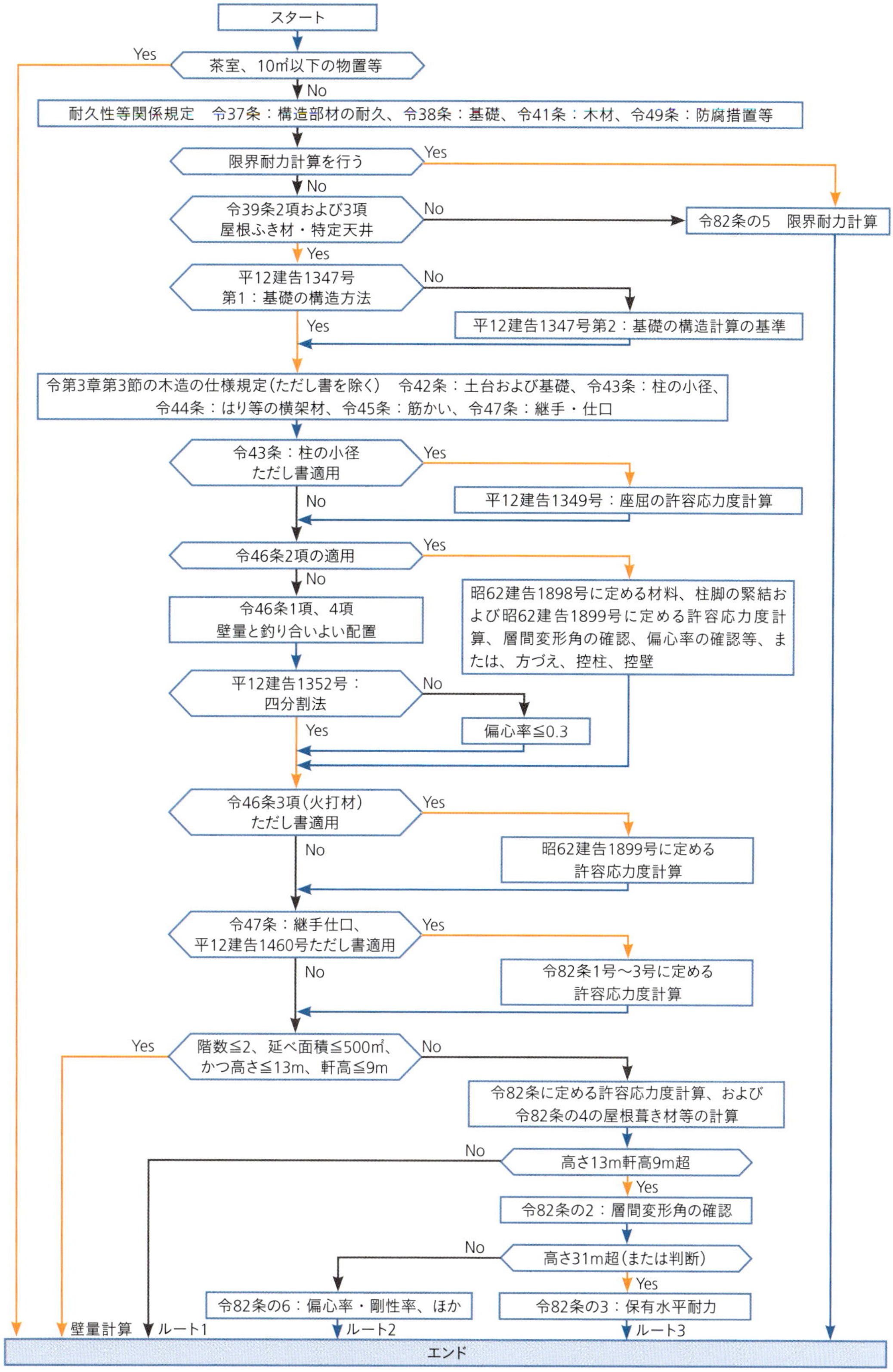

108

昇降機

Point

昇降路の乗り場戸に要求される防火性能を確認

建築基準法の昇降機（エレベータ、エスカレータ、小荷物専用昇降機）は、設置する建築物の確認の要否にかかわらず確認申請を要する（設置する既存建築物が法6条1項4号建築物の場合を除く）。確認申請は、確認事項の主索・レールの強度などが製造者によって異なることに配慮し、製造者の決定後に、建築物の確認申請とは別に昇降機単独で確認申請をすることが一般的である（別願申請）。

ただし、新築の法6条1項4号建築物に設置する場合、および小荷物専用昇降機については、設置場所の特定行政庁が定期報告対象として条例などで定めていない場合は別願申請ができない。建築設備の1つとして、建築物の確認申請時に必要図書を添付して、確認審査がされることになる（併願申請）。

乗り場戸の防火性能

昇降機が建築物の確認申請とは別願申請であっても、建築物の構造および防火避難の規定などにかかわる昇降機の部分については、建築物の確認申請時に法適合確認の対象となり、必要な図面の添付が求められる。

たとえば、昇降路が竪穴区画となり、乗り場戸に開口部の防火性能が求められる場合、戸は遮煙性能を有する防火設備とすることを建築物の確認申請図書に明示するとともに、エレベータの別願申請時に製造者へ伝える必要がある［※］。頂部隙間やピット深さの必要寸法も確認されたい（表）。

確認申請における設計者の資格

昇降機を別願申請する場合、設置する建築物に応じて、昇降機の設計者に建築士の資格が必要か否かについては、既存建築物に昇降機を設置する場合の確認申請と同様、一般に不要とされているが、行政によっては、必要と判断している場合もあるので注意を要する。

※ 昇降路の壁または囲いは難燃材料でつくり、または覆うこととされているが、地階または3階以上に居室がない建築物や防火上支障がない場合の除外規定がある

図 エレベータの構造基準(令129条の3〜129条の10)

定格速度V(m/m)	天井高(m)
V≦60	2.0
60<V≦150	2.2
150<V≦210	2.5
210<V	2.8

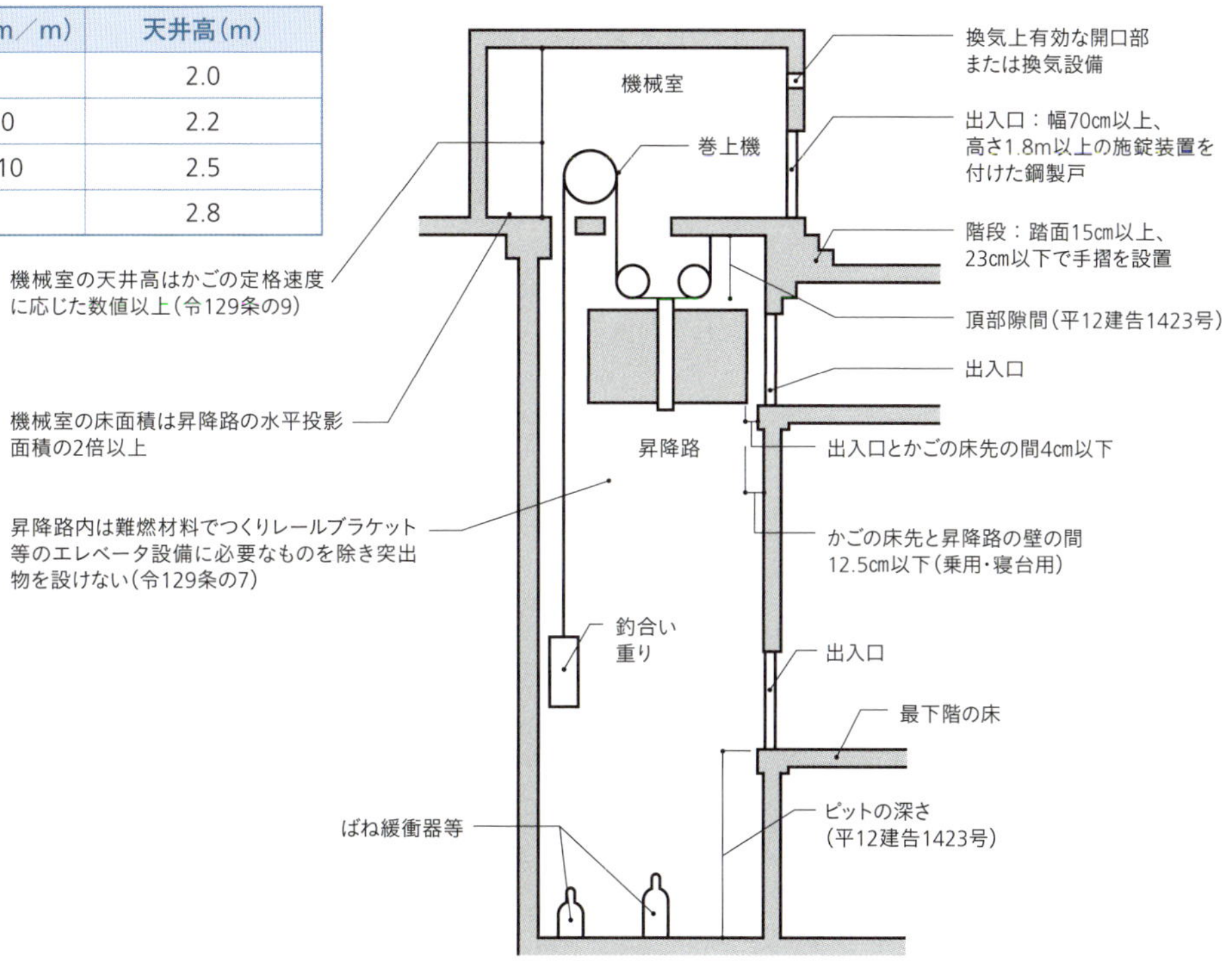

表 昇降路の開口部(出入口の戸)に要求される防火性能について

竪穴区画	令112条 11項	「主要構造部を準耐火構造とし、かつ、地階又は3階以上の階に居室を有する建築物の住戸の部分(住戸の階数が2以上であるものに限る)、吹抜けとなっている部分、階段の部分、昇降機の昇降路の部分、ダクトスペースの部分その他これらに類する部分については、当該部分とその他の部分とを準耐火構造の床若しくは壁又は防火設備で区画しなければならない」 →これに該当する昇降路は竪穴区画することが求められ、昇降路の開口部(出入口の戸)は、令112条19項2号の規定により、遮煙性能を有する防火設備としなければならない →ただし、以下の場合には適用除外となる ①階数が3以下で延べ面積が200㎡以内の一戸建ての住宅の昇降路 ②長屋、共同住宅の住戸のうちその階数が3以下で、かつ床面積の合計が200㎡以内のものにおける昇降路 ③直接外気に開放されている廊下、バルコニーその他これらに面する昇降路の開口部
	令112条 12項	3階が病院、診療所(患者の収容施設があるもの)、児童福祉施設等(入所する者の寝室があるもの)の用途で、階数が3かつ延べ面積が200㎡未満の建築物には、間仕切壁による竪穴区画が求められる。また、開口部は20分間(スプリンクラー設備を設置した場合は10分間)の遮炎性能を有する防火設備としなければならない[*] →これに該当する昇降路は竪穴区画することが求められ、昇降路の開口部(出入口の戸)は、令112条19項2号の規定により、遮煙性能を有する防火設備としなければならない
	令112条 13項	3階がホテル、旅館、下宿、共同住宅、寄宿舎、同条12項以外の診療所、児童福祉施設等(通所用途)で、階数が3かつ延べ面積が200㎡未満の建築物には、間仕切壁による竪穴区画が求められる。また、開口部は戸(襖、障子を除く)の設置が必要[*] →これに該当する昇降路は竪穴区画することが求められ、昇降路の開口部(出入口の戸)は、令112条19項2号の規定により、遮煙性能を有する戸としなければならない
面積区画	令112条 1項・4項・ 5項・6項	昇降路の部分で、面積区画となる部分の開口部(出入口の戸)は、令112条19項1号の規定により、特定防火設備としなければならない。エレベータの乗降扉を特定防火設備とする場合は、網入りガラスによる防犯窓は設けることができない
異種用途区画	令112条 18項	昇降路の部分で、異種用途区画となる部分の開口部(出入口の戸)は、特定防火設備(令112条19項)としなければならない

* 主要構造部が準耐火構造等の建築物で、地階または3階に居室を有する場合は、通常どおり同条11項の竪穴区画が適用される

109

避難規定①

Point
居室から直通階段までの歩行距離は各階で制限される

特殊建築物や階数が3以上の建築物、一定規模以上の建築物、無窓居室を有する場合などには、以下のような避難規定が適用となる。

直通階段

建築物で火災が発生した場合は、直ちに居室から廊下や階段などを通って屋外へ避難しなければならない。

建築基準法では避難階以外の階において、居室から直通階段までの歩行距離を定めている。

直通階段は各階で次の階段まで誤りなく通じ、避難階または地上まで容易に到達できるようにしなければならない。

階段の途中に扉があるなど、避難上支障があるものや次の階段への連続性に欠けるものなどは、原則、直通階段には該当しない。

また、屋外に設ける直通階段は、原則、木造にはできない（図1、表）。

屋上広場、バルコニー等の手摺

屋上広場や2階以上のバルコニー等の周囲には、落下防止のために高さ1.1m以上の手摺壁または柵等を設けなければならない。バルコニー以外でも避難経路の部分である階段の踊場や吹抜けに面した廊下等にも必要とされている。

排煙上の有窓の居室

一戸建住宅であっても、階数が3以上、または、延べ面積が200㎡を超える場合、排煙上の無窓居室（令116条の2第1項2号）については、排煙上有効な開口部が必要となる。排煙上の有窓の判定は、天井または天井から下方80cm以内に床面積の1／50以上の開放できる部分が確保できているかである。この規定は排煙設備とは異なり、防煙壁や手動開放装置は不要となる（図2）。また、ふすま等で仕切られた2室を1室とみなし判定することもできる。

図1　直通階段にならない階段

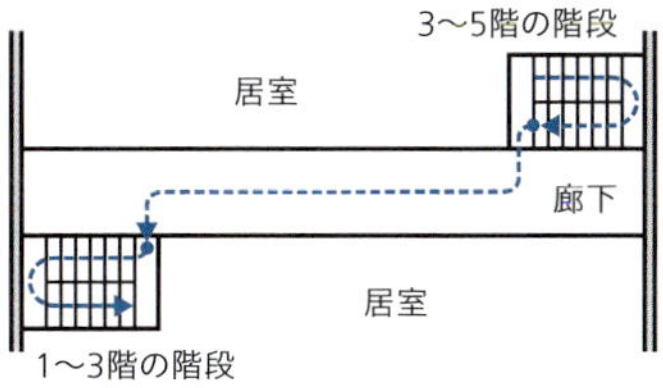

3〜5階の階段が1〜3階の階段まで連続していないため、直通階段にはならない
ただし、狭小な土地で3階建て専用住宅を計画する場合は、途中階の居室を経路としての乗り換えがどうしても生じてくるが、このようなケースは利用者が特定されており、順路を当然熟知しているという前提で一般的には直通階段として認められることが多い

表　屋外への出口、施錠装置

屋外への出口（令125条）	①避難階においては、階段から屋外への出口の一に至る歩行距離は、令120条の規定による距離以下とし、居室の各部から屋外への出口の一に至る歩行距離は、その数値の2倍以下とする。この場合、避難上有効な開口部がある居室は除く ②劇場、映画館、演芸場等の客用に供する屋外への出口の戸は内開きにはできない。なお、客席からの出口も同様（令118条） ③床面積の合計が1,500㎡を超える物販店舗の避難階に設ける屋外への出口の幅の合計は、床面積が最大の階における床面積100㎡につき60cmの割合で計算した数値以上とする
施錠装置（令125条の2）	以下の出口に設ける戸の施錠装置は、避難の支障とならないよう屋内から鍵を用いないで解錠できるようにし、見やすい場所に解錠方法を表示しなければならない ①屋内から屋外避難階段に通ずる出口 ②避難階段から屋外に通ずる出口 ③維持管理上、常時施錠状態にある出口で、火災その他の非常の場合に避難の用に供するもの なお、電気錠を設ける場合は、以下の要件を満たすものとし、避難上支障のないようにしなければならない ①停電時には手動で開放できるなど避難上支障のないこと ②火災発生時には自動火災報知設備による感知と連動して自動的に解錠すること ③中央管理室（防災センター）その他これに類するものから遠隔操作で解錠できること

図2　排煙上の有窓の居室

①排煙上有効な開口部

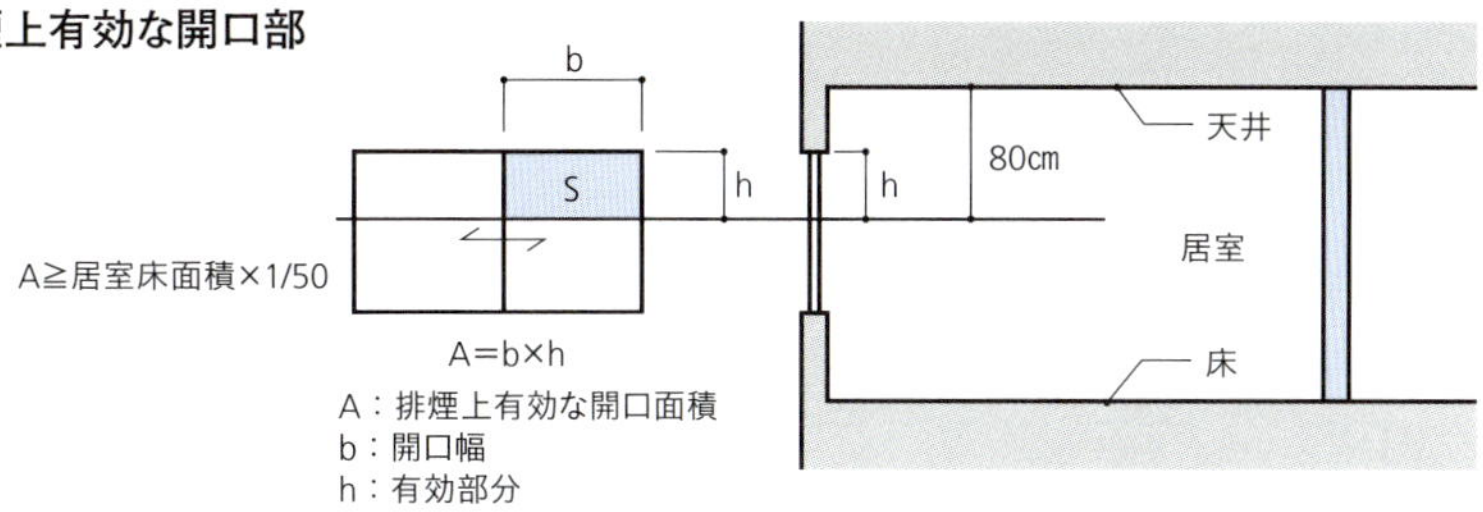

②2室1室の扱い

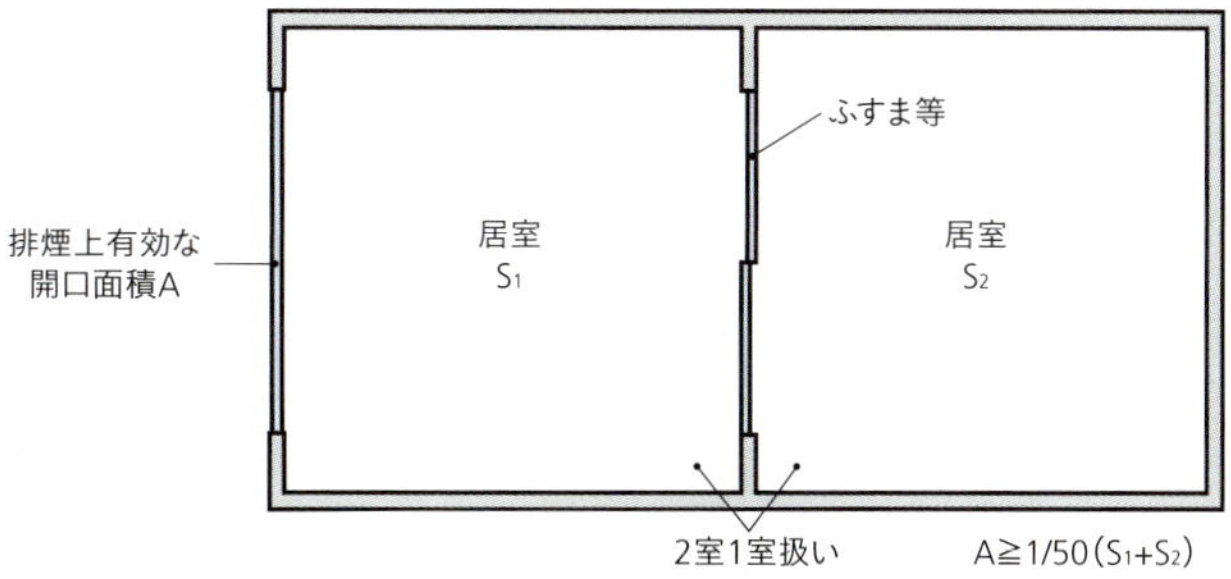

110

避難規定②

Point

進入口は、道または道に通ずる4m以上の通路のいずれかに設ける

代替進入口

建築物の高さ31m以下の部分にある3階以上の階には、災害時の救助のために消防隊が外部から建築物内に進入できる設備が必要となる。これらの設備を「非常用進入口」「代替進入口」という（図1～3）。

進入口は、道または道に通ずる幅員4m以上の通路に面する各階の外壁面のいずれかに設ける必要がある。また、非常用進入口の間隔は40m以下、代替進入口は壁面の長さ10m以内ごとに設ける。

このほか、共同住宅で、各住戸に進入可能なバルコニーまたは、階段室型共同住宅にあっては、各階段室に進入可能な開口部、廊下型共同住宅にあっては廊下、階段室の部分に進入可能な開口部の設置が各住戸から20m以下であれば、進入口の代替措置として認められている（昭46住指発85号）[※1]。

バルコニーまたは開放廊下を経由して代替進入口に準ずる開口部から室内に進入できる場合は、バルコニーまたは開放廊下が道または通路などに面していればよい（表1）。

敷地内通路

多くの人が利用する建築物の出口や屋外階段が、敷地内の奥にあり避難経路が狭いと安全に避難できないし消火・救助活動にも支障をきたす。そこで建築基準法では、建築物の用途や規模により、建築物の主な出入口や屋外避難階段から道や空地までの幅員1.5m以上の敷地内通路を設けることとしている[※2]。

この敷地内通路は、屋外の通路を原則とするが、狭小敷地等で屋外に設けることが困難な場合には、防火区画や内装制限により外気に十分に開放されたピロティに設けることもできる（250頁表2・3）。

※1 スタジアムのように吹き抜けとなっている部分や、そのほかの一定の規模以上の空間として告示で定めるものを確保し、当該空間から容易に各階に進入できるよう、一定の基準を満たせば、外壁に非常用進入口を設けなくてもよい
※2 階数が3以下で延べ面積が200㎡未満の建築物の敷地内にあっては、90㎝以上とすることができる

図1 代替進入口の構造例（令126条の6）

①大きさ

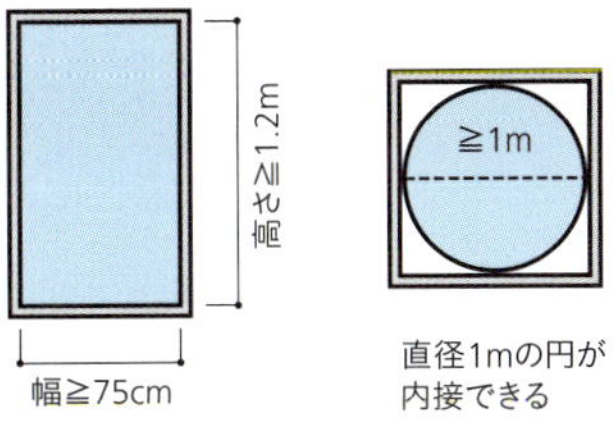

はめ殺し窓の場合、網入りガラスでないものとする
網入りガラス入りで引違い、回転窓などは進入を防げる構造には該当しない

図2 代替進入口の配置の例

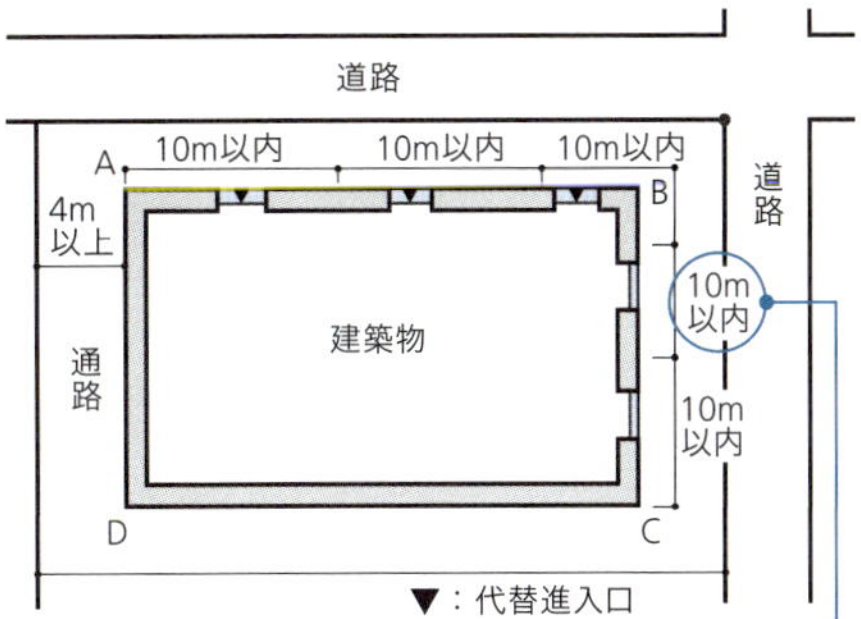

代替進入口は、壁面長10m以内ごとに1カ所設置すればよい

代替進入口は、法令規定上、道路に面する壁面（A−B−C間）、または通路に面する壁面（A−D間）のいずれかに設置すればよいとされる

図3 非常用の進入口に代わる開口部の構造

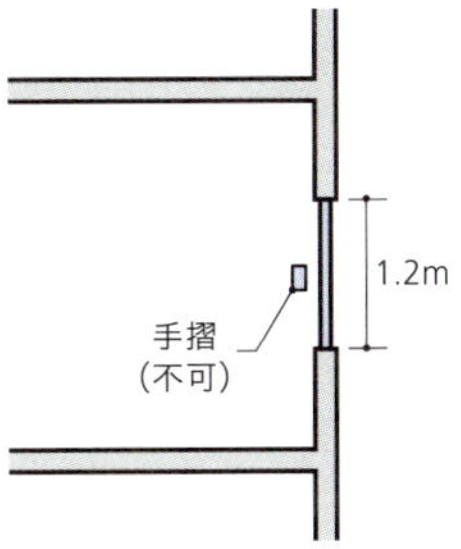

「進入を妨げるものの例」
- ・手摺
（破壊容易な木製のものは可）
- ・金属格子
- ・ルーバー
- ・網入りガラスのはめ殺し窓
（足場があれば緩和あり）
- ・外部から開放不能のドア
- ・窓等を覆う看板、広告板、ネオン管等

表1 路地状敷地における非常用の進入口等の設置

非常用の進入口の設置または非常用の進入口に代わる開口部は、建築物が道または道に通ずる幅員4m以上の通路その他の空地に面する場合に設置するが、路地状敷地で路地の幅員が4m未満の場合は、次のイからホのすべてに適合する

イ 道からの非常用の進入口等までの延長が20m以下
ロ 路地の幅員が2m以上
ハ 地階を除く階数が3
ニ 特殊建築物の用途に供するものでないもの
ホ 非常用の進入口等（当該非常用の進入口等に付随するバルコニー等を含む）が道から直接確認できる位置に消火活動上有効に設置されていること

表2　敷地内通路の設置(法35条、令128条)

適用対象	適用条件	通路幅	設置内容	適用条項
特殊建築物	法別表第1(い)欄(1)～(4)項の用途	≧1.5m [*]	屋外避難階段、屋外への出口(令125条1項)から道・公園・広場等の空地に通じる通路を敷地内に設置(出口が道路等に直接接面していれば通路幅の制限はない)	法35条 令128条
中高層建築物	階数≧3			
無窓居室	採光上(1/20)、または排煙上(1/50)の無窓居室を有する建築物			
大規模建築物	延べ面積合計>1,000㎡			

＊ 階数が3以下で延べ面積が200㎡未満の建築物の敷地内にあっては、90cm以上とすることができる

表3　大規模木造等の敷地内通路(令128条の2)

適用対象	適用条件	通路幅	設置内容	適用条項
大規模建築物[*3]	1棟の延べ面積>1,000㎡	≧3m	建築物の周囲に設置(道に接する部分を除く)	令128条の2第1項
	1棟の延べ面積>1,000㎡[*1]	≧1.5m	隣地境界線に接する部分の通路のみ	令128条の2第1項ただし書
	2棟以上で延べ面積の合計>1,000㎡	≧3m [*4]	1,000㎡以内ごとに区画し、その周囲に設置(道・隣地境界線に接する部分を除く)	令128条の2第2項
	延べ面積合計>3,000㎡	≧3m	3,000㎡以内ごとに、相互の建築物の間に通路を設置(道・隣地境界線に接する部分を除く)	令128条の2第3項ただし書
	延べ面積合計>3,000㎡[*2]	通路設置を適用除外		令128条の2第3項
	通路を横切る渡り廊下	廊下の幅≦3m　通路幅≧2.5m　通路高さ≧3m　通行・運搬以外の用途に供しないこと		令128条の2第4項

注 表中の各通路は、敷地の接する道路まで達することとする(令128条の2第5項)
*1 延べ面積≦3,000㎡
*2 耐火・準耐火建築物が1,000㎡以内ごとに区画された建築物を相互に防火上有効に遮っている場合
*3 耐火構造の壁・特定防火設備で区画した耐火構造の部分の面積は、床面積から除く(令128条の2第1項)
*4 耐火建築物、準耐火建築物および延べ面積1,000㎡を超えるものを除く(令128条の2第2項)

①木造等の建築物(延べ面積>1,000㎡)の周囲の通路幅(令128条の2第1項)

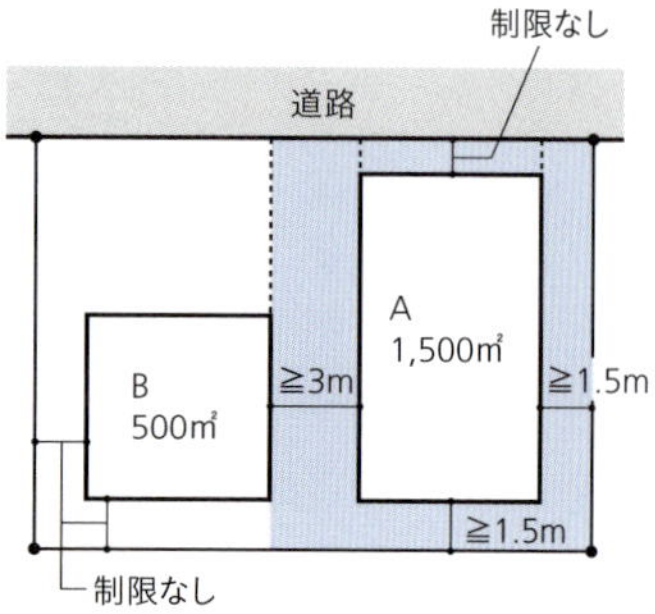

②建築物(1棟の延べ面積≦1,000㎡)が2棟以上の周囲の通路幅(令128条の2第2項)

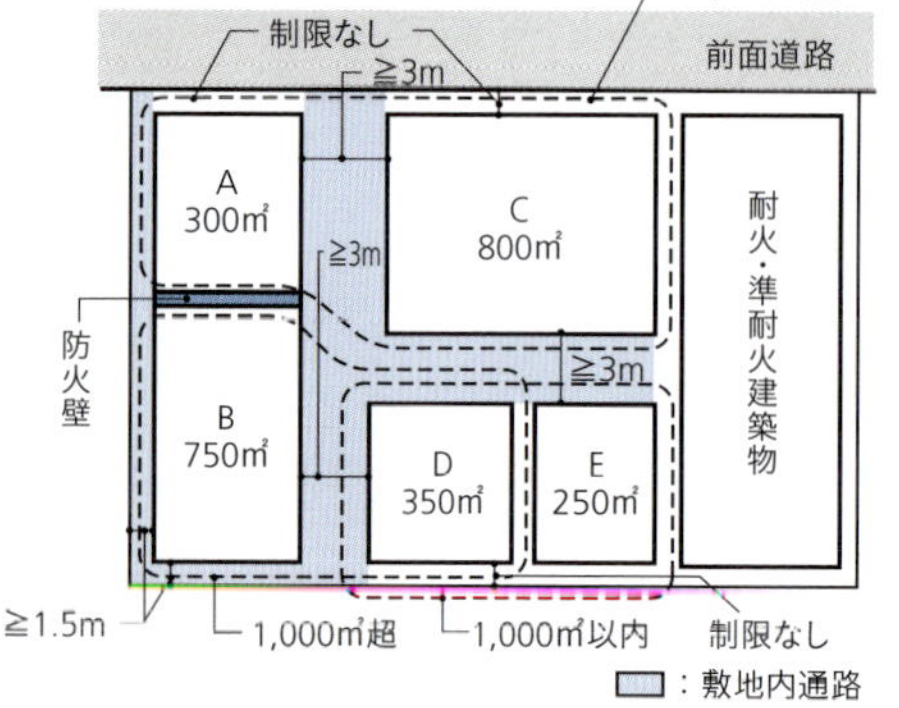

注 延べ面積の合計>1,000㎡の場合、規制あり

③建築物と準耐火建築物の混在(令128条の2第3項)

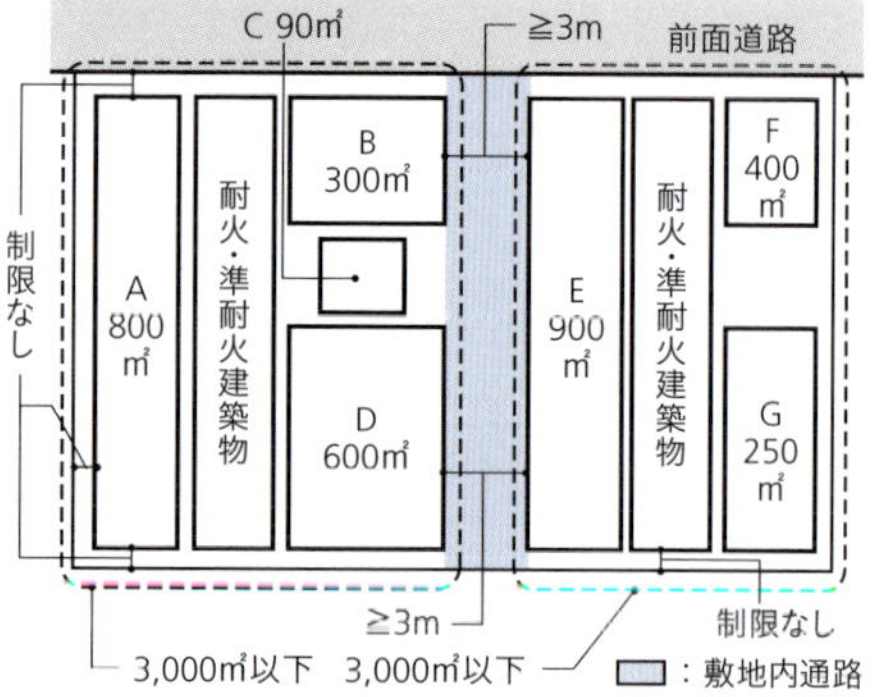

注 建築物の延べ面積の合計>3,000㎡の場合、規制あり

索引

数字・アルファベット

あ

か

さ

た

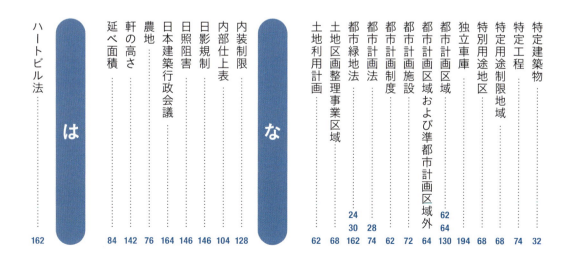

な

は

ま

や

ら

著者プロフィール

ビューローベリタスジャパン株式会社 建築認証事業本部

ビューローベリタスは、1828年にフランス船級協会として発足し、現在約84,000人の従業員が140カ国で業務を展開する世界最大級の第三者民間試験・検査・認証機関である。

「リスクの特定、予防、マネジメント、低減に貢献する」というミッションのもと、資産・プロジェクト・製品・システムの適合性確認を通じて、品質、健康、安全、環境保護および社会的責任分野の課題に取り組む顧客を支援。リスクの低減、パフォーマンス向上、持続可能な発展の促進につなげる革新的なソリューションを提供してきた。

日本国内における建築認証については、2002年に業務を開始。現在全国13カ所を拠点に、確認申請、性能評価、住宅性能評価、試験業務、建築物省エネルギー性能表示制度（BELS）評価、建築士定期講習を中心に、構造計算適合性判定、建築物エネルギー消費性能適合性判定、適合証明、住宅瑕疵担保責任保険業務、土壌汚染調査のほか、仮使用認定、技術監査、テクニカル・デューデリジェンス®（エンジニアリングレポート）、建築基準法適合状況調査といったソリューション業務を展開している。

今回は以下のスタッフが執筆・監修した
建築確認審査部　技術部
駒形直彦［こまがた・なおひこ］
丹波利一［たんば・としかず］
本多徹［ほんだ・とおる］
渡邉仁士［わたなべ・ひとし］

世界で一番やさしい確認申請［戸建住宅編］
第2版

2024年3月4日　初版第1刷発行

著　者　ビューローベリタスジャパン株式会社 建築認証事業本部

発行者　三輪 浩之

発行所　株式会社エクスナレッジ
〒106-0032
東京都港区六本木7-2-26
https://www.xknowledge.co.jp/

問合せ先　編集　Tel 03-3403-1381／Fax 03-3403-1345
info@xknowledge.co.jp
販売　Tel 03-3403-1321／Fax 03-3403-1829